イラク
水滸伝

高野秀行

文藝春秋

舟を漕ぐ船頭のアブー・ハイダル

アフワールの葦は高さ8メートルにも及ぶ

謎に包まれた アフワール（湿地帯）

梁山泊チバーイシュ町とユーフラテス川

マスグーフ（鯉の円盤焼き）のランチ

フセインが造った堤防を壊した跡

葦で作った浮島（チバーシェ）

毒蛇を捕まえたサーレ先生

葦を燃料に、鯉を直火で焼く

マアダン（湿地民）の子供たち

ティグリス川で儀式を行うマンダ教徒たち

知られざる マンダ教徒の世界

毎週日曜日に洗礼を行う

カモを儀式に使う司祭（シェイフ）

葦でできたムディーフにいる山田隊長(右)と筆者

5000年前から造られていたムディーフ(葦の館)

ネイチャー・イラクのゲストハウス

湿地民の好物、くさや汁のようなマスムータ

鯉の円盤焼きマスグーフ

タマネギのドルマ

マスグーフの専門店

イラクの食文化

小麦の衣に肉を詰めたクッパ

水牛の乳製品ゲーマル

粘土板と水牛の糞を熱してパンを焼く

塩を使わない伝統的なチーズ作り

①木綿糸を張り巡らせ

舟大工の棟梁アブー・ムハンネド(左)と
主任のアブー・サジャード

②糸に沿って板を並べていく

タラーデ(族長舟)の作り方

⑤適当に側板を貼っていく

④肋骨を打ち付けて

③底板を地面に固定し高低を出し

⑥先端の「反り」を出す棒を炙り

⑦先端に棒を付けて板を貼り

⑧あとはギールを塗って完成

⑨舳先のギールを炙って最後の仕上げ

ホドルで現在作られているマーシュアラブ布（アザール）

マーシュアラブ布の世界

ホドルで作られた布（70~90年前）

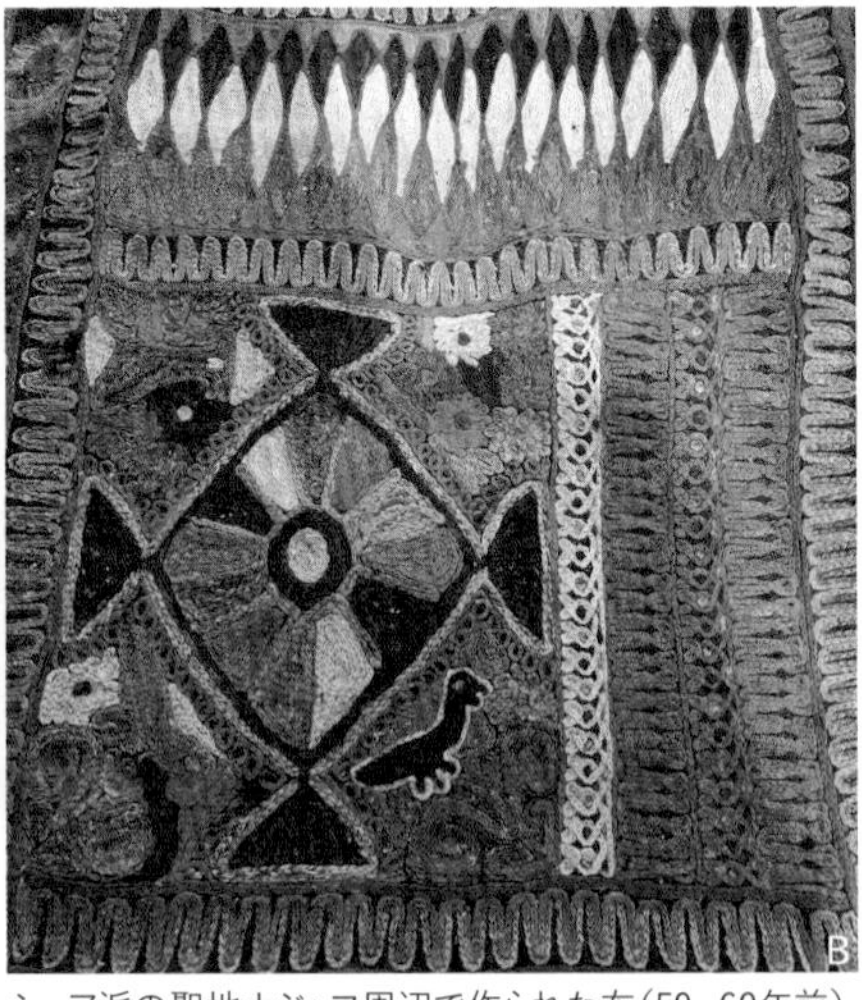

シーア派の聖地ナジャフ周辺で作られた布（50~60年前）

イスラムからかけ離れた自由奔放な図案（推定50年以上前）

共和国時代（1958~68年）の布

ユダヤ人が作ったとされる布（約100年前）

ホドルで作られた布（約40年前）

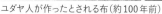

アフワール全図

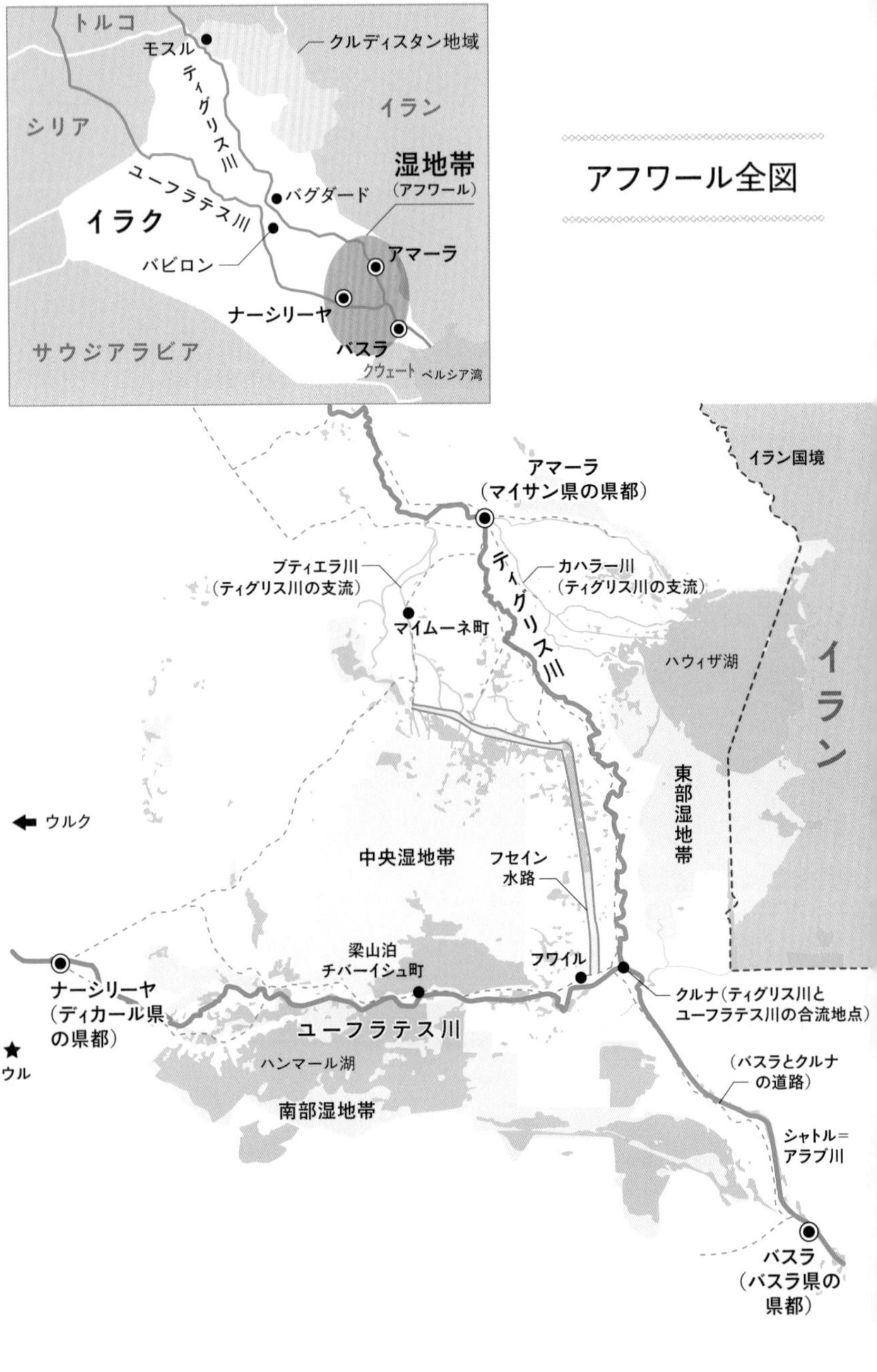

トルコ
モスル
クルディスタン地域
イラン
シリア
ティグリス川
湿地帯
（アフワール）
ユーフラテス川
バグダード
イラク
アマーラ
バビロン
ナーシリーヤ
バスラ
サウジアラビア
クウェート
ペルシア湾
アマーラ
（マイサン県の県都）
イラン国境
ブティエラ川
（ティグリス川の支流）
カハラー川
（ティグリス川の支流）
マイムーネ町
ティグリス川
ハウィザ湖
イラン
東部湿地帯
ウルク
中央湿地帯
フセイン
水路
梁山泊
チバーイシュ町
フワイル
ナーシリーヤ
（ディカール県
の県都）
クルナ（ティグリス川と
ユーフラテス川の合流地点）
ユーフラテス川
ウル
ハンマール湖
（バスラとクルナ
の道路）
南部湿地帯
シャトル＝
アラブ川
バスラ
（バスラ県の
県都）

イラク水滸伝　目次

第5章 「エデンの園」の舟造り

第6章 呪われた水滸伝の旅

〈主要登場人物〉

山田隊長……本名は山田高司。大学探検部の先輩で、今回の旅のパートナー。世界中の川を旅してきたレジェンド探検家にして環境活動家。

ハイダル君……本名はハイダル・ラダー。ガイド兼通訳を務めてくれた在日イラク人研究者。若い頃のハリソン・フォード似のイケメン。

湿地帯の王……本名アブデル・カリーム・マホウド・モハメダーウィ。フセイン政権時代、湿地帯でゲリラを率いて政府軍と戦う。

サーレ先生……本名アフメド・サーレ。東部湿地帯を熟知した、ロマン溢れる奇人。

ジャーシム宋江……本名ジャーシム・アサディ。チバーイシュ町における湿地民の頭領格。ネイチャー・イラクの代表として、一度破壊された湿地帯を二十年ぶりに復活させた硬骨漢。

船頭のアブー・ハイダル……ジャーシムの右腕。アフワール随一の歌い手にして色男。

アリー松方弘樹少佐……本名アリー・マフサン・アサディ。松方弘樹似の顔をした政府軍の退役少佐。

シェイフ・カユーン……本名ルブナン・アブドゥラザック・カユーン。チバーイシュ町を仕切るバニー・アサド氏族の氏族長。

棟梁アブー・ムハンネド……伝統的な舟「タラーデ」を作れる数少ない人物。愛のポエムを吟じる舟大工詩人。

白熊マーヘル……ネイチャー・イラクの運転手兼ゲストの世話役。純朴な巨漢。

マフディ盧俊義……ネイチャー・イラクの会計係にして陰の実力者。

アヤド呉用……中学校の先生。湿地帯に詳しい元漁師で、高野たちの「参謀」役となる。

ワイルド・トム……本名アブー・ラーディ。トム・クルーズをワイルドにしたような風貌の浮島に住む湿地民。

イラク水滸伝

はじめに

「イラク」。なんて禍々《まがまが》しい響きなのだろう。イラクと聞いて思い出されるのは、サダム・フセイン、イラン・イラク戦争、湾岸戦争、化学兵器によるクルド人虐殺、イラク戦争、内戦、アルカイダ、イスラム国（ＩＳ）、自爆テロ、拉致、難民……。

不思議なことに「イラク」という国名が一体どこから来たのかははっきりしないらしい。世界最古の都市とされる「ウルク」に由来するという説もある。ウルクは今から五千年以上前からユーフラテス川のほとりで栄えた、人類史上初の文明いわゆるメソポタミア文明の中心地だ（初期のメソポタミア文明は、担い手がシュメール人だったので、シュメール文明とも呼ばれる）。

日本の自衛隊が派遣されたサマーワという町の郊外に今もウルク（ワルカ）の遺跡がある。ウルクとその周辺地域では文字が創られ、灌漑農業が営まれ、学校や役場が開かれ、土地の売買や賃借が行われ、パンやビールが生み出された。人類の文明はウルクが源であるといっても過言ではない。

イラクとウルクが醸すこの両極端なイメージはしかし、現在のイラク人の生活やリアルな状況を何一つ語ってくれない。だからこそ自分で行って、この目で見てみたいと思うのは人情だろう。

だが、いかんせん、外国人が行くには難しい国だ。それは三十年前から今に至るまで変わらない。

実は、私は一九九〇年代半ばにイラクに長期滞在しようと考えていた。イラク人を見つけて友だちになり、アラビア語を習っていたこともある。だが、実際にイラクへ行く方策を思いつけず計画は頓挫してしまった。二〇一〇年代になるとアルカイダやISが登場し、ひじょうに危険な国と化してしまったが、イラクへの想いは止んだことがない。

そんな折、朝日新聞の国際面を開いたら驚くべきニュースが目に飛び込んできた。二〇一七年一月のことだ。

「砂漠の国　文明育んだ湿地」という見出し。頭に布を巻いたアラブ人が小舟で水上を行き交い、水牛が泳いでいる写真。どうみてもアラビアの風景に見えない。

記事を読んで再度びっくりした。ティグリス川とユーフラテス川の合流点付近にはかつて最大で日本の四国を上まわったこともある面積の「湿地帯」が存在し、三十〜四十万人もの水の民が暮らしているというのだ。アラビア語を話すアラブ人でありつつ、生活スタイルや文化がまるで異なるらしい。私もそれは聞いたことがあったのだが、すでに失われた過去の話だと思っていた。

この湿地帯は昔から戦争に負けた者や迫害されたマイノリティ、山賊や犯罪者などが逃げ込む場所だった。湿地帯は馬もラクダも象も戦車も使えないし、巨大な軍勢が押し寄せることもできない。迷路のように入り組んだ水路では進む方角すらわからなくなるからだ。

「水滸伝」の梁山泊さながらである。

水滸伝はご存じのとおり、中国四大奇書の一つ。腐敗と悪政がはびこる宋代（十〜十三世紀）を舞台に、悪徳役人に陥れられたり暴れん坊すぎて町に住めなくなった豪傑（水滸伝世界では

「好漢」と呼ばれる）が、普通の人や官憲が近づけない湿地帯の中に次々と集まり、山賊的な行為をはたらいたり政府軍と戦ったりするという筋書きだ。彼らの集まった湿地帯内の拠点が梁山泊《りょうざんぱく》である。

世界史上には、このようなレジスタンス的な、あるいはアナーキー的な湿地帯がいくつも存在する。水滸伝自体、山東省の湿地帯に実在した盗賊集団をモデルにしているというし、他にも、ベトナム戦争時のメコンデルタ、イタリアのベニス、ルーマニアのドナウデルタなどがある。日本では、濃尾平野を流れる木曽川、長良川、揖斐川のデルタ地帯に、かつては権力から独立した人々が住んでいた。織田信長を最も苦しめたという長島の一向宗徒がそれだ。

イラクの湿地帯はその中でも最古である。なにしろ、至近距離で人類の最初の文明が誕生しているのだ。文明が誕生したとほぼ同時に、文明（国家的な権力）から逃れるアジール（避難所）が出現したのかもしれない。「元祖・水滸伝」といってもいい。

イラクではそれがつい最近、一九九〇年代まで続いた。反フセイン勢力が湿地帯に逃げ込んで抵抗していたらしい。フセインは怒り、大軍を繰り出して攻めるが、湿地ではどうにもならない。そこで最後にこの独裁者がとった手段は「水を止めること」だった。ティグリス川とユーフラテス川に堰を築き、湿地帯に流れ込む水を文字通り堰き止めてしまった。水がなければ、生活ができない。水の民は都市部や他の地域へ移住を余儀なくされ、何千年も続いた「元祖・水滸伝」は姿を消した――。

そのように漠然と耳にしていたわけだが、記事によれば、フセイン政権が崩壊した後、なんと住民が堰を壊して水が再び流れこむようになり、湿地帯は半分ぐらい復元されているという。水牛を連れた水の民もある程度は戻ってきているらしい。

水滸伝、再びなのだ。

イラクがイギリスの後押しを受けた王国だった一九五〇年代、ウィルフレッド・セシジャーという有名な英国人探検家がここに長期滞在し、『湿原のアラブ人』（The Marsh Arabs）という名著を残しているが、一九五八年に共和制に移行して以降、この地について記した書籍は数えるほどしかなく、さらにフセイン政権時代には訪れるのも難しくなっていく。ましてや、復活後の湿地帯について書かれた本はまだ見当たらない。

それにしても、荒涼とした砂漠というイメージしかないアラビア半島なのに、水牛を飼って小舟で移動している人が住んでいるとは……。

もう一つ驚いたのは、湿地帯が世界遺産に登録されたばかりだということだった。

英語ではThe Ahwar of Southern Iraq: Refuge of Biodiversity and the Relict Landscape of the Mesopotamian Cities。「南イラクのアフワール：生物の避難所と古代メソポタミア都市景観の残影」（UNESCO〔ユネスコ〕の日本語サイトにはこう書かれているが、「生物の多様性が残された地域」と訳す方が適切ではないだろうか）。

「アフワール」とは「湿地帯」を意味するアラビア語の普通名詞だが、世界遺産登録後はどうやらイラクのこの湿地帯を指す固有名詞にもなった模様だ。本書でも「湿地帯」と「アフワール」の両方を適宜に使っていく。意味は同じである。

ともかく、湿地帯は人間だけでなく生物にとっても避難場所だったというのが面白い。

ユネスコのウェブサイトにはこう説明されている。

「アフワールは、イラク南部の三つの考古学遺跡と四つの湿地帯からなる地域。都市遺跡ウルクとウル、およびエリドゥの遺丘は、チグリス川、ユーフラテス川の沼沢デルタ地帯において紀元前四千年紀から前三千年紀にかけ、南メソポタミアに展開したシュメール人の都市と定住地の痕跡の一部をなしている。『イラク湖沼地帯』とも呼ばれる南イラクのアフワールは、世界で最も大きな内陸デルタの一つで、極度に高温かつ乾燥した環境における、ほかに例を見ない場所である」（「紀元前四千年紀」とは紀元前四〇〇〇年〜三〇〇一年の千年間を指す。「紀元前三千年紀」はその後の千年間）。

中東の巨大湿地帯というひじょうにユニークな自然とシュメール文明の遺跡のセットである。これほど魅力的でありつつこれほど行きにくい世界遺産は他にないだろう。

「ここだ！」と思った。ＩＳが猛威を振るっていたり、戦闘が行われていたりするエリアには興味がない。大勢のメディアが報道している場所に私が行く必要はないからだ。それよりこの湿地帯は全然知られていない。イラク水滸伝、すごく面白そうじゃないか。

しかし、湿地帯まで無事にたどりつけるのだろうか。当時、イラクではＩＳと政府軍の攻防が熾烈を極めていた。記事を書いた朝日新聞の記者、小森保良さんに会って話を聞くと、「ＩＳ取材のついでに湿地帯を訪れた」とのこと。湿地帯までは首都バグダードから防弾車で往復したというが、湿地帯の治安は悪くなさそうとのことだった。もっとも小森さんも二泊しかしていないので詳しいことはわからない。

「こりゃ行ってみるしかない！」といつものように単刀直入に決意してしまった。だが、さすがにイラクは他の国とはちがう。海外の危険度を四段階に分けている日本の外務省の渡航情報によれば、バグダード周辺と北部はすべて「レベル4」でその趣旨は「ただちに安全な国・地域へ退避してください」。湿地帯を含む南部も「レベル3：その国・地域への渡航はどのような目的であっても止めてください」である。それだけではない。イラクのビザを取得するにあたって、イラク国内の保証人が必要らしいが、私にそんなコネクションはない。入国するだけでも容易でない。

また、話を聞きに行ったイラク政治を専門とする先生から「アラビア語もわからなかったら、いざというとき地元の人とコミュニケーションもとれないでしょう」と指摘されてしまった。もっともである。

そこで、いつもの私のスタイルに戻って言語学習から入ることにした。それもアラビア語の標準語ではなくイラク方言。現地で使用されていることばの方が通じやすいし、親しみをもたれやすいだろうという判断だ。

そのためイラク人を探した。日本に暮らすイラク人の数は少ない。十数名程度ではないだろうか。なかなか見つからなかったが、最終的に別々のルートから二人が見つかった。一人は東京外国語大学の大学院に在籍する留学生ハイダル・ラダー君、三十四歳（年齢は全て取材当時のもの）。バグダード大学を卒業後、インドやアメリカにも留学経験があり、若い頃のハリソン・フォードを彷彿とさせる優しげなイケメンの知識人である。

もう一人のイラク人の人は私にも素姓を明かそうとしない。うっすらわかったのはどうやら池袋周辺で飲食店を経営していること、バグダード出身で大卒であることぐらいだ。本書では呼び名は「池袋のファイサルさん」としておく。彼がなぜ、ここまで素姓を隠しているのかについては不明だが、現在のイラク情勢と関係があることは間違いない。

もともとイラクという国は「民族宗教の断層群」にある。多くの日本人には同じように見えているだろうが、中東にはアラブ、ペルシア（イラン）、トルコという、言語系統や歴史文化が異なる三つの大きな民族が存在する。

アラブ人とはもともとアラビア半島を出自としアラビア語を話す人々で、西アフリカから中東まで広大なエリアに暮らしている。イラクはそのアラブ世界の北東の端にあり、チュルク諸語のトルコ語を話すトルコ人とインド＝ヨーロッパ語族のペルシア人（イラン人）と対峙している。三者は長年にわたって、戦争と支配・被支配をくり返し、文明や文化を共有してきつつ、しばしばライバル関係にある。

さらにイラク、イラン、トルコの国境エリアには「世界最大の少数民族」と呼ばれるクルド人が住んでいる。彼らはインド＝ヨーロッパ語族のクルド語を話し、独自の伝統文化をもっている。

せめぎ合っているのは宗教も同様だ。イスラムは大きくスンナ派（スンニー）とシーア派という二つの宗派に分かれる。だが勢力が拮抗しているわけではなく、世界の全ムスリム人口のほぼ九割がスンニーで、シーア派は約一割しかいないという圧倒的マイノリティ。ところが、その弱小シーア派はイラクが発祥の地であり、イランとイラクではマジョリティを形成している。

つまり、「三大民族＋クルド」と「スンニーとシーア派」という中東の主要民族と主要宗派が容赦なく肌を押しつけ合っているのがイラクとその国境地帯なのだ。断層には活性化しているものもあれば、潜在的なものもある。また為政者にとっては「敵」を作って国民をまとめる口実ともなる。

断層国家イラクは長らくサダム・フセインという独裁者によって巧妙にまとめあげられ、地域大国にもなっていたが、二〇〇三年にアメリカが侵攻しフセイン政権が崩壊すると、中央政府の力が著しく衰えたいっぽうで武器が拡散し、武装した勢力が割拠してしまった。

イラク人は人口の約六割を占めるアラブ人シーア派、約二割のアラブ人スンニー、同じく約二割のクルド人スンニーの三つに大きく分けられるが、その三者それぞれが対立し、しかも三者の中でも派閥争いがある。この三者に加えて、キリスト教徒やヤズィーディー教徒、トルクメン人（宗教はイスラムかキリスト教）など、多種多様なマイノリティの宗教信徒や民族が暮らしており、彼らの存在も無視できない。

アメリカの侵攻と統治は拙速にして杜撰だった。捕虜を虐待したり民間人を殺傷したりするなど深刻な人権侵害をくり返したのみならず、フセイン政権の軍隊を安易に解体し元軍人と武器を大量に民間へ流出させたうえ、警察と官僚の多くを解雇してしまい、行政や治安維持が機能しなくなった。職を失った人たち（主にスンニーの人々）は反米武力闘争に入り、新たに政権を奪取したシーア派の人たちとも激しく抗争するようになった。同時にシーア派の大国にして隣国のイランが多大な影響力を発揮するようになった。フセイン政権時代、弾圧された人々を同国政府が支援しており、それらの人々が新政府の中核として表舞台に現れたのだから当然だろう。イランは兵隊や武器、資金というあらゆる側面から彼らを支援している。アメリカVSイランという断層までイラク国内で活性化してしまったのだ。

イラク政府の実権は（イランが後ろ盾の）シーア派民兵が握っているともいう。いっぽう、中東で強い勢力を持つスンニーの過激派も混乱に乗じて流れ込んできた。まずはアルカイダ系、そして二〇一三年頃からはＩＳが台頭してきた。

私が湿地帯へ行こうと決心したのは、ちょうどイラク北部にある同国第二の都市モスルがＩＳに占領され、政府軍と熾烈な戦いを繰り広げているときだった。ヤズィーディー教徒の人々が迫害され、殺されたり奴隷にされたりするという衝撃的な報道もされていた。

さらにややこしいことに、中央政府の弱体化により自衛の必要性が高まったり、有力者たちの勢力争いに利用されたりして、氏族（部族）の力が強くなっている。独自の民兵を持つことも多く、政治や宗教とも複雑に絡み合いながら、武力抗争や暴力事件を引き起こす原因ともなっている。

イラク自体がカオスであり、ある意味「水滸伝」なのだ。

池袋のファイサルさんは何らかの宗派対立や氏族抗争に巻き込まれているのかもしれない。素姓が知れると危険なことがあるのだろう。

もっとも、大学院生のハイダル君も「他のイラク人には会いたくない」ともらしていた。自分の宗教観やイデオロギーを押しつけてきたり議論を吹っかけてきたりする者がいて面倒なことがよくあるからだという。海外に出て同胞を避けたいと思わせるところが今のイラクの異常な状況をよく示している。

私は一週間おきに彼らに会うことにした。今週はハイダル君、来週はファイサルさんといった具合だ。二人は互いに何も関心を示さないまま、でも私には情熱を傾けてイラク方言とイラクの生活や歴史、伝統文化などを教えてくれた。

イラク水滸伝は、イラクというカオスの中に湿地帯というさらなるカオスがあるというカオスの二重構造。そのうち、まずは外側のカオスであるイラクを知るという準備に集中したのだ。次に少しずつ内側のカオスであるアフワールの情報を集めていった。

私がずっと悩んできたのは「湿地帯をどのように旅すればいいのか」ということだった。ふつうの土地ではたとえ辺境の地であっても町や村や集落がある。川や道路あるいは踏み跡といったルートがある。点と線をたどればいい。ところがイラクの湿地帯は現在でも徳島県を上回る規模を持ちながら、そのようなわかりやすいポイントやラインがほとんど見当たらないのだ。

さらに湿地帯に住む人々の気質や習慣。探検家セシジャーによれば彼らは「マアダン（湿地に住む人くらいの意味）」と呼ばれており、周囲の評判はよくないという。

「（湿地の外に住むアラブ人は）マアダンを血筋が疑わしいとして見下し、ちょっとした裏切り行為や悪事をマアダンのせいにしたがる。チグリス・ユーフラテス川を往き来する都会人たちもまた、マアダンを恐れ、接触を避け、彼らについての悪い噂はみな本当だと信じる。イラク駐留の英国人の間でさえ、彼らの評判は悪い――私の察するところ、第一次大戦の時、彼らは湿地帯の隠れ家から出没して、敵味方の区別なく殺害や略奪をしたという話が残っているからだ」（『湿原のアラブ人』）

それから六十年後の現在も彼らの悪評については大きな変化がないようだ。池袋のファイサルさんとハイダル君に訊いてみたところ、二人とも「マアダンという言葉は蔑称だから良くない」と言いつつも、ファイサルさんは「彼らは水牛をとりあって争いばかり起こしている。泥棒が多いというイメージ」と言い、ハイダル君はマアダンを含めた南部の氏族一般について「教育水準が低くてトラブルを起こすという話をよく耳にする」と語る。

このような評判がどれくらい正確なのかわからないものの、一つ言えるのは湿地帯の外部と内部に大きなギャップがあり、中に入ることが難しそうだということだ。

私が辺境の地に入り込むときは、誰か現地の人々と交渉しながら進むことが多い。最もよい方法はその土地のトップに話を通すことだ。

でも探検家セシジャーの著書によれば、湿地帯では二十を優に超える「部族（氏族）」が群雄割拠し、どの部族の人も「ほかの部族の縄張り地帯を通過するとき、男たちは武装なしでは通りたがらなかった」とある。一つの氏族や集団と交渉しても、他のグループには通用しないかもしれない。

これなら本家・水滸伝の方がマシだ。あちらはリーダーである宋江以下、百八人の好漢が組織内の秩序を保ちながら強盗を行ったり政府軍と戦ったりしていることになっていた。もし本家の梁山泊に行くなら、なんとかして宋江とコネをつけ、彼に滞在の許可を得るという方法がとれる。宋江のオーケーが出れば、あとは梁山泊のどこへ行っても問題ないはずだ。だが、イラク水滸伝ではその方法が通用しない。

道もない、村もない。交渉すべき相手も判然としない。どこから手をつけていいかもわからない。これまで私が培ってきた辺境旅メソッドが全然使えそうにないのだ。

支配されにくく外部の人間が近づきにくいから私は湿地民に惹かれるわけだが、そういう私も外部の人間に他ならない。しかも無力だ。イラクの歴代の政権も統治しにくかった場所に、カネもコネもない私がどうやってアプローチしたらいいのだろう。

「せめて島がいくつかあればいいのに」と思った。水の増減にかかわらず存在する陸地が要所要所にあれば、それを伝うことがルートになり、ルートができれば、自ずから交渉する相手も見つかり、進むべき方向性もわかる。だが、どうやら湿地帯にはそんな場所はチバーイシュという町ぐらいしかなさそうだ。

もう一つアフワールにおいて不安なのは、私が湿地帯の自然についてきちんとした報告ができるのかということ。私はもともと文系人間であるし、湿地帯を旅した経験がなく、川辺の植物や鳥、魚の識別や生態に関してもさっぱり自信がない。

そこまで考えると、やはり「旅の相棒」が必要だという結論になった。

一人より二人の方がセキュリティ上、より好ましいことは言うまでもない。一人では写真撮影がせいぜいだが、もう一人いれば映像の撮影も可能になる。さらに、その人は治安の悪い場所の経験も豊富で、川や湿地帯の自然にも通じていてほしい……。

そんなに都合のいい人材がいるわけないだろ！　と言われそうだが、これがいたのである。

山田高司《たかし》。東京農業大学探検部ＯＢで年は私より八歳上。ナチュラリストもしくは林業専門家にして環境活動家、周りからは冒険家とか探検家、あるいは「隊長」などと呼ばれている。

「世界の川を全て旅する」をライフワークに掲げ、これまで日本の主立った川のほとんどを源流近くから河口までカヌーかゴムボートで下っている。海外では川が長すぎるため、手こぎではなく船外モーター付きのボートで旅をしている。南米ではオリノコ、アマゾン、ラプラタの三大河川をつなげて縦断し、その後は長江源流をゴムボートで下り、アフリカでは五年以上かけて、ニジェール川、コンゴ川、セネガル川を旅した。日本人としてはもちろん、世界でも最も多くの川を旅した人かもしれない。その間、「八回ぐらい死にかけた」と言う。

その後、西アフリカのチャド共和国で環境NGO「緑のサヘル」の設立に参加し、植林や環境保全活動に従事。日本のみならず世界でも知る人ぞ知る存在になり、国連難民高等弁務官事務所（UNHCR）の依頼で、当時世界で最も危険と言われたチャドとスーダン国境のダルフール難民キャンプに赴任、環境保全活動を指揮したこともある。

文字通り、日本の探検冒険界のレジェンドの一人であり、私にとっては唯一の「師匠」とも言える。二十年前、山田隊長が新たに立ち上げた環境NGOを手伝うことになり、二人でナイル川流域を四カ月ほど調査してまわりながら、環境問題や持続可能な生活とは何かについて一から教わったからだ。

当時は「今度二人で一緒にナイル川を下ろう」と誓った。その後、ナイルの治安は悪化の一途をたどったので、他の大河を旅しようということになったが、うまくタイミングが合わず、時間だけが過ぎていった。

山田隊長は郷里の高知県四万十市へ帰り、現地で村営の自然体験センターの経営にたずさわったり四万十川でカヌーガイドをしたりしていたが、そのうち過労で心身を壊してしまった。十年以上、海外の活動から遠ざかり、探検冒険界ではもう引退したように受け取られていた。

だが、不肖の弟子である私は諦めが悪い。イラク水滸伝への旅に隊長を誘った。私たちの二十年来の悲願が叶うと同時に、川のプロである彼からきっとひじょうに重要な示唆を得られるにちがいないと確信していたからだ。幸い、体調の方は七割方、回復してきたようだ。山田高司という人自体が世界遺産的であり、しかも一度壊れてから徐々に回復しているという意味ではアフワールの状況に似ていた。

その年の夏、四万十川で川下りをしながら、あらためてアフワールへ行く計画を話したあと、ユーチューブで湿地帯の映像を見せた。葦と水牛の合間を舟が行き来する風景はなんとも美しいが、あまりにも茫漠とした水の広がりである。私には何もヒントがつかめない。

すると、隊長が言った。二十年前、ナイルを旅していた頃と全く同じ口調で。

「ええ舟やなあ。ええ舟大工がおるんやなあ」

驚いた。私は幾度となく舟の写真や映像を見ていたし、セシジャーの本も読んでいたが、「舟大工」のことなど、まるで思い至らなかった。

だが隊長は真っ先にそれが目に入ったという。なぜなら、かつて四万十川には川漁師がおり、彼らが使う舟を造る舟大工も集落ごとにいたからだ。

舟大工という言葉は隊長の別の言葉をたぐりよせた。隊長は軽トラを持っていた。カヌーを積んで家から川へと移動しながら、彼は言う。「軽トラは田舎のパスポートや。これだとどこへ行っても警戒されずに済む。よそのナンバーでも、『ああ、俺たちと似たようなやつの車だ』って思われるからな」

その瞬間、私の中で舟大工と軽トラが火花を散らして結びついた。

そうだ、湿地帯で舟大工を探して、舟を造ってもらえばいいんだ！　地元の舟大工、とくに「名人」と呼ばれるような人の造った舟に乗っていたら、誰もが一目置いてくれるだろう。それに舟大工なら多くの氏族と取引があり、湿地帯で最も顔のきく人にちがいない。

島があればなあ、と思っていたが、逆の発想である。舟を基点にするのだ。

このアイデアは隊長にも「ええと思うよ」と賛同してもらった。もちろん、現場に行ってみれば全くそんな発想は通用しないかもしれないが、まず舟大工を探すという目標があるだけでも嬉しい。何をしたらいいのかわからないという段階からは脱出できる。

この一件だけでも山田隊長と一緒に行くメリットが再確認できた。私は熱心に説得して、最終的には同行してもらうことになった。


アフワールの存在を知ってからおよそ一年後、ハイダル君が調査のため、三カ月ほどイラクに帰国することになった。彼の専攻は国際政治で、テーマは「イラクにおける分派抗争」。まさに彼はイラクのカオスがどのように形成されたのか調査研究しており、有力な政治・宗教指導者にインタビューすることが目的だった。

ちょうどその間に、私はイラクへ行くことにした。ビザ取得の保証人はハイダル君のお兄さんになってもらうことにし、バグダードにいる間はハイダル君宅に泊めてもらえることになった。ただし、ハイダル君は自分の調査があるので、協力をお願いできるのはバグダードにいるときだけ。その後はどうなるかさっぱりわからない。湿地帯までたどりつけるかどうかも不明だが、手探りで一歩ずつ進むしかない。

いよいよイラク水滸伝への旅が始まったのだ。だが、それは私がこれまで行ってきた点を線で結ぶような旅ではなく、無数の点が散らばる銀河を彷徨するような、想像を超えた混沌と迷走の旅になることをまだ知るよしもなかった。

第1章

バグダード、カオスの洗礼

バグダードの繁華街、カラーデ区

1　有田焼のお土産が困惑を呼んだ理由

ドバイ経由のエミレーツ航空でバグダードの国際空港に降り立ったのは二〇一八年の年明けだった。

幸いなことに、前年の七月、イスラム国最大の拠点だった、イラク北部の中心都市モスルを政府軍が奪還し、イラク国内においては内戦が終結していた。心配の種は一つ減ったことになる。ただ、ＩＳの残党はイラク各地に潜伏しているとされ、予断を許さない状況だ。

内戦中だったり治安が極度に悪かったりする国では、玄関口となる国際空港にはピリピリした空気が流れていたり、不安をかき立てる喧噪が巻き起こっていたりするのが普通だ。だが、バグダードの空港はちがった。敷地も建物も規模が小さく、田舎くさい。銃をたずさえた警備の兵も見えない。

「岩みたいな人が大勢おるな」と山田隊長が土佐弁の抑揚で言う。たしかに取りつく島もなさそうな、強面《こわもて》風のアラブ人のみなさんが入国審査の列に並んでいる。でも彼らは物静かだった。

驚いたのはイミグレーションの係官たちがろくに英語を話さないことだ。私に応対した全身黒ずくめの服を着た若い女性係官はえらく態度が悪く、誰彼となくアラビア語で怒鳴り散らしている。こういう係官は二、三十年前にはアフリカ辺りでときどき出会ったが、最近では皆無だ。他の係官のところへ回されたが、彼も英語は片言のみ。アラビア語を少しでも習ってきてよかったと思った。スタンプを押してもらい、これでイラクに三十日滞在できるとのことだった。

荷物をもって外に出ると、想像以上に寒かった。東京ほどではないにしても、ダウンジャケットがふつうに必要である。兵隊や警察の姿はなく、ヤシの木が立ち並び、のどかな風景だ。モロッコかチュニジアの地方都市に降り立ったような錯覚をおぼえる。バグダードの治安は劇的に回復したのだろうか。首をひねりながらミニバスに乗って、迎えに来ているハイダル君と待ち合わせした場所へ向かった。

ハイダル君は私たちを見つけると、「ウェルカム！」と言うと同時にホッと胸をなで下ろす仕草をみせた。「遅いからすごく心配になったんだ」

彼のお兄さん、アサムさんの古い三菱パジェロに乗り込んだ。今回はこのお兄さんの家に世話になると聞いていた。

「バグダードはどう？」とハイダル君に訊くと、「あまりよくない」と彼はため息をついた。

実は治安が回復しているわけでは全然なかった。空港が過激派によるテロの最大のターゲットになりうるため、空港から五キロぐらいの地点で一般の車両および人の立ち入りを禁止していたのだった。さらにその地点から町へ行くときはいいが、町から空港方面に向かうときには検問が五カ所以上あり、金属探知機やシェパード犬、X線などを総動員して、爆発物がないか荷物をチェックしているとのことだ。

垢抜けない茶色やベージュ色——つまり土色をした低層の建物が並ぶ埃っぽい道を二十分ほど走ると住宅街に入った。後で知ったが、現在この辺りはすべてシーア派の住民が住んでいる。車は一軒の家の前で止まった。ハイダル君の生家だ。両親が亡くなった現在は、家を半分に区切り、二人のお兄さんとその家族がそれぞれ住んでいるという。彼らもまたシーア派だ。

私たちは右側の入口から中に招き入れられた。イラクでは靴を脱いで入る。立派なソファが並んでいたが、私たちはみな、ふかふかした絨毯の上にじかに腰を下ろした。アサム兄さんは正座をしていた。意外なことに、イラクの人たちは床にじかに座るばかりか、ふつうに正座もするのである。当然、私たちも正座だ。

私たちは早速、お土産にもってきた有田焼の茶器セットを取り出し、厳重な包装を解いてアサム兄さんに渡した。これは私の苦心の一品だった。イラク人（というよりアラブ人全般）のホスピタリティはつとに有名である。バグダードではハイダル君のお兄さん一家が総力をあげて私たちの面倒を見てくれる可能性が高く、われわれもそれに見合うお土産を用意せねばと思った。池袋のファイサルさんに相談したところ、「お茶のセットがいい。それも模様が派手なやつ」とのことで、一抱えもある大きな箱に入った有田焼の茶器を入手し、後生大事に抱えてはるばるイラクまでやってきたのだ。しかるにアサム兄さんの反応はというと、嬉しいような、困ったような、なんとも微妙な表情を浮かべていた。

え、有田焼、外したのか⁉　衝撃が私の背中を走り抜けたが、もう遅い。彼は有田焼を別の部屋に置いてから、そそくさと消えた。

ようやくハイダル君と私と山田隊長の三人となった。われわれは日本でそうするように、ホッとして足を崩した。お茶を飲みながら、ハイダル君が「実は……」と話しはじめた。「二週間前、兄の一人が強盗に襲われたんだ」

「え⁉」

彼は十三人兄弟である。男子は五人でハイダル君がいちばん下。つまりお兄さんが四人いる。

いちばん上のお兄さんは二〇〇九年に爆弾テロに遭い、頭蓋骨を損傷した。手術を繰り返してなんとか一命を取り留めたが、今でも頭骨の一部が欠けた状態で、起きて歩いたりはできるが、仕事はできないという。

今回襲われたのは、その長兄に代わってラダー家の家長となった二番目のヌダーム兄さんだった。彼は赤ちゃん用のミルクや服やおむつなどを売る店を経営している。あとで私たちも訪れたが、市場の横の商店街にある小さな店だ。十二月中旬のある日、たまたま商売の都合上でざっと四千ドル（約四十万円）ぐらいの現金を店に用意した晩、覆面をした十人ほどの集団がなだれ込んできた。ヌダーム兄さんはスタンガンで気絶させられ、現金を奪われた。病院に運ばれた兄さんは、翌日になってようやく意識が回復した。

バグダード市内のハイダル君の生家

「そんなお金が店にあるなんてめったにない。身近な誰かが外に漏らしたんだろう」と憂鬱な表情でハイダル君が言う。イラク人が人を信用できなくなるのがわかるような逸話だ。

強盗団が何者なのか最初はわからなかった。彼らはヌダーム兄さんの店に防犯カメラがないことも確認していた。ところが隣の店には防犯カメラがあり、男たちの姿が映っていた。警察が調べたところ、男たちの一人が特定された。その男はシーア派の民兵組織に所属し、かつて当の警察と協力関係にあったので身元が判明したというカオスな状況である。といっても今回の事件は民兵の組織ぐるみの犯行ではなく、強盗団の一人がそうだったということらしい。わかったのはつい一昨日のことだ。

「昨日、そのニュースを聞いた僕らの一族の人たちがアサム兄さんの家に押し寄せてきた。百人ぐらい来たよ。銃を持って『復讐に行くぞ！』と叫ぶ人もいて、怖かった」

現在のイラクでは警察や検察、裁判所がまともに機能しているとは言いがたい。汚職が横行しているし、武装した民兵を逮捕しようという気力や能力を欠いているようだ。政府の司法機関が頼りにならなければ、人々は自力で身を守るしかなくなる。前にも触れたが、イラクでは伝統的に「氏族（部族）」という大きなファミリーが強い結束力をもっており、フセイン政権崩壊後はますますその力が大きくなっている。首都にして大都会のバグダードも例外ではない。

なお、一般に中東の研究者やメディアの間では「部族」という言葉が使われているが、私は「氏族」を同じ意味で用いている。というのは、私が親しんで来たアフリカ諸国について何か書く場合、研究者もメディアも「部族」をあまり使わないからだ。「部族」では、言語や文化を共有する「民族」を指すのか、（あくまで建前だが）同じ先祖を共有する「氏族」を指すのか不明瞭だというのが理由の一つである。私自身の整合性をとるため、本書では「氏族」を用いる。

犯人の一人の身元が特定できたということは、彼の氏族も特定されたことになる。すると、これは氏族間の問題となり、ハイダル君側の氏族は相手の氏族に何らかの「落とし前」をつけさせることになる。

長兄が事実上隠居生活で、今度は次兄が襲われたから、三男のアサム兄さんのところにみんなが集まってきたのだ。

ハイダル君はアサム兄さんの家に自分の部屋をもっており、私たちも当初は彼の家に泊まる予定だった。ところが昨日からそこが事件対策本部と化してしまったため、私たちは急遽隣の四男ヤーセル兄さんの家に泊まることになったらしい。つまりここはヤーセル兄さんの家なのだ。

やっと私は有田焼でアサム兄さんが戸惑っていた理由がわかったような気がした。

私は四男ヤーセル兄さんの家で、三男アサム兄さんにお土産を渡していたのだ。どっちの家がそれを受け取っていいかわからないではないか。

参った。さすがにこんな展開は読めない。

いや、お土産どころではない。この強盗事件はラダー家とその一族のみならず、私たちの旅にも多大な緊張感を与えることになった。やはりイラクでは何が起きるかわからないと再認識したからだ。空港で私たちが少し遅れただけでハイダル君がひどく心配していたのもそのせいだ。実際のところ、質《たち》の悪い民兵や武装したグループはそこかしこにいる。またアルカイダやＩＳの残党もどこにいるかわからない。このあと私たちが行動に細心の注意を払うようになったのも当然だろう。

それにしても、宙に浮いた有田焼はどうなったのか。誰の所蔵になったのかいまだに不明だ。

2　イラク料理、こわい

「高野、なんだか飯どきが怖くなってきたな」

「ほんとですね。緊張しますよね……」

バグダードに着いてから三日もすると、山田隊長と私はひそひそとこんな会話を交わすようになった。世界屈指の危険な町バグダードで、何が怖いと言っても飯が怖いとは夢にも思わなかった。

イラクに来る前、池袋のファイサルさんは会う度に「イラクの料理はすっごく美味しい」「他の中東の国なんかと全然ちがう」と言って、料理名や調理の仕方などを事細かに教えてくれていたが、正直言って「単なるお国自慢だろう」と思っていた。

ところが実際に来てみると、食べる料理がみんな、心底美味い。そしてどれも「御馳走」ばかり。和食やタイ料理などはいくつもの皿が組み合わさって全体を成す感じだが、イラク料理はメイン一品がド迫力である。しかも副菜がそれに加勢する。ちなみに、イラクでは政治・軍事的に対立している三派もだいたい食生活は同じだ。主食は米とパンの両方（パンの方が若干多いか）。肉も魚も同じように好む。

イラク料理にはどんなものがあるのか。

真っ先に挙げられるのが「サマッチ・マスグーフ」。これは直訳すれば「焼き魚」なのだが、私たちは「鯉の円盤焼き」と名付けた。

砂漠のイメージが強いイラクで、鯉が国民的な料理とは意外すぎるが、事実である。その証拠に、私たちは最初の一週間で四回これを食べた。誰かが食事に招いてくれるとかなりの確率で鯉なのである。店にもよるが、だいたい一匹日本円にして一千五百円～二千円だろうか。

鯉は大昔からイラクに存在した。紀元前三〇〇〇年くらいのシュメール時代では晩秋に起きる洪水を「鯉の洪水」と呼んでいたと粘土板に記されているという。

ここは年間降水量が二百ミリ未満の乾燥地帯だが、年に二回、ティグリス＝ユーフラテス川が増水する。一回は四月から五月にかけて、源流域の山岳地帯から雪解け水が流れてくるとき。もう一回は十一月から三月にかけて。少ないながらも雨はこの時期に集中して降り、年によっては川が氾濫して洪水を起こす。これが大地に恵みをもたらし、小麦などの作物を実らせていたわけだが、ときには大災害を引き起こした。「ノアの方舟」のモデルになった洪水もその一つだと言われている。おそらく、洪水が起きて水が引いたあと、あちこちの水たまりで鯉がピチピチ跳ねていたことだろう。それをシュメール人は嬉々として手で捕まえ、食べていたのかもしれない。

イラクでは五千年前から鯉が食されているのだ。

鯉はこちらではブンニーとかシュバートと呼ばれている。ブンニーは丸みを帯びていて、シュバートは少し細長いが、どちらも一見日本の鯉と変わらない。長さ五、六十センチでまるまると肥えている。これに背開きでナイフを入れ、開きにするとほぼ円盤状になる。それに塩をすり込んで地面に棒で刺したり網で挟んだりして焼く。バグダードでは火を焚くのは大きな薪と決まっているようだ。太い木を景気よく燃やし、その周囲に鯉円盤を配置する。強火の遠火というやつだ。

熱々の鯉にはライムをかけて食べる。炭の匂いが香ばしく、酸味がほどよく効いていて、何よりも脂がのっていることに驚く。初めは「オリーブ油をつけて焼いているのか?」と思ったほどだ。日本では「鯉」と聞くと「臭みがある」という印象が強いが、イラクの円盤焼きは全然臭みがない。理由ははっきりしないものの、直火で焦がすせいではないかと思う。

鯉の身を「熱い熱い……」と呟きながら手づかみで口に運ぶだけでも十分美味いが、キュウリの「トルシ(ピクルス)」やアンバー(マンゴー)のソース、あるいはエシャロットのようなネギ、さらには焼きトマトなどと一緒に焼きたてパンにはさんで食べると「ジェンネ（天国）！」と口走らずにはいられない。

バグダードのような大都市では、鯉を焼く場所が家庭にはないので、たいてい店で食べるかテイクアウトである。

かたや、家庭料理も素晴らしい。

代表的なイラクの家庭料理は「ドルマ」だろう。濃い味付けをした米と肉を野菜に詰めて煮たものだ。ドルマは中東から地中海にかけて一般的な料理だが、私がこれまでギリシャやトルコで食べたものとは一味異なるものだった。米をピーマンやナス、トマト、さらにはタマネギにも詰めて大きめの鍋にぎゅうぎゅう詰め込んで煮る。最後に鍋ごとひっくり返して皿にあける。巨大な米詰め野菜の山をスプーンで突き崩しながら食べる。うま味の中に酸味が効いていて食が進む。

イラク料理はトウガラシをあまり使わないから辛くない。スパイスは上手に配すが癖があるほどではない。そして酸味が効いているのが特徴だ。総じて、どんな日本人にも美味しく食べられる料理だろう。

「日本にイラク料理レストランを出したら大人気になりますよね」

「そうやな、鯉の料理なんか嫌いな人、おらんやろ」

イラクで食を楽しむなど全然期待してなかっただけに、私と山田隊長は楽しげにそんなことを話しあっていたものだ。でも、それはごく初期の段階だった。食事の回を重ねるうちに喜びの中に恐怖の色合いがまじってきた。

例えば、バグダードに到着して二日目の食事風景はこんな感じであった。

鯉の円盤焼きを前に。右から山田隊長、ハイダル君、著者

イラクの代表的な家庭料理ドルマ

挽き肉を使ったケバブ

具だくさんの炊き込みご飯マクルーベ

朝は焼きたてのサモーン（ちょっと厚めの発酵パン）、「デベス・ウ・レシ」（ナツメヤシのシロップとゴマのペースト）、それにフランスから輸入しているチーズとトルコから輸入したヨーグルト。この組み合わせがたまらなく美味しくて、朝から食べ過ぎてしまった。

もたれ気味の腹を抱えて、ハイダル君の大学時代からの親友というイブラヒム君の運転する車で、とある施設へ取材に行き、昼すぎに終わると川を渡ってカラーデ区へ。イラクでは仕事は基本的に朝八時〜九時から午後一時〜二時までである。そのあと、ほとんどの人は帰宅して昼食をとる。あるいは外のレストランや食堂に行く。だから私たちも食事に行くしかない。たとえ、朝の食べ過ぎで腹が全然減ってなかったとしてもだ。

カラーデ区はバグダードでも有名な繁華街の一つである。料理屋が軒を連ねることでとりわけ名高いのがティグリス川に面したアブ・ヌワース通りだ。

一軒の大きな庭のあるレストランに入る。入口で鯉を焼いているが、本日私たちは別のものを頼んだ。前菜は磨り潰したゴマが入ったひよこ豆のペーストである「ハンモス・ブタヒーナ」とキュウリのヨーグルトがけ。主菜はケバブとティッケ。池袋のファイサルさん風に言えば、「つくねと焼き鳥」。

そして彼が何度も言っていたようにこれも他の中東諸国のものとちがう。バグダードのそれは挽肉がふわふわ、ふかふかしたハンバーグ状。なにしろフォークで刺すとほろほろと崩れてすくえないくらいなのだ。手かパンを使わねばならない。鯉と同様、これもホブズという平焼きパンやピクルス、各種野菜を挟んで口に入れると味が数段増す。「焼き鳥」ことティッケも地鶏のように味が濃い。

と、ここまではいいのだが、強烈なのはイラク人たちのプレッシャーである。ハイダル君とイブラヒム君は信じがたいスピードで自分の分を平らげる。イラク人の一人前は相当量がある。ちなみに二人とも背は百六十センチ台で小柄だが、胸も腹も分厚い。

私たちも頑張らざるをえない。息も絶え絶えに肉を腹に詰め込んだあと、二人が「行こう」と立ち上がる。ああ、終わったとホッとしたのも束の間、私たちが移動した先は少し離れた別のテーブル。わざわざ席を移って、今度はお茶と果物。もう一口も食べられないという状況なのに、二人してオレンジやら蜜柑やらの皮を剝いて中身を「はい、どうぞ」と満面の笑みでこちらに差し出す。断れず、二口、三口と喉につめこむ。ほとんどフォアグラ状態だ。

私と隊長は意識が朦朧としてきた。まるで大火災時の消防隊のように体内の血液は胃に結集し、頭がはたらかない。もう家に帰って寝たいが、そうはいかない。

そこにハイダル君の別の知り合いがやってきた。不動産をはじめ、手広く商売をしているという。名前は「ワーリドさん」としておく。今度は川を逆方向に渡り、「マンスール」という別の繁華街へ行く。カラーデ区が新宿東口のような古いタイプの繁華街なら、マンスール区は青山か六本木であろう。洒落たブティックやショッピングモールが建ち並び、まるっきり別世界だ。ベールをかぶっていない女性もここで初めて見た。

オープンカフェで茶を頼むが、私は一口も飲めなかった。一体これから何をするつもりなのかと思っていたところ、ワーリドさんが「ビーレ・フェラーデ（イラク産のビールの銘柄）を知っている?」とか「イラクのアラク（蒸留酒）はうまいよ」などと話しかけてくるので、酒好きだとわかった。

――酒か……。

私は嘆息した。酒を飲まないハイダル君は酒好きの私たちに気を遣って、飲酒事情に詳しい彼を呼んできてくれたのかもしれなかった。

この当時、イラクでは酒が禁止されていないのに、事実上「違法」に近い存在であり、酒の販売や提供は民兵が取り締まっていた。酒屋や酒を提供する飲食店は容易に見つからない（二〇二三年には禁酒法が施行されて公的に禁止になった）。

世界中でシーア派が多数を占める国はイランとイラク、バーレーンとアゼルバイジャンしかない。信者の数でもイランとイラクが一位と二位を占め、聖地もここに集中している。文字通りシーア派の中心をなしているのだが、この両国は頭が痛くなるようなねじれ現象を起こしている。

イラクは憲法上、民主主義体制を標榜している。信仰の自由、言論の自由が認められ、選挙で選ばれた政治家と政党により政府が組織され、政治を行う。ネットやSNSにも制限はほとんどない。そういう意味では西欧諸国とさして変わらない。ところが、内情はシーア派原理主義国家にかぎりなく傾斜している。

いっぽう、イランは政教一致を国是とするシーア派イスラム主義国家のはず。ところが肝心のイラン人は「建前と本音」の使い分けを得意としており、いたって世俗的である。

法律でアルコールは一切禁止なのに、多くの人が密造酒や密輸酒を日常的に飲んでいる。私の経験から言えば、イスラム圏で最も酒が手に入りやすい国の一つだ。イランの人たちは「飲酒で誰かが逮捕されたなんて話は聞いたことがない」と言う。新聞記者をしていた私の友人はテヘラン駐在中、イスラム判事（宗教的な裁判を司る判事）から家に招かれ、ゴージャスな酒のコレクションを自慢されたと呆れていた。

ところが、イランという国家あるいはイラン人の聖職者は他の国のシーア派信者に建前だけを広める。アラブ人にはイラン人のような信仰上の「建前と本音」の差が小さいことも手伝って、イラクは本場イランには存在しない厳格なシーア派イスラム主義社会になりつつあるのだ。

というようなわけで無類の酒好きの私にとっては飲酒通らしきワーリドさんの登場は千載一遇のチャンス！　なのだが、今はビール一滴すら喉を通りそうにないのである。

みんなで、女子供であふれかえるショッピングモールをぶらぶら歩く。時計を見ると、まだ三時半。飲み屋は早くても日が暮れてからだろう。それまでまだ二時間あまりある。気が遠くなりかけたとき、ハイダル君が言った。「コーヒーとスイーツを食べに行こう」

いや、無理。絶対無理。ここは丁重にお断り申し上げるしかなかった。そして家に帰りたいと懇願した。心底申し訳なかったが、しかたない。

ハイダル君宅に帰るなり、布団を敷いて爆睡（イラクでは日本同様、床に敷き布団をしき、毛布と掛け布団をかけて寝る家も多い）。

目が覚めたのは夜の九時ぐらい。というか、ハイダル君に「夕食だよ」と起こされたのだ。食べられないと言ったが、「軽い夕食だよ。ちょっとだけでいいから」と説得される。イラクの「軽いご飯」は五十代の日本人には十分ヘビー級。小麦の衣に肉や米が入った「クッバ」、中にチーズが入った春巻のような「ブーラク」、さらにフライドポテトやマカロニなど。イラクの家庭料理はどんなつまらなそうなものでも、口に入れると「おお」と思う。私たちの料理は三男アサム兄さんと四男ヤーセル兄さんの両方の奥さん方が交互に作ってくれていたようだが、何を

ズノゥード・セット（女性の二の腕）

チーズ入り春巻ブーラク

食べても美味い。

形ばかり口にすればいいと思っていたのに、食べ始めたら止まらず、また食べ過ぎ。そこへ四男ヤーセル兄さんが顔を出した。この人は内務省の汚職撲滅のための特別な部署に勤務している。イラクは政財界に汚職がはびこり、影響力の強い政治家や企業家になればなるほど、関わっている割合が高くなる。それを捜査で暴こうというのだから、たいへんに危険な任務だという。

ハイダル君や彼の友だちによれば、ヤーセル兄さんはいつもピリピリしていてすごく怖いとのことだが、私たちの前では仏様のような柔和な笑みを浮かべ、ピタッと正座をして箱を差し出す。箱の中には「ズノゥード・セット（女性の二の腕）」という、日本人女性が聞いたらギクッとしそうな円筒形のお菓子がぎっしり詰まっていた。

断ったら私たちも撲滅されるなんてことはないが、この親切になんとか応えたい一心で一つつまむ。カリッと揚げた小麦粉の生地の中にミルクプリンのようなものがむっちりつまっていて、（見たことはないけれど）まさにイラク女性の二の腕といった風情。お茶と一緒になんとか嚥下する。脳内で交互に点滅する美味の幸福信号と限界の危険信号。でも、ああ、やっと食べ終わったと思ったら、ヤーセル兄さんは微動だにせず、「さあ、もう一個」と箱を差し出す……。

落語の「まんじゅうこわい」を思い出してならない。あの噺はわざと自分の大好物であるまんじゅうを「怖くて仕方ない」と言い、他の人たちに饅頭を家に投げ込ませて「ああ、怖い！」と悲鳴をあげてみせたものだが、彼だって、そんなことを毎日されたら、「まんじゅう、すごく美味いけど……怖い！」と思うはずだ。

食事時になると私たちは戦慄した。食欲が失われていく気すらした。でも食べ始めれば美味しいから食べすぎてしまって、後に悶絶。これをいったい何度繰り返したかわからないのである。

3　バグダード民泊は「鶴の恩返し」

バグダードを訪れて滞在する先進国の人間はひじょうに少ない。日本人では大使館員、商社、石油関係の企業、ＪＩＣＡ、戦争報道のジャーナリストぐらいではないか。そして、その限られた人たちのほぼ全てが「グリーンゾーン」という政府中枢機能が集中し一般市民が許可なく立ち入れない特別なエリアに宿泊する。グリーンゾーンはアメリカやイギリス、韓国などの民間軍事会社によって警備されており、西側各国大使館もこの中にある。外国人はゾーンを出るときはもちろん、ゾーンの中でも民間軍事会社の防弾車に乗り、その前後には武装護衛が乗る車両がつくと聞く。一般のイラク人とは完全に隔離されているのだ。

私たちのように一般家庭に「民泊」する例は稀だろう。誰しも自分の立場でしか世界を見ることができない。私たちも民泊という特殊な立ち位置からバグダードを見ていた。めったにないことだろうから、ちょっと報告してみたい。

バグダードは町としては古代から存在したらしいが、大きく栄えたのは八世紀、アッバース朝の首都になったときだ。有名な「千一夜物語（アラビアンナイト）」の舞台となった。シェヘラザード王妃がシャフリヤール王に毎晩、「シンドバッドの冒険」や「アラジンと魔法のランプ」の話を聞かせたのもこの町ということになっている。

バグダードの町はフランスのパリに少し似ている。どちらも大きな川の両側に誕生・発展した古都である。パリはセーヌ川が東西に流れているが、バグダードはティグリス川が蛇行しながらも一応南北に町を貫いている。パリはセーヌより北側を「右岸」、南側を「左岸」と呼ぶ。いっぽう、バグダードはティグリス川の東側を「ルサーフェ」、西側を「カルフ」と呼ぶ。

例えば、私がバグダードに行ったと誰かイラク人に話すと、「どこに泊まった？　カルフ？それともルサーフェ？」などと訊かれる。

その言い方でいくと、私たちが泊まっているハイダル君の家はカルフ（西側）のアーマル区ということになる。町の南西部、空港の近くだ。

「アーマル区？　そんなのバグダードじゃない。どうしてそんな遠いところに泊まったの？」と池袋のファイサルさんにも、別の在日イラク人（バグダード出身）にも後で言われた。そして、それをハイダル君に伝えたら、テーブルをドンと拳で叩いて憤慨した。

イラク人、それもバグダードっ子はすごくプライドが高いのである。

しかしバグダードの端っこというのは間違いでない。アルカイダやＩＳなどのスンニー過激派の一大拠点であるアンバール州と街道でつながっているため、アーマル区は以前から車による爆弾テロがひじょうに多いところだった。無差別爆弾テロは基本的にアルカイダやＩＳなどのスンニー過激派が行う。なぜなら彼らはイラク政府の正当性を認めておらず、秩序を乱して政府の権威を貶めることが目的だからだ。

バグダードの中心部へ行くためにはいくつもの検問をくぐり抜ける必要があるが、アーマル区なら町の玄関口なのでさほど難しくない。ハイダル君の長兄が爆弾テロで瀕死の重傷を負った事件にはこのような背景がある（なお、三男のアサム兄さんもその場に居合わせ、背中を大やけどしたという）。

つい一年前にも、アサム兄さんが経営するパン屋の隣の建物が爆弾で吹っ飛ばされた。アサム兄さんのパン屋には防犯カメラがついており、そのときの様子がビデオ録画されていたので私も見せてもらった。閃光と爆風とともにパン屋のガラスが粉々になり、粉塵が巻き上がっていた。三十五人が犠牲になったという。イラクでの爆弾テロの多さは本当に常軌を逸している。

ハイダル君が生まれたころ、この辺りは小川が流れ、草地が広がっていたというが、今は土色をした低層の住宅が並ぶ。住民のすべてがシーア派である。かつては宗派に関係なく住民が入り交じって暮らしていたが、米軍侵攻後の二〇〇〇年代、シーア派とスンニーの民兵が抗争を繰り広げ、モスクを爆破し合った結果、スンニーは追い出され、シーア派だけが残ったという。

二つに区切られたハイダル君の元実家のうち、私たちは四男ヤーセル兄さんの家に泊まっていたわけだが、正確にはその「居間兼客間」だ。というのも、客間にはトイレもついていれば、表玄関とは別に直接出入りできる入口もついている、客が来たときは母屋から分離されるように作られた空間なのだ。

イラクの冬は寒い。日本で昔よく使っていたものとそっくりの石油ストーブを焚き、絨毯の上に直接布団を敷く。敷き布団と掛け布団と枕。日本のスタイルとそっくりなのに部屋の様子はまるでちがうのでパラレルワールドにやって来たような気分にもなる。

客がいないときにはふつうに居間として使われているらしく、大きなソファセット、テレビや時計、コーランの言葉が記された装飾品などの中で、ハートマークが描かれた、巨大かつ真っ赤な熊のぬいぐるみが存在感を発揮していた。イラクではバレンタインデーのとき、男性から女性にプレゼントを贈る習慣があるといい、どうもこの大きな赤い熊さんは内務省汚職撲滅捜査官のヤーセル兄さんが奥さんにあげたものらしい。

この客間は他の部屋とドアでつながっているが、私と山田隊長はそこから出入りすることは許されていない。向こう側には奥さんがいるからだ。といっても、奥さんはごくたまに声がかすかに聞こえるだけで、姿を見ることもなければ気配すら感じられない。

食事時になると、外側の入口からハイダル君や三男アサム兄さんの十代の息子が大きなアルミのお盆に料理をのせて運んでくる。前述のように、アサム兄さんの奥さんとヤーセル兄さんの奥さんのどちらかが作ってくれているらしいが、二人とも姿を目にすることはない。

敬虔なムスリムの家に招かれたときはいつも思う。まるで「鶴の恩返し」みたいだと。目を瞠るような御馳走がどこからともなく運ばれてくる。でも作る人は絶対に見られない。というより、見てはいけない――。

日本では近年、セクシャルハラスメントの定義について議論がなされているが、イスラムでは七世紀、日本で言えば飛鳥時代の段階で論理的に解決済みだ。つまり、親族以外の男女が顔を合わせたり話をしたりするからいけないのであり、それを禁止すればセクハラなんぞは起こりようがないわけだ。

イラクでは一九八〇年代、イスラムは力が弱く、社会はリベラルだったという。YouTubeで当時の映像を見ると、女性はみんなスカーフもかぶらず、町を出歩いている。地中海系の風貌の人が多いから、まるでギリシアやイタリアみたいな光景だ。

ところが一九九〇年の湾岸戦争後、フセインは反欧米色を打ち出すため、イスラム化を推進させた。米軍侵攻後はその傾向に拍車がかかったようだ。

とはいっても、まだ二〇〇〇年代はわりと普通に女性と話ができたらしい。二〇〇六年にイラクを出て日本に来たという池袋のファイサルさんは私に「今日は何の料理つくってるの?」という表現を教えてくれた。「誰かの家に行ったら挨拶代わりによくこう言うんだ」とのことだが、残念ながら今この表現を使う機会は皆無である。

サダム・フセイン大統領（2003年）

女性が「鶴化」しているからだ。そして、女性は外に出るときにはベールをかぶって髪をかくし、体の線が見えない服を着用し、万が一にも男性の欲情をかきたてないようにする。人によっては頭からすっぽり黒い布をかぶり、顔すら見せない（なお、シーア派イスラム主義本場のイランでは、多くの人が家の中では戒律を全く気にしない。外国人男性が訪れると、女性はベールもかぶらず一緒にピースサインで写真を撮ったり食事をしたりするのが普通だ）。

面白いことに、民泊する外国人の私たちも同じように行動する。鶴になるのだ。

ホストであるハイダル君はゲストである私たちに対し、過剰なほど気をつかっていた。ハイダル君が子供の頃は近所の人たちはシーア派もスンニーも入り交じっていたが、誰も宗派など気にせず、みんな顔見知りで何の不安もなかったという。ところが宗派抗争が起きてスンニーの人たちが追い出された後、よそから全く見知らぬシーア派の人たちが大量に移り住んできた。誰が誰だかわからず、よからぬ民兵もたくさん混じっており、要注意なのだという。

イラクの民兵とは、他の国には存在しない、ひじょうに奇妙な武装勢力である。二〇〇三年のフセイン政権崩壊後、中央政府の統治が弱まり、人々は各宗派や民族あるいは氏族で自警団のようなものを形成した。あるいはそのような武装集団が他の集団を襲撃したり、抗争を行ったりした。それだけなら中東やアフリカによくいる民兵と同じだが、実は彼らは「公的」な存在でもある。

というのは、二〇一四年に始まったイスラム国との戦いのため、これらの民兵が立ち上がり、また新たな義勇兵も多数参加した結果、「首相府直属の部隊」と正式に位置づけられ、政府から月給も支払われるようになったからだ。名称はアラビア語で「ハシェド・シャアビ」、英語で Popular Mobilization Units（PMU）、日本語では「人民動員部隊」。ＩＳに勝利したのは彼らの力が大きく、その結果、戦後は社会における影響力を増した。

ところが、人民動員部隊は首相府直属とは名ばかりで、実際には数十もの組織からなる、全く統制がバラバラの兵士の集団である。ざっくり分類すると、以下の五つになる。①親イラン派民兵、②シーア派ながら反米・反イランの政治スタンスで一定の人気を誇るムクタダ・サドル師の民兵、③シーア派信徒から絶大な尊敬と信頼を得ているイラク・シーア派最高指導者シスターニ師に忠誠を誓う義勇兵タイプ、④スンニー中心の氏族民兵、⑤キリスト教徒、ヤズィーディー教徒、トルクメン人などマイノリティの民兵。①〜③はシーア派だが、中でも①の親イラン派が人民動員部隊の中核をなしており、圧倒的に強い勢力を誇る。本書では特に断りをつけない場合、「民兵」と言えば親イラン・シーア派民兵を指すことにする。

民兵は玉石混淆である。彼らがいるからアルカイダやISといったスンニーの過激派が抑えられているし、警察や軍の力が弱いこの国においては、治安維持に欠かせないのも事実だろう。

いっぽう、彼らの権限や任務のあり方は法律に則っていないことが多い。もちろん中には真面目に国民の安全を守ろうとしている民兵もいるだろう。でもなにしろ法律に則って動いていないうえ、指揮系統もバラバラだから、自分たちの判断で「善悪」を決め、裁いてしまいがちだ。米軍基地にロケット弾を撃ち込んだり、社会の敵だと（彼らが）思う人々を拉致・殺害したりすることもある。

あるいは単純に略奪や営利誘拐などの犯罪行為を行ったりする悪質な者も少なくないという。ハイダル君の次兄を襲った強盗にも民兵が含まれていたのがよい例だ。そして私たちが最も注意すべきはこのような連中なのだ。

町に出かけるときはまずハイダル君が門から外をのぞき、通りに人がいないのを確かめてから私たちが外に出るようにした。セキュリティの基本は「存在を人に知られないこと」なのだ。極力人に会わないようにする。人に会わなければ、危害を受ける可能性は低くなる。

アサム兄さんかハイダル君の友だちが車を出してくれるときはいいが、毎回そうもいかないので、大通りまで歩いてタクシーに乗るときもある。

タクシーを捕まえると、「アッサラーム・アライクム（あなたの上に平安を）」とイスラム式の挨拶をしながら、車に乗り込む。本来、イラクの一般的な挨拶は宗教色のない、「メルハバ（こんにちは）！」だったらしいが、今メルハバはめったに耳にせず、ほとんどがアッサラーム・アライクムだ。

全員が腰を落ち着けると、今度は運転手が「アラーバル・ヘール」と言い、私たちも同じように「アラーバル・ヘール」と唱える。これは隣国のシリアやヨルダンの人たちも全く馴染みがないというイラク独自の習慣で、家の中でも車でもオフィスでも、とにかく誰かが人の輪に参加して腰を下ろすと、みんなでアラーバル・ヘール（意味は不明だが、「よきことかな」みたいな感じか）と唱和するのだ。

タクシーではたいてい運転手がべらべらしゃべり出す。イラクでは明らかな外国人がタクシーに乗るとか町を歩くなんてことが珍しいため、好奇心全開である。私にも「どこから来た？」「なにじん？」と訊く。こちらは「中国人」と答える。「おお、そうか、ベイジン（北京）か？」などと言われたら「そうだ」と答えておく。

実はハイダル君から「日本人と言うと金持ちと思われてよくないから」と釘を刺されていたのだ。イラクの人たちは八〇年代以前に輸入された日本の家電製品や自動車の印象が強いらしく、今でも日本がとても繁栄した、素晴らしい国だと思っている。いっぽう、中国人はイラクに大勢いるが大部分は工場や建設現場の労働者だという。彼らは劣悪な環境で働かされていることが多く、道端でじゃがいもを焼いて食べて暮らしているホームレスのような中国人労働者がイラク当局に保護されたなんてニュースもあるとのことで、「裕福でない人たち」という印象をイラク人に持たれている。要するに、「中国人」というベールをかぶって、万が一でもタクシー運転手やその他の人たちが欲望に負けて私たちを拉致したりしないようにという対処法なのだ。身の上を偽るとどうしても口が重くなる。結果として運転手のおしゃべりをハイダル君が一身に受け止めるはめになる。

鶴も鶴を連れて歩く人も精神的負担は大きい。

4 鶴の見た古都バグダード

バグダードはいつも道路が混んでおり、移動に時間がかかる。特にカルフ（西側）からルサーフェ（東側）に渡る橋が渋滞している。それでも前よりはかなりよくなったらしい。以前はテロや武力抗争が今より頻発していたため、検問が厳しかった。いっときは同じ場所でシーア派とスンニーとクルドの三組の兵士が一つの車を別々にチェックしていたこともあったという。

前述したようにこの三者は互いに対立している。例えば、シーア派の武装勢力がこっそり入ってきたとき、シーア派の警官や兵士だけならチェックがおざなりだったりわざと見逃してしまう可能性がある。それを防ぐためにそんな措置がとられていたという。移動に恐ろしく時間がかかったというのもわかる。

私たちが行ったときは、すでに六カ月間、バグダードで爆弾テロは起きておらず、治安は改善されているようだった。検問はあるものの、あまり止められなかったし、止められてもパスポートを見せる程度だ。

車窓から眺めるバグダードは一言でいえば「古色蒼然」としていた。私はこれまでイランのテヘラン、トルコのイスタンブル、内戦前のシリアのダマスカスやアレッポという町を訪れたことがあったから、当然それに比肩する近代的な大都市を想像していた。五階建て以上のビルが林立し、でもテロや内戦で破壊され、廃墟になったり砲弾の跡が残っていたりするのかなと思っていた。

ところがバグダードには鉄筋コンクリートのビルは少なく、おおかたはレンガ造りの茶色い二階建ての建物だ。その合間にはヤシの木が大きな葉を広げており、暴力や混乱のあとは全く見られない。印象としては「のんびりした大きな田舎の町」だった。

イラクは一九九〇年の湾岸戦争後、国際社会の経済制裁を受けて経済がストップした。そして、二〇〇三年の米軍侵攻後は政治的な混乱が続いているから、この町並みは八〇年代からあまり変わっていないのかもしれない。

あちこちの道路脇には、ISとの戦闘で亡くなった兵士の顔写真と名前、それにどの戦闘でどのようにして戦死したのか書かれた看板のようなものが立てられている。この国ではそのような戦死者は「殉教」とされるから、盛大に讃えられているのだ。

交通量や道路の数は日本の大都市と変わらないのに、驚くことに信号がほとんどない。私が行った国でこれほど信号の少ない首都はブータンのティンプーぐらいだ。四つ角では警官が交通整理をしていたり、運転手同士が阿吽の呼吸や駆け引きで交差点を渡ったり左折、右折している。

ちなみに、街灯が極端に少ないため、日が暮れると街中が真っ暗になる。前近代的な町並みと復興の遅さが印象的だったのだろう、山田隊長は「なんだか、イラン・イラク戦争が終わった直後に来たみたいやな……」と感想を漏らしたものだ。

私たちが行きつけにしていたのはバグダードの新宿ことカラーデ区である。アーマル区から比較的近く、ということは郊外からも入りやすいので、さんざんテロの標的にされた街でもある。ただ、かつて爆弾で破壊された建物も再建築が進んでおり、暴力の傷跡は見当たらない。

ここには文明国イラクの風情をそこかしこで感じた。特にカフェ。ビルの屋上にあるカフェでは客の多くがシーシャ（水煙草）をふかしていた。オープンテラスからはティグリス川や街が一望できる。

ジャーナリストが集うことで知られるカフェはパリのそれにそっくり。歩道に設えたテラス席でエスプレッソを飲んでいると、古き良きバグダードを感じることができた。

ハイダル君が行きつけにしていたブックカフェも訪れた。私は外国でブックカフェなど訪れたのは初めてである。欧米には普通にあるのだろうが、アジア・アフリカでは見たことがない。本棚の合間にテーブル席があり、若い人たちが本をめくったり、談笑したりしている。中にはカップルもおり、女性は頭を布で覆わずに長い髪をなびかせ、この店内だけ見ると、ヨーロッパのようだ。このような店では女性も外国人も開放される。

オーナーはまだ青年と呼べる若い男性。日本へ行ってその体験を本に書いたこともあるという。ハイダル君の友だちらしく、イ

戦死した兵士の追悼掲示

ラクの少数民族について特集したムックのようなものを定期的に発行している。実は旧市街にムタナビ通りという有名な古書店街があり、この店も本店はそちらだった。だがムタナビ本店は二〇一〇年にテロにより爆破され、彼のお父さんも犠牲になったという。

ムタナビ通りは一度行ってみたかったが、「街の中心部は遠いし、爆弾テロや拉致のリスクが多少ある」というハイダル君の判断で、ついに行けずじまいだった（一度、ビザの手続きのために旧市街の近くにあるイミグレーションを訪れたことがあるだけだ）。

コーヒーが「文明」の象徴なら、チャーイ（お茶）は庶民もしくは普段着のイラクの象徴だろう。カラーデ区には歩道に茶屋があった。鯉を焼くときに使うのと同じように、大きな薪を燃やし、それで湯を沸かして茶を入れている。

バグダードの歩道の茶屋で居合わせた客と

私たちも一度、こういう店に腰を下ろしてみた。隣りに居合わせた若い男子二人組がスマホの動画を見せて話しかけてきた。よく見ればそれは空手だ。

「キョクシンのクロサワ」と彼らは説明している。「君たちは日本人？」

おお、極真空手出身で総合格闘技でも活躍した往年の名格闘家・黒澤浩樹だ。本来なら話も弾むはずが、「いや、ぼくらは中国人」と答えねばならないのがあまりに残念だ。こうして、せっかくイラク方言を習っていったのに、一般のイラク人と喋る機会はほとんどなかった。

庶民と街角でお茶を飲むというごく普通の行為ができたのは、バグダード滞在最終日であった。「もう最後だから見られてもいいだろう」とハイダル君が近所の市場と、そこに隣接した次男ヌダーム兄さんの店に連れて行ってくれたのだ。先日強盗にあったヌダーム兄さんは、昼間は高校の先生、夕方からは乳幼児用品を売る店を経営している。店先でお茶を飲みながら、拙いイラク方言でお兄さんや近所の人と談笑したひとときは素晴らしかった。そこにこそ、「生活」があった。

帰宅すると、驚いたことに内務省勤務の四男ヤーセル兄さんの奥さんが姿を現した。最後なので挨拶に来たという。逆にいえば、これも「もう最後だから会っても大丈夫だろう」ということだ。三十代前半の知的で気さくそうな女性だった。この人が料理を作ってくれていたのか。鶴の正体を見た思いだ。なんだか、一緒にお茶でも飲めばすぐに打ち解けられそうな雰囲気であった。でも、鶴は正体を見たらもう二度と会えない。現在のバグダードでは女性も外国人も鶴である。最後にそっと見るものであり、そして名残惜しく別れるものなのだ。

5　謎の古代宗教マンダ教

イラクで「鶴化」していたのは女性と外国人だけではない。というより、桁外れに長い時間、ひっそりと隠れていた人々がいる。

マンダ教徒だ。

多くの人はそんな宗教など聞いたことがないだろう。私もイラクへ行かなければ一生知らずにいたかもしれない。マンダ教はひじょうに風変わりで特殊な宗教である。青木健・静岡文化芸術大学教授の『古代オリエントの宗教』やイギリスの元外交官で歴史家のジェラード・ラッセル著『失われた宗教を生きる人々　中東の秘教を求めて』などによれば、この宗教はキリスト教成立直後にパレスチナ辺りで生まれ、ユダヤ教、キリスト教、ゾロアスター教などの迫害から逃れ、紀元二世紀か遅くても三世紀にはイラクのアフワールに逃げ込み、なんと二千年近く、ひっそりと暮らしていたという。

イラクの湿地帯は有史以来、数知れない敗者や被迫害者が逃げ込み、中には今でも住んでいる人がいると前述したが、その中でも——はっきりと血筋がつながっているという意味で——抜群に古い人々なのだ。

しかし、彼らは今やイラクでは安心した暮らしを送ることができなくなった。

二十世紀後半に入ってから、イラン・イラク戦争、湾岸戦争、米軍侵攻などと繰り返し起きた戦争は、大半がアフワール周辺を主戦場として行われた。その結果、住環境は悪化の一途をたどったうえ、フセイン政権による湿地帯の根絶、さらにはフセイン政権後に跋扈《ばっこ》したイスラム過激派や悪質な民兵からの迫害や暴力により、大部分がイラクを脱出、諸外国へ移住を余儀なくされたという。ごく一部が国内にとどまっている状態らしい。

こうなると、鶴ではなくもはや朱鷺《とき》である。

イラクの朱鷺は稀少なだけではない。教義がこの上なくユニークだ。

マンダ教の教義によれば、この世界は位の低い神が「闇の勢力」と一緒に作った間違った世界だという。ただ土から人間を作ったとき、どうしても動かないので、「光の世界」からその破片（魂）を持ってきて入れたところ、起動した。だから、人間の魂だけは清らかな光の世界に属しているが、間違った世界に属す、穢《けが》れた物質（肉体）に閉じ込められているようなものである。

では位の高い神、あるいは「本当の至高神」はどこで何をしているのかというと、「光の世界」にいるらしい。それはひじょうに遠い、いわば「あの世」みたいなところだ。その神とは連絡がとれなくなっているが、死ぬと、魂は上昇し、魂がもともと所属した「光の世界」に戻れる。それを「認識」することが救済であると説く。「マンダ」とは「認識」もしくは「知」という意味だという。だがこの世界でも死後の世界でも光（清浄／善）と闇（穢れ／悪）は常にせめぎ合っているので、生きている間も、さまざまな規律を守り儀礼を行って、身を清浄に保たなければならない。

まるでウルトラマンと仮面ライダーと「新世紀エヴァンゲリオン」を一緒にしたような世界観ではないか。

マンダ教の司祭

ウルトラ兄弟はみなM78星雲の「光の国」出身で地球人の肉体を借りてこの世界に住んでいるという設定だ。もちろん、最後は生まれ故郷である「光の国」へ帰る。
仮面ライダーは世界征服を企てる悪の組織が天才博士に無理やりつくらせた改造人間だが、完成直前に博士がライダーを逃がしたため、精神は善である。ゆえに悪の組織と戦う運命となる。
エヴァンゲリオンは大雑把に言えば、不完全な人間を神が滅ぼし、完全な人間に進化させようとする物語だと私は解釈している。

私は初めてマンダ教の教義を——漠然とながら——知ったとき、思わず興奮してしまったが、十九世紀、初めてヨーロッパ人がマンダ教徒の存在を「発見」したときの興奮はその比でなかったらしい。マンダ教徒が洗礼者ヨハネを信仰していたからだ。

マンダ教の教義はものすごく複雑であり、経典によって矛盾している箇所が数多くあるという。右に書いたのは私流にまとめた概略だ。矛盾（もしくは理解困難）の端的な例は、光の国にいる至高神を信仰しているはずなのに、マンダ教徒は洗礼者ヨハネも崇拝し、毎週日曜日に洗礼を行っているという。でもマンダ教におけるヨハネはイスラム教におけるムハンマドのような絶対的な預言者というわけではなく、立場がはっきりしない。そしてマンダ教はキリスト教については明確に否定している。

理解に苦しむ教義なのだが、「洗礼者ヨハネを信仰している」という部分だけを聞いて二百年前の欧米のクリスチャンは驚喜した。歴史の闇に失われてしまった初期のキリスト教団がメソポタミアの湿地帯にまるでシーラカンスのように生き残っていたと思ったのだ。さらに、二十世紀になり、同世紀における宗教学上最大の発見と言われる「死海文書」の解読が進むと、この文書を書き残した原始キリスト教団なのか古いユダヤの一派なのかわからない教団が、マンダ教に関係があるのではないかという説が出され、また注目を集めたらしい。

湿地帯に二千年近く隠れていたという驚異的な歴史を誇り、ウルトラ兄弟にも原始キリスト教にも似た性質を持ち合わせるという謎の宗教マンダ教。

これだけでも私がマンダ教徒に興味を持つのに十分すぎる。だが、実はこちらにはもっと切実に彼らに会って話を聞く必要性があった。なぜなら、彼らは伝統的に「舟大工」を生業にしていたというからだ。

マンダ教徒は私たちの水滸伝紀行におけるキーパーソン的存在なのだ。

彼らはマンダ教徒を自称しているが、イラクでは一般に「サービア教徒」という名前で知られている。イラク王国時代の一九五〇年代（一九五一〜一九五八）、七年も湿地帯に滞在、現地の習慣や自然をつぶさに観察し、細部にこだわった文章と写真に残した探検家セシジャーは、次のように述べている。

> 彼ら「スッバ」と呼ばれているサービア教徒は、キリスト教やユダヤ教徒とともに「啓典の民」として『クルアーン』にも三回ほど言及されているが、一般的に軽蔑されていて、ムスリムはけっして彼らと一緒に飲み食いをしない。サービア教徒は肉体の損傷を禁じているため、彼らは割礼を行なわない。それゆえ、ムスリムは割礼を受けていない成人男子を「スッバ」と軽蔑して呼ぶ。立派な顎髭と赤白のチェックの頭巾を特徴とするサービア教徒は全部で数千人ほどいて、その大部分がバグダード、バスラ、スーク・アッシュユーフ、アマーラに住んでいる銀細工師として有名である。集団から孤立して湿地帯周辺のムスリムの村に住んでいるサービア教徒の家族の特徴は、裏庭でカモを飼っているかどうかが目印である。
>
> （『湿原のアラブ人』）

マンダ教徒の人たちが湿地帯の中でも差別に耐えて生きていたのがわかる。

古今東西、マイノリティは土地や家畜をもつことが難しいので、職人だったり金融業や商売を営んだりすることが多い。マンダ教徒も例外でなかったようだ。舟大工はもちろん職人だし、銀細工師は職人と金融業を兼ねている（マンダ教徒は銀だけでなく金細工師としても有名だ）。

マイノリティのもう一つの生き方は「知識」である。ユダヤ人や華僑の教育熱心さは有名だ。最先端の知識を持っていれば、被差別民や少数派であっても比較的安定した生活が送れる。

前出の『失われた宗教を生きる人々』によれば、都市部に住むマンダ教徒は教育熱心であり子女は学力が高いという。イラクの最高学府バグダード大学の初代学長はアメリカでアインシュタインに師事した優秀な物理学者だが、マンダ教徒だったことで有名だそうだ。

また、マンダ教徒はシュメール人（もしくはその少し後のバビロニア人）から受け継いだ占星術の使い手として知られ、サダム・フセインは彼らの魔術的な力を信じ、マンダ教徒を庇護したともいう。ますますもって、マンダ教徒には好奇心をそそられる。

しかし、どうやったら探し出すことができるのだろう。また居場所がわかっても会ってくれるとは限らない。イラクにおける彼らの情報はほとんど見つからない。研究者かマスコミ関係者かNGO関係者か、誰かキーパーソンがいないものだろうか。

とりあえず、ハイダル君に「サービア教徒って知ってる？」と訊いてみた。

「よく知っているよ。本当はメンダーイー（マンダ教徒）って言うんだ。僕は学生のときマンダ教に興味を持っていて、聖典や研究文献もアラビア語と英語でほとんど読んだし、司祭に会って何度も話を聞いた。彼らが迫害されたときは、マンダ教徒の人たちを不当な差別や迫害から守るべきだという演説を大学でしたりフェイスブックで訴えたりしたよ。マンダ教徒なら誰でも僕のことを知ってると思うよ」

驚いた。謎の宗教のキーパーソンは私の至近距離にいたのだ。

マンダ教徒内の有名人であるだけに、ハイダル君は親戚のような気軽さで、バグダードにあるマンダ教の本部に連絡をとり、司祭とのアポイントをとりつけてくれた。

かくして、私たちはバグダードに到着して早々、謎に満ちた宗教の本部へ向かったのだった。

6　「すべての人類はマンダ教から生まれた」

カードシーヤ区にあるマンダ教徒の施設「マンディ」に到着したとき、私はてっきりハイダル君に何か別の用があって警察か軍の駐屯地にやってきたとばかり思った。大きな鉄扉の前には装甲車が駐車され、完全武装した兵士たちが無線で連絡をとりながら、入場する人や車をチェックしている。尋常ではない警戒ぶりだ。

この光景を目の当たりにして、いかにマンダ教徒の人たちが酷い迫害にあってきたか、いかに今でも危険にさらされているかが、私もようやく肌身で感じられた。

二十一世紀におけるマンダ教徒の迫害は二〇〇五年頃から本格的になった。マンダ教徒の人権団体の報告では、二〇〇三年から二〇一一年の間に百七十五件の殺人と二百七十一件の誘拐の犠牲になったとされている。ハイダル君曰く、彼らを迫害したのはスンニーとシーア、双方の民兵である。しかも実際は「迫害」ですらなく、単に、彼らマンダ教徒が宝石商や金細工師で武装もしていなければ守ってくれる人もいなかったら狙った——つまり金目的の犯罪が大半なのだという。

敷地の中に入ると、そこも迷彩服姿に銃を携えた兵士でごった返していた。

私たちは最も大きな建物に入った。中は荘厳な応接室となっていた。対応してくれたのはアンマールという名前のまだ若い司祭《シェイフ》だった（「シェイフ」とは氏族長や宗教指導者を指すアラビア語だ。以降、彼のことをアンマール師と呼ぶ）。今年やっと三十歳、漆黒の縮れた毛と髭を生やし、目は透き通るような茶色で、ユダヤ系の人によく見られる風貌だ。やはりユダヤ系だったプロレスラーのブルーザー・ブロディを思い出す。ただし、アンマール師は小柄で華奢だった。

彼はバグダードで生まれたが、両親はアマーラの出身だという。アマーラはマイサン（ミサーン）県の県都で、アフワールの北側に位置する。一九六〇年代まではこの町の近くまで湿地帯となっていたようだ。バグダードから行くと、まさにアマーラはアフワールの玄関口にあたる。

マンダ教徒の人口は、アンマール師によれば、世界全体で五十万～百万。かつてはその大部分がイラクに住んでいたが、今では一万五千～三万人しか残っていない（他の情報ではもっと少なく、例えば、前出の青木健教授によればイラク南部に六～七万人がかつて住んでいたという。その計算から行くと全世界でも十万人に満たないはずだ）。

うち半分がここバグダード、もう半分がアフワールや他の場所にいるという。アフワールと言っても、アマーラなど都市部にいるようで、湿地帯の中に住んでいる人はいるかどうかはわからないらしい。

アンマール師は弁舌なめらかに、アマーラの話から早速マンダ教の神話に私たちを引き込んだ。県名となっている「ミサーン」は、かつて存在したマンダ教徒の王国の名前だという。イエスも話していた二千年前の中東世界の共通語であるアラム語では「ミシャーン」という。ミシャーン王国はイランとの国境のすぐ近くのティーブという場所に存在したが、イスラム勢力が襲ってきて王国は崩壊してしまった。マンダ教は絶対平和主義で、戦うことを禁止しているという。素晴らしいことであるが、言い換えれば、外部から攻撃されると逃げるほかは何もできないのだ。

しかしマンダ教徒自身は高い誇りをもっている。なにしろ、アンマール師によれば、マンダ教は一神教の元祖だという。神の名は「慈悲あまねく」とか「偉大なる情け」といった形容でしか表さない。イスラムやユダヤよりもっと徹底しているというのだ。

彼らの創世神話は旧約聖書に似ているものの、少しちがう。アダムとイブは両方とも粘土から造られ、その子は神から造られた別の魂と結ばれ、次の子が生まれたという。

司祭のアンマール師と「マンディ」にて

その他、光と闇があり、よいことをすれば光の世界へ、よくないことをすれば闇へ行くなど、イランで三千年ぐらい前から存在するゾロアスター教の教義に似た部分もある。

現実的な側面も訊いてみた。『失われた宗教を生きる人々』に、フセイン時代、マンダ教は保護されていたと書かれているがどうなのか。

フセインはマイノリティを自分の都合のいいように利用したとアンマール師は述べる。料理はクリスチャンにやらせ、自分や家族の装飾品はマンダ教徒に作らせていた。得意にしている人たちに任せたわけだ。

フセインはマンダ教のマジカルなパワーを恐れたと『失われた宗教を生きる人々』に記されていることについては、「マンダ教は魔術を使うことを禁じている」と否定。ただし、天文学、占星術、物理化学などの学問に秀でていた。つまり、知恵と学問をもっていたため、人々は古代から彼らをリスペクトしていたし、中には恐れる者もいた。無知な人にとって科学知識は魔術に思えるからだ。

占星術はシュメール時代から発達していた。マンダの人々は二つの名前を持っている。一つは普通の名前、もう一つは星に由来する名前でこちらは他人に絶対教えてはいけないとされる。

フセインはマンダ教を保護していたわけでないが、悩ますこともなかった。

「サダム（フセイン）はどの宗教も宗派も同じように扱った。どんな人でも自分に忠実ならよくて、刃向かうなら弾圧しただけだ。だからセクト間の対立もなかった」

独裁者の下では宗教や民族による対立は生まれないという皮肉な証言である。その無派閥状態はアメリカによって破壊されたと彼はつけ加えた。

マンダは毎週日曜日に洗礼を行う。冬は寒いので一般信徒は手や顔を清めるだけだが、司祭は全身を浸す。司祭になるときは十月から三月まで六カ月間、毎日洗礼を受けなければならない。

「おかげで今も私は風邪を引かない」とアンマール師は初めて笑った。

マンダの服装や生活スタイルは、粘土板に記されているシュメール人と同じだという（イラクでは「シュメール」という言葉を本当によく聞くが、たいていは「古代メソポタミア」という意味である。実際には古代メソポタミアはシュメール、アッカド、バビロニア、アッシリア……とさまざまな王朝が興亡し、支配民族も時代と場所によって変わり、考古学・歴史学的な時代区分も設けられているのだが、イラクでは「シュメール」にほぼ一括される）。

例えば、葬儀の際、死んだ人の手にスカンドゥレというお守りのようなものを握らせる。サソリやヘビなどが描かれた円盤が鎖で小さなナイフにつながれたものだという。マンダ教徒がシュメール人のやり方を踏襲したと考えるのが普通だが、彼らはそう思わない。

「我々が最初の人類。シュメール人と同じだ。後にシュメール人は道を外れ、太陽や月を崇めたりするようになったが」とアンマール師。

彼らの世界観には圧倒される。歴史学の見解とはまるで異なり、最初にマンダがいて、後にシュメール人が分かれ、それから何千年もあとにユダヤ、キリスト教、イスラムなど諸宗教が枝分かれしていったということだ。しかもマンダの人たちからすると、それらのユダヤ以降の教えも全て間違いなのである。

「世界でいちばんプライドの高い人たちやな」と山田隊長が唸った。

このような唯我独尊の意識を持っているから迫害されたのだろうが、言い方を変えれば、この意識を保っていたからこそ二千年近くも危険で不便、不快な湿地帯に潜んでいることができたのだろう。かつて、アフワールにはライオンなどの大型肉食獣が棲んでいたという。また、フセイン政権に潰される以前は野生のイノシシが多数生息しており、住民は畑を荒らされたり襲われて鋭い牙でしばしば殺傷されたりしたという。また、毒ヘビやサソリ、寄生虫なども多いはずである。なにより、マジョリティのムスリムから差別を受けていた。生半可な思想信条では生き抜くことはできなかったはずだ。

「舟大工がアマーラにいるかどうか確認しておく」とアンマール師は言った。

7　ヨハネの愛弟子たちの洗礼

次の日曜日、マンダ教徒の洗礼を見に行った。マンダ教徒は二千年近く前から湿地帯に隠れて伝統を維持してきた。この宗教と信者自体がタイムカプセルのような存在なのだ。ということは、彼らの儀式を見れば、近代化する前の湿地帯の風景が垣間見られるかもしれない。

マンダ教徒は原始キリスト教と深い関係があると言われており、キリスト教と似ている部分がある。日曜日を祭日に定めていることや洗礼を重要な儀式と位置づけていることも共通している。

キリスト教の洗礼は一生に一回、キリスト教徒になるときだけである。ところが、マンダ教徒は毎日曜日、洗礼を行う。キリスト教の洗礼はイニシエーションだが、マンダ教の洗礼は定期的に身を清めることが目的らしい。マンダ教徒にとって洗礼は最も重要な日常儀式なので、彼らは絶対に川のほとりに住むという。

バグダードなら当然それはティグリス川となる。私たちは前回訪れたマンディから一キロほど離れた場所へタクシーで訪れた。

川辺に季節外れの海の家を思わせる白い平屋の施設が点在していた。階段を下りると、泥を固めて作られた小屋が建っていた。どうやらアフワール様式の家らしい。小屋の前には人が四人。女性が二人と小さな女の子。さらに背の高い男性がいかにも古文書のような本を手にして、体をゆらしながら、大声でそれを読んでいる。祈りの文句らしい。

彼らの出で立ちには瞠目する。洗いざらした白い綿布、腰には編んだ縄のような帯。見たことがないにもかかわらず、二千年前のイエスやヨハネはこうだったのではないかと思わせる。古代の香りが漂っている。

山田隊長はそれまで撮影していたビデオカメラをしまい、代わりに手帳を取り出して、熱心に鉛筆で泥の小屋の風景をスケッチし始めた。隊長は旅先で出会った動植物や民族をイラストで記録する習慣を持っている。その腕前はプロ並みで、隊長の絵には学術的な資料価値があると私は思っている。

やがてアンマール師は二羽のカモらしき鳥を抱いて水辺にやってきた。山田隊長は一目見て「マガモやろう」と言った。

どこから来た鳥ですか？ と訊くと、アンマール師は「ロシア」と笑った。カモは渡り鳥で、寒くなるとロシアから飛んでくるのだ。捕獲したのはアフワールだという。

ラムさんという平服の男性信者の「お布施」らしい。彼は亡くなった両親の代わりに神に毎週アフワールからカモを取り寄せて寄進しているという。すごい手間と出費だ。両親はアフワールに住んでいたそうだ。亡くなった親の代わりに僧侶に食べ物を提供するというのはタイの上座部仏教でも行う。不思議な一致だ。

カモのうち一羽は頭が茶色、もう一羽はメタリックグリーンで、いかにも健康そうで美しい。供するカモは病気や欠損があってはならないとのことで、アンマール師は入念に確かめていた。

儀式は、鉄のナイフを小さな焚き火の中に入れて清めるところから始まった。アンマール師の他にもう一人が「証人」として立ち会う。手順に誤りがないかどうか見定めるのだ。

「イラク政府も見習うべきだ」と私が言ったらハイダル君もアンマール師も笑っていた。イラク政府の腐敗ぶりは誰もが認めるところだ。

熱したナイフを川の水で冷やすと、今度はそれに香りのする葉の枝を糸で結びつける。しかも右側。マンダの世界観には常に光と闇があり、鉄は「闇」に属するので「光」に属す葉をつけて中和させるという。ナイフは砥石でよく研ぐ。カモも川の水でよく洗う。

アンマール師自身も水辺にしゃがみ込んで、自分の手足をバシャバシャと洗って清める。オリーブの木の棒をたずさえ（背中に立てかけている）、腰の帯にぶらさげていた、同じく編んだ小さな輪を外し、祈りを唱えながら、それを頭にかぶっている布と髪の間に入れる。その間、もう一人がカモを検《あらた》め、シェイフに渡す。アンマール師は作業用の板に腰を下ろし、カモの首に刃を当て、静かに少しずつ切る。鮮血が滴り落ちる。オリーブ棒は左肩に立てかけ、助手が後ろからその棒を支えている。まるで神話の一場面のようだ。水面に陽光が反射し、血を照らす。

二羽とも殺すと、儀式は終わる。あとは上の調理室に運び、料理に移る。なかなか奇妙な部屋で、現代的なガスコンロがあるが、火口には粘土で作った日干しレンガが台として備え付けられている。また、テーブルの表面にも粘土が敷き詰められている。

バグダード郊外からもってきた粘土を使っているが、「昔と同じようにしている」とのこと。驚いたことに、現代都市の部屋に二千年来の湿地帯世界を接ぎ木しているのだ。

私がテーブルに近づくと「触るな！」と語気鋭く注意された。これもまた聖なるものらしい。

調理自体はごく普通だった。鳥の羽根をむしってさばく。

アンマール師は前回とうって変わって気さくだ。前に会ったときは初対面の外国人ということ

聖なる家
マンダ教のふるさとアフワール湿地では
カマボコ型の日干しレンガの家が今もある。
日干しレンガと泥は断熱効果があり、
冬あたたかく夏すずしい。
梁（ヤシ・ユーカリ等）
葦でふいて泥を塗る
桟木（細木or太い葦）
日干しレンガ
壁の両側に泥を塗る

洗礼が行われるティグリス川の施設

ナイフを清めて、川べりでカモをほふり、レンガ台のガスコンロで焼く

でかなり構えていたのだろう。この日は、質問をすると、笑いを交えながら、料理の手を止めずに勢いのよい口調で答えてくれた。

司祭の生活は厳しい制限がある。飲み水は川の水でなければいけない。野菜や肉といった食べ物を洗うのも川の水。だからこそ本来、マンダ教徒の司祭は川辺に住むのだが、バグダードで川のそばの宅地といったら自動的に都心の一等地となり、地価が高くて住めない。特に地方から出てきた人には無理なので、師も川から離れたところに住んでいる。週に何回かここで水を汲んで家に持ち帰っているという。

司祭はふだん野菜を食べている。肉は魚とカモと雄羊のみ。しかも、今見ているように、屠畜から料理まで全部自分でやらなければいけない。雄羊を潰すときには司祭二人と証人一人が必要だという。

気になっていることを師に訊いた。なぜイラクのアフワールがマンダ教の中心地なのに、パレスチナのヨハネを崇拝しているのか？　ヨハネの立場は何なのか？

「昔人類はみんなマンダ教徒だった。みんなアフワールに生まれ、外に出て行ったんだ。そして、マンダの教えを忘れ、他の宗教を信じる者も出てきた。あるときマンダ教徒の一部がアフワールからパレスチナに移住したが、ユダヤ人に迫害された。そのときヨハネに助けられてアフワールに帰ることができた」

なんと出エジプト記でなく、出パレスチナ記。しかもユダヤ人は迫害する方に回っている。そして導き手はモーセでなくヨハネ。ちなみにマンダの教えでは「モーセは詐欺師」ということになっているらしい。

盛んに喋りながら、師はせっせと肉や野菜を切ったり、カモの中に野菜やハーブを詰め込んだりしているが、手さばきは丁寧とは言いがたい。包丁がうまく通らないときは「おりゃ！」と力ずくで切るし、調味料のかけ方も荒っぽい。

カモの下拵えが終了すると、アンマール師は鍋をどこかに運んでいった。この間にカモを寄進したラムさんに少し話を聞いた。

一般信徒は司祭ほどではないが、やはり食べ物にタブーがある。豚、肉食動物、猛禽類、うろこのない魚は食べられないという。

もう一つ彼が強調したのは「北が大切」ということ。北から光が来る。死後、魂は三日間、家と墓の間にいて、審判を受ける。そしてよいことをしたら魂は「光の世界」へ向かうがそれも北。ティグリス川もユーフラテス川も北から流れているから清らかな川。ナイル川のように南から北へ流れる川では洗礼はできない。「そういう土地に住まなければいけなくなったら、北から南へ流れる支流を探してそこで洗礼する」とのことだ。

しばらくして洗礼の儀礼がはじまった。成人男子三名と少年。スウェーデンに移住し、一時帰国した信徒とのこと。

私たちも間近で立ち会うことを許可された。小屋を覗いてみたら、アフワールから持ってきた葦を骨組みにして泥（粘土）を貼り付けて作っている。つまり、湿地帯様式の家だ。ハイダル君によれば、「これもシュメール人と同じ」とのこと。

アンマール師が戻ってきた。いよいよこれから洗礼。布で顔を覆って目だけ出す。先ほどまでのやんちゃな若者とは打って変わり、無気味な迫力が出る。

水辺に生える葦と樹木の茂みのわきで、師と成人信徒三人が水の中に腰まで入る。師は布に覆われてくぐもった声でお祈りの文句を唱える。棒を持ったまま、信徒の頭を水の中に力ずくで沈めたり、口に水を入れて飲ませたりする。水飛沫《しぶき》があがり、冬の透明な日差しが水面に反射して煌めく。

ヨハネがイエスに洗礼を施している場面をじかに見ているようだ。二千年前の洗礼が冷凍保存され、今目の前で解凍されているような錯覚さえおぼえる。

「洗礼」は誰が始めたのだろうか。キリスト教が成立する前、ヨハネが行っていたということだし、死海文書を残したユダヤの一派だとすると、彼らはもっと前に行っていた可能性もある。マンダ教は二世紀以降に成立したらしいから、先行者の習慣を受け継いでいるのかもしれない。

キリスト教は一生に一回行うだけなのに対し、マンダ教は基本、毎週イニシエーションを行う。毎週、神と教団に屈服させられる。あるいはメソポタミアの湿地帯という環境がそれを要求したのだろうか。そうでもしなければ、信仰を保っていけないというような。

洗礼所を去る前に、アンマール師から良い知らせが伝えられた。「アマーラにはまだ舟大工がいる。連絡先を教える」とのことだ。おお、まだいたのか！

多くのマンダ教徒が湿地帯からバグダードへ、そしてバグダードから海外の先進国へと移動している。まるで魂の故郷である「北」へ帰るように。

私たちはその流れに逆らうかのように「南」へ進むことになる。二重水滸伝の外側「イラク」を突破し、いよいよ水滸伝の好漢たちが住むアフワールに向けての旅が始まるのだ。

第2章

イラン国境の水滸伝

アフワールで最も重要な植物カサブ（葦）

1　ディープサウスへ

真っ暗な庭先に出て、星の瞬く下でひそやかに荷物を三男アサム兄さんの車に積み込むと、私たちは人気《ひとけ》のないのを確認してから素早く出発した。吐く息は白い。午前五時前、まるで夜逃げのようだ。

ガラージュと呼ばれる乗り合いタクシーのたまり場へ行く。アサム兄さんが交渉してくれて、私たちはうさんくさそうな中年男の運転するタクシーに乗り込んだ。バグダード滞在もハイダル君の家（ラダー家）での生活も終わりだ。私たちはアフワールのある「南」へ向けて出発した。

今回の旅では舟旅まで求めていない。まずは湿地帯をこの目で見ること、舟大工を見つけること、将来的に舟旅ができるかどうか調べること——つまり偵察が主目的だ。何もかも手探りなので、ある意味ではこの偵察が最もリスクが大きく、難しいとも言える。

まず目指したのはマンダ教の舟大工がいるというイラン国境近くの町アマーラである。

イラクはティグリス川とユーフラテス川という二つの大河が南北に流れている。ティグリス川はトルコ東部を源流とし、イラク・イラン国境の山岳地帯に水源をもつ支流からも水を集めながらイラクの東側を流れる。かたやユーフラテス川は同じくトルコ東部を源流としつつ、いったんシリアを通ってからイラク西部を流れ、イラク南部でティグリス川と合流し、シャトル＝アラブ川と呼び名を変えてペルシア湾に注ぐ。アマーラはティグリス川沿いの町だから、私たちはティグリス川経由で湿地帯へ向かっているわけだ。ちなみに、「メソポタミア」とはギリシア語で

「二つの川の間」を意味し、ティグリス＝ユーフラテス川の流域を指す。そのうち面積で言えば、ざっと八割がイラクで、残りがシリアとトルコだと考えるとイメージしやすい。

こんな時間帯でもけっこう車は走っている。アメリカ車が多い。その他はヨーロッパ製、韓国製、中国製。日本車は影が薄い。アフワールの玄関口であるアマーラへ向かうハイウェーに乗ると、一般車の大半がアメ車となった。アメリカ以外でこんなにアメ車の多い場所は初めてだ。

米軍侵攻後にアメリカ産品が無理やり入ってきたのかと思いきや、「昔からそうだった」と助手席のハイダル君は言う。

ハイダル君‼　バグダード滞在後、いったい誰を頼って湿地帯へ向かったものかと思い悩んでいたが、なんとハイダル君が同行してくれることになったのだ。彼は人格と知性が抜群でしかもハンサム。特にその微笑みは乙女チックなものに無縁な私ですら「天使？」と思ってしまうほどだ。そんな彼が通訳兼ガイドを買って出てくれたのだから、私たちは幸運というしかない。

彼によると、中でも人気があるのはイラクで「オバマ」と呼ばれる車。車種まではわからないが、クライスラーのセダンだ。私たちもオバマのタクシーに乗りたかったが、見当たらず、似たような、でもＧＭの車に乗ったのだった。

しかし、このＧＭは食わせ物だった。三十分あまりでプスプスという景気の悪い音を立てて止まってしまった。エンジントラブルらしい。「こいつはオバマじゃないどころかトランプだ」と罵りながら、車を降りた。しかも運転手は「アマーラまでの料金の半額をよこせ。俺も車が壊れて災難だよ」などと要求するので、しばらく口論。「車だけじゃなくてこいつもトランプだ」と温厚なハイダル君もさすがに怒った。結局、要求の半額ぐらいを支払う。

東の方の地平線から大きな赤い太陽が昇ってくるのを見ながら、通りがかった別のアメ車を捕まえて、再スタート。ドライバーは無造作にアクセルを踏み込み、速度計の針がぐーんと回る。

猛スピードでエンドレスに続く平坦な一本道を突っ走っていると、なぜこの国にアメ車がこんなに多いのかうっすらと察せられた。国土の大半が平坦だからだ。車はスピードを出す。アメ車は車体が重くて頑丈なので、舗装状態のよくない道路で百五十キロ以上出しても安定感は抜群。直線ばかりだから細かいハンドルの操作性は必要ない。しかも産油国だからガソリンが安く、燃費の悪さもあまり気にならない……。

アマーラ近辺の景色

南部の人が住むエリアはティグリス川とユーフラテス川およびその二つの河川が合流したシャトル＝アラブ川の流域で、川が一億年以上もかけて運んで来た土砂が堆積した沖積平野である。高低差はひじょうに少ない。バグダードから海（ペルシア湾）まで直線距離にしてざっと五百七十キロあるが、標高差はたったの三十四メートルである。わかりやすく言えば、東京の十階建てのマンションから大阪湾まで水を流したような感じだ。ほとんど流れなどない。そこが湿地帯になるのも容易に想像できるだろう。

小林登志子氏『古代メソポタミア全史』によれば、かつてメソポタミア南部（だいたいイラク南部）を「バビロニア」と呼び、さらにその中でニップル市（現在のヌファル）を境に北部を「アッカド」、南部を「シュメール」と呼んだという。シュメールという地域で人類最古の文明が興った故に「シュメール文明」と呼ばれるのだ。そしてシュメールは「ペルシア湾に近い低湿地」というから、まさにアフワールのことである。その歴史的な地域区分に従えば、私たちが今旅をしているのはバビロニアで、もっと詳しく言えば、アッカドを経由してシュメールに向かっているのだった。

景色は単調だ。荒れ地とも休耕地ともつかない茶色く乾いた土地が多く、ときどき小麦か何かの畑や羊が草を食《は》む牧草地（にしては緑が少ないが）、その合間にレンガとしっくい、あるいは石造り、コンクリートの簡素な平屋が視界を通り過ぎる。他は道沿いに気まぐれに植えたようなポプラやユーカリの木、控えめなドームをいただいたモスクぐらい。小さな町も少ない。

「なんだかわびしいですね」と言うと、山田隊長は「雨が降らんからな」と答えた。

「一般に、農業を行うには最低年間五〇〇ミリ、牧畜を行うには二五〇ミリの降水量が必要って言われてる。でもこの辺は年間二〇〇ミリ未満やろ？　川と湿地がなかったら農業も牧畜もできんよ。川と湿地から離れたらほとんど砂漠やろ」

「そうですね。でも経済的にも全然発展してないですね」

「うーん、その辺は政治の問題やろな」

あとでこの寒々しい風景の映像を池袋のファイサルさんに見せたら、「一九八〇年代と全然変わってないよ」とため息をついていた。やはり八〇年代に仕事でイラクに四年住んでいたという日本人の知り合いは「昔はもっと建物があったよ」と呆れていた。

南部——。

それはイラクでは「貧困」や「差別」と分かちがたく結びついていると聞く。

イラクは大きく「北部」「中部」「南部」に分けられる。「北部」のうち東側はクルド人の住む、いわゆる「クルディスタン」で、西側はアラブ・スンニーの多いエリア。中部はバグダードなど大都市が多く、スンニーとシーアが入り交じって住んでいる。

そして、南部はシーア一色。長い間、冷や飯を食わされてきた地域だ。

「フセイン政権はスンニーを支持基盤にし、シーアを迫害した」とよく説明されるし、私も長らくそう思っていたが、国際政治学者でイラク研究の第一人者である酒井啓子・千葉大学教授の『フセイン・イラク政権の支配構造』によれば、事実は異なるという。

オスマン帝国時代から、現在のイラクは、スンニーが優位で、軍の幹部や役人に登用されるのももっぱらスンニーの子弟だった。いっぽう、シーア派は人口こそ多いものの、政治経済的には非主流派。それは一つにはオスマン帝国自体がスンニーの王朝だったため。二つめには、シーアが住む南部はペルシア帝国との国境付近に位置し、オスマン帝国内の辺境にすぎなかったため。

オスマン帝国が崩壊したあと、そのうちのモスル州、バグダード州、バスラ州の三州はイギリスが後ろ盾となるイラク王国として独立国家となった。その後、王国は革命を経て共和制に変わり、やがてフセイン率いるバアス党独裁政権になったわけだが、政治的・地政学的構造は同じように引き継がれた。

従来の政権と比較し、フセインが特別スンニーを優遇し、シーアを差別した形跡はないという。現在、世界各地のスンニーの一部は「シーア派は異端」「あんなのはイスラムではない」と公言してはばからないが、フセイン政権はほとんどそのような発言をしたことがない。

ただ、教育程度が高く、富と力とコネがある者が、政治でも経済でも軍隊でも上へ行く。だから常にスンニーが幹部になりやすく、その子弟も同じように出世しやすいというだけなのだ。フセインが気にしたのは「自分に従うかどうか」だけで宗派も宗教も気に留めなかった、とマンダ教の司祭アンマール師も言っていた。

池袋のファイサルさんもハイダル君の周囲の人たちも、「米軍侵攻前はシーアの側でも相手がスンニーかシーアかなどという意識はなかった」という。また、同じシーアだからといって、イランやイラン人にシンパシーをもつ人も全然いなかったという。実際、一九八〇年から一九八八年まで続いたイラン・イラク戦争時、初めから寝返ってイランの味方について戦ったなんて人は皆無。ただフセイン政権に弾圧された人たちがイランに逃げたり、海外の亡命先でイランの支援を受けただけである。

ところが、二〇〇三年のイラク戦争で全てが変わった。二〇〇一年の9・11テロ事件に衝撃を受けたアメリカは「復讐の相手」を必要とした。そしてどこにいるかわからないアルカイダの首領ウサマ・ビン・ラーディンではなく、中東の反米勢力として最も目立つフセインを標的とした。「フセインがひそかに大量破壊兵器を所持しており、しかもアルカイダと関係をもっている」という名目でイラクに米軍が侵攻、イラク軍は呆気なく敗れ、フセイン政権は崩壊した。フセイン政権は大量破壊兵器も持っていなければアルカイダとも無関係だったのだが。

すると、百年以上続いたスンニー優位の構造が初めて激変した。民主主義導入の結果、数的に多いシーア派が政治的にも優位になったのだ。しかもそのシーア派を、スンニーにとっては、オスマン帝国以来の宿敵であるイランが後押しする。

今まで権力中枢にいたスンニーの人々は恐怖した。前述したように、軍は解体され、軍人と兵士は全員追放された。米軍の「脱バアス党化政策」のため、バアス党員である上級職の者を中心に公務員も大半が解雇された。別にスンニーを狙い撃ちにしたわけではないが、もともとスンニーの割合が多かったから、多くのスンニー国民はこれを「脱スンニー政策」と受け止めた。新しいシーア派主導の暫定政権当局がスンニーの人たちを不当に逮捕したり拷問を加えたりした事件も発覚した。

二〇〇六年には選挙によりシーア派のマーリキー政権が成立し、イラクの宗派対立は加速していく。同政権は旧バアス党員とアルカイダを同一視してテロリスト扱いしたり、スンニーの若者を「怪しそうだ」と任意に逮捕したりするなど、いたって分派主義的（シーア派中心的）な態度をとったため、スンニーの人たちの対立感情をあおった。結果は武力闘争とテロの応酬である。

ここにイラクの歴史上初めてスンニーVSシーアという宗派対立が生まれた。同時にマンダ教に対する暴力や迫害も激しくなった。クルド人もイラクからの分離独立をはっきり目指すようになった。

既得権益を失った旧フセイン政権バアス党残党やかつての軍人や親フセインの民兵たちは過激化し、爆弾テロを行うようになった。

二〇〇六〜〇七年にはスンニーとシーア派の間で内戦状態に陥り、二〇一一年に米軍が撤退したあとも混乱が続いている。そのピークがイスラム国の勢力拡張で、イラク政府軍が弱すぎるため一時は首都バグダードも陥落しそうになったほどだ。だが、ここで各種民兵がそれぞれの立場を守るためＩＳと戦った結果、最終的にはＩＳを倒した。しかし、その後、共通の敵を失った各派閥は以前のように対立を再開させて今に至っている。シーアとスンニーとクルド、そしてシーア派間にも敵対関係がある。

ハイダル君はこの分派対立を博士論文のテーマにすべく、帰国していた。「いまだ、イラクの分派対立について、政治や宗教の指導者たちに直接インタビューを行って論文を書いた研究者は世界で誰もいないんだ」と意気込んでいた。ところが、インタビューを申し込んだ相手全員に断られてしまったという。

理由は「イラクには分派対立はない。みんな同じイスラム」。かくも激しく争い、多数の犠牲者を出しているにもかかわらず、これがイラクの有力者の一致した公式見解なのだ。

「分派対立の話はイラクではタブーなんだ」とハイダル君はため息をついた。

彼の博士論文計画は白紙に戻ってしまった。かといって日本へ帰るフライトは変更できない。

「バグダードにいてもやることないし、一緒にアフワールへ行くよ」と彼は言った。

つまり、図らずも、分派対立を否定する人たちによって、私たちは最高のガイド兼通訳を獲得してしまったのだった。


十時頃、ちょうどバグダードとアマーラの中間地点であるクートに到着、今度はまだ二十歳ぐらいの若いドライバーのタクシーに乗り換えた。

車内の雰囲気は重苦しかった。といっても、治安が悪いということではない。山田隊長は現在の本業である東京都奥多摩での山林調査の疲れが蓄積していたうえ、十二年ぶりの海外旅で精神的に疲弊していた。持病の腰痛も悪化しているという。シートにぐったりもたれて眼を閉じている。もう一人の仲間ハイダル君は寒さと私たちの安全に責任をもつというストレスのせいか便秘気味で、やはり辛そうな顔をしている。

厄介なのは軍や警察によるチェックポイントだ。特にクートに着く前あたりから頻繁に問題が起きた。警官たちはパスポートやビザといった概念がよくわかっていない。ハイダル君は他に身分証明書をもっていないのでパスポート（もちろんイラクの）を提示するのだが、「イラクのビザがない」と言われ、彼もこれには苦笑するしかなかった。

また、別のチェックポイントでは私のパスポートを見た警官が「ビザが期限切れじゃないか！」とエキサイトし、オフィスへ連行されてしまった。彼を興奮させたのは、私が前年に訪れたネパールのビザだと判明するのに二十分もかかった。

さらに、イランへ向かう街道との分岐点となるアリ・アル・ガルビでは、一時間も足止めを喰らった。「アマーラでの保証人を提示しろ」という。道路の検問でなぜ目的地の保証人を要求するのだろう。そんな話は聞いたことがない。ハイダル君はアマーラへ行ったことがなく、アマーラ出身の友だち（でも今は別の町に住んでいる人）に現地のタクシー運転手を紹介してもらっているだけだった。ずいぶん時間がたってようやくその運転手と連絡がつき、なんとか解放された。

——やっぱりハイダル君に来てもらってよかった……。

とつくづく思った。私たちだけなら何日かけても目的地に着かなかったかもしれない。

検問の状況をみるかぎり、アマーラに行く外国人は極めて稀のようだ。

ドライバー曰く「二日前に降った」という雨のせいで、道路脇が湿り気を帯びてきた。水たまりや沼地があちこちに見える。湿地帯は近づいている。

バグダードのアサム&ヤーセル兄さん宅を出てから八時間、ようやく午後一時頃アマーラに着いた。

規模は小さいものの、意外に都会である。バグダードよりモダンなくらいだ。ティグリス川が二つに分かれ、大きな貯水池になっている。「元々、金持ちの国なんやな」と、ようやく薄目を開けた山田隊長が感想をもらした。「こんな水利事業は途上国ではようできんぞ」

たしかにその周囲にはコンクリートで固めた無駄に美しい公園や高層ホテルがあり、湾岸諸国の香りがする。こんなところに湿地民が住んでいるのだろうか？　伝統的な舟を造れる大工がいるのだろうか？

2　湿地帯が生んだイラクの国民的朝食

食にうるさい池袋のファイサルさんが「イラクに行ったら絶対これ食べて」と繰り返したものが二つある。一つが鯉の円盤焼き、そしてもう一つが「ゲーマル」だ。

なんでも水牛の乳を一日寝かせて作る生クリームやヨーグルトみたいなものだが、それらとは全然ちがうと言う。ゲーマルは強く彼の郷愁を誘う食品らしく、幾度となく名前を聞いたから、私も「早く食べねば」という強迫観念にかられていたほどだ。実際に来てみると、ゲーマルは鯉と並ぶイラクの二大国民食と言ってもよい存在らしい。ただし「朝食」としてだが。バグダードでもアサム兄さんが買いに行こうとしたが、その日は車が途中で故障して買えずに戻ってきてしまった。

ゲーマルに初めてありついたのはアマーラである。朝、ホテルを出て、ごちゃごちゃした細い道を歩いて行くと、パン屋の前にアバーヤ（体をすっぽりと覆う黒くて長い服）をまとった女性が小さな腰掛けに座り、金属の大きな丸い皿を広げていた。皿の上に一見、チーズか豆腐にもみえる白いどろどろした物体が載せられている。

「おお、本当にパン屋の前で売ってる！」と感動してしまった。

日本でイラク方言を勉強中に「ゲーマルはどこに行けば見つかりますか？　――パン窯の前です」なんて例文を作ってもらい、何度も練習していたのだ。ちなみに、イラクではパン屋のことを「パン窯」と呼ぶ。ゲーマルはパンとセットなのだ。私たちも同じようにその二つを買い込んだ。

近くの茶屋に持ち込んで食べる。「ひゃあ、こりゃうまい！」と口走ってしまった。前の晩に搾った乳のはずだが、今搾ったかのようにフレッシュ。意外なことにノーシュガー、というより、何も味つけをしていない。純粋に水牛のミルクからできている。ヨーグルトのように発酵してないし、ケーキにのっている生クリームのようにホイップもしていない。やわらかくてなめらかで、でも絹ごし豆腐のような微妙な重みやむらがあって、これをパンにつけるだけでうっとりする香りと旨味。甘党のイラクの人たちはこれに「デベス（ナツメヤシをシロップで煮詰めたもの）」やシロップ、ジャムなどを垂らして食べるのが普通であるようだ。

ハイダル君によれば、バグダードではこの一皿分（直径約二十センチ）で一万ディナール（約千円）もするという。高価なので、普通の人は（イスラムの休日である）金曜日の朝に食べる。お金のない人たちは食べられないという。こちらでは半額以下である。

パン屋の前でゲーマルを売る湿地民の女性

ナツメヤシのシロップをつけて食べるのが人気

アフワールの水牛

たしかに言葉では説明できない形状と味。世界中を旅してきた私と山田隊長にしても、こんな食品は見たことも聞いたこともなかった。イラクだけにあるらしい。池袋のファイサルさんが郷愁を誘われるのもわかる。鯉の方は魚なので、似たような料理を日本でも食べることができるかもしれないが、ゲーマルは無理だ。

夢中で貪った後、お茶を飲みながらつらつら考えるに、イラクの国民的料理はどちらもアフワールの名産品だと気づく。

鯉は当然、ティグリス＝ユーフラテス川流域で育つ。特にフセイン時代は――理由はよくわからないが――規制が厳しくて養殖がなかなか許可されなかったので、天然の鯉が主に食べられていたという。だから、湿地帯が圧倒的な産地だった。ゲーマルは水牛の乳製品だ。水牛は湿地の民しか飼わない。

しかし、湿地民は昔から貧しかった。二十世紀の半ばから、湿地民は続々とバグダードへ移住していった。中でも多かったのはイラン国境に近く、辺境度の高いアマーラ周辺の湿地民だった。アマーラはバグダードに比較的近いという理由もあったろう。

彼らはバグダードに移住すると、普通のイラク人が住まない川辺の水はけのよくない場所に住み着き、葦の家を建てた。たちまちそこは南部の湿地民の暮らすスラム街になった。スラムといっても、彼らにしてみれば、故郷のアフワールと同じ環境で、同じ生活スタイルで暮らしているのだから、むしろ住みやすかったかもしれない。そして、当然のように水牛を飼った。言わば、近代都市バグダードの真ん中にリトル・アフワールが出現したのだ。

南部の貧しい湿地民が食べるものだった水牛の乳製品が、一躍イラクの国民食となったのは、それが理由だ。

アフワール人は貧しい人が多いし、水滸伝的好漢であるからモラルも異なると言われる。ハイダル君は「よく揉め事を起こすし、ちょっとしたことで部族（氏族）の仲間を連れて復讐に来る」と言う。酒井啓子教授の前掲書でも、アマーラ出身者はトラブルがあっても警察に届けずに部族（氏族）的な解決を望む傾向が強かったと記されている。

また、本当かどうかはわからないが、彼らは自分の身内以外の人間からモノを盗むことを悪いことだと思っていない、などと言う人もいる。バグダードの湿地民居住地は治安だけでなく衛生状態もよくない。ここから病気が首都全体に広がるおそれは十分にある。

歴代の政権はこの首都水滸伝状態を見かね、さまざまな対策を立てた。低所得者用住宅を建てて彼らを住まわせるとか、他の地区に移住させるとか、葦の家を禁止するとか。ハイダル君によると、現在ではバグダード市内で水牛を飼うこと自体が禁止されているという。

だが、彼らの存在が本質的に変化したとは言えないらしい。

フセイン政権時代、彼らの多くが住む地域は「サダムシティ」と命名されたが、政権崩壊後は、「サドルシティ」と改名された。シーア派イスラム主義の指導者だったムハンマド・サーディク・サドル師が、フセイン政権に暗殺される前、この地域で熱心に活動を行っており、その後も住民から慕われていたからだ。

現在のイラク政治で最も有力な人物の一人、ムクタダ・サドル師はムハンマド・サーディク・サドル師の息子である。

知識層に属する人たちの大半は、サドル師を快く思っていない。あまりに意見がコロコロ変わるので「サドルは精神的に何か病気を抱えているんじゃないか」と本気で疑問を呈する人がいるほどだ。ではなぜ彼はそんなに人気があるのか？　と訊ねると、知識層の人々はこれまた異口同音に答える。

街中のサドル師の巨大な看板

「無知な人が支持してるから」

サドル師はざっくばらんな庶民的口調で喋り、「反米・反イランのイラクナショナリズム」を煽る。だから学のない素朴な庶民は簡単に騙されてしまうんだと知識層の人たちは言うのである。もう一つはサドル師の父親が偉人だったから。教育を受けていない人たちは世襲を好む傾向にある。シーア派のイマーム（指導者）自体が本来は世襲であるし、氏族長も世襲なのだから、政治的・宗教的リーダーも世襲であって何が悪いということらしい。

ではその支持者は誰かというと、サドルシティに住んでいる人たちと、彼らのもともとの故郷である南部、特にアマーラを中心としたマイサン県の人たちだ。サドルシティとアマーラは今でも親族や氏族レベルの紐帯が強いと言われる。

水滸伝系住民はいまや食でも政治でも、イラク全土に大きな影響力を誇っているのだ。

3　マンダ教徒の舟大工

アマーラで最初の仕事は、前述の通り、アンマール師に教えてもらったマンダ教徒の舟大工を訪ねることだった。

残念ながら山田隊長は、疲労と腰痛悪化でダウン。ホテルの部屋で休むことになった。いささか不安だったが、ハイダル君、そしてタクシー運転手のアリーの三人で出かけた。

アマーラの町外れのフセイン区へ行くと、ティグリス川支流であるカハラー川という小さな川沿いにマンダ教徒の洗礼所があった。大きなファン（扇風機）のついたトタン屋根の下にベンチが並び、その下が階段（つまり洗礼所）になっている。川辺にはもう使われていない、壊れかけた古いボートが転がっていた。

たまたま居合わせたオーデ・ナセルという年配の信者にハイダル君が天使の微笑み全開で話しかける。彼は人付き合いが天才的にうまい。

オーデさんによれば、やはりマンダ教徒はアマーラ周辺から姿を消しているらしい。前は「一万人以上いたが、今はもうアマーラ全体で三、四百人しかいない」とのこと。

マンダ教徒への嫌がらせや犯罪は続いている。

「三週間前、ここで洗礼していた人が対岸から石を投げつけられ怪我をした。面白半分にやったらしい。何カ月か前には、アマーラの別の地区で宝石商の人が殺されて、宝石や現金をとられた。学校では、子供たちがクルアーンを読むことを強制されたり差別を受けたりする……」

聞いているだけで辛くなる。こんなことではマンダ教徒の人たちが争って海外脱出するのも無理はない。まだここに残っている人たちは防犯対策として「ムスリムの氏族に入った」という。

「ソマリ人と同じだ！」と思わず感心してしまう。

私が長年取材してきたアフリカのソマリアやソマリランドなどに住むソマリ人も、力の弱いマイノリティの氏族は強い氏族の庇護下に入ることがある。すると、他の氏族は簡単に手出しができない。もし他の氏族が攻撃したら、その強い氏族が仕返しに来るからだ。もっともこの関係はギブアンドテイクなので、強い氏族が他の氏族と抗争になれば、マイノリティの氏族の男たちも参加しなければならない。

ただし、絶対平和主義のマンダ教徒が戦いに参加するわけにはいかないから、金銭で解決するのだろう。

立ち話では氏族間の決めごとの詳細までは訊けない。今はまず舟大工だ。

幸運なことに、オーデさんは「川の向こう側に、前に舟を造っていた人がいる」と教えてくれた。早速そのお宅へ向かった。家の脇にはアヒルやカモ、ガチョウ、七面鳥など家禽が二十羽以上も柵の中で歩き回っていた。

「おおっ！」と思う。間違いない。アフワールのマンダ教徒は鳥が好物で、裏庭にカモを飼っていればマンダ教徒だと探検家セシジャーが書いていたからだ。バグダードでアンマール師がカモを捌いていたのも偶然ではない。鳥肉好きの信徒なのだ。

家の前には木材が山積みになっていた。しかも、造りかけの小さなボートも置いてあるではないか。

マンダ教徒の舟大工、発見！　興奮をおさえつつ工場兼住居に声をかけると、拍子抜けするほど気さくで庶民的な人が出てきた。名前はビシール・ハイダルという。髪が真っ白なので高齢に見えたが、実は私とほぼ同じ五十四歳だった。

「家族はオーストラリア、スウェーデン、アメリカ、ヨルダンと散り散りになってしまった。私もヨルダンに逃げたけど、向こうの生活が合わなくてさ、帰ってきちまったよ」と、大声で笑いながら言った。

「舟造りについて聞きたいんですが」と言うと、いかにも下町の職人らしいせっかちさで、私の手を引っ張ってビシールさんは造りかけのボートのところへ行き、あれこれ早口でしゃべり、ときに実演も交えながら説明してくれた。

アフワールの舟は基本的には日本の公園の池で使用されているボートと同じ造りだった。平べったい舟底と側面にフレーム（船用語で肋骨）を文字通り肋骨のように何本も貼り付けて強度を確保する。

メモをとったり写真を撮影したりで忙しく動きながら、私は内心、動揺していた。

——ちょっと雑すぎるんじゃないか？

肋骨を切るときは五ミリぐらいのズレは全然気にしていない。舟底に肋骨をあてた部分も、ほとんどの場所で左右が二、三センチずれており、それでも気にせず、釘を打ち付けていた。釘の位置もまちまち。私が中学生のときに作った犬小屋の方がはるかにきちんとした造りだった。

「こんな舟がオレたちの『パスポート』になるのか⁉」いきなり自分の計画がぐらぐら揺らいだ。アフワールの伝統的な舟で旅するなんて本当にできるのだろうか。

しかし、舟造りも、ビシールさんが現在の主な収入源としている商売に比べたら、はるかにマシだった。それは「俎板《まないた》作り」。丸太を厚さ二十センチに切っただけなのだ。これで五千ディナール（約五百円）、三脚付きのプロ仕様（肉屋向け）が二万五千ディナール（約二千五百円）。こんなものが商品になるということが信じがたい。

私の複雑な心境などお構いなしに、地元大工は動き、喋り、今度は急に私たちを川辺に誘った。土手を降りたら、ボートが何艘も並べられていた。

しかし、それは大半がグラスファイバー製だった。古い木製のものもあったが、両方とも「イラン製」だという。

湿地帯がフセイン政権によって干上がり、舟大工は仕事を失ったのだと思い込んでいたが、ちがった。川や水路は存在しているのでボートの需要はある。注文がなくなったのは米軍侵攻によりフセイン政権が崩壊した二〇〇三年。それまで禁止されていた外国製品がどっと入ってきた。特にそれまで宿敵だったイランの製品。その代表例がボートである。なんと、アマーラの舟大工は米軍侵攻で仕事を失ってしまったのだ。

川には漁師のおじさんたちがいた。シュマーグ（もしくはチャーヒーエ）と呼ばれる布を頭にかぶり、イガールという黒い輪でとめている。服はディシュダーシャという長い衣。要は一般日本人がイメージするアラブの富豪のような風采で、これほど貫禄のある漁師を初めて見た。といっても、これはイラクを含むアラビア半島の伝統的な衣装である。大都市バグダードやアマーラの町の中心部では見かけないので、驚いてしまうだけだ。

彼らもイランの舟に乗って漁をしている。ダイハツのモーター付きだ。二百六十万ディナール（約二十六万円）というからなかなか高価な品だ。

最近は魚が少なくなっているので彼ら漁師は六十キロも離れた川へ出かけて漁をするという。

「あれを見ろ！」と突然、一人の漁師が指さした。対岸ではマンダ教徒の人が例の白装束で水をバシャバシャ頭にかぶっていた。この日は火曜日である。てっきり日曜日に司祭による洗礼を受けるものと思っていたが、他の曜日でも一人でもいいのか。

「あれはマンダ教徒だ」と漁師は続けた。「いい人たちだ」

舟大工のビシールさんも漁師たちと親しげにしゃべり、笑っている。ここではムスリムとマンダ教徒の間に何のわだかまりもないようだ。

ビシールさんに「あなたも洗礼しないんですか？」と訊いたら、「イヤだよ。寒いじゃん」と笑い、漁師たちも一緒に大笑いした。心底ホッとする光景だ。

マンダ教徒は何も特別な人たちじゃない。珍しい宗教の信者とはいえ、他の宗教を信仰する人と何のちがいもない。そしてムスリムの隣人たちもそう思っている。考えてみれば当たり前のことだが、それを自分で実感できたのは嬉しいことだった。

アマーラで会った漁師たちの服装
※以下、イラクで使われている名称。アラブの各地域・国で呼び方は異なる。
輪っか（イガール）
布（シュマーグ）
上着→寒いので長衣の上から洋風のジャケットを羽織っている。
イガールを使わず、シュマーグを直接頭に巻きつけている。普段はこのようにしている人が多い。

川で漁をする光景

魚を売る漁師たち

舟大工のビシールさん

だがしかし。肝心の舟はどうするのか。とてもこのマンダ教徒のビシールさんに舟造りを頼む気にはならなかった。他にもっとすごい名人がいるのだろうか。それともアフワールの舟はみんなこんな感じなのだろうか。皆目見当がつかない。

地元の舟を造ることで水滸伝の混沌をくぐり抜けようとしたのに、舟造りですでに混沌に飲み込まれようとしている。でももう引き返すことはできない。増水した水に流されるように、湿地帯の奥へ向かって進むしかない。

4　湿地帯の王《アミール》

薄暗い廊下には見たことのない類いの写真がずらりと並んでいた。銃を携えボートに乗って湿地帯を進む男たち。竹藪のようなカサブの茂みの中でなにかを調理する人。湖のように見渡すかぎり水が広がる場所もあれば、カラカラに干上がり地面がひび割れ、密生した葦だけが残されている場所もあったが、多くの写真に共通しているのは若い男たちの鋭い眼光と彼らが誇らしげに携えた銃だった。

――おお、これか！

心の中で声をあげてしまった。それはまさに〝リアル水滸伝〟の写真だった。本当にいたのだ、こんな人たちが。そして今から我々は「湿地帯の王」と呼ばれる人に会うことになっている……。

ハイダル君のコネクション作りと折衝能力はやはり抜群だった。アマーラ在住で、湿地帯の写真を撮っているムハンマドという若いアマチュア写真家の存在を知り、すぐにコンタクトを取った。ムハンマドは体重が百二十キロぐらいありそうな巨漢だが、心根の優しい知識人で、私たちにいろいろな人を紹介してくれた。

その筆頭がアブデル・カリーム・マホウド・モハメダーウィである。最初にその話を聞いたとき、著名人と会うことにわりあい慣れているハイダル君が「おい、カリーム・マホウドと会えるなんてすごいよ！」と興奮を抑えきれない様子だった。

カリーム・マホウドはイラク国外ではほとんど知られていないが、一九八〇年代末からフセイン政権崩壊までアフワールで反政府ゲリラ活動を行っていたことで国内では有名だという。ついたあだ名が「アミール・アル＝アフワール（湿地帯の王）」。

米軍侵攻後は、占領軍がつくった「暫定統治評議会」のメンバー二十五名の一人に選ばれたが、何か問題を起こした人間がいると「そんなやつはぶっ殺せ！」と公然と言い放つ気の短さでも評判だったという。あまりに荒っぽくて政治には向かず、今はアマーラで静かに暮らしているらしい。ハイダル君のイメージでは「とにかくおっかない人」だそうだ。

そんな人物が実在するのかと驚いてしまった。これまでニュースや資料でも全く見聞きしたことがない。

話だけ聞けば、まさに水滸伝の好漢そのままである。中国の「水滸伝」の首領・宋江《そうこう》は腰の低い温和な人だったが、実際にそんな人物が荒くれどもを束ねられるわけがない。本物の首領に本物の水滸伝物語を聞けるという稀なチャンスだ。

緊張半分、期待半分で、超高級ホテルの隣にある彼のオフィスを訪れた。広大な庭にはカモシカの群れが放たれており、私たちの侵入に怯え、一斉に右から左へざざっと走って逃げた。湾岸諸国の富豪の邸宅のようだ。

廊下に並んだ昔のゲリラ時代の貴重な写真に感嘆してから、執務室に通された。

待つこと二十分、現れたのはゴールドの縁取りつきの男性用のアバーヤ（長衣の上からはおる服）をまとった迫力満点の人物だった。熊のようなごつい体格、射貫くような鋭い目つき、誰が見ても一目で高級とわかる伝統装束。これで三日月刀を持たせたら「アリババと四十人の盗賊」に出てくる盗賊の頭目そのままだ。

だが、話し方は穏やかにして知的。一文ごとに区切って通訳を入れる間をあけてくれるのでとても助かる。こういう気遣いのできる人は実はめったにいない。賢い人だと思った。

「湿地帯の王」カリーム・マホウド（中央）

私の方はろくに予備知識がないので、どうしてフセインと戦うことになったのか、なぜそんなことが可能だったのかといきなり直球の質問を投げてみた。
すると、彼はおもむろに、湿地帯とそこに住む人の話から始めた。
「アフワールはアマーラの東からバスラ、ナーシリーヤまで広がっている。ノアの洪水以来、何も変わっていない。そこは昔から『マアダン』という人たちが住んでいる。元の意味は『水牛などの動物を飼う人』の意味だ。と同時に、ギルガメシュの時代から〝体制と戦う者〟つまりレジスタンスのことも意味する。アフワールには（戦闘用の）馬や象が入れないから、強い権力に抵抗するのに適した場所だったのだ」

湿地民を指す「マアダン」は差別用語だから使わないようにと言われていたのに、アミールは堂々と使っていた。彼はモハメダーウィ（別名アルブー・ムハンマド）という、アマーラ周辺の湿地帯に暮らす有力氏族の出だ。つまり本人も純然たる湿地民の血筋なのである。

マアダンは民族名や人種名ではない。彼らはアラビア語を話すアラブ人である。だが、水上生活を行い、独特の文化や習慣をもつとされ、他のアラブ人と区別されている。英語では「マーシュアラブ（湿地のアラブ人）」という呼称が一般的だ。

ギルガメシュは紀元前二六〇〇年頃に活躍したと推測されるシュメールの王。「ギルガメシュ叙事詩」という神話で知られる。アミールは私が推測したように、シュメール時代には湿地帯で反体制活動が始まっていたと言っているのだ。

マアダンが「レジスタンス」の意味だとは私はどこでも読んだことはない。アミールが独自に仕入れた知識らしい。

戦うようになったきっかけは何か？

「サダム（フセイン）時代、一九七八年から八六年まで、私は八年間も刑務所に入れられていた。デモや何か活動をしていたわけじゃない。ただ、新しい政党を作りたいと思い、周りの人にそう話していただけだ。それでも捕まって投獄された」

刑務所には同じように思想犯として捕まった人々がおり、彼らはコミュニスト——つまりチェ・ゲバラや毛沢東の本を獄内でひそかに回し読みしていた。八六年、彼が出所して四カ月後に、政府からイラン・イラク戦争への徴兵命令が来た。イ・イ戦争は一九八〇年に始まった。もともとイラクとイランはティグリス＝ユーフラテス川が合流してできるシャトル＝アラブ川の国境線

廊下に飾られた〝リアル水滸伝〟写真

の位置でもめていたが、一九七九年にイランでイスラム革命が起きると、その混乱に乗じてイラク軍が侵攻して始まった。どちらも莫大な犠牲を払い、得るものがないまま八八年に終わった。世界史上でも稀に見る不毛な戦争と呼ばれている。アミールに徴兵命令が来たのは八六年というから、戦争がかなり長引き泥沼化していた頃だ。

それにしても「コミュニスト」とは！　てっきり最初からイスラム主義の反体制派だと思いこんでいた。だいたい、イラクの湿地帯で共産主義者が活動していたなど夢にも思わなかった。

アミールの話は続く。

「私はそれを拒否して、刑務所の仲間と一緒にアフワールに入って戦いを始めた。ゲリラのやり方でだ。一度に動くのは八人から二十五人。仲間は多いときで一千三百人ぐらいいた。ビルや施設などの建物には攻撃しないとか、怪我人や捕虜には危害を加えないといった規則を定めた」

本人の言葉を信じれば、まさに〝義兵〟なのである。

面白いのはこのゲリラ部隊に名前がなかったこと。近代的な反政府ゲリラはどこでもすぐ名前をつける。特に左翼ゲリラはそうだ。××民族独立戦線とか〇〇人民評議会とか。ところが彼に訊いても「いや、ない」という。極めて珍しいケースで、いかにも水滸伝的だ。

仲間になったのは彼のような脱走兵や元囚人だけではなかった。医者やエンジニアといった、フセインに迫害されて逃げてきた知識層の人たちもいたという。

「中にはアフワールに居着く人もいたが、環境に耐えられない人もいて、そういう人たちは海外に脱出させた」

　脱出ルートについては多くを語ろうとしなかったが、東部湿地帯のイラン国境経由でも逃がしたことはあると認めた。

　それにしても、一九八六年からフセイン政権が倒れる二〇〇三年までずっと湿地帯の中に潜んでいたのか。そう訊くと、彼は笑って手を振った。

「当時は写真がそんなに普及していなかったんだ。私も戦いを始めてからは自分の写真を絶対に撮らせないようにしていた。だからニセの身分証明書をつくって、湿地帯と町を行ったり来たりしてたよ。町に行ったときはムハンマドの家に潜伏していた」

　彼は巨漢のカメラマンを指さした。写真家ムハンマドの父親もかつて政治犯として投獄されていた。二人は刑務所で知り合い、氏族はちがうが親友になった。ムハンマドの父親の兄弟たちも闘争に参加したが、その後、うち一人は家を焼かれて処刑されたという。

　ちなみに、イラクにありがちな氏族内での支援はなかったという。「同じ氏族の人間はみんな、政府に見張られていたから」

　武器はどうしていたのか？

「自分たちで買って、もともと持っていたものか、政府軍から奪ったもの」で、ＲＰＧ（いわゆるロケットランチャー）や爆弾も所有していたという。

　マアダンの人たちはよく協力してくれたものだ。

「彼らほど親切で情に篤い人たちはいない。家族以上だ。一九九五年から二〇〇三年の間、サダムはマアダンの人たちにこう対応した。政府に協力したらカネをやる、しなかったら罰を与えるとね。(チェ・ゲバラが戦っていた頃の)ボリビアと同じだ。でも、彼らはずっと助けてくれた」

それは単に彼らが情に篤かったからだけではない。

「政府は彼らに何もしてやらないのに徴兵するからだ」

先述したようにシーア派はイラクの人口の約六〇%を占める。ところがイ・イ戦争の間に動員されたうちシーア派が占める割合は、将校はたった二〇%だが、兵隊はなんと八〇%だったと言われている(桜井啓子著『シーア派　台頭するイスラーム少数派』)。要するに職業軍人は中上流階層が多い中北部のスンニーが占め、南部の人たちは消耗品の兵士として使われたということだろう。どうやら湿地帯の中の小さな集落までくまなく徴兵が行われ、前線に送り込まれたようだ。

まるで織田信長に対抗する長島の一向宗徒のように、アミールの軍勢はしぶとく戦い、政府軍は手をこまねいていた。しかし、水滸伝状態に政府が本格的に危機感をもったのは、湾岸戦争の後だった。


一九九〇年、フセインの軍隊は突然クウェートに侵攻した。『湾岸戦争史』(防衛省防衛研究所)などによると、理由はいろいろあるが、カネの問題が大きかったようである。二年前まで八年間続いたイランとの戦争でイラクは巨額の債務に喘いでおり、中でもクウェートには四百億ドルもの借款があった。この借款を返してほしいとクウェートがイラクに要求したことがフセインの逆鱗に触れた。当時、石油価格が下落し、国内の財政状況が悪化していたからなおさらだ。フセイン側からすれば、クウェートを支配下に置けば、債務を返済しなくて済むと同時にクウェートのオイルマネーが手に入るという一石二鳥の目論見もあっただろう。フセインのこのように場当たり的な戦争開始は初めてではない。一九八〇年にイランへ突然侵攻したのもイスラム革命で混乱している時期に攻め込めば簡単に勝てると思ったかららしい。フセイン自身がまさしく水滸伝的な略奪主義者だったのだ。

だが、クウェートをたやすく占領したものの、アメリカを中心とした多国籍軍が侵攻すると、イラク軍はあっけなく敗北した。そして、直後、クウェートから撤退する部隊が反乱を起こした。南部全域と北部のクルディスタンで反乱が広がった。イラクのシーア派の間では「インティファーダ（民衆蜂起）」と呼ばれている（パレスチナで起きている同名の事件とは無関係。強い指導者や組織に統率されておらず、自然発生的に民衆や兵士が蜂起していることから同じ名称で呼ばれる）。軍の将兵が離反し、民間人も暴徒と化した。彼らはてっきりフセインの時代はもう終わったと思っていた。自分たちが立ち上がれば米軍が助けてくれると信じていた。しかし米軍は動かなかった。彼らはフセイン政権をつぶしたくなかった。アフワールのすぐ東にいる宿敵イランが気になっていたのだ。

米軍は助けてくれず、かといって同じシーア派だからとイランの軍隊が来てくれることもなかった。さらには本来、信徒に「立ち上がれ！」と言うべきシーア派のイマームたちが「暴力はやめよ」と反乱を否定した。

ここで一気に形勢が逆転。親フセイン政権の部隊は重火器と武装ヘリを繰り出し反乱軍を鎮圧にかかった。中でも空からの攻撃は効いたらしい。地上の反乱部隊には対空ミサイルも何もなかったからだ。

かつてクルディスタンでは化学兵器が使われ、何千人もの人が殺された。そちらは有名だが、実は南部のシーア派住民と兵士たちが何万人（誰も数えていないのではっきりしない）も虐殺されていたのだ。

かろうじて生き延びた人たちは逃げた。道は二つ。国境を越えてサウジアラビアやイランに入るか、湿地帯の中へ逃げ込むか。

フセインが湿地帯を破壊しようと思ったのはこのときだった。九一年から水を止め始めたという。しかし、意外なことにこの「生態系の大虐殺」とも呼べる究極の行為は好漢たちの息の根を止めることはなかった。

「戦うのには全然問題なかったんだよ」とアミールは笑った。「乾燥すると、地下にトンネルを掘って隠れることができた。ベトコンと同じだ。戦車が入ってきたが、爆弾をしかけて破壊してやった。車も使えるようになって、かえって戦いやすくなったぐらいだ」

さらに地面が干上がっても竹藪のような太い葦の森が至る所にびっしり生えているので、隠れ場所には困らなかったのだ。

九二年にはフセインの娘婿で石油大臣でもあったフセイン・カーメル将軍が直接部隊を率いて大攻勢をかけてきたが、アミール曰く「全滅させてやった」。

戦いに勝つと捕虜が大量に出る。「最初のうちは食べ物を与えていたが、とても養いきれないので網を与えて魚を獲らせたり、パンを焼かせたりした。それでも養えなくて、たいてい二、三カ月後には外に返した」

アミールによれば、「水を止めたのはサダムだけではない。イランもだ。『イラン側に来て、こちらの指揮下に入れ』と言われたが、もちろん断った。すると彼らは水を止めはじめた。そのせいで東アフワールも水がなくなった」

東アフワール（東部湿地帯）は半分がティグリス川の支流から、残りの半分はイランのカルケ川から水が流入している。ハウィザ湿地（湖とも呼ばれる）という大きな湖は真ん中がちょうどイランとイラクの国境となっている。その東アフワールも大打撃を受けた。資料によれば、イラン側で農業用に取水したり上流でダムを造ったりしたせいだとされているが、アミールは「俺たちがイランにたてついたから」と主張しているのである。

アミールたちは資金を調達するため、イランとの国境で密貿易を行っていたと認めているから、もしアミールの言葉が間違っていなければ、イラン当局の気に障ったのはそちらの方かもしれない。

――面白い……。

アミールの話は簡潔で、思ったより現実的だった。私はもっと大法螺を吹くんじゃないかと予想していたのだが。なぜ彼のことが世界的に知られていないのか不思議だ。湿地帯という特殊な環境を利用し、あの強固な独裁政権に十七年も抗い続け、「湿地帯の王」とまで呼ばれているのだ。

ただ残念だったのは、私たちがまだ南部に来たばかりで、土地勘や知識がさっぱりないことだった。湿地帯を見てもいないし、住んでいる人の話も聞いていない。つまり、具体的な質問がこれ以上浮かばなかった。

記念写真を撮影して私たちはアミールのオフィスを辞した。

その翌々日、ハイダル君の知り合いが大量のゲーマル（水牛の乳のクリーム）とパンを携えてやってきた。名前をナーゼムといい、アマーラに生まれ育ち、ヨーロッパに留学して学位を取得し、今はやはりこの町で理系の研究職に就いているという。彼の氏族はファルトゥースィ。アミールの氏族とはちがうものの、やはり純マアダン系の氏族とのことだった。

根っからの地元人のナーゼム君がアミールをどう見ていたか聞いてみた。それによれば、「子供の頃はヒーローだと思って憧れていた」。アミールは政府軍の将軍のふりをして刑務所へ行き、偽の書類を提出して、自分の手下を全員釈放させたこともあったという。映画のようだ。

「でも二〇〇三年以降、彼がアマーラを支配するようになると、ひどいことになった」

米軍侵攻によりフセイン政権が崩壊すると、治安維持を行う組織がなくなったため、彼の水滸伝時代の好漢たちが中心となって治安部隊を結成。そのまま警察と合体した。

アミールはヒズボッラー（「神の党」の意。レバノンの同名組織とは無関係）という政党を立ち上げた。本人は暫定政府の通商大臣になり、実弟はマイサン県の知事になった。だが、腐敗があまりにもひどかった。失業者が知事宅の前でデモを行ったとき、六人が射殺されるという事件も起きた。

アミールと周囲の人たちは、地元民の怒りを買った。そして信用を失ってしまった。

「今、アミールの政治力はほとんどない。せいぜい地元の氏族同士で小さな揉め事があったとき、仲介したりするだけだ……」と地元出身の若い研究者は言った。

水滸伝の好漢たちは荒くれ者である。本家中国の「水滸伝」では好漢たちが「替天行道《たいてんぎょうどう》（天に替わって道を行う）」という大義名分を掲げていた。イラクのリアル水滸伝の好漢たちもそうだ。

だが、実際に自分たちが権力を握ると、彼らも道を踏み外してしまった――。

もし事実なら大変残念な話だ。でもよく聞く話でもある。

私の経験からしても、反政府武装勢力の人たちは最初から決して民主的ではないし、権力が与えられるとすぐ腐敗したり独裁的になったりする傾向にある。「勝つまでは我慢＝勝ったら何でも好きなことができる」という思いで過酷な環境に耐え、命を削って戦っているからなおさらだ。平時に民主的な政治を行うような人は育ちにくい。

もっとも、この手の話は「藪の中」である。いや、ここは湿地帯だから「葦の中」というべきか。それに私たちは湿地帯にまだ一歩も入っていない。アミールを評価するには早すぎる。

むしろ、アミールのような、良くも悪くも傑出した人物が外の世界に知られないでいたことに改めて感心してしまう。湿地帯にはまだまだ知られざる人物や物語が葦や泥濘《でいねい》の間に眠っていそうである。

5 混沌と文明の間にあるもの

湿地帯の中に入ると方向感覚を失う。自分の位置さえ把握できず、もはや旅をコントロールすることは難しい――。

などと言われるのだが、アマーラの町にいてすでに私はその感覚を味わっていた。なにしろ、早く本物の湿地帯に行きたいのになかなか行けない。私たちだけで行くことはできないので案内してくれる人がほしい。もちろん、コネクションをたどれば必ずそういう人は見つかるだろう。町の人といえども「好漢」の血を色濃く受け継いでいるのでとても仁義に篤い。ただし仁義に篤すぎて、新たに知り合った人は、必ず「その前に昼飯を御馳走しよう」となるし、招かれれば半日が過ぎてしまうのが難点である。

タクシー運転手アリー然り、写真家ムハンマド然り。

ハイダル君の友人のナーゼム君も昼食に招いてくれたが、さすがに「時間がないから」と断った。ハイダル君によれば、「時間がない」とか「疲れている」という理由で招きを断るのは失礼すぎてイラク人には到底できないけれど、「君たち外国人なら許される」とのことだ。

すると、ナーゼム先生は「せめて朝食をおごらせてくれ」と言い、ありえないくらい大量のゲーマルとカリカリに揚げたパンを抱えてやってきたのである。優に二十人分はある。私たちはたったの四人なのに。

「いくらなんでも多すぎるよ……」とハイダル君も唖然としたが、その表情を見てナーゼム先生はにんまりしている。どうもそう言われるぐらいやらないと気が済まないらしい。欧州留学経験もあり、町でも最もモダンな考え方をもっている若きインテリでありながら、行動は典型的な水滸伝的好漢である。

彼の持参したゲーマルは量の多さだけでなく味も絶品だったのだが、毎日毎日これは辛い。

特に私たちの日本イラク水滸伝探索部隊は体調が良くなかった。ハイダル君は便秘が治らなくて、端正な顔にしばしば苦悶の表情を浮かべている。山田隊長も酷い腰痛から抜け出せない。部屋にいるときは二人してベッドにぐったり横たわり、かと思うと、起き上がっては尻か腰を押さえてうろうろする。便秘、腰痛ともに、いても立ってもいられないらしい。

ハイダル君はとうとうクリニックへ行き、医師に診察してもらったが、「日本人の友人を連れてここに来ている」と話すと、医師が「彼らを昼食に招待したい」と言い出し、断るのに苦労したという。

こんな具合に、いつしか、私たちは会食の合間を見ては取材やら移動やらをするという生活に入っていた。主導権は自分たちにはなく、いつも誰かの漕ぐ舟に乗って動いている。

まるでかつて当局に追われて湿地帯に逃げ込んだ人たちが湿地民に匿われたり、手厚く保護されたりしているようだった。

でもそういう水滸伝的な旅のおかげでアミールみたいな、予想も出来ない出会いにありつけるのだから文句は言えないし、それが醍醐味でもある。

アミールはもう一つひじょうに興味深いことを教えてくれた。

「サダムは水を止めるのに、堰やダムを造ってはいない。水路を作った」というのだ。

アミールによれば、フセイン政権はティグリス川沿いに数十キロにわたって水路（運河と呼んでもいい）を作った。水路は湿地帯よりずっと深いので水はそっちに流れて、湿地帯には流出しない。そしてそのまま下流へ水を運んでしまう。

そんな話は初めて聞いた。新情報である。

早速現物を見に行くことにした。アブー・アクラムという写真家ムハンマドの叔父さんがその近くに住んでおり、案内してくれることになった。彼もまたアミールと一緒に反政府闘争に参加していたので、湿地帯に詳しいという。

といっても、当然まっすぐは行かない。というか行けない。アマーラから南へ二十キロほど行ったマイムーネという小さな町の外れにある叔父さんの家に連れて行かれた。まずは定番である鯉料理の宴会だった。

ムハンマド一族は裕福なようで、水路に面した広い敷地をもつ二階建ての豪邸。まったくイラクの金持ちは日本の金持ちの比でない。この屋敷はかつて政府軍に焼かれた。叔父さん一家は直前に軍の中にいる仲間から知らせを受け、水路から小舟で脱出して命拾いしたという。今の家屋は最近新築したものだ。

鯉を食べ終わると、叔父さんの古いトラックに乗り換えて出発。叔父さんはさり気なくジャケットのポケットから拳銃を出してダッシュボードの中へ放り込んだ。タクシー運転手アリーの招待で訪れたアマーラ郊外の家でも当たり前のように部屋にカラシニコフ（ＡＫ47）が立てかけてあったし、この辺では武装は基本らしい。

ランチに招かれた家にも銃が置いてあった

未舗装の一本道をトラックはガタガタと振動音を立てながら走る。臀部と腰部に爆弾を抱えるハイダル君と山田隊長は顔をしかめている。

私は体調こそ悪くなかったが、何か胸のうちがもやもやしたままだった。それはアマーラに来たときから続いている精神的な消化不良感であった。

アマーラは湿地帯の玄関口でありながら、どこが湿地帯なのかわからないのである。アマーラの町を四、五キロ離れると、畑、ヤギや牛の放牧地、それに荒れ地が入り交じった土地になる。荒れ地には背の低い葦が藪のように群生していることも多い。水路か川かわからない流れがあるほか、水たまりがあったり、ぬかるみになったりしているところもある。ここは果たして湿地帯なのか？

現地の人たちに訊いても「うーん、そうだね……」と曖昧な返答に終始する。

ちなみに、湿地帯と聞いていたから全体的にじめじめした場所をイメージしていたが、それも全然ちがった。雨がいくらも降らないため、水があるところ以外はひどく乾燥しており、風が吹くごとに土埃が舞う西部劇の舞台みたいな土地である。

だんだんわかってきたのだが、湿地帯は湖とちがって「ここから始まる」という明確な境界線を持たないのだった。季節的に雨が降ったり川が増水したりすると湿地っぽくなる。あるいはほとんどは乾いた土地だが、数年に一度ぐらい、そういう状態になる。さもなくば昔は季節的な湿地だったが、今では乾いたまま荒れ地みたいになっている、などなど。

途方に暮れた私は、山田隊長に「この辺の湿地みたいなところの植生について何かわかることないですか」と我ながら漠然としすぎる問いを投げかけてみた。すると、さすが隊長である。

「生えてる植物は日本と変わらんね。水の中にはイネ科のアシ（ヨシ）やろ、カヤツリグサ科のスゲやろ、あとはガマ科のガマやね」とすらすら答えてくれた。

おお、日本の川辺や湿地と同じなのか。それぞれ葦、菅、蒲と漢字で書かれ、地名や苗字にも使われている。日本人の生活と歴史に根ざした植物だ。

「ふつうの植物は根が水に浸かると酸素呼吸ができなくなるんやけど、これらの湿地性の植物は平気なんやな。で、水が干上がっていても簡単には死なんっていう特性がある。だからこんなところにもたくさん生えてるんや」

「へえ、でも日本とイラクで植生が似てるって意外ですね」

「熱帯以外のユーラシアはみんな一緒やろ。ヨーロッパだってそうだしな。でも、高野、日本はもともと湿地の国だぞ。東京、大阪、名古屋、福岡って、みんな昔は湿地だったところを干拓して水路を作って田んぼや畑にしていったんよ。そこがあとで都市になっていったんや。ただ、今は大きな湿地は北海道ぐらいにしかないからな。ふつうの日本人は見る機会がないやろ」

　そうだったのか。知らないことばかりで、たいへん勉強になった。でもだからといって目の前の湿地帯が理解できるようになったわけではない。

　湿地帯の恐ろしさは、その境界があいまいなところにある。例えば、背の高い葦が生えて迷路状になった水路はたしかに厄介だが、それでも舟に乗って進むことができる。でも今、目の前に広がる土地では舟も使えない。かといって、四輪駆動車や戦車で入っていけるかというと、それも危険だ。どこに深い泥濘があるかわからない。重い車両であればあるほど、泥にはまって抜けられなくなる。

　鈍色の雲が地平線まで垂れ込めた空の下、どこまでも続く湿地とも荒れ地ともつかない土地を走っていると、なんだか世界の始まる前の原初の状態にいるような感覚にとらわれる。いわゆる「混沌」である。文明社会でもなければ、日本の自然とも全くちがう。

　同じようなもやもやした気持ちで、湿地民のことも考えていた。どこが湿地かわからないのと同様、誰が湿地民なのかもよくわからないのだ。

一九五〇年代に湿地帯を縦横無尽に旅した探検家セシジャーも、六〇年代末から九〇年にかけてアフワール北部で調査を行い、"Iraq's Marsh Arabs in the Garden of Eden"（『エデンの園に住むイラクのマーシュアラブ』未訳）という本を刊行したアメリカの考古学者エドワード・L・オクセンシュレイガーも、ふつうのアラブ人とマアダン（湿地民）を区別している。どちらもマアダンをはっきり定義づけていないものの、どうやらその特徴は「水牛を飼う」「湿地の中に住んでいる（水上生活をしている）」「移動する」ことのようだ。

ところが現実にはその中間的な暮らしをしている人もいる。例えば運転手アリーが私たちを連れて行った奥さんの親戚の家（自分が招待できなければ親戚や友人に招待させるのである）。やはり荒れ地（もしくは季節的な湿地？）と農地が入り交じった場所にあり、農業をしながら水牛を飼っていた。でも訊くと「彼らはマアダンではない」という答え。

定住するとマアダンではないのだろうか。

湿地帯は一度フセインによって完全に干されてしまい、湿地民はすべてどこかへ移って定住生活をした経験をもつ。つまり、先祖代々、ずっと切れ目なく湿地帯に暮らしてきた純然たる湿地民は誰もいない。今の湿地民は外の世界を知っており、生活も純粋に伝統的なものではないだろう。

もう一つの問題は、マアダンは私が思っていた以上にイラクで差別されていたことだ。しかもマアダンという言葉自体が差別語になって忌避されている。マアダンかどうか訊くこと自体が差別的な行為となってしまう。だから、なおさら訊けない。

ハイダル君や池袋のファイサルさんは「マアダンという言葉はよくない」と言い、代わりに

「アフル・アル・アフワール（アフワール人＝湿地帯の人）」という言い方を推奨していた。ただ、湿地帯の人と言ったらアフワールに暮らす人がみんな含まれる。中間的な生活様式をもつ人々もマンダ教徒も「湿地帯の王」も、全員が立派なアフワール人だ。かくなる私も本書で、「湿地民」「水滸伝の好漢」といったときもそのくらいのゆるいくくりで使っていた。

だがやはり「誰がマアダンで誰がふつうのアラブ人なのか」は気になってしまう。歴史上、明らかにマアダンと呼ばれる人々がいたのは確かだし、水牛と共に生きる遊牧的な彼らがふつうのアラブ人とは異なる独自の生活様式や文化を温存していることは間違いないからだ。私はいかなる差別にも反対だし、したがってマアダンの人たちを差別する意思は全く持っていない。ただ、水滸伝的な世界のありようをリアルに知り、彼らの生きた証を残したいだけである。

しかるに、現実はどこが湿地帯かわからず、誰が湿地民なのかもわからない……。

三十分ぐらい走ると、フセインが作った水路に到着した。間違っても浸水しないように高みに作られた道路の下を幅四、五メートルの水路が通っている。

水路では若い漁師たちが小舟に乗り、虫取り網そっくりの長い柄の網で魚を獲っていた。柄には電線が巻き付けられ、車用のバッテリーにつながっている。法律では禁止されているはずの電気で魚にショックを与えて獲る漁法だ。

舟には様々な種類の魚がプラスチックの籠に山積みされていた。いくら電気（エレキ）漁法でもこの量には瞠目する。水は少なく、決してきれいでもないのに。

「日本でもアフリカでもこんな小さな川にこんなに魚はおらんよ」と山田隊長は言う。「泥の中

電気漁法
左の男の指示で、右の男が舟を操作し、小魚の群れの上に来ると、次々と電気網で痺れさせて、すくっていく。
※ 棹と網の柄は葦を使っている。
舟床には様々な種類の小魚が山積み
バッテリー
電線
バッテリーから網までつながっている

によほど栄養分があるんやろう。家畜の糞とか小動物とか」

山田隊長は現場に身を置くと、にわかに元気を取り戻す。先ほどの苦しげな表情が嘘のように、キビキビとカメラを回しながら言った。「ここにはいろんなものが凝縮されとるなあ」

その通りだった。漁師はそこで獲った魚を水揚げし、その場で売っていた。あるいは別の仲買人が屋台を構えている。道路沿いに屋台街ができ、通りかかった町の人や買い付けに来ている業者の姿も見える。まるで「市」のようだ。

意外だったのはナマズも売られていることだ。というのは、シーア派の人たちはナマズを食べないからだ。シーア派の教義では鱗のない魚はハラーム（禁止）とされている。ウナギもアナゴもドジョウも、豚同様、食べてはいけないものなのだ。

もしイラクでナマズを食べる人がいれば、それはスンニーか、クリスチャンなどの非ムスリムということになる。ここにはシーアの人たちしかいないのになぜ？　と思ったのだが、訊いてみたら答えは簡単。「バグダードに持っていってスンニーの人たちに売る」

まるで〝文明の萌芽〟を見ているようだった。多くの創世神話では、神が混沌から何かを分離して世界が始まることになっている。古事記ではイザナギとイザナミが混沌から島を作った。まさにこの地を舞台としていると言われる旧約聖書では、神が最初に「光あれ」と言い、その後に天と地が分離した。

ここもそうだ。生乾きの湿地みたいな土地の中に道路と水路が交わり、それによって混沌が分割され人間世界が生まれている。最初のシュメール人は灌漑により農業を発達させ、余剰作物を遠隔地の物資（鉱物や木材や石など）と交換することで文明を築いたことを思い出す。灌漑とは農業用水路によって土地を潤すことだが、排水によって湿地から農作地を作ることでもある。

ここでは農業こそ行っていないものの、水路を作ることで、湿地を水と乾燥地に分けている。水路で魚を獲り、それを舟で陸路まで運ぶ。そして余剰物資は遠隔地へ運ばれる。この水路沿いではきっと畑を作っているところもあるだろう。

胸のもやもやがほどけていくように思うのは、風景が混沌から整理のつく世界へ変わったからだ。と同時に奇妙な感想をも密かに抱いてしまった。

反対派に対する弾圧はともかく、フセイン政権が水を止めて湿地帯を管理しようとしたこと自体はそんなに悪いことだったのだろうか？　古代シュメール人以来、この地に都市や国家を築いてきた人たちはみな、湿地に切れ目を入れ、人工的な水路や道路を作ることによって、世界を区分けし、文明を作ってきたように思えるからだ。湿地帯を取りつぶして、直線的な人工水路を張

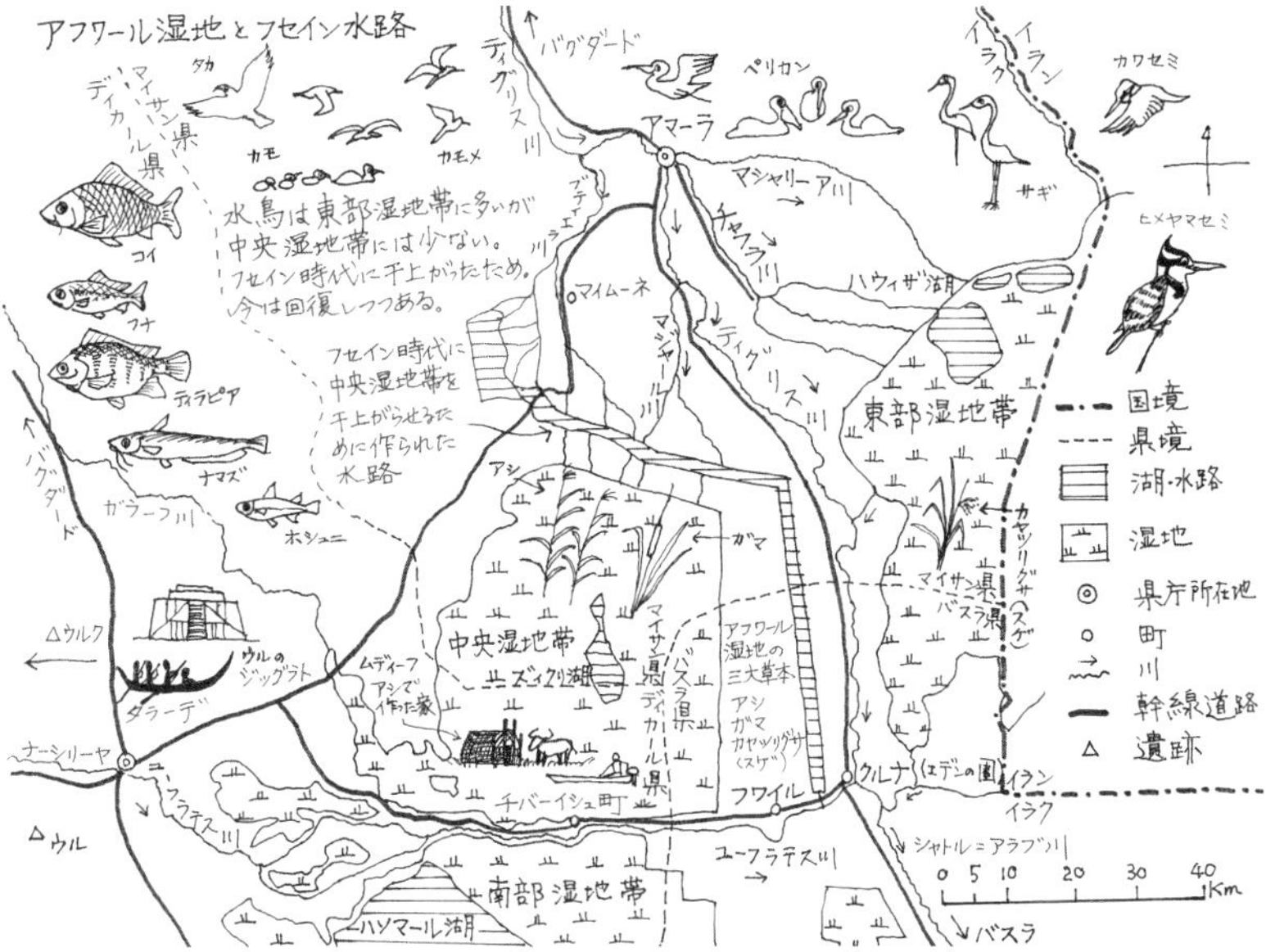

フセイン水路（マイムーネ地区）

明確な境界のない湿地帯の光景

り巡らし、農業や漁業、商業を行うのは人類が世界中で行ってきた文明の形である。江戸の町も東京湾の湿地を開拓し、水路を張り巡らせて発展した。もちろん、突然湿地帯を干上がらせたことは生態系的虐殺であるし、土地の住民にとんでもない損害を与えたのは確かで許されるべきことではないが、方向性としては文明として普遍的なことだったのではないかと思ってしまうのだ。

「市」は出会いの場でもある。

アブー・アクラム叔父さんの友だちでアミールとも知り合いという男性が現れ、ハイダル君と盛んに何か言い合いを始めた。一体何の論争かと思えば「うちに食事に来いって言うんだ、僕らは時間がないっていうのに」とハイダル君は苦笑する。

湿地帯のキーパーソンも発見された。アフメド・サーレという湿地帯の保護活動で有名な人物だ。この人にコンタクトを取ろうとしていたのだが、なにしろ会食湿地にはまっていてなかなかたどり着かなかったのだ。

サーレ氏の案内で、私たちは「市」の周辺を車でひと回りしてみた。混沌の世界の中で、葦を組んで作った家や葦と泥を固めて作った家に出くわした。

「マアダンの家だ」とサーレ氏は言う。

一般のイラク人が日本人とほぼ同じ生活水準にあることを思えば、この電気も水道もない使い捨ての小屋は異様だった。

家は半分朽ちていた。「住んでいた人は水のあるところに移動したのだろう」とサーレ氏。

さらに二、三キロ進むと、はるか彼方に水牛の群れと小屋らしきものが見えた。先ほどの家の主と同じかどうかわからないが、彼らも湿地民らしい。

水と乾燥地がくっきり分かれたところを多くの人や文明社会は求めるのに、それに背を向けるように湿地の方へ移動する人々がいる。

「マアダンとは体制と戦う者の意味」とアミールは言った。たしかに普通の人とはちがうように見える。でもそれは区別を求める文明社会出身者の希望的憶測にすぎないのかもしれない。まだまだ水滸伝はその一端をちらりと仄めかしただけなのである。

6 奇人サーレ先生と天国の湖

アフメド・サーレの案内で東部湿地帯を訪れたのは翌日のことだ。

イラクのアフワール（湿地帯）は大きく三つに分けられる。ティグリス川とユーフラテス川にはさまれた中央湿地帯、ユーフラテス川の右岸（南部）に広がる南部湿地帯（別名ハンマール湖）、そしてティグリス川の左岸に広がる東部湿地帯だ（ユネスコが世界遺産の説明で「四つの湿地帯」と書いているのは、南部湿地帯を東と西の二つの湿地帯に分けて考えているからである。本書では南部湿地帯は一つのものと見なすことにする）。

東部は他二つの湿地帯とはかなり異なった特徴をもっている。まず、アフワールはフセイン政権によって一度完全に干上がったと言われるが、それはあくまでも中央と南部の湿地帯のことである。一九九〇年代や二〇〇〇年頃の衛星写真を見ると、東部湿地帯はけっこう水がある。特にハウィザ湿地（湖）と呼ばれる湿地は従来の半分以下の大きさに縮小しながらもしっかり残っている。

理由はその湿地（湖）にはティグリス川だけでなく、イランのカルケー川からの水が流入していたからだ。フセイン政権がいくら水を止めても、イランの水は止めることができない。湿地帯の王によれば、イランも彼の活動を嫌って水を止めたというが、確認できない。おそらく、イランは水を止めたのではなく、上流にダムを造ったり農業用にカルケー川の水を使ったりするようになり、水量が減っただけではないかと思う。

おかげで水は減少したものの、ダメージは比較的少なかった。生態系に継続性があるからだ。他の湿地帯は一度完全に消滅したので、哺乳類、爬虫類、両生類の多くは絶滅してしまっただろうし、他の動植物の被害も尋常ではないはずだ。かつての姿をとどめている場所があるとすれば、東部湿地帯だけなのだ。鳥や魚、植物にしても、他より豊かな可能性が高い。

だが、その情報は少ない。

アフワールの権威である探検家セシジャーも東部湿地帯はあまりよくわからないと述べている。私はこれまで、過去にアフワールを訪れたことがあるという日本人三名に会ったが、いずれも中央か南部の湿地帯へ行っており、東部へ行った人は一人もいなかった。

なぜ、情報が少ないのか。最大の理由はイランとの国境に面しているからだろう。常に密輸と戦争があり、緊張が絶えないエリアなのだ。

数少ない東部への旅でセシジャーは地元の湿地民から「イランと密輸をしている」とか「密輸を取り締まる警官を殺したが葦の中なので誰にも気づかれなかった」などという物騒な証言を聞いている。

私が直接知っている人で、唯一東部湿地帯を見知っているのは池袋のファイサルさんだ。ただ、それは特殊な状況だった。小学生のとき、学校の先生に連れられ、百人以上の子供たちがバスに乗って、イラン・イラク戦争の前線に連れて行かれたのだという。

「子供は強くならなきゃいけないから、戦争を見て、覚えなさいって大人に言われた」という。行った場所はアマーラの近くの国境地帯で、カサブの森を開拓した土地に戦車が何台も止まり、部隊が駐屯していた。予定では二週間ぐらいそこで過ごして戦争を見学するはずだったが、前線に子供が百人以上来たので現場の部隊が困ってしまった。危険なのはもちろん、寝泊まりする場所や食料もない。しかたなくバスの中で一晩すごしただけで、翌日はバグダードに帰ったという。

フセイン政権時代の無軌道ぶりがよくわかるエピソードだ。

今はどうなっているのか。謎というより「白紙」だった。今回の湿地帯訪問はあくまで偵察である。将来的には自分たちの舟で旅したいが、とりあえず他人の舟でもモーター付きのボートでもなんでもいいから現状が見たい。

朝十時頃、アリーの運転するタクシーで出発。

洒落た格好のサーレ先生(右)

案内人のサーレ氏は、チェックのシャツにジーンズ、革靴、ジャケットに白いベースボールキャップという洒落た出で立ち、短く刈り込んだ白い髭、つやつやとした肌、青みがかって生き生きとした目は自然科学を専攻する大学教授という風情だが、

鳥の天国だった茫洋とした湖

訊いてみると、大学教授だったものの経営学を教えているというわけでもないし、湿地民の出身というわけでもない。NGOを主宰しているわけでもない。ただ、湿地帯が好きで、個人的に保護や啓蒙活動を行い、フェイスブックなどで訴えているうちに有名になったらしい。

「中央や南部の湿地帯は政府も保護活動を行っているし、国内外のマスコミも注目しているが、東部は人があまり関心をもってくれない」と彼は言った。

後になって思ったのだが、東部湿地帯への関心が今一つなのは、イラクも西欧諸国も、旧約聖書の世界に縛られているからではないだろうか。多くのクリスチャンは「エデンの園」がティグリス＝ユーフラテス川間のどこかにあったと考えているらしく、かつて湿地帯が干上がったときは「失われたエデンの園」と盛んに報道されていた。そして最近では「エデンの園が復活」などと書かれている。それらはもっぱら中央と南部の湿地帯を指している。少なくとも写真や動画に写っているものはそうである。いっぽう、異文化圏であるペルシアとの境にある東部はアフワールの中でも辺境扱いのような気がする。

車は舗装道路を突っ走る。荒れ地の中で油田の炎が勢いよく吹き上がっている。羊の群れもたまに見かける。あとは灌木や水たまりという、例の混沌とした半湿地である。

一時間後、ティグリス川の支流であるカハラー川に到着。支流と言っても普通の支流とは逆で、

ヒメヤマセミ
日本のヤマセミより小型で
群れていることが多い。

カワセミの一種
日本にはカワセミは一種だが、
熱帯には多種いる

ティグリス川から分かれてハウィザ湿地に流れ込む。ハウィザ湿地には二つの支流が流れ込んでいる。アミールは「フセインは堰を作らなかった」と言うが、サーレ先生によれば「この二つの支流は堰き止められた」とのことだ。フセイン政権崩壊後にそれらの堰は破壊されたはずだが、サーレ先生も詳しい経緯は知らないようだった。

私たちはサーレ先生があらかじめ手配してくれていた二台のモーター付きボートに分乗した。船頭はともに色の黒い若者だ。

川はショベルカーで泥が浚渫《しゅんせつ》されている。そうでもしないと、すぐに泥沼化してしまうのだろう。水牛の群れや刈り取ったカサブを積んだ地元の人の舟とすれ違う。絵に描いたようなアフワールの風景だ。

二十分ほど走ったあとである。突然、巨大な湖に出た。見渡す限り、水。

「うわっ、でかい！」私と山田隊長は感嘆の声をあげた。

一体どのくらい水が残っているのか、単にどろどろの湿地帯なのかもしれないと思っていたが、これほど広大な湖が残されているとは思わなかった。

水深はたった三十〜五十センチ。船頭のハーシムは船外モーターのプロペラが底につかないよう、慎重に舟を走らせる。ただし、三月から四月は増水して水深が二メートル近くにも達するとハーシムは言う。

湖は鳥の天国だった。舟の近くにはカワセミやヤマセミといった小さい鳥が流木や水の上に突き出た立木に止まったり、宙を羽ばたいたり、水面で魚を捕らえるべく急降下していたりした。

そして、遠くにはまるでテレビのネイチャー番組で見るような大型の鳥の大群。望遠レンズで見ると、カモメに似た鳥とペリカンが葦の茂みの前にぎっしり。

ペリカン‼　大食いで知られるあのでかい鳥が無数に生息しているとは、よほど魚が豊富なのだろう。こんな浅瀬なのに。魚が豊富ということはエサになる植物や微生物もふんだんにあると考えていい。まさに「生物の多様性が残されたところ」だ。

私はこれほどの鳥の楽園を見たことがない。しかもここは管理された国立公園や保護区ではないのだ。

とはいえ、ここが鳥たちにとって無条件の天国というわけではなさそうだ。警戒心が強く、われわれがゆっくり近づいても、一キロ以上も手前でバタバタと空に飛び立って逃げてしまう。捕まえる猟師がいるのだろう。しかし、彼らが飛び立つと、空が真っ白になるほどで、やはり感嘆するしかない。

ところどころ「島」がある。葦や泥を重ねて人工的に作ったもののことで、イラク南部では「チバーシェ（浮島）」と呼ばれている。この周囲には村はなく、村人はカサブを刈ったり魚を獲ったりするため、こういうチバーシェに一時的な小屋を作り、休憩したり、何泊かしたりするという。

サーレ先生は右手でイスラムの数珠をまさぐりながら、船首にすっくと立ち、これらの島で何か作業をする人やすれちがうボートに親しげに声をかける。どうやら彼がこの辺りで「顔」なのは間違いなさそうだ。聞けば、「十四人の湿地の人たちにトレーニングを積ませて、ツーリストに対応できるようにした」という。

これからエコツーリズムを始めるつもりらしい。なるほど、私たちの舟もきれいなカーペットが敷かれ、食器や食料が整然と積み込まれていた。防寒の毛布まで用意されており、便秘に苦しむ美青年ハイダル君はそれをクッション代わりに尻に敷いていた。

東の方を指さし、サーレ先生は「あっちはもうイランだ」と言った。水の上には目印も柵も何もない。ただ、平和で豊かそうな水の広がりと鳥が見えるだけだ。

どうしてこの辺に人が住んでいないのだろうか。湿地民はもともとチバーシェを作って水牛を飼ったり魚を獲ったりして暮らすと聞く。それには絶好の環境に思えるのだが。

サーレ先生に訊くと、うーんと首を捻ったあと、「よくわからないが、戦争のせいじゃないか」と答えた。イ・イ戦争のとき、最大の激戦地の一つだったそうだ。

「マシンガンを取りつけたボートでカサブの中の水路に突っ込んでいくんだ。潜水士もいた。後退すると後ろから撃たれて殺されるから、前進して戦うしかない。イラク軍もイラン軍も両方ともだ。だからこの辺には数え切れないほどたくさんの遺体が眠っているんだ。地元の人たちはそれがイヤなのかもしれない」

そうなのか。そういう意味でもここは「天国」なのか……（後で知ったことだが、ハウィザ湖周辺には戦争のときに敷設された地雷と不発弾が何千と残されており、周辺住民がいまでも被害に遭っているという〔“The Iraqi marshlands and the Marsh Arabs” Edited by Sam Kubba〕。もしかすると、それも理由の一つかもしれない)。

私たちは湖の南側から北側へゆっくりと一時間ほどかけて縦断し、一つの島に到着した。十メートル四方のこぢんまりとした、可愛らしい島だ。誰かが作った葦の小屋の残骸がころがっていた。ここで昼食をとるという。

「僕はこういう湖の中の島が大好きなんですよ」と、私がサーレ先生に言いかけたときである。

突然、茶褐色の大きなヘビが出現した。

あわてふためく人間たちを尻目に、ヘビは素早くうねりながら、私たちと入れ替わりにボートへ滑り込み、あろうことかハイダル君が尻当てクッションに使っていた毛布の中に潜り込んだ。

頭が三角、つまり毒ヘビのようにみえた。

意外にもサーレ先生は嬉々として手近な棒を拾うと、大胆にも毛布をぺろっとめくった。そして、左手に持った棒で素早くヘビの頭をおさえ、そのまま右手でヘビの首根っこを摑んで捕獲してしまった。まるでディスカバリーチャンネルでも見ているような鮮やかさだ。

ヘビはやはり毒ヘビだった。こんなやつに嚙まれたら大変なことになるだろう。近くには何も医療施設がないのだ。というより、アマーラの町の病院でさえ毒ヘビの血清があるかどうか疑問である。

山田隊長がビデオカメラを向けると、サーレ先生はヘビの口を開けさせ、毒の発射口を指で示して説明。独壇場である。

「毒ヘビを手づかみする人はアフリカでも高知の田舎でもおらんぞ」と山田隊長は感心していた。

「インテリの口達者なだけのおっさんかと思ってたけど、大したもんや」

私たちは、半ばサーレ先生に感嘆しつつ、湿地帯の怖さをも思い知らされた気分だった。これだけ至る所にカサブが生え、水と泥の世界だ。餌にも住むところにも不自由しない。湿地帯は病気や虫の巣窟と言われるが、ヘビの天国でもあるのだ。

水滸伝の親分格であるサーレ先生は只者ではなかった。毒ヘビの手づかみで驚かせるだけでは飽き足りないらしく、「このヘビを町に持って帰る」と言いだした。

入れ物がないから、先ほど数珠をもっていたのと全く同じ調子で、右手でヘビの首根っこを掴んだまま、同じように話しつづける。しまいには、ヘビを持ったまま、地面にごろんと転がった。

「私はヘビに噛まれて死んだ。後から来る奴にそう言ってくれ」と言って、目を閉じた。

死んだふり？　何なんだ？　面白すぎるぞ。

カサブを刈り取りに行って戻ってきた船頭のハーシムも、ヘビを片手にあおむけに寝ているサーレ先生を怪訝そうに見ていた。ヘビを捕まえてハイになっているサーレ先生の謎の独演会は、もう一人の船頭がペットボトルを持ってきてヘビをそこに詰めるまで続いた。

昼食はお約束である鯉の円盤焼きだが、さすが本場・湿地帯の料理法はひと味ちがった。

船頭のハーシムは持ってきた鯉をナイフで背開きにすると、なんと血を洗いもせず、塩をなすりつけた。魚は真っ赤である。

「ありゃ、血なまぐさくていかんぞ……」と魚を知悉《ちしつ》した山田隊長も眉をひそめた。ハーシムはそのまま平然と魚を金網に挟み、焼き始めた。燃料は束ねたカサブ。

これまで見てきたサマッチ・マスグーフは「強火の遠火」だったが、ここでは「強火の近火」。つまりボーボー焼く。この簡便さには感嘆するほかない。

メソポタミア文明が三千年以上も続いた理由を目の当たりにした気分だった。

多くの文明は自然破壊によって滅びてきた。具体的には森の消失だ。都市や国家が栄え、人が集まれば集まるほど、多くの燃料が必要になる。木をどんどん切っていくと、森の再生が間に合わず、森がなくなっていく。森がなくなると雨が降ったときに洪水が起きやすくなり、土地がやせる。同時に、直射日光を浴びて地表の温度が上がり、水分の蒸発量が増えたり砂塵が巻き上がったりするなど複合的な作用から雨量が減る。やがて砂漠や荒れ地が増え、最終的には作物は育たず、家畜も飼えず、燃料は全くなくなる。そんな場所に人間は住めない。だからたいていの文明は千年ももたない。ヨーロッパも一度全土が禿山になっている。彼らが環境保護に熱心なのは身に染みた教訓があるからだ。

ところがイラクの湿地帯には燃料が無尽蔵にある。湿地には絶えず水と栄養分が運ばれてくるから、カサブの再生力はふつうの森に比べて桁違いに高いだろう。薪を獲るのも運ぶのも容易だし、水面より上の部分は乾燥しているので火もつきやすい。

産油国イラクは五千年以上前から大燃料地帯だったのである。

私がそんな感慨にふけっている間に——時間にして三十分足らず——鯉は焼けた。赤い美しいカーペットを敷いた上に魚と漬け物、野菜を並べ、みんなで食べる。

不思議なことに鯉は全く血なまぐさくなく、いつものように美味かった。「なんでやろうな……」と山田隊長も首をひねるばかり。

魚を食いながらハーシムに聞いたのだが、彼はモハメダーウィ（アルブー・ムハンマド）という氏族だった。彼らの四分の一はイラン側に、残りはイラク側に住んでいる。

「昔は銃や服を密輸してたよ。それから人もね」と彼は白い歯を見せて笑った。

そのときは迂闊にも気づかなかったが、モハメダーウィといえば、あのアミールの氏族ではないか。湿地帯の王は「氏族の助けはなかった」と言っていたが、少なくとも間接的には協力関係はあったんじゃないかと思った。アミールが「知識層の人たちを国外に出した」と言うのも、最も易しい方法は同じ氏族の仲間の手を借りて、イラン側に逃がすことだろう。

そして「昔は」とハーシムは言うが、今でもいろいろ運んでいるんだろうなとこれまた想像した。実際、サーレ先生が後で言った。

「この辺では昔は銃、今はドラッグが密輸されてる。誰がやってるかはわからないが」

イランはアフガニスタン産のヘロインの経路として知られる。それがこの東部湿地帯からイラクに流入していても決しておかしくない。

葦ほど素晴らしい燃料はない

水滸伝、良くも悪くも健在――らしい。
三時過ぎ、島を離れ、カサブが生い茂った水路の中へボートで入ってみる。
カサブ（葦）と言っても、イネ科ヨシ属の植物の総称にすぎない。専門家が細かく数えたらもっと多くの種類の植物に分けられるだろう。だいたい、葦という言葉はどこか誤解を誘いがちだ。たぶんフランスの哲学者パスカルの「人間は葦である。自然の中で最も脆弱なもの。だが人間は考える葦である」に影響されているのだろう。

しかし、実際には葦は笹のように細くてたやすく折れるものばかりではない。船頭のハーシムが棹に使っている葦など物干し竿なみに太くて、パスカルの頭をこれで叩いたらかち割れるほど固い。湿地帯に生えている葦には優に高さ八メートルに達するものもある。

ちなみにイラクでは竹のことも「カサブ」と呼ぶ（イラクに竹はないので、外国にある竹をそう呼ぶ）。

カサブの原生群をジャングルに喩えたりしたが、とんでもない。ジャングルにはもっと隙間があるが、カサブにはない。カサブが密生した中へ人間が逃げ込むのは困難だ。

カサブはジャングル以上にどこを見ても同じで目印になるものがない。また、木なら登れるが、カサブは登れない。つまり、上から見下ろすこともできない。

水路は不規則にうねり、曲がり、交錯する。まさに迷路。こんなところへ外部の軍隊がやってきても、動きようがないだろう。

カサブの森を出て、帰路につく。早くも空はたそがれ、冬のわびしげな夕焼けが西の空を淡く染めている。舟は水面を切るようにツーッと進む。鳥たちが仲間を呼んで啼く。

人がいないことで生物たちの天国となっているこの場所は人にとって何なのだろうか……。

いつになく感傷的な気持ちで舟から陸にあがったのだったが、水滸伝の親分格であるサーレ先生の奇行はつづく。

町へ帰る途中、彼の「友だち」という人の店に寄った。雑貨屋なのだが、水槽に毒ヘビを何匹も飼っている。そのうち砂漠で捕まえてきたという毒ヘビの水槽に、サーレ先生はなんと今日捕まえたヘビを放り込んだ。

砂漠VS湿地帯の毒ヘビ対決をさせようというのだ。目をキラキラさせて成り行きを見つめる奇人先生。残念ながら、ヘビのほうは人間ほど愚かでないようで、よそ者相手にすぐ争ったりせず、互いに無関心、無反応だった。

しかし、先生の奇人ぶりは終わらない。自宅に連れて行かれたのだが、彼の部屋は世界中の民芸品や骨董だらけ、しかも「カワウソやオオカミをこの家で飼ったことがある」と言い、そのビデオ映像を見せてくれた。今日のヘビのように湿地帯で動物を捕まえては持って帰って飼うということをずっとやってきたらしい。

自然科学や民族学にも深い知識と経験をもっているようだし、――野生動物を持ち帰ることは現代のコンプライアンスにはそぐわないかもしれないが――なんでも自分で実践するチャレンジ精神は大したものだ。だが、「本当にやりたいのは湿地帯にいる巨人を探すことだ」と真顔で言ったときには、さすがに驚いた。

「おそらく君たちは信じないと思うが」と前置きして先生は言う。「私の叔父は長さ三メートルもある人間の骨をアフワールで見つけたことがある。私も長さ三メートルある人の足跡を湿地の中で四回も見た」

ヒマラヤの雪男（イエティ）でも足跡は長さ三十センチ程度と言われているから、途方もない大きさだ。身長はウルトラマン級になるだろう。そんな巨人を探しているとは。

アフワールにある謎はそれだけではない、と彼は言う。

「フィヤド（Fiyadh）というゴールドの鎖を積んだ舟が突然、湿地帯に現れ、それには古代の言葉を話す船員が乗っている」とのことで、どうやら幽霊船の一種らしい。

「この舟の存在はカハラフ、ムシャラフ、そして今は干上がって消滅してしまったソヘーンという三カ所の、全くバラバラの場所で信じられている。つまり、実在すると私は考えている」と先生は大まじめに述べた。

愉快すぎる。私は顔がにやけそうになるのを懸命にこらえた。

予想外だったのは、ハイダル君が天使の笑みを浮かべながら、「僕も子供のとき、そういう話が好きだった」と告白したことだ。

「宇宙人がシュメール文明を作ったといった話が大好きで、それでシュメール文明に興味をもったんだ。大きくなると、宇宙人のことは当然信じなくなったけど、シュメール人とマンダ教徒の習慣が似ていることに気づいた。マンダ教徒のことを研究したのはそういうきっかけもあるんだ」とのことだ。

おお！　と思う。「シュメール人＝宇宙人説」は私も馴染みがある。シュメール人は何者なのかわかっていない。彼らの言語は解読されているものの、他のどの言語とも関係性が見出されていない。文法をみるかぎり、私の知っている言語では日本語やビルマ語（ミャンマー語）に似ている。今から六、七千年前、彼らはどこからかこの湿地帯エリアにやってきて、突然ものすごく高度な文明を築いた。そして、やがて忽然と消えていった。

謎が多すぎる。おかげで「宇宙からやってきた異星人なのではないか」と考える人が昔から絶えないのである。

かく言う私も、高校生の頃はオカルト雑誌の月刊「ムー」を愛読し、シュメール人が宇宙人とはさすがに思わなかったが、宇宙人に文明を授かったのかもしれないと真剣に考えていた。そして、そういう未知の謎を解きたいがために大学で探検部に入部し、さすがに宇宙人文明起源説からは卒業したものの、以後も未知や謎の探索を続けている。

私もハイダル君もオカルト的な好奇心を出発点に、未知への探究をスタートさせたわけだ。サーレ先生や過去の私たちだけではない。

マンダ教の司祭は東部湿地帯には彼らの王国があり金銀財宝が埋まっているという話をしていた。この辺はイランとの国境地帯なので、遺跡の発掘なども全然行われていないだろう。いろいろ想像の翼を羽ばたかせることのできる土地なのだ。

ハウィザ湖は天国の湖であるとともに、想像力が豊かすぎる男子たちのワンダーランドなのかもしれなかった。

第 3 章

新世紀梁山泊チバーイシュ

アル・バハリー氏族の浮島が並ぶエリア

1　シュメール文明を受け継ぐ「葦の館」

「取りつく島がない」という湿地帯だが、一つだけ「島」がある。チバーイシュだ。

あの湿地帯の王《アミール》ことカリーム・マホウドも、私が「アフワールの中心地は？」と訊いたときに「チバーイシュ」と即答していた。

チバーイシュとは前にも書いたように、湿地民が葦と泥を積み重ねて作るという人工のミルフィーユ的な浮島のことだ。一世帯が暮らす小さなものが「チバーシェ」（単数形）、その複数形が「チバーイシュ」である。要するに、チバーシェがいくつも集まって大きくなり、そのまま地名となった。日本で言えば、川の中洲にできた町が「中洲」（福岡県福岡市）と呼ばれたりするのと同じだ（紛らわしいので、以後、一般的なチバーシェは「チバーシェ」あるいは「浮島」、町は「チバーイシュ町」と表記して区別することにする）。

本家「水滸伝」では好漢たちの集う「梁山泊」という場所があった。詳しい描写がないので大きさや形状ははっきりしないものの、少なくとも湿地帯の中でそこだけは水に浸からない乾いた土地だったのは間違いない。つまり、チバーイシュ町はイラク湿地民にとっての梁山泊だと言える。ただし、大きなちがいは、本家の梁山泊が反政府勢力の砦だったのに対し、イラクのそれは役場や学校、病院といった政府の施設があったという点だ。

現在、中央湿地帯と南部湿地帯の中には医療施設や学校はないという。それどころか市場や雑貨屋やモスクすらない。だから湿地帯を遊動して暮らしている湿地民が病気や怪我をしたり、子供を学校に行かせたり、モノを売り買いしたりしたければ、チバーイシュ町に行くしかない。

湿地民からすれば唯一の町であり光り輝く場所だったかもしれないが、一般イラク人にとっては正反対だった。探検家セシジャーによれば、一九五〇年代、チバーイシュ町に駐在していた役人はそこから百マイル（百六十キロ）以内の、つまりわりと近隣の町の出身にもかかわらず、ひたすら転勤を夢見ていたという。島流し的な気分だったらしい。湿地民への差別意識も相当なものだったようで、「マアダン（湿地帯住民）と一緒に暮らすなんて、よく耐えられますね（中略）やつらは野獣同然なのに」とセシジャーに話していたという。

湿地帯の中心地にして、政府がかろうじて拠点を置いていた場所チバーイシュ町。

今は一体どうなっているのだろう。どのくらい近代化が進み、どのくらい往年の湿地帯の姿が残っているのだろうか。

暗闇で命綱を頼りにするように、私たちは人のツテをたどった。湿地王を紹介してくれたアマーラの写真家ムハンマドに、今度はチバーイシュ町で活動を行っている「ネイチャー・イラク」なる環境ＮＧＯのオフィスを紹介してもらったのだ。

湿地帯の玄関口であるアマーラからチバーイシュ町までは直線距離にして百キロほど離れている。私たちはタクシーを捕まえて、一本道を南西へ走った。途中までは先日、訪れたマイムーネ地区へ行く道と同じだが、フセイン政権の作った運河と交叉する「市」を過ぎると、急に道路が悪くなった。

「この辺は昼間はいいが、夜になると強盗が出るんだ」と運転手は言った。「外国人なら拉致されるだろう」

たしかに周囲は「混沌」の世界だ。荒れ地には姿を隠せる茂みがふんだんにあり、水滸伝の賊にうってつけの仕事場である。

そう言う運転手に対してハイダル君はハリソン・フォード的微笑みを湛えながら「僕たちはアマーラで（湿地帯の王こと）カリーム・マホウドと会ったんだ。食事にも招かれたよ」と訊かれもしないのに言った。食事に招かれたというのは嘘だが、「そうそう」と私は頷いた。

もし運転手が水滸伝の賊の一味だったなら私たちは簡単に拉致されてしまう。昼だって車はひじょうに少ないのだ。私もハイダル君を通して同じことを言おうと思っていた。誰か影響力のある人の名前を出して、その人と親しいとアピールするのは私もアフリカのソマリ人居住域でよく行っている手口だ。

感触としてソマリ人とイラクの水滸伝の民（アフワール周辺の人たち）は、この辺の気質がひじょうによく似ている。旅行者が誰かの世話になるとその地域では世話した人の「客（ゲスト）」と見なされる。そして客が被害を受けるというのは「主人（ホスト）」にとってこの上ない屈辱なのだ。つまり、ここアマーラ周辺で湿地王の客が襲われた場合、王が恥辱をそそぎに襲ってくる可能性を誰もが想像する。だから彼の客であることをアピールすれば、確実ではないけれど、一定の抑止力にはなる。

そして、バグダード人のハイダル君がそれをよく理解しているというのは、バグダードを含めてイラク全土が〝水滸伝的〟——自分の身は自分で守り、そのためには武力行使も辞さない——になっているからだろう。特に田舎へ行けば行くほど、伝統的な氏族社会が色濃くなるので、このような対処法が必要となるのだ。

荒野は延々と続いた。以前私が会ったイラク人留学生（バグダード出身）は、湿地帯が干上がる前にこの道を通ったことがあると言い、「そのときは周りがみんな水で怖かった」とのことだ。たしかに想像するだけで怖い。大海の中に一本道が走っているようなものなのだ。ちょっと増水しただけで海の下に沈んでしまうと思うだろう。だが、今は水の気配すらなく、ただの乾いた荒れ地だった。

七十キロほど進み、アル・イスラという小さな町で左折、やや南東向きに進む。あとで地図を見て気づいたが、このアル・イスラからユーフラテス川沿いに道路が走っているのだ（ただし、道路から川はよく見えなかった）。

さらに三十キロほど進み、三十分後ぐらいに到着したチバーイシュ町は、想像よりはるかに大きな町だった。さすがに高い建物はないものの、水路が縦横に走り、石やコンクリートで造られた大きな家がぎっしり建ち並んで車の量もけっこう多い。とてもここがかつて葦泥ミルフィーユの浮島だったとは思えない。

どこの町へ行っても、実家のある高知県四万十市中村（旧中村市）と比べて「勝った負けた」と言う癖がある山田隊長は嘆息した。

「負けた。中村よりはるかにでかいよ。てえしたもんだ」

ネイチャー・イラクの事務所は石造りの二階建て、立派な邸宅だった。

事務所の長であるジャーシム・アサディ氏が愛想良く出迎えてくれた。色黒で小柄、髪はシルバー、メガネも銀縁というなかなか格好いい六十代の男性で、全身から尋常でないエネルギーがあふれ出していた。アマーラのサーレ先生同様、彼も初っ端からアフワールについて機関銃のように喋りだして止まらない。

——只者じゃないな……。

その直感は正しかった。彼とは長い付き合いになるのだが、このときはそれよりも「現場」を見たくてしかたなかった。現場とは川と湿地帯である。

NGOのオフィスの前は小さな水路で、小さなボートがぎっしりと並んでいる。それを横目に見ながら車を走らせると、川に出た。

ユーフラテス川だ！

さまざまな感慨が脳裏をかけめぐった。私は昔からユーフラテス川で川下りをしたいと思っており、八年前の二〇一〇年にでたどったことがある。当時シリアは平和だったが、独裁政権なのは変わらない。私が「川を見に行く」と告げて朝早くホテルを出ると、雇っていたタクシーの運転手がひじょうに険しい顔をして言った。「ただ川を見に行くなんて誰が信じるか。今頃ホテルの人間は警察に通報しているぞ。スパイがいるってな」

ジャーシム・アサディ

は、下見と称して、トルコの源流近くからシリアまでユーフラテス川沿いを一週間ほどかけて車
別に後で何が起きたわけでもなかったが、少しでも普通とちがう動きをするのを人々は恐れていたのだ。決してのんびり川旅ができる環境ではないと思い知らされた。そして、イラクの国境付近まで行き、「この先がイラクなのか……」と見やったものだ。

あれから八年。シリアは悲惨な内戦に突入し、同国のユーフラテス川流域はＩＳの支配下となったばかりか、クルド人武装勢力や政府軍、アルカイダ系の武装勢力までが入り乱れる激戦区と化してしまった。

シリア領だけではない。イラク北部・中部のユーフラテス川流域はスンニーが多い地域だけに戦闘が絶えない。イラクが一気に反米に傾いた二〇〇四年のファルージャの戦闘以降、ユーフラテス川沿いは中央政府に反抗的な氏族やアルカイダ系のイスラム過激派の一大拠点となってきた。

そういった上流の激動が嘘のように、ユーフラテス川は静かにゆったり流れていた。シリアで見たときより川幅は狭いように思えた。この辺は雨が極端に少なく、酷暑であり、注ぎ込む支流もない一方、水はどんどん蒸発するうえ農業用にも使われるので、下流へ行くほど水量が減るのかもしれない。

川沿いの土手を走ると、町とは言ってもそこら中にカサブ（葦）の家が見え、水牛がそぞろ歩き、草を食み、水を飲んでいた。

古代のメソポタミア文明を彷彿させる風景だ。

「チバーイシュとは古代アッカド語の『ケバシュト』に由来する」とジャーシム氏は言った。アッカド語とは、水牛をインドから輸入し、世界で初めて動物園を作ったというサルゴン王が建設した王朝の言語だ。ジャーシム氏の説を信じるなら、水牛の飼育と浮島作りという湿地民の生活の基本は少なくとも紀元

チバーイシュ町を流れるユーフラテス川

前二三〇〇年頃のアッカド王朝まで遡れることになる。実際にはその前のシュメール初期王朝時代からあったのではないかと私は思うが。

彼によれば、「一九八八年までは車道がたった三本しかなく、千二百もの小さな浮島からなっていた」という。想像するのが難しいが、狭い硬い土地（「島」と呼ばれている）を中心にそこから突き出るように道路が並行して三本走り、その周りに浮島がまるで住宅地のように並んでいたようだ。浮島の住民はすべてマイカーならぬマイボートをもっていた。だから、車道は三本でも、水路は無数にあり、舟が忙しく行き来しているという賑やかな世界だったのだ。

一九九九年の人口は六万人。しかし、その後フセインの水止めで人々は離散し、二〇〇三年には十分の一の六千人まで落ち込んだ。現在は六万二千人とかつての人口に戻っているが、去った人が丸ごと全員帰ったわけではない。帰らなかった人もいれば、湿地帯の他の地域からチバーイシュ町に移住してきた人もいるという。

川のほとりでは、水牛、浮島と並ぶアフワールの象徴である「カサブのムディーフ」にも遭遇した。

ムディーフとはイラクの言葉で、ゲストハウスを指す。文字通り、客人が来たら泊めるための家だが、それだけにとどまらず、氏族や仲間たちの集会所でもある。形状は縦長で、入口を入ると両脇の壁側にマットレスのような座席が敷きつめられている。立派なムディーフでは各座席に、背中にあてるクッションや肘掛けが用意されている。シェイフや裕福な人はムディーフをもつ。

私はバグダード滞在中、三男アサム兄さんにサワーデジという氏族のシェイフのムディーフに連れて行ってもらったことがある。それはゲストハウスなどという生やさしいものではなく、あ

水路を舟で移動する湿地民の女性

シュメール時代から続くタンノール

土の家を建てて定住している水牛飼いの人々もいる

まりに豪華絢爛なので私は「結婚式場か⁉」と思った。百人ぐらいの席が設えてあり、天井には巨大なシャンデリアが光り輝き、卓上には何十リットルのコーヒーが入るのかと思うほど大きな黄金色のポットがいくつも並び、まるでアラビアンナイトの世界に紛れ込んだかのようだった。そのシェイフは鯉の養殖で巨利を得ているとのことだ。

バグダードなど都市部ではムディーフは鉄筋コンクリートや石造りの建物だが、アフワールではちがう。ここでは何でもカサブで物が造られ、ムディーフも例外ではない。チバーイシュ町だけでもざっと四十八ものムディーフがあるそうだが、私たちが立ち寄ったのはこの町で「最大」とされているものだった。

元のオーナーは最近亡くなったサイイド・ハダードなる人物。「サイイド」と名が付く者（氏族）は預言者ムハンマドの直接の子孫とされ、特にイラクのシーア派においては格別の敬意を受けている。このサイイド・ハダードも地元でたいへんに尊敬され、氏族のシェイフでも解決できない揉め事を仲裁する「裁判官」的な役割を担っていた人だという。そして、それらの仲裁はこのムディーフで行われてきたのだ。

高さ五メートル、奥行き二十メートル以上あろうかという巨大さ。屋根は葦をたわめて丸く湾曲しており、入口にはこれまた葦を束ねた柱が四本立っている。

――やっぱりシュメールと同じだよな……。

改めて嘆息した。約五千年前（紀元前三〇〇〇年ぐらい）のシュメールの石の器に刻まれたレリーフに、このカサブの家とそっくりの建物が描かれているのだ。それだけでもう信じられない思いだったが、中に入り、ジャーシムが電灯をつけたときは心底驚いた。

現在のムディーフと
ウルク遺跡の器に描かれた葦の家
（大英博物館所蔵）

ムディーフの作り方

①骨組みになる葦を男三人掛かりで束ねていく

②葦の上部をアーチ型に結んでかまぼこ型にする

③葦を半割し、叩いてたわめて編んだマットで覆う

圧倒的な美しさ、豪華さ。建材には葦しか使っていない。太い葦を細い葦で束ね、それをたわめて大きく優雅なアーチを描いている。電灯は葦に神秘的な陰影を浮かび上がらせていた。無数の葦を束ねているのに表面はなめらかであり、その高度な職人技術が、壁と天井と柱が一体化したドームのあらゆる部分に行き届いていた。

正直言って、バグダードの結婚式場的超豪華ムディーフにも引けを取らない。というより、一般の日本人女性に「どっちのムディーフで結婚式を挙げたいですか？」と訊いたら、こちらの方が人気を博すのではないか。

カサブのムディーフは専門の大工集団によって作られるという。建設に要する日数は八人の大工が働いてたった二週間。総工費は二万〜二万五千ドル（約二百万〜二百五十万円）。

今現在、チバーイシュ町には四組のムディーフ大工グループがあり、最近ではバグダードやバスラはもちろん、サウジアラビアやＵＡＥなどの湾岸諸国の富豪の間でも引っ張りだこなのだという。

一九六四年に刊行された著書の中でセシジャーは悲しげにこう述べている。「おそらく、あと二十年以内に、五十年以内には確実に、このような建造物は永遠に消滅してしまっているであろう」

当時すでに文明化の波が湿地帯にも押し寄せていたので、そう確信したようだ。

ところが湿地民はそんなにヤワではなかった。セシジャーには嬉しい誤算だろうが、それから五十年以上が過ぎた今、少なくとも陸上では彼らの伝統はまだ健在だった。

では水辺はどうなっているのだろうか。

2　驚異の新世紀梁山泊

イラクは「人」の国である。集団や組織というより、強力な個人が地域や事業の中心にどっかと腰を据えている。そして、その人を軸に、周りが動くというイメージだ。ピラミッド構造というより渦状ではないかという気がする。

チバーイシュ町の「人」とはジャーシムである。

六十一歳だという年齢を感じさせず実に精力的でよく喋り、よく動く。銀縁の眼鏡と流暢な英語が大学の先生のようなインテリジェンスを醸し出しているが、しばしば奇声を挙げたり子供のようにはしゃいだりするところは、アマーラの奇人的なサーレ先生によく似ている。

二人とも湿地帯の広報部長を自任しており、フェイスブックで湿地帯の近況を報告したり、マスコミの取材を受けたりするのを生き甲斐としている。いつも「俺こそが湿地帯をいちばんよく知っている」とか「湿地帯の実情はこうなんだ」とアピールしたくてたまらないのだ。実際に彼らはそう誇るだけの実績をもっている。ただしこの二人はライバルでなく仲のいい友人だった。サーレ先生は東部湿地帯、ジャーシムは中央及び南部湿地帯と、テリトリーの住み分けができているからだろう。

ジャーシムの案内でムディーフのそばにある堤防を見に行く。この堤防は昔からあるものではない。一九八八年に大洪水が起きた際、将来に備えて一部を築いたのに加え、一九九一年にはユーフラテス川が湿地に流れ込むのを防ぐために増築したという。

フセイン政権はティグリス川とユーフラテス川では異なるアプローチで湿地帯を封じ込めた。ユーフラテス川では主に堤防を強化することで、ティグリス川では主に別にバイパス（水路）を建設することで、それぞれ水が脇道（湿地帯）にそれないようにしむけた。

旧政権の施策が異なるがゆえに、政権崩壊後に湿地民が起こした行動も異なった。

アミールやサーレ先生によれば、ティグリス川沿いの人たちは何もしなかったという。水路は簡単に壊すことができない。また水路沿いにはすでに農業を行っている人もいれば、油田や石油プラントも建設されていた。イラク政府の水資源省が一部の堰を壊したり、水門を設置したりしただけのようだ。

フセイン政権の堤防を壊したユーフラテス川の「切り通し」

いっぽう、ここチバーイシュ町をはじめ、ユーフラテス川沿いの人たちは堤防を壊した。その部分を見ると、堤防の巨大さが理解できる。

堤防の高さは現在の水面から五メートル以上、厚さも四、五メートル。舟が通るとその部分が「ゴルジュ（峡谷）」のように見える。まるで日本の山に作られた「切り通し」のようなのだ。

堤防はイラク版「万里の長城」だった。中国のそれは北方の蛮族が侵入するのを防ぐために造られ、実際にはあまり役に立たなかったと言われるが、イラクの長城は蛮族の息の根を完全に止めた。しかし、政権崩壊後、現地の人々と新政府は堤防に穴を開け、あるいは水門を十一カ所作った。〝蛮族〟は息を吹き返した。

「水門は水を流すためだけじゃなく、止めるためでもある」とジャーシムは講義する。川の水位が湿地の水位より低くなると、湿地の水が川に流れ出てしまう。それを防ぐために水門で水を止めているという。川の水位が高いときはもちろん開く。「そうすれば、川の水位の上下にかかわらず、湿地の水は一定に保たれる」

この辺から私はジャーシムから滲み出る尋常でない「湿地愛」に気づいた。単にNGOの現地代表の使命感や義務感だけでなく、また「好きだ」ということでも片付けられない、「何があっても湿地帯を守りたい」という思いが論理的な語り口の端々に感じられるのだ。

それもそのはず、訊いてみれば、ジャーシムはその名前（ジャーシム・アサディ）が語るように、ここチバーイシュ町を仕切るバニー・アサド氏族の一員（彼らはみな、「アサディ」という姓を名乗る）で、自身も湿地帯の中の浮島に生まれ育った生粋の湿地民なのだ。舟でチバーイシュ町へ通い、成績優秀であったためバグダードへ進学。大学卒業後は水資源省へ入り、水利専門の技術者として働いた。つまり、アフワールの事情と水利の両方に精通した「プロ」が、自分の郷里のために力を尽くしているのだ。


オフィスに戻ると、地図を見ながら説明してくれた。

「昔のアフワールは増水したときの最大面積が約二万平方キロメートル、水が最も減ったときが約四〇〇〇平方キロメートル、平均は九六五〇平方キロメートルだった」とジャーシムは立て板に水のように四桁、五桁の数字を口にする。日本人にわかりやすく言えば、最大は四国（一万八

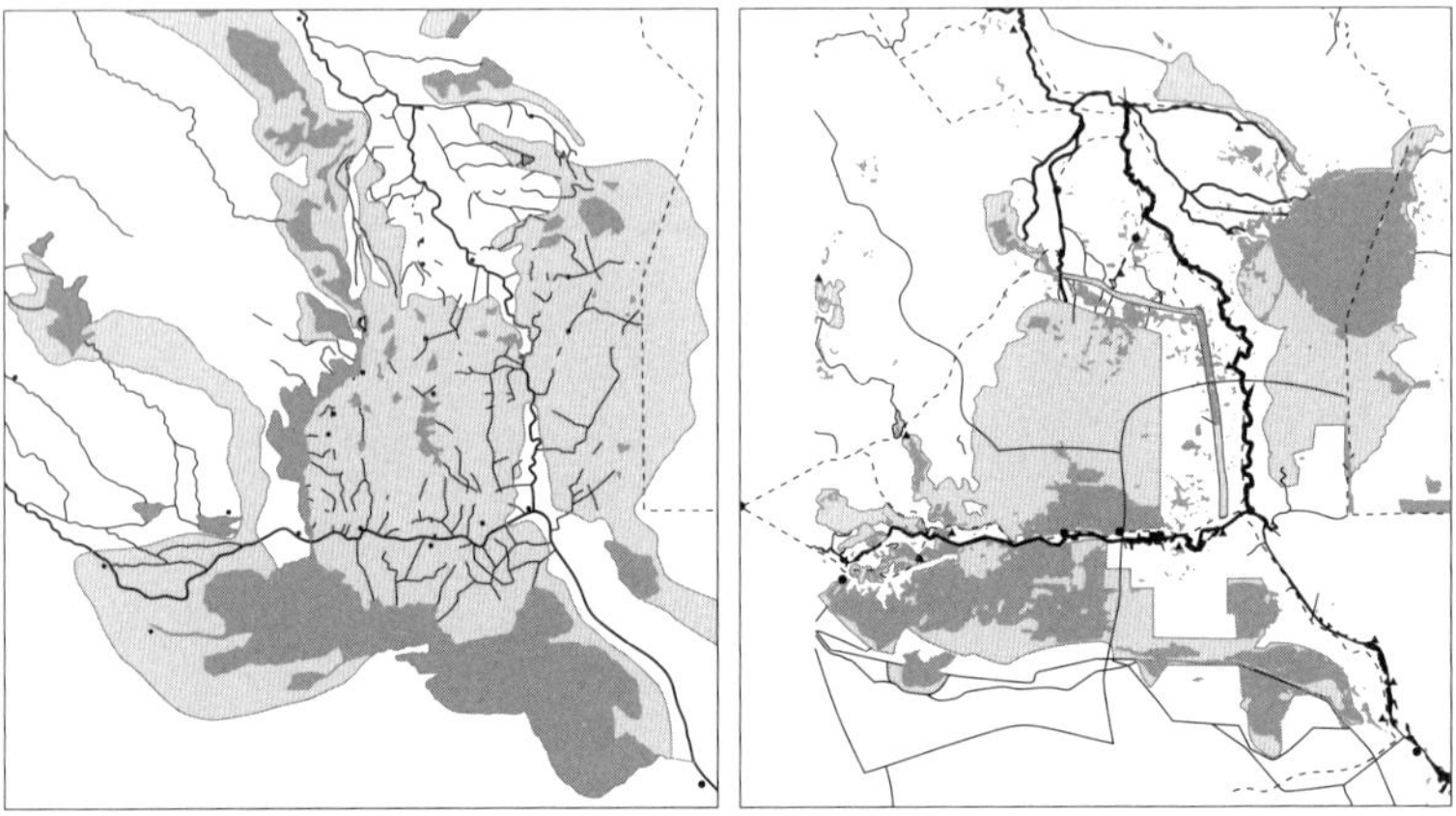

左図　アフワール全図（1977年）『Return to the Marshes』の地図より作図
右図　アフワール全図（2010年）イラク湿地及び泥地復興センター（CRIMW）作製地図より作図

八〇〇平方キロメートル）を上回り、最小は徳島県（四一四七平方キロメートル）ぐらい、平均は徳島県と愛媛県（五六七六平方キロメートル）を足したぐらいということになる。いずれにしても広大だ。

ところがフセイン政権の徹底した長城作戦、それにアマーラ周辺で行われた水路建設により、中央と南部の湿地帯は壊滅。唯一残った東部湿地帯もイラク側はたった二〇〇平方キロメートルまで縮小した。これは徳島県の二十分の一にすぎない。

フセイン政権崩壊後にCenter for Restoration of the Iraqi Marshlands（イラク湿原復旧センター＝CRIM）という組織が設立された（これは後に、湿地の環境保全を取り決めた国際条約であるラムサール条約に加盟する際、"and Wetlands"が付け加えられ、イラク湿地及び泥地復興センター〔CRIMW〕に改称された）。

復興センターは二〇〇五年に「五五六〇平方キロメートル」つまり愛媛県レベルを回復の目標に掲げた。昔の平均の半分強だが、二〇〇三年時点の二十八倍でかつての最小規模を上回る面積だ。

「それが二〇一三年には七〇％達成された」というから驚きである。

数字では理解が難しいという私のような人間には、地図が手助けになる。例えば、一九七七年に刊行されたイギリス人作家ギャヴィン・デイヴィッド・ヤングの著書〝Return to the Marshes :Life with the Marsh Arabs of Iraq〟（『湿地への帰還　イラクの湿地民との生活』未訳）には当時のアフワールの地図が掲載されている（一四四頁左）。おそらく衛星写真をもとに作製された地図であろう。一九六〇年代から湿地帯は次第に水量が減っていったと言われるが、この頃はまだ相当面積が広かったことがわかる。

アフワールは一度、東部湿地帯の一部を除く全域が干上がったが、二〇一〇年にイラクの水資源省が作製した地図によれば、かなり水が戻ってきているのが察せられる（同右）。二つの地図はそれぞれどの季節の水量を反映したものかわからないし、異なる基準で「恒常的な湿地帯」と「季節的な湿地帯」を示しているようだから、あくまでも〝視覚的な参考〟である。二〇一八年現在は二〇一〇年よりさらに水は増えているという。

なぜ湿地帯はこれほど劇的に回復してきたのか。

一つには二〇一〇年二〜三月に、ジャーシムの提案により行われた荒療治のおかげだという。チバーイシュ町から数キロ西の地点でユーフラテス川の水を止め、全て湿地帯に流したのだ。下流から強い反対を受けたが、説得して実行すると、ティグリス川から水が逆流して、問題はなかったという。

「私はちゃんと水の流れを計算してるんだ。だから可能になる」とジャーシムは得意げだ。実はかつてユーフラテス川は現在の合流点であるクルナまで流れず、湿地帯に流れ出していたという。

アフワールの水の面積の変移

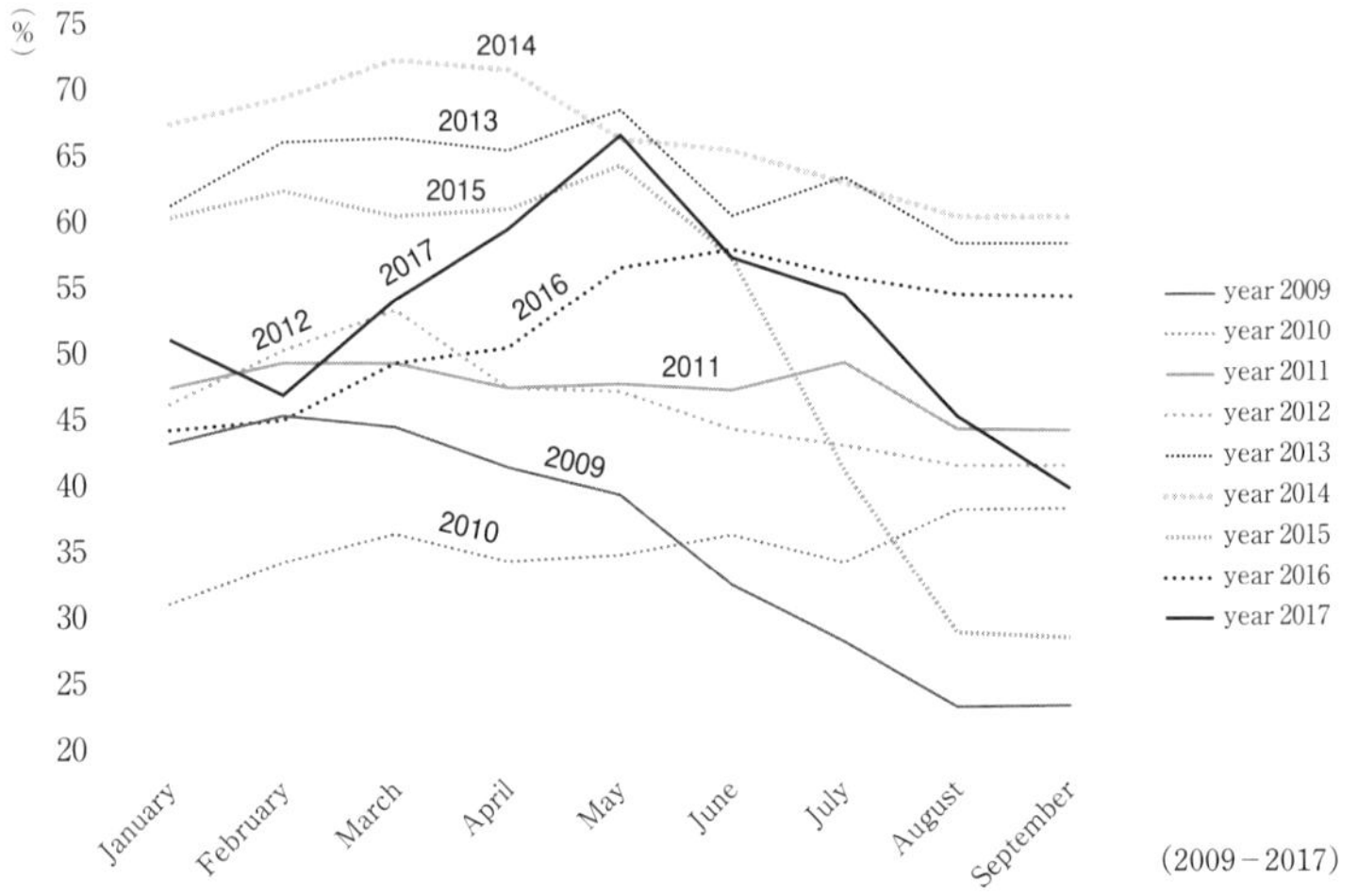

湿地帯回復の目標値である5660㎢を100%とし、2009年から2017年まで、年と月ごとに示している。（ネイチャー・イラク作製。各年の10月～12月のデータは失われてしまったとのこと）

湿地帯の中でうやむやにティグリス川に合流してシャトル＝アラブ川としてペルシア湾に注いでいた。ジャーシムはそれを知ったうえで新しい措置をとったのだ。

また、ユーフラテス川の上流部から分かれて直接バスラ方面へ流れる水路と南アフワール（ハンマール湖西部、アル・カルマシャとも呼ばれる）とを結びつけるという工事も行った。

ジャーシムはアフワールにおける年度別及び月別の水量のデータもちゃんともっていた。パソコンを起動させ、統計資料を呼び出す。アフワールの水の面積を年と月ごとに折れ線グラフ化したものだ。アフワールは水深が一～二メートル程度の場所が多いから水の面積≒水量と考えていい。それによれば、湿地帯の水量は年によって驚くほどのばらつきがある。

一年の中で最も水量の多い時期は、ある年では十一月から十二月にかけて、ある年では四～五月、またある年では年間通して増減がない。そして、年ごとに見ても、多い年は少ない年の三倍もの水がある。逆に言えば、少ない年はとことん少ない。同じ場所のデータに見えないほどだ。

アフワールの水量の多くはイラク北部やトルコ東部（いわゆる「クルディスタン」）の山岳地帯から流れる雪解け水による。また十一月から三月にかけて、クルディスタンやイラク平原部でも少量ながら雨が降る。だから四、五月に大幅に増水し、夏には水が減り、冬にある程度回復する傾向にはあるが、必ずしも毎年ではないようだ。

メソポタミアの水のきまぐれは意外だったが、それよりもジャーシムが湿地帯のみならず、ティグリス川、ユーフラテス川、それらが合流してペルシア湾（アラビア湾）に注ぐシャトル＝アラブ川の年／月別流量も把握していることに驚かされた。

「大したもんだ」と山田隊長も舌を巻いていた。

翌日、ジャーシムの案内で、実際にユーフラテス川を堰き止めた場所を訪れた。チバーイシュ町があるのはディカール県だが、そこは県境を越えてバスラ県に入ったところだった。

目にしたのはトラック二台が優にすれ違えるほどの巨大な堤だった。堤の両側——つまりユーフラテス川の上流と下流——には同じように水がたっぷりと湛えられていた。

フセイン政権は堰を作ってアフワールを滅ぼしたが、ジャーシムは全く同じ方法でアフワールを蘇らせたのだ。実際に堰を建設したのは水資源省だという。

なんだか、徳川幕府の命を受けて玉川上水を開削し、江戸の民に飲料水を供給することに成功した玉川兄弟を彷彿させる。

ジャーシムは機敏な動きで堰の岸辺を走り回り、懐から何か計測機器を取り出して、水を調べている。

「塩分濃度は川下が一五四〇、川上が一九〇〇。ユーフラテス川全体の平均値が二五〇〇だから何も問題なし！」と高らかに報告した。

塩分濃度は湿地帯にとって大きな問題の一つだという。水がよく流れないと水分が蒸発して塩分濃度が上がり、塩害が起きるのだ。いくら水があっても、塩分濃度が高すぎると人間や家畜がその水を飲めなくなり、農業にも差し支える。

塩分だけではない。下水道が完備されておらず、垂れ流し状態のイラクでは上流からさまざまな有害物質や過剰な窒素やアンモニアなどが流れてくる。流れがなければ、それらの有害物質は湿地帯や川の中にどんどん溜まっていってしまう。

「水の宗教」とも言えるマンダ教徒は「水は流れていなければいけない」と言い、淀んだ水を嫌う。流れている水を彼らは「生きている水」と呼ぶがまさにそれだ。

ちなみに、湿地帯の水はいつ頃まできれいだったのか。

「一九八八年までは川やアフワールの水をじかに飲んでいた」とジャーシムは言う。この「一九八八年」はチバーイシュ町付近のアフワールにおける最初のターニングポイントらしい。洪水から守るため、それぞれの小浮島を土手で囲う——日本の濃尾平野にあった「輪中」と同じだ——ようになったのも、その結果、各浮島に給水システムが作られたのもこの年だという。

一九八八年とは世界史的にも稀なほど不毛なイ・イ戦争が終結し、一九九一年の湾岸戦争開始まで、イラクが平和と安定に浸ったごく短い期間の初めだ。

いろいろなことが腑に落ち、パズルのピースが次々にハマっていくように思われるが、それ以上に私と山田隊長が衝撃を受けていたのは、イラクの行政や技術者のレベルの高さだった。

ここの工事も緻密な計算から成り立っている。ジャーシムにどんなことを訊いても、明確かつ論理的な答えが瞬時に返ってくる。

私は日本を出る前に、アフワールに関する環境生態学的な資料も入手し、目を通していた。ユネスコの世界遺産に登録されただけあり、国連環境計画（UNEP）が調査を行い、細かいデータをとっていた。日本政府も資金を拠出し、日本人の専門家も参加している。だから、データや戦略があること自体は意外ではないのだが、正直言うと、それはあくまで国際組織や先進諸国が調査研究を行っているものだと思い込んでいた。イラク政府の役人や技術者にそんな力など到底ないと心のどこかで考えていた。

私たちのそのような偏見は今に始まったことではない。イラクに来てから、私たちは幾度も「イラクを他の途上国より高く評価してはハイダル君やその家族、知人から顰蹙《ひんしゅく》を買う」という情けない失敗を繰り返していた。

私は、「長年の苛酷な独裁に加え、激しい内戦がつづき、治安がひじょうに悪く政治も腐敗している」という点から、イラクをソマリアやアフガニスタンなどと同列に置いていた。山田隊長はアフリカで長く活動していたため、やはりアフリカの最貧国チャドなどと比べがちだった。

その目線で見ると、イラクは比較にならないくらい秩序がある。

例えば、イラクではバグダード市内でも地方へ行く街道沿いでもチェックポイントが多いものの、一度もカネを要求されたことがない。私たちはそれを「評価」してしまうのだが、ハイダル君たちにすればそんなことは当たり前で、アフリカと比較されること自体が「屈辱」なのである。彼らは「今のイラクはダメだ」と繰り返す。家や店の前の歩道にその家・店のモノが置かれていたり、道路がゴミで汚れていたりするのを見ては「あんなことは昔はなかった」と嘆く。

アフリカ慣れした私たちからすれば、ずいぶん贅沢な悩みに見える。いや、アフリカでなくても、パキスタンやインド、東南アジアなどアジア諸国の多くでも、家や店の前の歩道を近所の人が勝手に使っていたり、道路にゴミが落ちたりしているのは珍しくない。

ハイダル君の親戚の若者は、私たちが「アフリカよりいい」と言ったら、声を荒げた。「アフリカと比べないでくれ。アメリカや日本と比べてくれ」

返す言葉もなかった。

日本で見聞きするイラクのニュースはよくないことばかりだ。実際に現地へ行ってみれば決してそんなことはないだろうと私は自分の経験から確信していたものの、それでもイラクを「なめていた」のは否めない。

イラクは一九七〇年代までは豊かな産油国だったのだ。教育と医療は無料で、レベルも高かったようだ。それが八〇年代に入ってからイランとの戦争で徐々に疲弊し、湾岸戦争の後の経済制裁で国民生活はどん底に落ちた。しかし、必ずしも政府の各省庁の能力までが大幅劣化したわけではないらしい。ハイダル君は言う。

「外部からの援助が止まって何でもイラク人が自分でやらなきゃいけなくなったからじゃないかな。サダムがやれって言えば、どんなことでもやるしかない。それに外国へ行くのも禁止されたから頭脳流出もなかった」

ジャーシムも留学経験はない。だが、決して国際機関に導かれているのではなく、強いリーダーシップをもって行動している。そして、それは彼一人でなかった。

ちょうど彼のNGOオフィスには水資源省・復興センターのサミーラ・アベッドさんという女性が出張で訪れていた。バスラ在住の四十代とおぼしきこの女性もジャーシム同様、イラクで教育を受け、働いてきた「国内組」の水エンジニアだが、ラムサール条約加盟後、イタリア、オランダ、グルジア（ジョージア）、ヨルダンなど世界各地の湿地帯や川の視察、UNEPの研修などを積んでおり、わかりやすい英語で二〇〇三年以後の状況を実に簡潔に語ってくれた。

それによれば、フセイン政権崩壊後、米軍統治の混乱や内戦勃発、新秩序の形成などで、湿地帯の状況を顧みる人はほとんどいなかった。だが、三名の人が中心になりアフワール復興事業を立ち上げた。その三人とは、

①ハッサン・ジャナビー（元・駐日イラク大使、水資源大臣）

②アザム・アルワシュ（ナーシリーヤ出身、ネイチャー・イラク代表、土壌工学で博士号を取得、アメリカ在住）

③ハッサン・パルトー（イラクのクルド人、UNEPのディレクター）

この三人が復興事業を企画し、国内外から資金を調達し、現場責任者としてジャーシムに白羽の矢が立ったということらしい。

私はここでも自分が思い違いをしていたことに気づいた。フセイン政権の崩壊後、地元の人たちが誰からともなく堤防を壊して水を引き込み、結果として湿地が回復したような気がしていたが、そんな漠然とした現象ではなかったのだ。

ここにも集団や組織でなく、「人」がいた。国際機関に勤める人、アメリカに住む人、政府中枢にいる人、そして地元で働く人。彼らが渦を作った。

彼らこそが新世紀の「水滸伝的好漢」なのではないかと思う。湿地帯を愛するマイノリティという意味で。なぜなら、今も昔もアフワールのことを大事に思うイラク人などごく稀だからだ。私がアフワールに興味があるとイラク人に話したとき、「ああ、あそこは美しいよ」とか「素晴らしい文化がある」などとポジティブに反応した人はこれまで皆無だ。みんな、「へえ、物好きだね」という薄い反応である。湿地民に興味がないどころか、むしろ湿地民のことを「彼らはトラブルメーカーだ」と嫌っている人もいる。

ジャーシム（左）とボートで

もちろん、アフワールはテレビ番組などではときおり紹介されているようだし、たまに映像で見る分にはいいのだろうが、そこにカネや労力を費やそうと思う人はいそうにない。なにしろ、イラクは問題が山積し、有力者たちは政治と石油を中心とした利権に血眼になっている。そんな中、「湿地帯を元に戻そう」などと声をあげるのは、非主流派もいいところである。なにしろ、湿地帯を回復させたところで何の利権にもつながらない。
そう、利権がない。だからこそ、湿地帯の回復はある程度成功したのではないか。イラク政府が他の行政面では国民に非難され続けているのとは対照的だ。
そして今、新世紀梁山泊の中心にいるのがジャーシムである。もはや現地代表の地位をとっくに飛び越し、全アフワールで最も強い影響力をもつ人物となっている。大胆な治水工事を計画実行する能力と統率力、驚くほど広いネットワーク、国籍や身分や素姓に関係なく、自分を頼ってきた人は誰でも最大限に面倒をみようという親分肌、そして個人の自由を無視した権力を忌み嫌い、自分が納得できないことには徹底して反対し戦う、反骨にして異能の人でもあった。

まさにイラク水滸伝の頭領。今後彼のことは本家水滸伝の名を冠して「ジャーシム宋江」と呼ぶことにしたい。

しかし新世紀梁山泊とジャーシム宋江は、今現在、ひどい逆風にさらされているという。それは政治的な問題ではない。水滸伝の好漢が天下をとるとろくなことがないという意味でもない。上流のトルコやシリア、そしてイラク国内でも水の消費量が増え、湿地帯に流れ込む水の量が減り続けているのだ。しかも、今年（二〇一八年）中にもトルコのティグリス川上流に新たな巨大ダムが完成し、イラクに流れるティグリス川の水量が激減する可能性が高いという。

新世紀梁山泊の好漢たちはここでも勝てない戦いを強いられているのかもしれない。しかしジャーシム宋江にくじけた様子はない。

船着き場からボートに乗り込んだ彼は言う。「将来は暗い。でも、今日は……楽しもう!!」

キャッホウ!!　と奇声をあげてボートの上で飛び跳ねるのであった。

3　伝統的水滸伝と古代粘土板せんべい

次なる目標は、伝統的水滸伝、すなわち今でも湿地帯の浮島で水牛を飼って生活しているような人々を訪ねることだ。だが、これは予想以上に難儀だった。

地元の顔役であるジャーシム宋江のところには、町の中から外から、いろいろな人たちが訪ねてくる。しかもイラク人はアポを取るという習慣がないのか、役人やジャーナリストやジャーシム宋江の友人知人らがバグダードやバスラといった遠くの都市からでも突然やってくる。せいぜい、前の晩にジャーシム宋江に電話して「明日行くからよろしく」と言う程度だ。その度に私たちの予定はキャンセルされたり変更されたりする。

「なんでイラク人は前もってアポぐらいとらないんですかね？」私が苛立ちを隠さず言うと、山田隊長に笑われた。「俺たちだってそうやって来たやろ」

たしかに。すっかり忘れていた。まさに我々は国内のイラク人のように行動しているのである。イラクに来る外国人はジャーナリストであれ、国連関係者であれ、防弾車に乗り武装護衛を付けて移動する方が普通なのだ。私たちのように、水に流されるようにイラク南部を旅している外国人なんていない。

イラク人は突然来るばかりか、平気で当日の予定を変更する。先に来ていた人たちが新しい用件を思いついたり、ジャーシム宋江自身の気が変わったりし、その結果私たちがスケジュールを立てても数時間後には変更されているのが常だった。皮肉なことに、イラクの人たちは二、三日しか滞在せずにすぐ帰ってしまうので、誰よりも遠くから流れてきて、誰よりも長く滞在している私たちより優先されていた。

「これじゃいつまでたっても湿地帯のリアルな生活が見られない」と不満をこぼしていた私だったが、よくよく考えてみれば、私たちのチバーイシュ町滞在はすでに半分くらいリアルな湿地帯の生活だった。

泊まっていたのは、湿地帯のほとりにあるネイチャー・イラクのゲストハウスである。といっても、木材や石やコンクリートはほとんど使用していない。粘土と葦でできた、マンダ教徒の聖なる家マンディをもっと素朴にしたような造りの家屋が三棟、コの字に並んでいる。全体では部活の合宿ができそうなほど広い。二十人ぐらい泊まれるだろう。

問題は寒いこと。寝室（といっても土間にゴザを敷き、その上に布団を並べただけ）のある粘土と葦の家は、アーチ屋根の弧の部分の真下（正面の壁との隙間）が、かまぼこ型にぽっかりと空いている。つまり、外気が自由に入ってきて、屋外にいるのと同じだ。そしてコの字の中央部に椅子とテーブルが置かれ、ここが「居間」となっているが、葦の屋根しかない。一月下旬の今は最低気温が三、四度まで下がり、湿地の水の上をわたってくる冷気は骨身に染みる。火の気もない。「テントをもってくるべきだった」と後悔した。

ゲストハウスがあまりにも寒いので、ダウンジャケットを着て寝袋と毛布にくるまって寝ていた

湿地帯は夏が猛烈に蒸し暑いと聞いていたが、冬はふつうの陸地より断然冷え込む。特に家の造りが涼を求めた夏仕様になっているのでなおさらだ。ゲストハウスの周囲には本当の湿地民の集落がそこかしこにあり、同じような葦と粘土の家あるいは葦だけの家ながら、たいていはブルーシート（色は白やオレンジだったりもする）ですっぽり覆って外気を遮断していた。要は彼らより私たちの方が由緒正しい湿地民のス

タイルで暮らしているわけだ。

　このゲストハウスを管理している人たちもかぎりなくリアルな伝統的好漢である。アブー・ハイダルとウンム・ハイダルという夫婦だった。イラク（の特に田舎）では、長男の名前をとってアブー・××（××のお父さん）、ウンム・××（××のお母さん）などと呼ぶことが多い。だからアブー・ハイダルは「長男ハイダルの父」という意味で、敬意と親しみを同時に表している（われわれ外国人にとっては誰も彼も「アブーなんとか」と呼ばれるのはとても覚えにくいのだが）。

　アブー・ハイダルはジャーシムと同じバニー・アサド氏族のハダーディーン分家の出身だが、商家に生まれた親分とちがい、父親はいまでも水牛を飼って暮らしている「本当の湿地民《マアダン》」（ジャーシム宋江・談）である。頭には年季の入った黒と白のシュマーグ（別名チャーヒーエ）を巻き付け、日焼けした顔には深い皺が幾重にも刻まれ、歯は半分ぐらい抜け落ち、痩せた肩にがさの手で魚を捌いている彼は、まるでヘミングウェイ『老人と海』の主人公のようだが、実は私と一つちがいの五十二歳だと聞いてのけぞった。親分のジャーシム宋江の方が九歳も年上なのに、アブー・ハイダルの方がはるかに年上に見える。これがインテリと湿地民の生活の差なのか。

　アブー・ハイダルの本業は「シャクトゥーラ」と呼ばれる船外モーター付きの舟を操ること。つまり船頭である。でもそれだけでは食べていけないようで、湿地へ葦を刈りに行ってそれを町で売ったり、川で網漁をしたりもしている。ゲストハウスの近くにある自宅では牛も飼っていた。

　彼らが用意してくれる食事も半分ぐらいは伝統的な湿地民のそれだった。朝は水牛の乳から作るゲーマルとサモーン（発酵パン）。アマーラでもそうだったが、ここでも朝食はすべてこの定食だ。もっともアブー・ハイダル夫婦は現在水牛を飼ってないので、サモーンともども市場で買ってくる。彼らは車を持っておらず、市場へ買い物に行くときもボートだ。

彼らは二人とも料理が上手だった。特にウンム・ハイダル。これは私たちにとっては望外の喜びだった。美味しいものが食べられるのはもちろんのこと、調理の様子を見ることができる。調理は常に女性の仕事であり、現在のイラクでは女性が「鶴化」しているから、私たちがキッチンに入るなどこれまでは論外だった。

だが、ここではアブー・ハイダルだけでなく、ウンム・ハイダルも私たちの目の前で料理をし、写真やビデオを撮ってもにこにこ笑っている。彼らは外国人に慣れていた。この泥と葦の家は国際NGOの所有だし、近隣の住宅地からは少し離れているから、地元住民に見とがめられる恐れがないのだ。

彼らの調理風景を見るのは面白かった。家と同様、調理に使うものも主に葦と粘土。伝統的水滸伝式であると同時に古代メソポタミア式でもある。

まず、ホブズという無発酵パンを焼く「タンノール」という窯《かま》。インド、イラン、アフガニスタンなどではタンドールと呼ばれる。インド料理として有名なタンドリー・チキンはタンドール窯で焼くからその名がついた。しかし、こちらのタンノールの方がはるかに古い。というより、ここが元祖だ。タンノールという言葉自体、窯を意味する「ドゥルナ」というシュメール語に由来するそうだ。五千年前の言葉と調理設備がそのまま受け継がれているのには驚くほかない。

タンノールは粘土で作られ、縦長のフジツボのような形をしている。底に燃料の葦を入れて燃やし、窯を熱してから、小麦粉と水を混ぜて平たく伸ばした生地を窯の内側にぺたぺたはりつける。直接手で窯に触れると火傷するため、枕のようなクッションに生地をのせ、パンと景気よく窯にくっつけるところが面白い。

いっぽう、魚を焼くときは別のカマドを使用する。こちらはどこかから拾ってきたらしい鉄骨を二つ平行に置いただけのもの。上に魚を焼く網をのせ、四、五メートルの葦の束に火をつけてここに突っ込む。葦が燃えると、どんどん外から中へ押し込んでいく。東部湿地帯で地元の村人が鯉を焼くときにも思ったが、葦はなんとも簡便な燃料だ。容易に入手できるし、火のつきがよく、火力もあり、薪のように斧や鉈《なた》で細かく割る必要もない（あれは相当な労力である）。

さらにユニークなのは湿地帯の伝統料理「ターバック」。作り方があまりに風変わりで最初は何をしているのかわからなかったほどだ。

直径五十センチ、厚さ五センチの円形の重い粘土板（これもターバックと呼ばれる）を長い竈に立てて置き、火で炙って熱する。この間に、米の粉を水で溶き、塩を加えてかき混ぜておく。熱々の粘土板をいったんカマドから出して、地面にぺたっと置くと、上に米粉の生地をお好み焼きの要領で薄く広げる。粘土板の熱で生地はふつふつ泡を立てながら焼けていく。この状態にすると、生地は粘土板にしっかりくっつくので、今度は竈に戻して粘土板を縦に置いて、表面を直接カサブの火で炙る。

米が焼ける芳ばしい匂いが流れてくる。団子を焼いているようだ。出来上がったものは、厚さが五ミリ〜一センチのせんべいと団子の中間のような巨大円盤焼き。茶色く焦げてパリパリしている。粘土板同様、これも「ターバック」と呼ばれる。通常、魚と一緒に食べる。味もせんべいと団子の中間である。

鉄の網で小さな魚を焼くアブー・ハイダル

ターバックを作るウンム・ハイダル

パン生地を窯の内側に貼り付けて焼く

これも古代メソポタミア時代から存在したのだろうか？　そう訊ねると、ジャーシム宋江は「もちろん。シュメールのときからあった」と重々しくうなずく。

実際には稲は中国が原産地である。後で調べると、メソポタミアに稲が伝わったのは紀元前四世紀頃らしい。シュメール人が歴史の舞台から姿を消してすでに千五百年が経っている。

とは言え、ジャーシム宋江がてきとうなことを言っているわけではない。イラクの人たちは「古代メソポタミア＝シュメール」というように話す癖がついているし、米が伝わる前、この地の人たちは麦の粉で同じものを作っていた可能性が大である。原理はタンノールで焼くホブズと同じなのだから。

もう一つ、粘土板のターバックには重要な利点があった。意外にもそれを教えてくれたのはバグダードっ子のハイダル君。

「ターバックか。思い出すよ。僕が子供の頃、流行ったんだ」と彼は言う。一九九〇年代初め、湾岸戦争後に欧米から科された経済制裁によりイラクの人々は極度に困窮していた。ハイダル君の家でも燃料不足のあまり、家具を壊して焚きつけにしていたことがあるというほどだ。

「ターバックはいったん熱くすると、熱が長くもって燃料が節約できるって、みんなが使ってた」

湿地帯の粘土製品はコスパに優れた調理器具として重宝されたというのだ。

伝統的水滸伝の生活の面白さは、いとも容易く古代メソポタミアの生活につながることだ。カサブと粘土はシュメール時代から家の建材であり、楔形《くさびがた》文字を刻む筆記用具であり、調理器具であった。

そして、そのいずれもがひじょうに合理的かつハイコストパフォーマンスなのである。

カサブは再生力が桁外れに強く、粘土（泥）にいたっては無尽蔵。カサブだけの家やカサブと泥の家は釘を必要としない。実に手早く作れるうえ丈夫だ。

楔形文字を記すための粘土板はパピルスや羊皮紙のように加工がいらない。粘土を平べったくすればいい。カサブを押しつけて印字するだけなので、インクも不要。火事があっても焼けない。むしろ火入れされて、強度が上がってしまうことすらある。

そして、調理にいたっては、粘土と葦はそれぞれ竈と燃料になり、粘土板は鍋の代わりとしても役に立つ。メソポタミア文明が人類史上、最も早く生まれ、最も長く続いたのもわかる気がする。

話を戻してターバックだが、食べてみると、芳ばしい香りのわりに、味はさほどでなかった。なぜか？

「醬油がほしい！」と思ってしまうのだ。私は外国で日本食を食べたいと全然思わない人間で醬油や味噌汁がほしくなったことなどないのだが、この日、外国に出るようになって三十数年で初めて、日本の調味料が恋しくなった。だって、焚き火で焼いた団子かせんべいなのだ。しかも魚と一緒に食べるのだ。やっぱりここは醬油だろうと思ってしまう。

古代メソポタミア人と水滸伝の好漢はなぜ大豆発酵調味料を開発してくれなかったのか、東アジア出身の私としてはそれがなにより惜しまれる。

4　プチ梁山泊の最強コンビ

私たちがチバーイシュ町に滞在した約一週間、ネイチャー・イラクには、他にテレビ局のクルー、新聞記者、水資源省の女性職員サミーラさん、そしてジャーシム宋江の個人的な友だちや何をしているのかわからない人たちがいた。私たち以外は全員イラク人だ。

他の人たちはネイチャー・イラクのオフィス二階の部屋に宿泊していたが、昼間はだだっ広いゲストハウスを拠点としていることが多く、みんなで一緒に食事をしたりお茶を飲んだり、ミーティングや雑談に興じたり、（私たちは）放置されてぼーっとしながら寒さに震えたりしていた。

快適にはほど遠かったが、まさに「プチ梁山泊」と呼べる雑多で愉快な空間だった。集う面々もユニークである。

サミーラさんは湿地帯の中に島を造り、そこに学校を建てるという計画を熱心な口調で、「彼らの伝統や環境に合った学校造りが必要です」と語った。

学校教育は世界中どこでも西欧スタイルに追従するのが常で、地元住民の伝統文化や環境に鑑みたものは珍しい。「ひじょうに新しいですね」と私が讃辞を述べたら、「いいえ」と否定された。

「昔は湿地帯の中に学校があったんです」

ジャーシム宋江の話によれば、浮島や島や乾いた土地に学校を作り、生徒たちは舟で通い、先生はその島に平日は住み込むという形で運営されていたそうだ。なぜかフセイン政権時代になくなってしまったそのアフワール式小学校を復活させようとサミーラさんは——教育省ではなく水資源省の役人なのに——情熱を燃やしているようなのだ。

育ちのよさそうなインテリ女性のサミーラさんとは打って変わって、イラクTVのクルーは今風の若者たちだった。ほとんど修学旅行かというような軽く楽しそうなノリでふざけあい、かと思えば、突然ドローンを飛ばしたりして、私たちをびっくりさせた。私は自分の目でドローンを見たのはこれが初めてで、「おお、すげー！」と大騒ぎしてしまった。

奇想や奇譚の渦巻くプチ梁山泊だったが、最強の語り手は頭領のジャーシム宋江とその右腕であるアブー・ハイダルだった。

まず、頭領のジャーシム宋江。多忙なうえ極度に多動である彼からまとまった話を聞き出すのは容易ではないが、ぶつ切りの話を何度も聞くうちに波乱に富む人生が浮き上がってきた。

前述したように、彼はこの町の周囲の浮島に生まれ育った。祖父はアフワールの名産品であるカサブで編んだゴザを売買する商人、父はそれを発展させた雑貨商だった。

米、小麦粉、茶、砂糖、お菓子、釘、タール、銃弾、火薬、魚を獲るための網などを舟に積んで、湿地帯の浮島をぐるぐる回り、商品を売っては代わりにゴザを受け取った。

「当時はゴザが通貨だったんだ」とジャーシム宋江はびっくりするようなことを平然と言う。

浮島から浮島へ舟で移動していた

集めたゴザは「ゴザの島」と呼ばれる浮島へもっていき、そこで本物の通貨、つまりイラク・ディナールに換えた。

ジャーシム少年は週末、父と一緒に商品とゴザの交換に出かけ、平日は自分の舟で陸地の小学校へ通った。学校の名はここの主要氏族名と同じで「バニー・アサド小学校」。この学校は今もゲストハウスから歩いてすぐのところにあり、当時は最も立派な建物だった。

学年一位の成績だったジャーシム少年はチバーイシュ町が属すディカール県の県都ナーシリーヤの中学・高校を経て、バグダードの工科大学に進学。ここまでは順調なエリート路線だった。だが、一九七〇年代後半の当時は、キャンパスで「学生運動」が盛んだった。フセイン率いるバアス党独裁政権下でも学生たちは政治について大いに議論し、民主主義を求め、政府批判を行った。そして七八年の夏、チバーイシュ町に帰省した彼は、突然道端で秘密警察に身柄を拘束された。大学での政治活動で目をつけられていたのだ。

警察は「バアス党に入党します」という書類を突きつけ、署名するよう迫ったがジャーシム青年は断固拒否。その結果、投獄された。監獄では、油紙の火で足の爪を焼かれるという凄惨な拷問を繰り返し受けた。強靱な意志をもつ彼も耐えきれず、七カ月後には書類に署名して、ようやく釈放された。しかし、拷問に七カ月も耐えたというほうが驚きである。

釈放後は、足の爪が一つも残っておらず、歩くこともできなかったので中部の町バビロンの病院に入院した。そして署名はしたものの、決してバアス党に入らなかった。

八〇年に卒業後、すぐに徴兵された。ちょうどイラン・イラク戦争が始まった頃だ。同級生の多くは前線に送られ、戦死した。彼は工兵のため後方部隊に所属し、なんとか生き延びることができたが、兵役が終わったのは八六年だというからため息が出る。六年も兵隊にとられていたのだ。

その後は水資源省に入り、技術者として仕事をした。ティグリス＝ユーフラテス川のダム建設に関わり、フセイン政権崩壊後はＮＧＯネイチャー・イラクの現場リーダーとなり、比較的穏当な人生を歩んだ。今や国際社会にもイラク全土にも地元社会にも顔がきく名士となっている……。

と思ったら、必ずしもそうではなかった。

問題は宗教。

「私はお祈りをしない。宗教は個人の心の問題だと思っているから、強制は嫌なんだ」

会合などで大勢の人が集まっていると、お祈りの時間にはみんな一斉にお祈りルームに行ってぬかずく。でも、彼は誰が何と言っても頑としてお祈りをしない。バグダードやバスラで行われる会議や集会でもその態度を貫いているという。これはイスラム主義に拍車がかかり、民兵が目を光らせているイラクでは相当に危険なことだ。

誤解のないように言うと、彼の信仰心が薄いということでは全然ない。書棚にはイスラム神学に関する書物がずらりと並んでいるし、後で親しくなった人たちによれば、「彼のイスラムに関する考えはすごく深い」という。頭領は自分なりの方法で信仰のあり方を研究・実践しているのだ。人に強制する、人から強制される――それが嫌なだけなのだ。

しかし、多くの場合、人は表面しか見ない。水滸伝の頭領はイスラム主義の人々から白い目で見られ、今では「不信心者」として有名になってしまっているという。端的に言えばチバーイシュ町では息子の嫁が見つからない。

一緒に仕事したり茶を飲んだりする程度ならともかく、深い関係にはなりたくないと思われているのだ。子供たちは他の町へ行ったり、外国に移住したりしているそうだ。

さすがジャーシム宋江。イスラムが厳格化した現代イラクでは本物のアウトローだったのだ。

逆に言えば、主流派への迎合より自分の信じる道を行く人間だからこそ、湿地帯の復活という誰もやったことのない難事業をリードすることができたのだと思う。

シンガーソング船頭アブー・ハイダル

続いて、彼の右腕である船頭のアブー・ハイダル。彼の人生はざっと聞いたかぎり、典型的な湿地民のそれのようだ。浮島に生まれ育ち、水牛を育て、季節や水の増減に合わせて、湿地帯のあちこちに移動して暮らしていた。

そんな古代メソポタミア以来の生活が断絶したのは一九九一年。湾岸戦争の直後、一部の軍の将兵と南部のシーア派の人々がフセイン政権に叛旗を翻した。前述の「インティファーダ（民衆蜂起）」と呼ばれるこの反乱は、フセイン政権に忠実な政府軍部隊によって鎮圧され、何万人もの人が殺されたとされる。

アブー・ハイダルを含め、湿地民は政治に関心がないので、反乱に参加した人はほとんどいなかったものの、無縁ではいられなかった。政府軍に追われる人たちが歴史の定跡通りこぞって湿地帯に逃げ込んだため、政府軍が湿地帯に無差別にミサイルや砲弾を撃ち込み、あるいは空爆を行った。あまりに危険なので、アブー・ハイダル一家はチバーイシュ町に避難。その後は湿地帯が干上がって住めなくなり、一家全員でバグダード近郊に移住し、十二年間、農場で働いていた。

アフワールに水が戻ったと聞き、二〇〇五年にチバーイシュ町に戻った。同じ氏族の縁で副業としてジャーシム宋江の下で夫婦そろって働くことになった。

今までの苦労を淡々と語り、煙草をくゆらす。素朴とハードボイルドを掛け合わせた『老人と海』的風貌と人生……と思いきや、だんだん別の顔が見えてきた。

イラクTVの人たちなどと一緒に夕食後、雑談をしていると、ジャーシム宋江が彼をからかうのだ。よくわからないが、なんでもアブー・ハイダルが昔好きだった娘が二人いて、どうのこうのと言っている。

「あれはどうなったんだ？」と親分がしつこく迫ると、『老人と海』の主人公は「え〜、いやよ〜ん」というような甲高い悲鳴をあげて、恥ずかしそうになよなよする。

よくよく見ると、彼の干からびて皺だらけの顔のうち、瞳と唇だけがなぜか潤んでつややかだ。妙に色っぽい。

実はお茶目な色男なのか！

もっと驚くのは彼がアフワールきっての歌い手だったこと。自分からは決して歌わないが、ジャーシム宋江に促されると、しかたなくといった調子で歌い出す。それが驚異的にうまい。ハスキーで艶っぽい声質と湿地帯中に響き渡るような声量。アフワールに伝わる愛の歌を朗々と歌う。

おおっとびっくりすると同時に、この人だったのかと思った。私はこれまでYouTubeにアップされたアフワールの映像に目を通していた。イラクのテレビ局やジャーシム宋江のネイチャー・イラク、そしていくつか欧米のネイチャー系のメディアや環境保護の関係者があげているのだ。その中でしばしば地元のいかした老水夫みたいな人が登場し、民謡のような歌を歌い上げていた。湿地帯の人はみんな歌がうまいのかなと漠然と思っていたら、実はそれはすべてアブー・ハイダルだった。

『老人と海』の主人公からセクシーな歌い手に変貌したアブー・ハイダルは、ジャーシム宋江とは別の意味で、陸地と湿地帯をつなぐ紐帯役となっているのだ。

5　原初的水許伝の謎

「タカノ、早く来い！」
ジャーシム宋江の大声に慌ててショルダーバッグとカメラを肩にひっかけ、オフィス前の水路に止めてあったボートに飛び乗る。人々が乗り込むと、二台のボートは爆音を立ててスタートした。

午後一時。日差しは暑いほどだが、私はダウンジャケットを羽織っていた。風は身を切るように冷たい。

低いトンネルをくぐって外に出るとユーフラテス川。水しぶきが飛び、カメラのレンズを濡らす。ジャーシム宋江は船首に仁王立ちし、ときおりギャッとかオウッとか奇声を上げて、ジャンプする。舟が大きく揺れる。

振り向くと、船外モーターのハンドルを握ったシンガーソング船頭のアブー・ハイダルは渋い微苦笑を浮かべている。「また始まった」とでも言うように。山田隊長はビデオカメラを回して、網で漁をする漁師、葦の束を市場に運ぶボート、一九七〇年代に活躍し今は沈没したまま錆び付いている貨物船の残骸などを撮影していた。

もう一台のボートには水資源省のサミーラさん、口ひげを生やした男、ロシアのプーチン大統領にそっくりの顔をした無表情な男が乗っている。

――わけがわからん……。

初めての記念すべき中央湿地帯行きがこんなどさくさ紛れのツアーになるとは思わなかった。ほんとうは朝から出発する予定が、イラクTVのロケが長引き、待っているうちに昼飯となり、もう今日の出発はないだろうと思ったら、いきなり「いくぞ！」となった。

どこへ行くのか、何が目的なのかも不明だ。

ジャーシム宋江に訊こうにも、モーター音がうるさくて話ができない。しばらくボートは西に進み、やがて町の対岸に作られた橋をくぐって、外に出た。

「タカノ、ここはハンマール湿地だ！」とジャーシム宋江が怒鳴る。

「え⁉」

南部湿地帯の水がたっぷりある部分を彼はハンマール湿地（湖）と呼んでいた。中央湿地帯へ行くと思ったら、南へ出てしまったらしい。

葦や蒲が生い茂る湖にいくつもの水路というか隙間があいており、まるで遊園地のウォーターコースターのようにそのうねうねした水路を突っ走る。

突如、水牛の群れが出現した。水の上に黒っぽい、でこぼこした塊がいくつも浮いているのは、昔見たネス湖のネッシーの不明瞭な写真を思い出す。しかし塊はわれわれのボートが近づくと、地殻変動を起こしたかのように、もぞもぞと分解し、魔法のように一頭、また一頭と大きな水牛が姿を現す。船頭のアブー・ハイダルは急いでスピードを落とし、水牛たちは我先にと葦の茂みに逃げ込む。

こんな水牛がいるのか！　と思った。私は東南アジアや中国南部で水牛を見慣れているが、それらの水牛は田畑の耕作用に使われている家畜で、陸地に住んでいる。水に浸っているときもあるが、あくまで小さな川や浅い田んぼだけだ。こんな足がつかないような水面にプカプカ浮いていることができるのか。

水牛は湿地のそこかしこに浮かんでいたり草を食べていたりした。ある場所では沼のような場所を涼しい顔で移動していた。どうやら泥の上でも足をとられたりせず、歩くのか泳ぐのかわからないが、うまく移動できるようだ。水牛がこれほど器用な動物とは知らなかった。山田隊長も「こういう水牛は俺も初めて見たよ。湿地に適応してるんやな」と感心していた。

町を離れて十五分後、いくつかの浮島が並ぶエリアに来た。本当に葦で作った、一世帯用の浮島。周りは葦簀《よしず》のようなものでぐるりと囲まれ、中の様子はまったく窺うことができない。

船着き場から上陸すると、下も上も、どこを見ても葦の世界。積み重ねられた葦の上を歩き、葦の家と葦の水牛小屋の間をすり抜ける。すべて葦簀でできた庭付き一戸建てを想像してもらってもいい。

葦の家は現地では「セリーフェ」と呼ばれ、ムディーフを簡素化したような形をしている。つまり、束ねた葦でアーチを作り、その上からゴザをかぶせただけである。実際のところ、私たちが使うアウトドア用テントと構造がとてもよく似ている。

——それにしても、よくこんな生活をしてるな……。

と私は正直驚いた。

ここには文明的なものが何も見当たらない。電気も水道もガスも来ていない。船外モーターを持っている以外は、古代メソポタミアの生活と変わらないのではないか。目と鼻の先にあるチバ

浮島の湿地民は葦の家に牛糞(右)を貼って干している

ーイシュ町では、私たちのゲストハウスは別として、多くの家が電気・水道・ガス・エアコン完備という日本人と同じ生活水準なのだ。この落差といったら、ない。

家の外側には至る所に水牛の糞が貼り付けてあった。昔インドの田舎を訪れたとき、家の壁に牛糞が貼ってあったのを思い出す。インドと同様、ここも水牛の糞を燃料にしているという。水牛の糞はカサブより嵩張らず、火力が強いそうだ。

水道ばかりか食器や衣服の洗い場やトイレも見当たらない。浮島の周りにある水ですべてまかなうようだ。水牛がいる場所とは柵で仕切られているし、洗い場とトイレは別のところで行うから別に問題ないらしい。この辺の人たちは(町の人も)ただの生水は飲まず、お湯を沸かしてお茶を飲む。

主が葦簀を立てかけた家の入口に腰を下ろした。隣にはわれらがシンガーソング船頭のアブー・ハイダル。彼らは旧知の間柄らしい。二人とも黒と白の布を頭にターバン状に巻き付け、白い髭を生やし、だぼっとした黒っぽい上下を身につけている。まるで兄弟のようだ。日頃は町に暮らしていながら、こんな「原初的水滸伝」と呼べる生活をしている人と一瞬で同化してしまうアブー・ハイダルはさすがだ。

サミーラさんとジャーシム宋江が彼らの前に座る。地面というか葦面の上に直接腰を下ろす。サミーラさんが、アブー・ハイダルやジャーシム宋江の助けを借りながら、主に質問しては、答えをノートに記録している。

どうやら、何人家族か、子供は何人か、学校へ行っている子はいるかなど、暮らしぶりを調べているらしい。民生委員のようだ。そして、私たちは彼女の民生調査に便乗という形で、湿地帯に出かけてきたことをようやく知った。

十五分ほどで調査が終わった後、ジャーシム宋江に通訳を頼んで、ほんの少し、主と話ができた。それによれば、彼の名前はアブー・リヤード、だいぶ年配に見えるが、四十歳。氏族はアル・バハリー。季節や水の増減に応じて、四つか五つの浮島を行ったり来たりして暮らしているという。

浮島は彼の土地なのかと訊くと、「いや、誰が使ってもいい」との答え。

ジャーシム宋江が笑った。「アフワールには私有地なんてない」

彼らが所有するのは水牛のみで、あとは公共のもの。いや男に限れば、他にも独占権を主張するものがあった。慌ただしく別れの挨拶をした直後、ジャーシム宋江は声を低くして言った。

「アブー・リヤードは妻が二人いる」

妻が二人？　耳を疑う。イスラムは男性一人につき妻を四人までもつことを許しているから道義的には何も問題ないとはいえ、現実には複数の妻をもつ男性はかぎられる。イラクに限らずイスラム社会では女性を娶《めと》るために多額の婚資（現金、家畜、ゴールドなど）を新婦の家族に渡さなければいけないからだ。この原初的水滸伝の好漢にそんな余裕があるとは到底思えなかった。

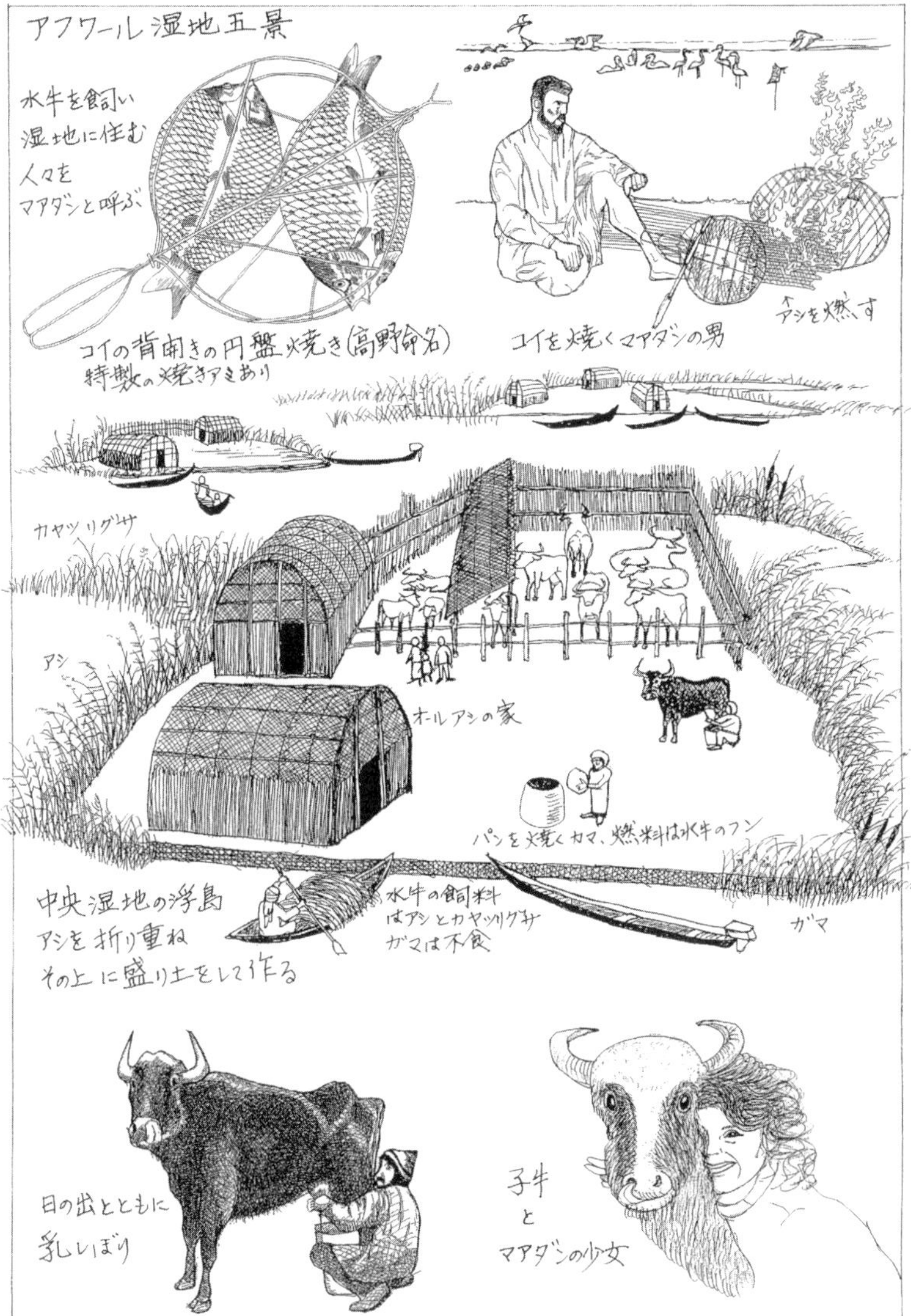
アフワール湿地五景
水牛を飼い
湿地に住む
人々を
マアダンと呼ぶ
コイの背開きの円盤焼き(高野命名)
特製の焼きアミあり
コイを焼くマアダンの男
アシを燃す
カヤツリグサ
アシ
オールアシの家
パンを焼くカマ、燃料は水牛のフン
中央湿地の浮島
アシを折り重ね
その上に盛り土をして作る
水牛の飼料
はアシとカヤツリグサ
ガマは不食
ガマ
日の出とともに
乳しぼり
子牛
と
マアダンの少女

だが、ツアーの一行はさっさと舟に乗り込んでしまったので好漢の婚姻事情については謎のままだった。

ボートは浮島の間を、次には狭い葦の間を縦横無尽に縫って走り、いつの間にか、またユーフラテス川の出入り口に戻っていた。そして、今度は反対側の湿地へ入っていく。

今度こそ中央湿地帯だ。ティグリス川とユーフラテス川に囲まれた、アフワールで最も広い湿地帯である。

景色は南の湿地帯と変わらない。枯れた葦と蒲、水だけだ。イラン国境の東部湿地帯と比べ、鳥の数も種類も格段に少ない。ときおりメタリックブルーのカワセミや頭がとさかのように毛羽だったカワセミが葦や蒲の先に止まっているのが小さく見えるだけだ。

多くのクリスチャンが「エデンの園」がこの湿地帯にあったと考えているらしいが、今の景色は世界の始まりより世界の終わりを思わせる物悲しさだ。

依然としてどこにいるのかさっぱりわからない。湿地帯というのは、想像以上に手強い。他の土地なら、どんな辺境の地にも人の住むところには道がある。それを順番に歩いて行けば位置関係が把握できる。ところが道がないと、土地全体を把握することが難しい。地図アプリを開くと、意外に近くて、町から数キロしか離れていないのだが、地図に道路も地名も記載されていない以上、自分の現在地がわからないという難題は解決しない。

アブー・ハイダルはまるで宅配便のドライバーが担当地域を走るように、何の迷いも躊躇もなくハンドルを操っている。彼には道や地名が見えているらしい。

ユーフラテス川から北へ三十分ぐらい走ると、奇妙な風景に出くわした。駅のプラットフォームそっくりの細長い埠頭のような建造物が水面から五十センチぐらいの高さに伸びている。土を積み重ねたものだが表面は厚さ十センチほどのコンクリートで覆われている。その上にビニールシートで覆われた葦の家が設置され、水牛たちが首につけられた袋の中の飼料を食べている。横は水路だという。

これはかつてフセイン政権が湿地帯を干上がらせたあとに作った舗装道路だった。チバーイシュ町の近くからアマーラまでを南北に結ぶこの道路は「サダムロード」と呼ばれ、水滸伝的好漢の息の根を止めてさらにダメ押しをするものだったが、水が戻ったあとは道路が壊され、皮肉なことに、残った部分は水滸伝の好漢にとっての憩いの場所となった。横は水路なので、常に水がある。舟で移動し水牛を飼う湿地民には理想的なキャンプサイトなのだ。断続的につづく「道の駅」である。

〈チバーイシュ町周辺の湿地帯〉概念図

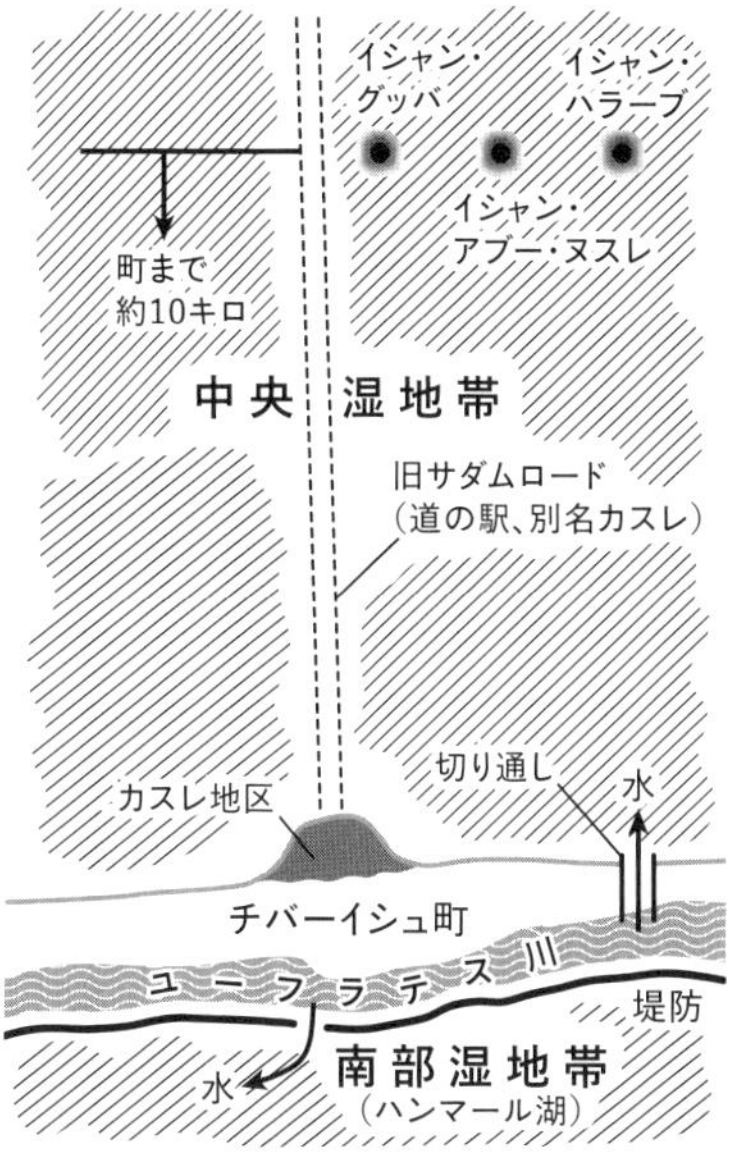

道の駅から二キロほど行ったところでわれわれの舟は止まった。

イシャン・グッバ。『イシャン』とは決して水に浸らない乾いた土地で考古学遺跡のことでもある」とジャーシム宋江。少し高くなっていて水が来ない場所に古代の人も暮らしていたし、人が住んでいると土の家や土器が壊れて堆積物になり、よそから飛んできた土埃などが溜まってますます土地が高くなるということもあるらしい。一軒の家でまたサミーラさんが民生調査。同じ「湿地民」といっても、先ほど見た南部の浮島とは暮らしぶりは全くちがっていた。

こちらは家の外に大きな発電機と水のタンクが設置されていた。家に水牛の糞が貼り付けられていることもない。乳の出をよくするために、人工飼料を買い与えているぐらいだから当然だろう。家の住人は最年長でも三十歳前後の若者たちだったが、みんな、ふつうに洋服を着ていて、スマートフォンで私たちの写真を撮り、「フェイスブックやってないの?」と訊いた。

家の中にも入れてもらい、お茶を御馳走になった。がらんとしていたが、ゴザが敷かれた床は清潔で、ビニールシートのおかげですきま風がなく暖かい。

とはいうものの、町の生活とはやはり異なる。サミーラさんの民生調査のさわりだけ訳してもらったところ、この家には子供が五人いるが、そのうちハサンという十二歳の少年一人だけが学校に通っているという。つまり他の子供は学校へ行っていない。大人(若者)たちも行ったことがないようだ。

ハサン少年は勉強が好きで、近くに住んでいるおじさんという人が自分の子供と一緒にボートで町まで送り迎えしてくれる。おじさんは毎日、水牛の乳を町まで売りに行き、帰りには町の商品を買って戻るので、そのついでに行っているらしい。

将来何になりたいかという質問に対し、ハサン少年は「水牛飼いになりたい」と少し照れながら答えた。子供の頃の私よりよほど賢そうで品がある。

この家の裏には面白いものがいくつも転がっていた。片手に載るくらいの大きさの粘土細工の

かつての「サダムロード」は壊されて湿地民のかっこうの住処に

旧サダムロードの上に作られた葦の家

シートに覆われた家の前で（イシャン・グッバで）

玩具だ。馬や牛やラクダとおぼしき四本足の動物で、特に水牛が多かった。湿地民の家には商業製品の玩具が見当たらない。町までしょっちゅう行き来しているのに意外だ。代わりに子供は自分でこういう玩具を作るという。粘土（泥）は至るところにある。

私は「これか！」と思った。考古学者のオクセンシュレイガーも報告しているのだ。彼によれば、この泥の玩具はシュメールのラガシュ遺跡で出土した陶器の動物によく似ているという。ただ、シュメール人は宗教上の儀式にそれらを使っていたのではないかと彼は推測している。もしかしたら、マアダンの人たちがイスラム化した後、儀式用の動物たちは子供が作る粘土の玩具として受け継がれていったのかもなどと、私は夢想してしまった（ちなみに、一三四頁の写真でジャーシム宋江が手にしているのがその水牛の玩具である）。

調査が終わり、町に帰ろうとしたら、イラクTVのクルーがやってきて撮影を始めた。私たちもインタビューを受けた。

山田隊長は、ナチュラリストとしてこの湿地帯の生物多様性をどう思うかと訊かれ、「世界の他の湿地帯と比べると、ここは動植物の種類も数もひじょうに少ない」と、アフワールに関わる全ての人が最も聞きたくない〝不都合な真実〟をテレビカメラの前でずばりと言ってしまった。私もドキッとしたが、ジャーシム宋江は怒り心頭に発し、「ノー！　あんたは何も理解してない！　今はまだ水が少ないだけだ」と猛反論を行った。

だが、しかし。いくらジャーシム宋江が擁護しようとも、この中央湿地帯が生物の多様性に乏しいのはまちがいなかった。私もうっすらそう思っていたが、山田隊長は経験がちがう。

「（南米の）パンタナル湿原なんか森があってサルや鳥がたくさんおったよ」という。熱帯や温帯の湿地帯は雨が降るので、湿地にも樹木がしげるのだ。かたや、こちらはもともと砂漠に近い乾燥地帯だから、水はあれども樹木は少ない。水に浸って生きられるカサブやガマばかりだ。

東部湿地帯と比べても動植物が豊かとは言いがたい。東部湿地帯にあれだけいた水鳥たちがここにはその十分の一もいないのだ。

同じ世界遺産に登録されたアフワールでも、私たちが訪れた東部湿地帯のハウィザ湖と中央湿地帯ではまるで別の地域のようだった。あちらには水牛やそれを飼う湿地民が見当たらなかった。こちらは野生動物が極端に少ないが水牛と湿地民が大勢住んでいる。

やはり、一度フセインに壊滅させられたことが大きいのだろうか。ジャーシム宋江や過去の記録によれば、以前は中央湿地帯にもペリカンがたくさんおり、湿地民はペリカンの首の皮で太鼓を作っていたという。

かつては動物もいた。探検家セシジャーの著書には巨大な野生のイノシシがおり、畑を荒らしたり、ときには人間をも襲ったりしたと何度も書かれている。また、カワウソもいたといい、写真も残されている。だが、それら四本足の哺乳類は湿地に水がなくなると完全に死に絶えた。他に行く場所がなかったからだ。昔は東部湿地帯と中央湿地帯はつながっていたか、ひじょうに近かったようだが、一九九〇年代には道路や油田や農作地などで大きく分断されていた。だから、アフワールが復活しても彼らが甦ることはなかった。

とはいえ、鳥が少ないのは解せない。鳥は空が飛べるのだ。東から中央に飛んできてもいいだろう。その理由に関しては自然に詳しい山田隊長も「なんでやろう……」と首をひねるのみだ。もしかすると、中央湿地帯には住民が多く、鳥を撃って捕獲する者を警戒して近づかないのかもしれない。

帰路についたのは午後四時半。町までは距離にして十二キロ、所要時間は三十分そこそこだったが、厚いセーターにダウンジャケットを着込んでいるにもかかわらず、寒さに震えが止まらず、喉はガラガラになった。私だけではない。山田隊長もハイダル君もそうだ。この真冬の時期にモーター付きの舟に乗って冷たい風を受け続けると、湿地に慣れない「陸上の民」はイラク人でも日本人でもみんな喉をやられてしまうのだ。

どこへ行ったのか、何しに行ったのかもよくわからぬまま、いくつもの謎を残して、初めての南部・中央湿地帯見学を終えたのだった。

6　湿地帯に自由はあるのか

――こんなはずじゃなかった……。

チバーイシュ町に来てから私は今までの旅で感じたことのない類いの不安に襲われていた。湿地帯がわからないことだらけだから――ではない。

謎があるのはいいことだ。むしろ本番の舟旅の過程で解明すればいいので楽しみである。

不安に駆られるのは、あたかも手足を縛られたかのような不自由さを感じるからだ。

もともと私と山田隊長は「自由」を求めて舟旅を目指していた。しかるに、こんな広大な水の世界で自由を感じられずにいる。そして、本番の舟旅においても自由が味わえないんじゃないかと思えてしかたない。

第一の問題は治安だ。ここチバーイシュ町はとてものんびりした雰囲気であるし、南部及び中央湿地帯へ出かけたときに見た感じでも、治安は保たれている印象だった。

本番の舟旅ではできる限り自由に旅をしたいと思っていた。当然人数は最少にしたい。ベストは私と山田隊長の二人だけである。果たしてそれは可能なのか？

ハイダル君に通訳してもらい、湿地帯を熟知しているとおぼしき、シンガーソング船頭のアブー・ハイダルに訊ねてみると、彼はわれわれの質問には直接答えず、煙草の煙をゆっくりと吐きながらこんな話をした。

「三、四カ月前、俺はバグダードから来たイラク人ジャーナリストを乗せて中央湿地帯を舟で回った。途中で、知らない男たちが舟に乗って現れ、『その男を売らないか』と声をかけてきた。俺は黙って持っていた銃を舟の前に置いた。すると、その男たちは慌てた調子で『冗談だよ、冗談！』と言って、去って行った」

アブー・ハイダルもその男たちがどれくらい本気だったのかわからないと言う。本当に単なる冗談だったかもしれない。「ただ、そういうことがあった」と彼は締めくくった。

私も山田隊長もハイダル君も沈黙した。

一九五〇年代、湿地帯に滞在していた探検家セシジャーは「湿地民は他の部族のテリトリーを行くときには銃を所持する」というようなことを書いているが、現代もあまり状況は変わらないようだ。思えば、アマーラからチバーイシュ町に来るとき、湿地帯の道を走りながらタクシーの運転手は「夜、ここには強盗が出る」と言っていた。アマーラ近くの準湿地帯エリアでは、人の家を訪れると、銃が立てかけられていたし、ピストルを携行している人もいた。

アブー・ハイダルも銃をもって舟に乗ることがあるという。しかも猟銃でなくカラシニコフ突撃銃。同じ湿地民同士でも油断はできないということか。しかも彼の話からは、この辺りに「拉致文化」が残っていることがうっすらと察せられる。

「拉致文化」は最近イスラム過激派が始めたものではなく、中東の辺境には昔から広く存在する。他の氏族の人間や旅人を拉致して身代金をとるという一種の山賊ビジネスだ。ハイダル君によれば、湿地帯でもそれを行っていた氏族がいたという。もちろん、誰もがやっているわけではなく、〝水滸伝濃度〟が高い好漢たちが行っていたのだろう（後で調べたら、アマーラ近くでは湿地王のカリーム・マホウドが属すアルブー・ムハンマド氏族が悪名高かったという）。

　私たちが二人だけでアフワールを旅するという夢は水に落ちた水牛の糞のようにはかなく溶けて流れ去った。

「アブー・ハイダルと仲良くなって、彼と一緒に行くしかないな」と山田隊長は言った。私もうなずいた。

　しかし、第二回の湿地帯めぐりではそれすら揺らいできた。

「できるだけ少ない人数で行きたい」とジャーシム宋江にリクエストしたのに、前回同行した謎のプーチン似の男がついてくる。しかもカラシニコフをたずさえている。ジャーシム宋江はその男と一度大声で口論したあと、ほとんど口をきかない。いったい何者なのかと思ったら、「セキュリティ・ポリスだ」と梁山泊の頭領は不機嫌そうにぼそっと答えた。

　驚いたことに本当にプーチン――つまりイラクの公安機関の人間だったのだ。彼の目的はわからない。私たちを警備しつつ監視もするということだろうか。こんな男を連れて行くのは気が滅入ったが、しかたない。

　なんだかんだでまた出発は遅れ、町を出たのは午後三時だった。そして治安とは別の問題に直面した。

　中央湿地帯を進んでいるということ以外全くわからないが、いつの間にか、前回と同じ「乾いた土地」イシャン・グッバとそこに接する「道の駅」（旧サダムロード）に到着していた。

　広い湿地帯の中でどうしてまたここに来るのか。私たちだけではない。イラクＴＶもここに案内されていた。

どうやら湿地帯内外で大いに影響力を誇るジャーシム宋江でも、外部の人たちを連れて行ける場所は限られているらしい。具体的にはまず、南部湿地帯の原初的水滸伝生活を見せる。でもあそこは長時間滞在できる場所ではないし、もっと進んだ生活も見せたいので、次に「道の駅」とイシャン・グッバに案内する。どちらも、馴染みの人たちが住む、町から三十分以内のエリアである。

ジャーシム宋江がいてもこうなのである。

湿地民の私たちに対する態度はイラクの陸上の民とは明らかにちがう。陸上では誰彼なしに「うちへ来なさい」「一緒に食事しよう」と言われ断るのに苦労したほどだが、湿地民からは一度も誘われたことがない。

私たちのゲストハウスの近くには、粘土と葦でつくった家に暮らす湿地民の集落があった。シユガンベというバスラ県出身の氏族の人たちで、つい二年前、こちらに移住してきたという。毎朝、飼っている水牛を連れて、湿地の中へ「出勤」していく。私たちは近くに行って写真を撮ったり、どこから来たの？　などと話しかけたりしたが、食事どころかお茶を飲んでいけとも言われなかった。出勤せず近場で葦を刈ったりしている人たちもいるのだが。

湿地帯の中でも同じで、ジャーシム宋江の顔見知りと舟ですれちがっても、挨拶するだけで去って行く。

湿地王カリーム・マホウドは「マアダンほど情に厚い人たちはいない」と言っており、探検家セシジャーも舟で通りかかった家から「寄って食べて行きなよ」と声をかけられると記している。だが、彼らは私たちのような「よそ者」ではない。

陸上の民はよそ者であるほど好奇心や歓待の意欲を発揮するのだが、水の民は反対なのかもしれない。そして、その理由は心理と経済の両方であるのかもしれなかった。

私たちの将来の舟旅において、これは大きな問題だった。なにしろ泊まる場所も食事をする場所もかんたんに確保できないことになる。

ふつうの「辺境」では村や集落がある。道をたどって集落にたどりつき、ぶらぶらしていれば、どこか一カ所ぐらい泊まれる場所が見つかる。村長の家とか公共の施設とか寺院とか。あるいは誰かが「うちに来なさい」と声をかけてくれる。もし何もなかったらテントを張って野営すればいい。食事も自炊すれば済む。

しかし、湿地帯では道がなく、集落がなく、ぶらぶらもできない。キャンプする場所も自炊するスペースも見つけるのが困難だ。水上でのお誘いも期待できない。

かといって、ピンポイントで誰かの玄関口に行けるだろうか。いきなり見も知らぬ人の家を訪ねて泊めてもらうのはもちろんのこと、そこで食事を期待するのは迷惑だし、自分が用意した食料を自分たちだけで食べるのも同じぐらい失礼だろう。

もっと差し迫ったことを言えば、今現在、私はトイレにも苦慮していた。寒さと疲れから下痢気味だったのだが、排便する場所がない。陸上の辺境ならどこでも茂みに入って済ませることができるが、ここは水と泥沼の世界だ。排便できる場所があるとすれば、人の家の敷地（浮島とか道の駅とか）だけである。しかも彼らは便所をもっていない。敷地の端でてきとうに済ませるのである。いきなり舟で乗り付けて「庭先でウンコさせて下さい」と言うわけにはいかない。結局、肛門様の先行きが不安なときは下痢止め薬を飲むしかない。

ウンコが自由にできないこと以上に不自由なことがあるだろうか。
日本を出る前は、自前の舟さえあれば自由な旅ができると信じていたが、とてもそんな単純な話ではないのである――。

つい興奮してしまった。旅の自由度はともかく、湿地民の暮らしぶりは見ていて面白く、また意表を突かれることが多かった。

この日私たちは道の駅の一軒を訪れた。若い夫婦と子供たちが小ぎれいな葦の家に住んでいた。彼らは、サーアド・ガワーリブ氏族で、アマーラ（マイサン県）のアル・マジャール出身だという。中央湿地帯にはもともとアマーラ周辺を拠点としている氏族が多いようだ。

ご馳走になったアラビアンコーヒー

ここではなんとコーヒーを淹れてくれた。イラクでは大事なゲストにはお茶ではなくアラビアンコーヒーを出す。真鍮の渋いポットから、「フィンジャン」という中国茶器のような小さな陶器の器にほんの少し注ぐ。相当苦いが、カルダモン入りで香りがいい。エスプレッソのイラク版だ。寒風と不自由にあえぐ心身をやさしく癒やしてくれる。一息に飲み干して器を返すと、主はお代わりを注いでカップを戻してきた。手を振って断っても、彼は生真面目な顔で器をこちらに押しつけようとする。「フィンジャンを振るとストップの合図なんだ。そうでなければずっとおかわりを出し続ける」とハイダル君が笑いながら説明してくれた。イラクではどこでもそういうしきたりだという。

言われたとおり、ベルを鳴らすように器をゆらすと、主はホッとしたように笑顔でうなずいた。様式美の世界である。

五時過ぎに再出発。もう日が暮れ始め、寒くてたまらない。いったい今日はどうするのかと思ったら、すぐ近くにネイチャー・イラクが保有する「島」があった。あばら屋のようなカサブの家が建っている。なるほど、こういう場所があれば助かる。

日が暮れきると辺りは暗闇に包まれた。家の中で焚き火をたく。外は耳を聾するような蛙の大合唱。

ジャーシム宋江はパンとトマトとキュウリ、レタスを用意していた。パンは焚き火で温め直す。途中でイラクTVのクルーがどかどかやってきて、合流。彼らを乗せた船頭は携えた銃を入口に立てかけた。

肉と魚の料理に胃が疲れていたので、野菜オンリーの食事に安らぎを感じた。そして、その粗食と同じくらい、人のいない島に解放感をおぼえている自分に気づいた。

だが、それも食事が終わるまでだった。イラクTVのクルーはテントを持参していたが、私たちは寝袋しか持っていない。「ここは寒すぎる」というジャーシム宋江の一声で舟に乗り込み、イシャン・グッバ側に渡り、一軒の大きなセリーフェ（葦の家）を訪ねた。ここに泊めてもらうとのこと。主は四十四歳、サイイド・ユーニスといい、アメリカのプロレスラーのような巨漢ながら、物静かで威厳のある人物だった。

驚いたのは、彼の暮らしぶりだ。家は大きさといい、造りの丁寧さといい、ムディーフ並みである。外側はビニールシートできっちり覆われている。

中はカーペットが敷き詰められ、灯油ストーブが赤々と燃え、外の発電機で起こしバッテリーに蓄えられた電気によってスマホが充電され、テレビを見ることもできた。衛星放送アンテナがキャッチした「ナショナル ジオグラフィック」が放映されており、画面ではカンガルーが飛び跳ねていた。

私たちの中で、また常識の一つが覆された。以前、「多くの湿地民が便利な道路沿いに住むようになっている」とか「町や道路の近くに住む人と湿地帯の奥にひっこむ人とに二極化している」などとジャーシム宋江や湿地帯を訪れた他の人から聞いていた。だから、すっかり、町や道路の近くに住む人がモダンな生活志向で、奥に暮らす人がより伝統的な暮らしをしているという図式を頭に描いていたが、必ずしもそうではなかった。

衛星放送も映る葦の家

距離でいえば、南部湿地帯にある原初的好漢の浮島の方がずっと町に近い。そして、町からかなり離れたこの家は、水牛を百頭以上飼い、はるかに豊かで現代的な生活をしている。彼もまた水の増減に応じて移動する水上遊牧民なのだが、むしろ「牧場主」という呼称がふさわしい。

南米のアマゾンにもこういう人たちがいたなと思

い出した。町をはなれ、ジャングルの中の川を遡っていくと牧場がある。住人は古風だが、町の平均的な住民より物質的に豊かな生活をおくり、町では失われてしまった自主独立の気概や古めかしい礼儀作法を守って生きていた。

この家の人たちも、町の人々以上に礼儀正しく、子供たちも躾が行き届いていた。客人の前で大はしゃぎしたりせず、恥ずかしがりながらもしっかりと挨拶や受け答えをする。

九時前には私たちの人数分の布団が敷かれた。驚いたのは、布団に入って寝る直前、十二歳の少年が布団を順繰りにまわり、私たちの手と掛け布団の内側（顔が接するところ）に香水を吹きかけたことだ。

何に由来するのかわからないが、十九世紀の英国ヴィクトリア朝をも連想させる慇懃《いんぎん》な気遣いである。

灯りが消されると、視界は闇に閉ざされた。代わりに脳内に入ってきたのは香水の匂いと、外で水牛が吠える野太い声だった。

夜中、犬の吠え声が激しかった。朝起きてから主人に訊くと、犬のケンカではなく、「水牛のケンカを犬が引き離していた」とのこと。犬の仕事の一つなのだという。ちなみに、もし自分の家の水牛が他の家の水牛とケンカになった場合、犬は自分のうちの水牛に加勢するという。人類の文明が誕生した土地に育った犬はたいへんに賢い。

外に出ると、水牛天国だった。柵の中と外に数え切れないほど大小の水牛がのそのそ歩いたり餌を食べたり乳を搾られたりしている。

今まで東南アジアなどで水牛は幾度となく間近で見ており、人間が近づいても無反応だったので、ここでも無頓着に近寄って写真を撮ろうとしたら、乳搾り中の水牛は逃げだし、そうでないものはずんずんこちらに角を向けて近寄ってきた。怒っているらしい。

家の少年があわてて棒で興奮する水牛をおさえ、私に「向こうへ行って」と指示した。百頭もいて、自由な放牧を満喫している水牛は、東南アジアの数頭しかおらずいつも人間の管理下にある水牛とはかなり性格を異にするらしい。正直ちょっと怖いほどだ。

ぬかるみの中を歩いて行き、家から十分離れた場所で排便のためしゃがみこんだが、そこも衆人環視ならぬ水牛監視の中。彼らは黒く濡れた瞳でじっとこちらを見ている。

おりしもちょうど東の彼方から日が昇るところで、オレンジ色に染まりゆく湿地と動物たちを見ながら致す野グソには喩えようのない解放感と快感があった。そこら中、水牛のフレッシュなウンコだらけなので、私の軟便が人目につくこともない。

「大丈夫だ」と湿地ツアーで初めて思った。自由は湿地帯にもある。人の中でも水の中でも水牛の中でも。要はそういう場所を探し出し、自分で感じられればいいのである。

水牛の乳製品が並ぶであろう朝食を求めて、葦の家に戻っていった。

7　シュメールのウル遺跡で逆タイムトラベル

梁山泊チバーイシュ町では二回、湿地帯の中に住むマアダンの人々を訪れた後、いよいよ舟を造ってくれそうな大工を探した。チバーイシュ町から東へ三十五キロ離れたフワイルという町が舟造りで有名だとのことで、訪れてみたら、昔ながらの舟を造れる舟大工が何人もいることがわかった。舟の大きさや種類によって値段は変わるが、いずれも常識の範囲内だった。次回、彼らと直接交渉すればなんとかなりそうだ。

最大の懸案事項を解決した私たちは、南部の旅の締めくくりとしてナーシリーヤを目指した。チバーイシュ町から車で西へ一時間ほどのところにある大都市で、中央及び南部湿地帯の西部が所属するディカール県の県都である。

イラクに来て初めて、大型のホテルに一泊し、翌日はウルの遺跡を見に行った。ウルは巨大神殿「ジッグラト（聖塔）」があることで知られる。

「南イラクのアフワール」と名付けられた世界遺産は湿地帯と三つの考古学遺跡からなる。その一つがウルだ。私たちはこれまでもっぱら「非文明」「反国家」としての湿地帯に集中していたが、最後ぐらい「国家」「文明」側を見学してみようと思ったのだ。

この日はイラクの古代から現在までがギュッと一つに凝縮されていた。

まずホテルの前から通りかかったタクシーを拾って遺跡へ向かった。三十代とおぼしきドライバーは「どこから来た？　日本？」と質問を投げかけ、こちらは「そっちはどこの出身？　氏族は？」と投げ返し、例によって盛り上がる。しかし、驚いたのはタクシーの運転手が「料金なんかいらない」と断ったこと。それどころか「これからうちに昼食を食べに来なよ」と熱心に誘う。もう目的地に着いているのに。丁重にお断りしたうえ、料金を押しつけるようにして渡さなければいけなかった。「陸上に帰ってきたんだな」と実感した。

イラク人の不滅のホスピタリティは続く。

遺跡の手前には博物館があり、その脇には警察の建物があった。私たちはチバーイシュ町のジャーシム宋江から警察官を一人紹介してもらっていた。流しのタクシー運転手だってあれほど親切なのだから、紹介で行ったらそうでないわけがない。早速偉い人に引き合わされたりお茶を出されたりした。

彼らによれば、四日前にバグダードで数カ月ぶりに爆弾テロが起きたという。場所は私たちも一度訪れたイミグレーションの近く。日雇い労働者の集まるところで爆発が起き、三十五人が死亡、九十人が負傷したという。また、同じ日、バグダード北東部のジャミーラ地区でも爆発があり、二人が死亡し、六人が怪我をしたとのことだった。

うーん、やはりテロはまだ収束していなかったのか。これまでアフワールという古式ゆかしい別世界にどっぷり浸かっていたため、いきなり現在のイラクに引き戻された思いだ。

警察での社交を終えて隣接する博物館に入ると、今度は一気に数千年前の世界へ飛んだ。

縄文人のように人と犬を一緒に埋葬していたという先史時代コーナーを通り抜け、「第一シュメール時代」（考古学的にこんな時代区分はないがこの博物館ではそうなっている。以下、同じ）の部屋に入ったら、突然文明が開化していた。「円筒印章」（円筒形のはんこ）がある。これは日本のそれと異なり、側面に彫刻があり、粘土に押しつけながら転がすと、絵が現れるという愉快なものだ。

しかし衝撃だったのは「第二シュメール時代」に登場した楔形文字であった。今まで写真では何度もお目にかかっているにもかかわらず、最初は文字と認識できなかった。あまりに細かいので単なるギザギザ模様の類いだと思ってしまったのだ。これが字とは信じられない。紙に印刷されても相当級数が小さい。辞書レベルだろう。こんな細かい文字が粘土にカサブで刻印されているとはなんて高い技術なのか。しかも書かれた内容は「土地の賃貸の契約書」だという。頭と体がねじれるような錯覚に襲われた。

現在のアフワールに土地の賃貸の契約書なんかあるだろうか。チバーイシュ町ですら大部分は口約束じゃないかと思う（あとでジャーシム宋江に訊いたら果たしてそうだった）。なぜならみんな顔見知りで同じ氏族だからだ。湿地の中に入ったら私有地すら存在しない。土地の賃貸契約書なんてあるはずがない。

湿地帯からナーシリーヤの博物館へやってきて五千年前の過去へ飛んだら、そちらの方がはるかに進んだ世界だったわけだ。逆タイムトラベルとでもいうのだろうか。

これが「文明（国家）」と「非文明（反国家）」のちがいだ。

博物館を満喫すると、今度はウル遺跡ジッグラト見学である。といっても、ジッグラトは遠かった。警察官と一緒にタクシーに乗り、砂漠の中の一本道を走る。ここは厳戒態勢。チェックポイントが三カ所以上あり、道路横には盛り土と塹壕、そして数百メートルおきに戦車がこちらに大砲を向けて停車している。まるで激戦地だ。

イスラム過激派は古代の神殿跡ですら「偶像崇拝」と見なして破壊するから、こうまでしてもイラク政府は国の重要な遺産を守っているのか！　と思ったら、ちがった。

実はジッグラトの近くに陸軍と空軍の基地、さらには刑務所もあるという。かつてイスラム過激派の受刑者はアブグレイブ刑務所に収容されていた。フセイン政権崩壊直後は、米軍兵士が受刑者を裸にさせて自慰行為を強要したり、大型犬をけしかけて笑いものにしたりという深刻な人権侵害を行い、イラクにおける「反米」の火に油を注いだことで知られる悪名高き刑務所だ。しかし、同刑務所はバグダードに近く、イスラム過激派の武装勢力に襲われて受刑者を奪い返されたりしたので、今はこちらに移したのだとハイダル君と警官は語った。

イラク最大の正の遺産と最大の負の遺産（人だが）が隣り合って存在しているのは皮肉としか言いようがない。


ここでもまた、不可思議なタイムマシンに乗って旅するように私たちは一本道を走り続け、二十分後ぐらいにウル遺跡へ到着した。

道路の終わりからジッグラトまでさらに一キロ以上あったが、その巨大さは遠目にもすぐわかった。周りはただの砂漠で何もないのだから当然だ。

たもとまで行くと、ただただ圧倒される。ジッグラトは基壇の底面が六十二・五メートル×四十三メートル、高さ十一メートル。かつては三層構造で最上部に神殿が設置されていたが、今は基壇の一段目と二段目の一部しか残っていない。それも二十世紀に復元されたものである。サイズでは高さ約百四十メートルもあるエジプトの大ピラミッドに遠く及ばないが、単純な四角錐のピラミッドに対し、ジッグラトはＳＦの宇宙基地を思わせる複雑で未来的なフォルムを誇っている。

形が異なるのは建物の性格のちがいから来るのだろう。ピラミッドは王の墓だが、こちらはウルの主神でもある月の神を祀る神殿だったとされている。

ジッグラトの建設は紀元前二一〇〇年頃。かつてウルはシュメールの重要な都市国家だった。

当時、ユーフラテス川はここを流れていた（湿地帯ではティグリス川もユーフラテス川も時代によって流れを大きく変えている)。つまり、湿地帯もここまで伸びていたことになる。

ようやくジッグラトに到着、今度は階段をのぼる。息を切らせながらも「マヤの遺跡より楽だ」と山田隊長。私が登ったことのある石の巨大遺跡はアンコールワットぐらいだが、たしかにアンコールワットも階段が急だった。ジッグラトは段差が小さく、傾斜もゆるい。中高年や子供、体の不自由な人にも優しい造りである。バリアフリー的神殿だ。

階段を上りきると、基壇一段目のテラスに出た。舟に塗る「瀝青《れきせい》」があちこちに残っていた。瀝青とは天然アスファルトのことでビチュメンとも呼ばれる。ここイラクでは「ギール」として知られる。舗装道路に使用するアスファルトとほぼ同じ黒い粘着質の物質だ。アフワールではギールは伝統的に舟の表面に防水用に塗装されているのだが、建物にも使われていたらしい。

上からの眺望は素晴らしかった。三六〇度、地平線がのぞめる。まさに神の視点だ。国防施設としても大いに役立っていたのではなかろうか。もし武装した集団が近づいたら遠くからでもすぐわかる。

逆に下界からは仰ぎ見られていたことだろう。山だらけの日本なら、この程度の建物は下から見てもさして目立たないが、ここではるか遠くからでも見ることができる。王権や国家の威を見せつけるのにさぞや効果的だっただろう。湿地民にもよく見えたはずだ。今、油田から吹き上がる炎がそうなっているように、湿地帯を移動する際のランドマークにもなっていたかもしれない。

四千百年前の文明を満喫すると、階段を下り、車で重警備の道路を移動してナーシリーヤに帰

基壇だけが残る巨大神殿ジッグラト

最上部から見渡した光景

粘土の上に転がすと絵が現れる円筒印章

ジッグラトの大きな階段

土地の賃貸契約を記した楔形文字の粘土板

った。すなわち、それは現在のイラクへ戻ったことを意味する――とばかり思っていたが、そうならないのがイラクのすごいところ。

　湿地帯で泥だらけになっていた靴を拭く布を探して商店街を歩いていたら、金細工の店に出くわした。

「これはマンダ教徒の店だよ」とハイダル君が断言。マンダ教徒！　懐かしい響きに意表を突かれた。試しに入ってみたら、本当にそうだった。四、五十代だろうか、店主は気さくにいろいろ話してくれた。

　曰く「うちの祖父が舟大工だったよ。昔はここナーシリーヤにもマンダ教徒の舟大工が大勢いたもんだ。今は全くいなくなっちまったが……」。

　マンダ教徒が洗礼を行う場所はユーフラテス川のほとりにしっかり存続しているそうだ。

　かつてはたくさんいたマンダ教徒も今や七十世帯しか残っていない。二〇〇三年のフセイン政権崩壊後、この店主のオジさんやイトコは何人も民兵に殺されたという。カネや金細工を強奪するためだった。その後、彼ら民兵は強盗殺人をやめ、「保護してやるからカネをよこせ」と言うようになった。

「ヤクザみたいだ」と私とハイダル君は顔を見合わせた。いや、ヤクザよりずっと質《たち》が悪い。

「今もカネを払ってるんですか？」と訊ねると、店主は無言で両手を大きく広げた。「他にどうすればいいって言うんだよ」というふうに。

　店を出て、また道を歩き出すと、次から次へとゴールドの店が並ぶ。ハイダル君は「これはマンダ教徒……、これはたぶんちがう、ふつうのムスリム……」と店をのぞき込んで一目で判断する。もし「マンダ教徒検定」があれば、一級まちがいなしだ。

しかし、いったいどこで判別しているのか。店の内装は同じだ。どこの店にもシーア派の〝開祖〟であるアリーの肖像画がかかっている。マンダ教徒もカムフラージュとしてそのようにしている。

「顔だよ。マンダ教徒は同じ信者内でしか結婚しないから他の民族の血が混じらない。説明できないけど、他のムスリムのイラク人とは顔がちがう」

二千年近く前の身体的特徴を維持しているらしい。マンダ教徒自身がタイムカプセルのようだ。後に私も大勢のマンダ教徒と会うようになり、顔のちがいがわかるようになった。日本人と韓国人みたいに、一人ずつでは難しいが、十人、二十人をいっぺんに見ると、明らかに異なる。マンダ教徒の人たちは目がきょとんとしたように丸く、顔立ちにちょっと愛嬌がある。ユダヤ人やアルメニア人にも似た顔が多いような気がする。

しかし、このときはまだ私にそんな知識経験はなく、ハイダル君のマンダ教徒探知犬のような能力に驚嘆していた。私の反応を面白がるように、彼は一軒の店の前で足を止め、「ここもそうだ」。

太った店主のいる店に入ると、やはりマンダ教徒だった。店主は熱心な信者で、「毎週日曜日は一日に三回洗礼している」という。マンダ教徒は司祭に洗礼を受けることもあれば、一人で水の中に入ることもある。この場合は洗礼ではなく「沐浴」と呼ぶべきかもしれない。

「日本人は何を信じてるんだ？」と訊いてきた。ウルの遺跡を訪れた直後だったので、仏教徒とは言わず、「太陽や月や山や川を拝んでいる。シュメール人と同じだ」と答えた。日本人は基本的にアニミズム（精霊信仰）だと私は思っているから正直に言ったつもりだ。すると、彼は猛烈な勢いで言った。

「シュメール人はダメだ！」

え、ダメ⁉

「彼らは昔はわれわれと同じだったのに、途中から間違った。神をいくつも信じるようになった。でも神は一つだけだ。われわれが最初で、われわれが正しい」

繰り返し、シュメール人を罵る店主に私は呆然とした。先ほどの店の主が民兵を非難するのと同じ調子で、数千年前のシュメール人に腹を立てている。

イラクの水滸伝エリアでは時間の流れがおかしい。というより、時間とは一体何なのだろう。車酔いならぬ、タイムトラベル酔いした気分でホテルに戻ったのだった。

第4章

イラク水滸伝六千年
脳内タイムマシンの旅

紀元前3000年、イラク北部より出土の円筒印章の印影図

1　シュメール時代の水滸伝

不思議なもので、一度自分の目でアフワールを見ると、今度はその過去を遡って眺めてみたいという狂おしいほどの衝動に駆られるようになった。湿地帯が想像以上に過去と強くつながっていたからだろう。できればタイムマシンで訪れてみたいが、そうもいかない。そこでイラクから帰国後、私は資料をかき集めて読み込み、歴史の専門家にも話を聞き、自分の中に湿地帯の歴史を組み立て上げる作業に没頭した。これまで文明／国家側からしか語られてこなかったメソポタミアや中東世界の歴史は水滸伝側からみると全くちがって見える。それはめくるめく反逆と抵抗の歴史であった。

この章では〝脳内タイムマシン〟を起動し、しばしイラク水滸伝六千年の旅にご案内したい。

紀元前、湿地帯の記録はほとんどない。よって、水滸伝の対立軸である「国家」「文明」を見ていかねばならない。

周知のとおり、このイラク南部で世界最初の文明が生まれた。まず、シュメール人がどこかからやってきて、ティグリス＝ユーフラテス川と湿地帯のほとりに集落をつくり、灌漑による農業を始めた。それが「文明」と呼ばれる段階に至るのは、村的な集落が「都市」に変わったときではないかと私は思う。

ではどのようにして都市は生まれたのか。メソポタミア考古学の第一人者である小泉龍人氏は

「よそ者がやってきたことが大きい」と述べる。

小泉氏によると、きっかけは地球温暖化だったという。約六千年前、地球規模で温暖化が進み、海水面が上昇していった。日本では「縄文海進」と呼ばれ、各地で入り江が内陸にまで到達して水産資源の利用がより容易になり、関東地方の人口が増加していくなど恩恵を受けていたらしいが、大河の下流のデルタ地帯のような場所に住むシュメール人にとっては試練だった。ペルシア湾はどんどん拡大し、二百キロも内陸にくいこんできた。現在のチバーイシュ町やナーシリーヤ近くまで海が迫ってきたらしい。

海辺に近いエリアに暮らしていた人たちは一種の「難民」となり、ウルやウルクといった他の集落へ移動した。このような「よそ者」の参入が集落の都市化を加速させた。集落の人口は当然増え、人口密度も高くなる。顔を知らない者同士が秩序を保って暮らすには多くの決まり事や計画性が必要となってくる。

また、「よそ者」を全員受け入れるわけにもいかない。中にはルールを守らない者や荒くれ者もいただろう。そこで城壁が作られるようになった。「都市」の定義にはいくつもの指標が考えられるが、小泉氏によれば、この城壁こそが最もわかりやすい都市化の指標の一つだという。

城壁に入れなかった人々や都市から追い出された人々はどこへ行ったのだろうか。当然、その周辺の湿地や半砂漠に住んだだろう。そういう人々こそが最初の水滸伝的好漢だったといえる。

もちろん、現在同様、全ての湿地民がアウトローだったわけではあるまい。もっと昔から湿地に住んでいた人もいただろうし、都市民と協力関係を維持していた人もいたにちがいない。シュメール時代、灌漑により大規模な農業が行われるようになったわけだが、それらの畑は城壁の外にあった。二十〜二十一世紀にこの地の人々がしてきたように、収穫の時期には湿地民や遊牧民が手伝いにやってきたのではないかと小泉氏は推測する。

都市はやがて記録の必要性から文字を生み、支配階級をつくり、規模を拡大させ、「国家」へと成長していく。湿地民の役割も比例して大きくなったと想像できる。

湿地民は魚の供給者でもあったろう。メソポタミア歴史学の専門家・小林登志子氏によれば、当時の粘土板には淡水と海水の魚が二百種類以上記載されているという。魚を獲る漁師とそれを輸送する人たちがいたわけだが、漁師や漁業関係者についての記録は一切見つかっていないそうだ。それは彼らが非都市民であり湿地民だったからだと私は思う。都市民の視野（及び関心）の外にあったにちがいない。今、大都市に住む人間が魚のことはよく知っていても、漁師や漁業のことには疎いのと同じだ。

人口の集中する都市国家には燃料も必要だったはずだ。古代メソポタミアでは遺跡で検出される植物遺存体から当時の樹種がある程度推定されており、ヤシの木やポプラなどの身近な樹木が葦、藁、牛糞などと組み合せて燃料として利用されたと考えられているという。ただ、現在でも湿地民がしきりに葦を使っているところを見れば、当然葦が第一候補となるだろう。というより、葦が無尽蔵に生えているからこそ、メソポタミア文明は三千年以上も続いたのではないかと私には思えてならない。

葦は家や城壁の建材としても大いに利用されたし、筆記用具でもあった。みな、湿地民が刈り取って、町へ売りに行っていたにちがいない。今もそうしているように。

湿地民は水牛を飼っていた。長らく、イラクの水牛は紀元前二三五〇年頃、アッカド王朝のサルゴン王の時代にインドから輸入されたと多くの歴史学者に思われていたが、二〇一三年に報告されたイラク・バスラ大学遺伝子工学研究所のターリブ・アフメド・ジャーイッド所長らの調査によれば、イラクの水牛とインドの水牛はＤＮＡ配列が大きく異なることが判明し、イラクでもかなり古い時代に独自に家畜化された可能性が高まっている（Jaayid Talib 2014）。

よって、紀元前三〇〇〇年よりもっと前から湿地民は水牛を飼い、乳やゲーマルやチーズを町の人に売っていた（あるいは物々交換していた）かもしれない。

湿地民の暮らしは、しかし、ひじょうに厳しいものだった。夏は暑くて湿気が強く、冬は寒い。衛生状況もよくない。不快な虫、毒ヘビ、そして病原菌の巣窟である。人を襲って殺すこともある巨大な野生のイノシシも湿地民の天敵だった。涼しさを考慮した家や宗教施設が建てられ、下水道まで完備されたという城壁の内側とは大違いだ。

もう一つ重要なのは、湿地だけで生活が完結しないことだ。いくら魚や水牛の乳がとれ燃料があっても、湿地には主食となる炭水化物がない。今でも湿地民は小麦や米を陸地民に依存している。五千年前も、湿地民は陸地民から主食を入手していたはずだ。他にも石器や金属製品は外から得る必要があったろう。

都市と湿地、文明と非文明は相互依存の関係だったのではないかと思われる。

考古学的発見や粘土板の記録、そして現在の湿地帯の様子を重ね合わせて、脳内タイムマシンで当時の湿地帯を訪れてみよう。例えば、ウル。

高さ二十メートル近くの神殿（ジッグラト）の周りに、皇居の半分程度の大きさの町があった。町は城壁に取り囲まれ、その外側には灌漑のための水路が張り巡らされ、大麦の畑が作られている。

畑が終わるところから湿地が始まっている。無数の浮島がところ狭しと並び、舟が行き来している。町に近い湿地からはジッグラトがよく見え、方角を見定める上でのランドマークとなっている。湿地民は魚を獲り、葦を刈り、あるいは葦のゴザを編み、水牛の乳のゲーマルを都市へ持っていって売る。帰りには麦や野菜、塩などを持って帰る。

湿地民は現在と同様に、氏族社会だったのではないか。中にはならず者もいたにちがいないが、町の人間にとって「ならず者」だっただけで、湿地では湿地のルールを守っていたと想像される。城壁の中、つまり都市では貧富の差や身分制度が過酷だったと言われており、そこから逃れた下層階級の人たちも湿地にはいただろう。もちろん、何か犯罪や不道徳な行為をして町にいられなくなった人たちも。

都市民と湿地民は互いに関係しあいながらも別の法の中に生きていたと私は思っている。それを示唆するのはバビロニアの「神明裁判」だ。盗みや不倫が疑われた場合、裁定は「川の神」に委ねられた。川に飛び込んで溺れたら有罪、自力で助かったら無罪だとされたという。

この裁判は、基本的に、裁判にのぞむ人たちが「泳げない」ことを前提としている。泳げる人がいたらどんな裁判でも無罪を勝ち取ってしまうのだから。しかるに、湿地民で泳げない人などいるだろうか。いそうにない。子供のときから水に親しみ、水上で暮らす人が泳げないはずがない。現在の湿地民（マアダン）は誰でも泳ぎができる。

つまり、この裁判はあくまで都市民を対象にしていたと考えられるのだ。そもそも都市のルールが当てはめられるのは都市民だけだったのだろう。

都市民は法の中におり、湿地民は法の外にいた。まさに〝アウト・ロー〟だったと思うのである。

2　異端グノーシス時代の水滸伝

古代メソポタミアの文明は、シュメールの初期王朝時代、アッカド王朝時代、ウル第三王朝時代、古アッシリア時代と古バビロニア時代……と移り変わっていった。それぞれに栄えたが、不規則に氾濫する川と無数の湿地に阻まれ、どの王朝もイラク南部全体を長く統一して支配することができなかった。

葦の生い茂る川でアッシリア兵から身を隠す人。紀元前700年

時代が下って紀元三世紀、パレスチナ辺りのマンダ教徒がユダヤ教とキリスト教を敵に回して、アフワールに逃げ込んできたときの状況も面白い。私はてっきり、当時の湿地帯はすでに辺境化していたのだと思ったら、そうではなかった。

古代オリエントの宗教に詳しい静岡文化芸術大学の青木健教授によれば、その頃、アフワールはササン朝ペルシア帝国の支配下にあった。水が豊かなため農業はいまだ盛んで、人口は数百万人いたという。ペルシアはイラク南部を「心臓部」と呼び、灌漑整備に力を入れた。キリスト教はすでにこの地でも人気を博し、それでいて、ユダヤ人も大勢住んでいた。なにしろ、パレスチナよりイラク南部のユダヤ人の方が多かったほどだ。彼らはここで律法（トーラー）などの文書を編纂していた――。

と聞くと、「え、おかしいじゃないか！」と思うだろう。マンダ教徒はユダヤ人とキリスト教徒からの迫害を逃れて、イラク南部にやってきたのだから。

その答えは「湿地帯」の性質にある。

イラク南部では昔ながらの「都市国家」スタイルが続いていた。ある都市ではキリスト教が主流、別の都市ではユダヤ教、また他の都市ではマンダ教……といった具合に、各都市ごとに宗教や民族構成が異なり、それぞれが勝手に共同体をつくっていたらしい。湿地や川が入り組んだ地形だから、悪く言えば統一性が乏しく、よく言えば多様性が保持されるのだ。その結果、マンダ教を筆頭に（当時の支配的な民族や宗教から見れば）怪しげな教団が続々と湿地周辺に流れ込み、一種のアジールになっていた。

環境は人間の思想を形成する。マンダ教はアフワールに来てから、「グノーシス」的な思想を完成させた。グノーシスとは宗教の名前ではなく、思想の潮流のようなものだ。「この世界は間違った神によって創られた間違った世界である」とか「人間の魂の本来の居場所は真の神のいる光の世界だ」あるいは「正しい認識を持つ一部のエリートが大衆を救う」などといった思想上の共通点がある。

私は思うのだが、混沌として、迷路のような葦の密林に取り囲まれ、ときに湖とも荒れ地ともつかない土地に生きていると、地中海沿岸やアラビア半島のような明快で裏表のない半砂漠的な思考とは別な思考が育まれるのではないだろうか。グノーシス主義者は「裏読み」「深読み」が大好きな人たちだ。

事実、この地ではグノーシス系の宗教が花開き、そしてグノーシスをベースにした反体制運動や叛乱が数々発生した。なにしろ、グノーシスは「この世は間違っている」というのが思想の出発点だから、反／非主流派と大変に相性がいい。そして湿地帯はもともと反／非主流派の巣窟である（本章の古代から中世までの湿地帯の記述は主に青木健教授の『古代オリエントの宗教』を参考にし、ときに他の文献も参照しながら記している）。

七世紀、アラビア半島で誕生したイスラム教徒に征服されてもその傾向は変わらなかった。預言者ムハンマドのイトコでイスラム国家樹立の立役者でもあるアリー・イブン・アビー・ターリブが第四代カリフ（預言者の後継者）に擁立されるも、それを認めないイスラム主流派は地中海側に陣取り、アリーは非主流派が集まるイラク南部のクーファという新興都市を拠点とした。クーファは現在ではユーフラテス川のほとりにある聖地ナジャフの近郊に位置する。今でこそ湿地帯から遠いが、当時はすぐ近くまで湿地が迫っていたようだ。

湿地サイドに陣取った時点でアリーの軍勢はすでに形勢不利だったのではないかと思うが、案の定、結果は無惨。アリーは暗殺され、後にその息子であるフセインの軍隊も虐殺された。地中海からメソポタミア、イランにまで至るイスラム大帝国（ウマイヤ朝）は、主流派のものとなった。アリーの支持者たちはこれを嘆き、悔やみ、哀しみ、やがて「これは本来あるべきイスラムの姿ではない。真のイスラムはウマイヤ朝のカリフではなく、アリーの血統（イマーム）に伝わった」と考えた。立派なグノーシス的裏読みである。私はこれを「裏番長」と解釈している。

私が中学生だった頃、「表の番長より裏の番長の方が強い」とされ、「××中は実は誰それが裏番なのだ」とかまことしやかにささやかれたものだ。本当に裏番の方が強いのか、そもそも裏番なんて存在するのかも疑問だったが、信じている者は大勢いた。そういう意味では、まさにイスラム世界の裏番長がアリーの後継者であるイマーム、そして「イスラム裏番最強説」を唱えるのがシーア派（アリーの党派）なのだ。シーア派は究極の裏番がいつの日かこの世に降臨し、その裏番によって永遠の正しい秩序がもたらされると考えている。

イスラム裏番派は圧倒的なマイノリティでありながら、湿地帯を舞台に、何度も繰り返し、叛乱を起こした。叛乱のあげく、本来のイスラムとはかけ離れたアナーキーな集団と化したことも一度や二度でない。

特に九〜十世紀、アッバース朝で起きた叛乱がすさまじい。アッバース朝はシーア派の助けを借りてウマイヤ朝を倒し、だからこそ首都もイラク南部に置いたのだが、シーア派は従順でないし、彼らの土地は湿地が多くて支配がしにくいので、王朝は首都をバグダードに移転して裏番派弾圧を始めた。裏番派はまたもや反体制派に転じてしまったわけだ。

アッバース朝は北アフリカから中央アジアにまで達する史上空前の大帝国だったのに、肝心のお膝元であるイラク南部（湿地帯周辺）は全然統治できていなかった。突拍子もない叛乱が続発した。

最も有名な叛乱は八六九年に起きた「ザンジの乱」である。これは西アジア史上最悪の叛乱とされ、同時に驚くことなかれ、世界初の奴隷解放闘争であった。アッバース朝の時期、湿地帯周

〝裏番長〟の四代目カリフ、アリー

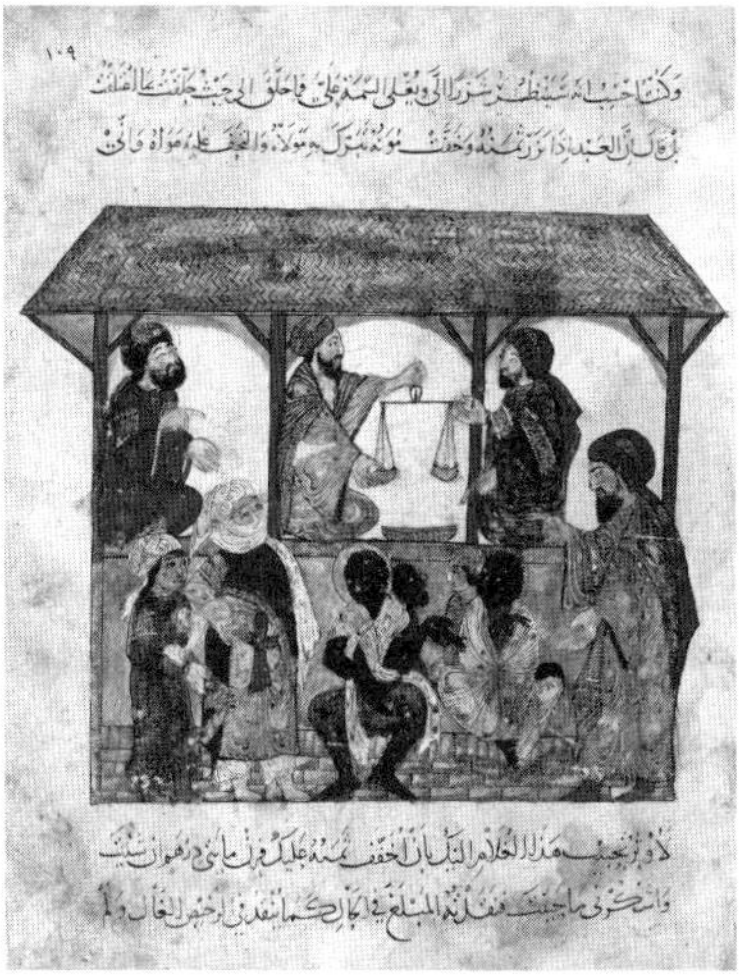
ザンジの乱当時の黒人奴隷市場

辺では灌漑用水路の多くが崩壊していたこともあり、塩害がひどかった。そこで王朝や土地の有力者たちはアフリカから奴隷を連れてきて、劣悪な環境下で、地表の塩を削って除去させた。日本の平安時代にアフリカ奴隷がイラク南部で塩害対策作業を行っていたこと自体驚きだ。

しかも裏番アリーの子孫を自称するアリー・イブン・ムハンマドという人物が奴隷の過酷な労働環境に心を痛め、「カリフ国を悪徳と腐敗から守る」と宣言して湿地帯で蜂起したのだから中国水滸伝の「替天行道」と同じだ。「元祖イラク水滸伝の頭領」と呼んで差し支えなかろう。

しかし、カリフ国を守る云々はどうも一般ムスリムに向けた大義名分だったらしく、自分の支持者や奴隷たちに向けたスローガンはもっと過激で、「最も資質のある者がカリフになるべき。たとえ奴隷であっても」だった。同じ中国でも「王侯将相寧んぞ種あらんや」と訴えた陳勝・呉広の乱に似ており、極めてアナーキーである。

頭領アリーの主張は奴隷だけでなく、中流以下のムスリム、遊牧民にまで広く支持された。乾いた土地では遊牧民部隊が、湿地では奴隷の部隊がゲリラ戦を展開し、アッバース朝の軍隊に連戦連勝。叛乱軍は一時期、バスラからワーシト（バグダードとアマーラの中間地点にある町）に至る広大なエリアを支配した。バグダードまで約五十マイル（約八十キロ）に迫ったこともあるという。

しかし、頭領アリーたち叛乱軍は水滸伝的好漢が権力を手中にしたときの常として（というより彼らがその歴史を始めたのだが）、やりすぎた。町を徹底的に破壊して飢饉を引き起こしたばかりか、高貴な家柄の女性を安く売り払って叛乱軍の兵士や元奴隷に与えた。イスラム世界では「自由なムスリムを奴隷にした」という点が今でも最も非難されているという（実際には彼ら以外のイスラム王朝でも戦争の際には同じようなことを行っているのだが）。

叛乱発生から十一年後、アッバース朝の軍勢が盛り返し、最終的には首領のアリー・イブン・ムハンマドと主な司令官が捕まって処刑され、叛乱は終わった。

十四年にわたる大乱で、死者は五十万人にも及ぶと同時代の歴史家は記しているが、もとより首都から遠い湿地帯で起きた大戦争のことを正確に知る術はない。とにかく莫大な数の人が犠牲になったことだけは間違いない。

今でも湿地民の人たちには色黒の人が多い。現実につい最近、二十世紀初めまでは奴隷（主にアフリカ系）がいたという。彼らの中にはザンジの乱に参加した奴隷の子孫もいるのかもしれない。

もう一つ、破天荒という面でザンジの乱より強烈なのはカルマト派の叛乱だ。創始者のハムダーン・カルマトは湿地帯周辺の農民だったが、シーア派の一派でグノーシス主義でもあるイスマーイール派に改宗し、後には彼自身が宣教師となってイラク南部の農民や周辺のベドウィンの間に多くの支持者を獲得した。八九〇年にはダール・アルヒジュラという本拠地を構えた。組織は秘密結社だったというから、湿地帯の中に秘密基地をもっていたのではないかと想像する。

公共的利用価値のあるものの私有を認めず、一種の共産制を志向していたこのグループはその後、イスマーイール派と分かれて独立するが、創始者のハムダーンは暗殺されたのか行方不明となり、教団のメンバーはアッバース朝により大虐殺を被った。

メッカのカアバ神殿を襲うカルマト派

ところが、この後、カルマト派の好漢たちはペルシア湾岸のバーレーンで爆発する。同派の宣教師のアブー・サイードが地元氏族の支持を得てカルマト派の共和国と呼ぶべきものを樹立。さらにアラビア半島の内陸部からオマーンまで征服した。

アブー・サイードが死んだあとは、息子のアブー・ターヒルが大暴れする。彼は十七歳から頭領の座につき、三十八歳の若さで死ぬまで、二十一年間にわたってイラクからアラビア半島にかけての地で虐殺と略奪をほしいままにした。バスラ、クーファを陥落させ、ユーフラテス川沿いにさかのぼってアッバース朝の軍隊を打ち破り、一時は首都バグダード寸前まで迫った。

当然、もともとカルマト派が生まれた湿地帯も版図に入ったはずだ。

神をも恐れぬ彼らは巡礼者を平気で襲っていたが、九三〇年にはついに一線を越え、聖地メッカを襲撃、地元民・巡礼者の区別なく殺戮し、犠牲者は三万人にものぼった。挙げ句に、カアバ神殿に乗り込み、金銀宝石を略奪したのみならず「ご神体」である黒石をもって帰ってしまった。反主流派とはいえイスラムの一派がメッカを蹂躙《じゅうりん》するとは青木教授曰く「驚天動地」の行為である。

しかし、彼らは全くの無法者であったわけでもなかった。従来のイスラムにおける一切の権威を否定したのだ。シャリーア（イスラム法）を停止し、メッカやカアバの聖性も拒否し、新しい共和国の建設を行った。

首都には武器をとりうる者（健康な成人男性）だけで二万人。アブー・ターヒルの死後は、六名からなる最高委員会が国民を指導した。最高委員会は三万人の黒人奴隷を所有して、農作業を行わせていた。祈禱、断食、巡礼などイスラムの儀礼は一切行われず、税の徴収や喜捨の義務もなかった。その代わり、貧者や負債者に対する補助や移住してくる職人への資金援助を行い、国営の無料製粉所を運営するなど、なんだか二十世紀のソ連や中国を連想させる、特殊な社会主義的国家を形成した。

この独特な水滸伝共和国はしかし、十世紀半ば頃には衰退していった。理由はよくわからない。ちなみにカアバ神殿の聖なる黒石はアッバース朝が高額な値段で水滸伝の好漢たちから買い取ったという。アッバース朝はまことに情けない。

ハイダル君によれば、現代イラクが内戦状態にあった二〇〇六年頃、スンニーの政治・宗教指導者らがシーア派を指して「このカルマト派が！」と罵ったりしたという。この上ない侮辱であったことだろう。

さて、中世の湿地帯はかくのごとき激変と叛乱が相次いでいたが、湿地民の様子は具体的にはどんなものだったのだろうか。"Historical Dictionary of Iraq Second edition"（『イラク歴史辞典』第2版）によると、アッバース朝のカリフたちが湿地民のことを「強盗、ジプシー、法の網から逃れた者たち、カリフへ反抗する連中」と呼んでいたという。ただしその内容は詳らかではない。

私が知るかぎり、十九世紀以前で湿地民について具体的に記しているのは、十四世紀の初め、モロッコに生まれた世界史上最大の旅行家イブン・バットゥータのみである。足利尊氏より一歳年上である彼は、一三二六年に聖地ナジャフからバスラに向かう途中、アフワールを通った。日本では後醍醐天皇が鎌倉幕府を倒そうとしていた頃である。

「ユーフラテス川の縁沿いに進み、〈イザール〉と呼ばれる場所に向かった。そこは、〈マアーディー〉の名をもって知られたアラブ人たちの住む河川の中洲に位置する葦の密林である。彼らは、ラーフィダ派に属する街道の追剝ぎ連中であって、［今回も］われわれの隊列から遅れて進んでいた修行者たちの一団を襲撃し、サンダルや托鉢用の木鉢まで奪い取った。彼らは、この密林を根城にしているので、常に彼らを捕らえようとする人から逃れることが出来た。なお、この密林には、多数の野獣が生息している」（家島彦一訳『大旅行記』第二巻）

十九世紀以前で唯一の湿地民の一次情報はまさに「水滸伝」。聖地巡礼から帰る修行者を襲って身ぐるみはがすとはなかなか強者である。ちなみにラーフィダ派とは「異端」の信者のことで、ここでは裏番シーア派を指す。「マアーディー」はマアダンのことである。

十六世紀、オスマン帝国に征服されると、イラクの湿地帯は今と同じような「二重水滸伝状態」となる。

はるか西方のイスタンブルに首都が置かれたオスマン帝国においては、宿敵であるペルシアのサファヴィー朝との国境付近にあるイラクはまるっきり辺境でしかなかった。ある在野の日本人アラブ研究者は「江戸時代の日本同様、イラクも鎖国していたようなもの」と語る。外部の手がとどかなかったという意味だ。

イラクのみならずアラブ世界でも著名なイラク人社会学者アリー・アル＝ワルディは一九六五年に出版した『イラク社会の研究』の中でこう書いている。

「トルコのワーリー（高野註：総督）や役人にとっては、イラクは流刑地のようであった。そのため、イラクには『トルコのシベリア』というあだ名をつけられていた。役人たちは、ちょうど今日のわれわれの国の役人たちが、アマーラやチュバイシュ（高野註：チバーイシュ町）のアフワールで働くのを拒否しているように、イラクで働くことを拒否していた」

この一節だけで、オスマン時代のイラクの立ち位置と、二十世紀半ばでの湿地帯の立ち位置が鮮明に浮かび上がる。二十世紀でそうなのだから、オスマン時代には、湿地帯の集落はイラクの中でもさらなる「シベリア」だったのだろう。二重の水滸伝（シベリア）状態である。

灌漑設備は十四世紀のモンゴル侵略で完全に破壊され、以後ほぼ放置されていたようだ。農業生産が下がって帝国にとっての重要性も失われ、さらに反主流派のシーア派の拠点で、とどめに湿地帯。オスマン朝の支配が行き届くはずもなく、地元の部族が準独立国家と呼ぶべきものを形成していたらしい。中でも現在のナーシリーヤを拠点としていたムンタフィク部族（氏族）連合が有名である。

彼らイラク南部の氏族民は、第一次世界大戦に敗北したオスマン帝国の領土が連合国に分割され、イラクがイギリスの支配下に置かれたときも激しく抵抗した。いかなる隷属状態も誇り高き彼らは良しとしないからである。

3　二十世紀水滸伝の主役はコミュニスト

二十世紀、イラク水滸伝の主人公は意外なグループだった。

イラク共産党である。

前の世紀、共産主義は世界中で大ブームを起こしたが、イラクはアラブ諸国の中で最も共産党の活動が盛んだったところであり、中でも湿地帯がその中心だったという。要はイラクという辺境の中のアフワールというさらに辺境部分でコミュニズムが支持を得たわけだ。

パレスチナ人の歴史学者ハンナ・バタトゥの"The Old Social Classes and the Revolutionary Movements of Iraq"（『イラクの古い社会階級と革命運動』未訳）によれば、一九二〇年代末、イラクで初めて共産主義のサークルが結成されたのはバスラとナーシリーヤであったし、イラク共産党の初期の最も有力な指導者ユースフ・サルマン・ユースフもバスラ育ちで、ナーシリーヤで働いていた人物だった。

特に一九五〇～六〇年代は共産主義の反政府活動が猛威を振るった。しかし何よりも驚いたのは「マンダ教徒はみんなコミュニストだった」というハイダル君の言葉だ。「みんな」は強調表現にしても、多くが共産党員だったのは後で私も確かめた。

二千年近くも自分たちの信仰を湿地帯の中で死守してきた人たちが無神論者になるというのは摩訶不思議としか言いようがない。だが、考えてみれば、マルクス主義もグノーシスっぽいところがある。この世界は間違っていて、労働者は疎外されており、それを正しく認識した人たちが立ち上がれば、理想の社会が訪れる……。

オーストリアの哲学者エルンスト・トーピッチュは、「マルクス主義とグノーシス」という論文の中で、「彼（マルクス）の初期の諸論文に見られる『疎外』および全著作に見られる弁証法などの基本概念や思考形態は、古代の新プラトン主義・グノーシス的・終末論的・黙示録的伝統に由来する」と述べているから、残念ながら私の独創ではなさそうだ。

もしそうだとすると、三世紀から中東世界を揺るがしてきたグノーシス水滸伝に新たな一ページが加わったというべきだろう。二十世紀の湿地帯は、「イスラム裏番最強説」のシーア派と「労働者最強説」の共産主義という、二つのグノーシス的反主流派が逃げ込むアジールだったことになる。

湿地帯で活躍した数多《あまた》の共産主義者の中で、最も光り輝いているのは革命詩人のムザッファル・ナワーブだ。一九三四年にバグダードで生まれた彼は、新聞のインタビューに答え、こう語っている。

「大学生のとき、とても声のいい友だちに出会った。言葉もいいし、声も美しい。その友だちは私をアマーラのカハラー川（高野註：岸辺にマンダ教徒の舟大工が住んでいる、東部湿地帯に流れ込む川）にある実家へ連れて行った。

今までバグダードの言葉と音楽しか知らなかったからアフワールでショックを受けたよ。土、水、カサブ（葦）、水牛の声、コーヒーを挽く音といった景色や生活の様子があまりに鮮烈だった。

誰かが詩に書くのを待っていたかのよう。書いても書いても書ききれない。

当局はアフワールを恐れる。それは叛乱があるからではなく、美しいから。醜いものは美しいものに恐れを抱く。だから当局はアフワールを破壊しようとするのだ」（「アル＝ハヤー」紙　一九九五年五月二十七日　ハイダル君と高野の訳による）

さすが詩人、言うことがちがう。

ムザッファルはあまりにアフワールに魅せられ、二十代の頃は湿地帯の方言で詩を書いていたほどだった（一般イラク人には理解しにくいため、後にやめる）。

イラク共産党は一九五〇～六〇年代、政権に入ったり、かと思えば、弾圧されたりを繰り返した。ムザッファルも一時、教育省の管理職になったが、政権が替わると迫害される側になった。六三年には親米政権のイランに逃げるも、そこでイランの秘密警察に拷問を受け、イラク政府に投降した。死刑宣告を受けるも後に終身刑に減刑。

バグダードに近い刑務所に入れられていたが、仲間の助けを借り、地下にトンネルを掘って脱獄、学生時代からお気に入りの湿地帯に逃げ込んだ。アフワールでは他のコミュニストと反政府活動を行っていたという。水滸伝というよりハリウッド映画ばりにエキサイティングな人生だ。

その後は、海外を転々とし亡命生活を送った。ハイダル君情報では、彼は今アラブ首長国連邦にいるという。残念ながら高齢のため取材は受けつけていないようだ。

彼はイラク国内で戦っているときも国外に亡命してからも革命の詩を数多く書いた。また、詩のいくつかはメロディーをつけられ、歌謡曲となった。

革命詩人ムザッファル・ナワーブ

例えば、アラブ全域で有名な「鉄道とハメッド」という歌は、何人もの人気歌手によって歌われている。

歌の舞台はアフワール、おそらくアマーラ付近である（以下、ハイダル君による大まかな歌詞の訳）。

「私」が列車に乗っていると美しい女性がいて悲しそうな顔をしている。訊いてみると、「この辺に彼のムディーフがあるの」。彼女は「私」に事情を打ち明ける。

彼女はある若者と恋に落ちたが、親に結婚を反対され、二人は駆け落ちを決意。だが土壇場になって彼は意気地を失い、尻込みしてしまった。彼女は彼に落胆し、別れて一人列車に乗る。彼が追いかけてくるが、彼女は列車に言う。

「止まらないで」でもこうも言う。「ゆっくり走って」

彼女は男に言う。「私はあなたに失望した。もう二度とあなたのところへは帰らない。でも他の男の人は愛せない。いつまでも愛するのはあなただけ」

ふつうの「叶わぬ恋」の歌のようだが、ムザッファル・ナワーブの詩には、たいてい裏の意味があり、ハイダル君によればこれは共産主義革命に対する愛と失望を表すと解釈されるという。ただ、多くの一般人はふつうの恋愛ソングとして愛聴している。

また、「ムダーイフ・ヒール」も湿地の歌。ムダーイフはムディーフの複数形で、ヒールはコーヒーに入れるカルダモンのこと。「葦のムディーフでカルダモン入りのコーヒーを出す」とは、私も経験したが、アフワールのホスピタリティの象徴である。しかし、内容は過酷だ。

一九六〇年代、イラクでは共産主義寄りの政権のとき土地改革が行われ、農民に土地が与えられたが、政権が替わってからは、アマーラの地主が武力で土地を奪い返そうとして戦いになった。そして、たいがいが地主側の勝利に終わり、農民たちが命を失った。

そのような実話を元に、農民の妻の目線で詩を書いたが、発表後すぐに発禁処分となった。この詩はサーミー・カメルというイラク人シンガーが一九八四年、シリア亡命中に、妻の金製品を売り払ってお金を作り、自分で作曲・レコーディングをして「裏カセット」を発売。もちろんフセイン政権下のイラクでも共産主義は違法だったから、このカセットも取り締まりの対象だった。にもかかわらず、学生や庶民の間で大人気を博したという。

以上、湿地帯六千年を駆け足でめぐってみた。時代により有為転変はあるものの、驚くほど、一貫性が感じられる。湿地帯の人々は今も昔も統一より分散を求め、現在の秩序を壊す方向にいつも傾こうとしている。それは湿地帯や川の水が不定期に、無秩序に氾濫を繰り返し、流れを変え続けているのによく似ている。

ますますもって魅力的なイラク水滸伝である。次回は舟を造る旅だ。少しずつ私たちは湿地帯の奥深くへ浸透していく。そして、無秩序の中に何が隠されているのか探っていくのである。

第5章

「エデンの園」の舟造り

舟大工の工房

1 「エデンの園」は実在した!

見渡すかぎり、青い水が広がっていた。豊かに生い茂った緑のカサブ（葦）、蒲《がま》、カヤツリグサなどの水生の植物の合間を水牛の群れが浮き沈みし、草を積んだ小舟が忙しげに行き交う。湿地民の使う長い葦のさおが強い日差しにきらめき、一陣の風が吹けば、水上の草が仲良く揺れ、人々が頭にかぶった布や白い長衣の裾が揺れ、世界全体が揺れるような錯覚さえおぼえる。

私はバスラからチバーイシュ町へ行く街道を車で走っていた。二〇一九年五月、二回目のイラク旅である。アフワールを訪れたのは一年四カ月ぶりだったが、あまりの変貌ぶりに言葉が出ないほどだった。

前回、湿地帯はすべてが枯草色に包まれていた。街道沿いの水は干上がり、舟も少なく、気温的にも風景的にも寒々しいの一言に尽きた。正直言って「こんなところを舟旅？」と自分たちの計画にも寒イボが立ったほどだ。

「見ろ、今年は水が多いんだ」と助手席のジャーシム宋江がこちらを振り返って嬉しそうに言った。

「去年の十一月はイラクのダムに水が四〇億立方メートルしかなかった。今は四五〇億立方メートル。十倍以上だ」

イラク水滸伝の旅は先が読めない。二〇一八年は例年に比べて水の量が著しく少なかったが、それはたまたま降雨量が少なかったせいなのか、それとも上流でダム建設や農業用水利用が増加し、恒常的に水量が減る兆しなのか判断がつかなかった。

イラク自体の先行きも不透明だった。前年五月に総選挙が行われ、イスラム国に勝利したうえ比較的安定した政権運営をしていると思われたアッバーディ首相が敗北。第一党はアマーラの水滸伝好漢に根強い人気をもつ反米・反イランのサドル師とイラク共産党という、誰もがアッと驚いた「新旧水滸伝連合チーム」だった。

もっとも、その第一党でさえ全有効票の一〇%しか得票できておらず、政権を作るには他党と連立を組まねばならない。その交渉や裏交渉が延々と続いた。私たちは予定ではその年の九月にアフワールを再訪し、舟を作るつもりだったが、延期した。ハイダル君や池袋のファイサルさんによれば、毎回総選挙から連立政権樹立まで権力の空白期間が生まれ、そのときにアルカイダやISが出現したり勢力を伸ばしたりするというからだ。

幸い今回はそのようなイスラム過激派の伸長はなかったものの、大都市バスラを中心にイラク南部は極端な電力不足と水不足に苦しみ、デモや暴動が夏の間中続いた。イラクは世界屈指の産油国のくせに自分のところで十分に火力発電を行うことができずイランから電気を買っている。しかも政府の腐敗で外貨が不足し、電気代の支払が滞ってしまっている。

水は最初から不足しているうえ、停電により上水道システムが機能しなくなり、量だけでなく質も悪化、コレラも流行った。

最高気温四十五度にも達する時期が三カ月も続くのにエアコンも扇風機も動かず、飲み水も不足し、伝染病も蔓延したら人々が暴れるのも無理はない。政府関係のみならず民兵組織のオフィスも暴徒によって破壊されたと報道された。ただし、アマーラ系水滸伝好漢が熱く支持するサドル師の民兵の拠点だけは誰も襲うことがなかった。サドル師支持者が多いせいだとも、彼の民兵が強力で暴徒も手を出せなかったからだとも言われている。

私と山田隊長はその二〇一八年の夏、トルコ東部にいた。一カ月間、ティグリス＝ユーフラテス川の上流域をパックラフトと呼ばれる、カヌーとゴムボートの中間みたいな舟で旅していたのだ。イラクの湿地帯に行けないのならその上流へ行こうという誠に能天気な判断だった。

そこはかつて人類史上初めて羊や牛の家畜化が行われ、同じく初めて農耕作物の栽培化（ヒトツブコムギの栽培）が行われ、同じく初めて大規模な宗教施設（ギョベクリ・テペ）が作られた場所だった。

要するに、文明の種はティグリス＝ユーフラテス川上流域で芽を出し、川をずっと下った海に近い湿地帯エリアで成長開花したのである。

皮肉なことに現在は、ティグリス＝ユーフラテス川上流域は湿地帯の民にとって敵でしかなくなっている。私たちはあまりに巨大なダムの数々に圧倒された。莫大な水がそこで蓄えられているばかりか、ダムから用水路が各地に伸び、農業用水に使われていた。

ジャーシム宋江が何よりも恐れる巨大ダム「ウルス・ダム」はまだ完成しておらず、ティグリス川がゆったりと流れていた。私たちはそのダム湖予定地を五日がかりで旅した。おそらく、世界で最後にその川を旅したのは私たちということになるだろう。

驚いたのは、百数十キロに渡って川沿いに広大な綿花のプランテーションがひろがっていることだった。行ったことはないが、かつてアメリカ南部のミシシッピ川沿いに存在した綿花畑がこうだったのではないかと思わせた。川岸には五百メートルに一カ所ほどの間隔で巨大な電動ポンプが設置され、莫大な量の水を川からくみ上げていた。綿花は水を大量に消費するのだ。川というものは支流が合流するため、下れば下るほど大きくなるものだが、ティグリス川上流は下れば下るほど水が少なく川幅が狭くなっていた。

「これじゃイラクの湿地帯に水が来なくなるわけだ」と私たちは嘆息した。しかも、これからダムに水をため、もっと畑を作るにちがいない。

第一回目訪問時の寒々しい風景、イラク南部の水不足と暴動、そしてこのティグリス＝ユーフラテス川上流部でのとてつもない水の消費……とあまりにネガティブな要素を私は見聞きしていたから、この四月にハイダル君から「今年は雨が多いらしい。洪水が起きてるところもあるって」と聞いても「ふーん」と耳を素通りしていた。一時的な現象にすぎないと思い込んでいたのだ。

今回ハイダル君は同行しなかったし、ジャーシム宋江が空港まで迎えに来てくれるというので、バグダードではなくバスラからイラクに入国した。

水浴びする100頭以上の水牛たち

衝撃の光景に遭遇したのは、バスラ国際空港からまだ車で十分程度しか走っていない場所でのことだった。突然、大きな池みたいなものが出現、百頭以上の水牛が水浴びを楽しんでいるのだ。
「なんだ、こりゃ！」と叫んでしまった。前回見たとき、この辺はアフワールから何十キロも離れた単なる荒れ地であり、水牛や湿地民とは無縁の場所だと思っていた。なのに、ちょっと水が増えると、水牛と湿地民が集まってきて、名実共に湿地と化してしまう。大都市バスラも広い意味では湿地帯エリアなのである。湿地帯の変幻ぶりと湿地民の自由な生き方に舌を巻いた。

ティグリス＝ユーフラテス川の合流点であるクルナの町からチバーイシュ町までの街道沿いも前回とは別の土地かと思う光景だったのは先に述べたとおりだ（その後、私たちは湿地帯エリアの東部の町アマーラや西部の町ナーシリーヤを訪ねたが、どこへ行っても水の世界だった）。

同時にティグリス＝ユーフラテス川と湿地帯が不可分な存在なのだと初めて自分の目を通して実感した。現代の日本人には（世界の他の国の人にとってもそうかもしれないが）、古代メソポタミア文明はティグリス＝ユーフラテス川のほとりに生まれたもので、湿地帯とは直接関係がないように感じてしまう。でも実際のところ、川は至るところで湿地と接続していた。クルナの合流地点も二十世紀中頃まで存在せず、その手前でユーフラテス川が湿地帯に溶けていたという。だから川が氾濫して洪水になれば、自動的に湿地帯でも洪水が起きていたはずだ。今の水位がさらに一メートル増えれば、どこもかしこも水没してしまう。ギルガメシュ叙事詩から旧約聖書に引き継がれたとおぼしき洪水伝説はこのような世界だったんだなと想像できる。

今年は水が多いだけでなく、季節的なちがいも想像以上だった。草の色が変わるだけで枯れ野が緑の湿原に変わる。太陽の強さや明るさが人々の活気や笑顔をも引き出している。

その美しさ、豊かさはまさしく「エデンの園」を連想させた。前からアフワールは聖書に描かれる楽園のモデルという説は何度も見聞きしていた。だが、前回来たときはその片鱗さえ窺えなかったのでユダヤ教徒やキリスト教徒の人たちはどうかしてるんじゃないかと疑ったくらいだが、今では納得してしまう。豊かで自由な自然の象徴としての「エデンの園」はここにある。人はそこをあえて離れ、ウルとかウルクといった都市国家を造り、安定して快適な文明社会を築いたものの、季節のよい時期には城壁の外に広がる緑豊かな湿地帯と湿地民を眺めて、「ああ、こういう自由で平等な生活が神の意志にかなう本当の人間の生活だよなあ」などという思いにとらわれていたのかもしれない。今の私がそう思っているように。

2 氏族長のリムジン「タラーデ」

今回の旅の目的は伝統的な舟造りだ。ジャーシム宋江と私たちはすぐに職人の町フワイルに住む舟大工の家へ向かった。

前回話を聞いた舟大工が留守だったので、別の舟大工の工房を訪ねたところ、なんとそこに私たちが熱望するタラーデが置かれていた。一九七〇年代まではシェイフ（氏族長）が乗っていた「リムジン」みたいな豪華ボートである。私たちも写真で見ており、その美しさに惚れ惚れしていた。そればかりではない。なんとウルの遺跡から発見された舟の模型がこのタラーデに瓜二つであった（二四五頁参照）。つまり、タラーデは四千年以上も前から使われているアフワールの舟なのだ。だから当然、私たちもこのタラーデを第一候補に考えていた。ただ、問題は、今の大工がきちんと造れるかだ。なにしろ五十年近く前に廃れてしまっているのである。しかし、それが目の前にあった。

舟の外側は塗り立てのギール（瀝青）が黒々と光り、材は生木の香りを残していた。三日月の

黒い鋲がぎっしり打ち付けられたタラーデ

ようにそりかえった舳《へ》先《さき》は青空に突き刺さらんばかりで、背後のヤシの林と合わせると、まるでアラビアンナイトの世界にいるようだった。

「めちゃくちゃかっこいいですね!!」私が興奮気味に言うと、

「つぎはぎがないし、舳先の曲がりはなかなか技術がいるぞ」と山田隊長も初めてここの舟造りに感心している。

二人してしばらく見とれたあと、サイズを測り、さらに大工本人にこの舟はどうして造ったのか、費用はいくらなのかなど、いろいろ訊ねた。

アブー・サジャードというすらりと背の高い大工が言うに、これはチバーイシュ町出身で現在ロンドンに住んでいるイラク人アーティストに頼まれて製作したものだという。アブー・サジャードもよくわからないようだが、どうやらそのアーティストはバグダードで何かアートイベントのようなものを計画しているらしい。

ここの舟はみな平底なので、底板の長さでサイズを表すという。それに従うと、タラーデは底板九メートル（全長は約十一メートル）。八人くらい乗れるが、タラーデはシェイフ一族の乗り物で、いわばリムジン。シェイフとその家族はもちろん漕がない。漕ぎ手は四人ぐらい必要とのこと。製作期間は約十日、費用は二千ドル。

私たちは他にも同じ町にいてタラーデが造れるという舟大工を訪ねたが、費用はさして変わらないようだ。それなら、すでに最近タラーデを造った実績のあるアブー・サジャードに頼んだ方がよかろうという結論に達した。

再度舟をいろいろな角度から検分した上で、本体六メートルのMサイズを頼むことにした。実は本物のタラーデは舟の内側に、直径四センチほどの丸い黒い鉄の鋲《びょう》が三百個もとりつけられている。これは純粋な飾りだ。黒い鋲はタラーデの印であり威厳もあるが、それだけで値段が二百ドルもするし、三百個もとりつけたら製作に時間がかかるばかりか、舟がいちじるしく重くなる。重いと乗せられる人や荷物がかぎられるばかりでなく、スピードが遅くなる。迷った末、この飾りはやめた。

注文内容を伝えたところ、アブー・サジャードは「千二百ドル」と答えた。私が眉をしかめていると、「まあ、こっちへ来い」と彼らのゲストハウスに招き入れられた。ここから本格的交渉なのだ。

ゲストハウスの内部はムディーフに似ているが、こちらはシーア派の礼拝や儀式に使うものだという。広々として冷房がきいており、絨毯が敷き詰められ、心地よい。アブー・サジャードのほか、ジャーシム宋江や山田隊長と同年配の、いかにも「棟梁」という貫禄たっぷりの大工アブー・ムハンネドや、アブー・サジャードのイトコという人も輪に加わった。

まずはお茶を飲みながら雑談。イラクで最も盛り上がる雑談トピックは氏族だ。訊くと、彼ら三人ともバニー・アサド氏族だった。ここフワイルでもバニー・アサドは有力らしい。ただ、ジャーシム宋江とは「分家」がちがう。バニー・アサド氏族には大きな分家が五つある。①ハダーディーン、②アル・シェイフ、③アル・アッバース、④アル・ニエス、⑤アル・アイネス。

これら五大分家の他、アル・カハルとかバニ・アスカルといった小さい分家がある。

ジャーシム宋江は①のハダーディーン分家である。早速、ジャーシム宋江と私のミニコントが始まった。今回、到着早々、ジャーシム宋江から教えられたものだ。

宋江「あんたの氏族は何？」

高野「バニー・アサド」

宋江「バニー・アサドのどの分家？」

高野「ハダーディーン」

宋江「ハダーディーンのシェイフ（氏族長）は？」

高野「アブー・サーリム」

氏族社会ではこういう氏族の話を外国人がすると、想像以上に受けるのである。案の定、舟大工たちはドッと笑った。この二回目の旅ではどこでも受けをとるネタを二つ作ったが、その一つ目がこれだ。

笑いがとれて楽しいが、同時に「ソマリ人とはちがうなあ」とも思う。ソマリランドやソマリアでも私は雑談になれば氏族ネタでいくらでも受けをとれる。そこまでは同じなのだが、ソマリ人は氏族長の名前など言わない。私はソマリの氏族にかなり詳しいのに、氏族長の名前は偶然会ったことのある人一人しか知らない。そして、その人は他の人たちから敬意は受けていたものの、取り立てて身分が高そうではなかった。実際ソマリ人は暇さえあれば氏族の話で盛り上がっているが、氏族長は話題にのぼらない。ソマリランドでは氏族長は「スルダーン（スルタン＝王）」という大層な名称で呼ばれるのとは裏腹に、実際には会議を開くときの議長くらいの権限しかなく、基本的に氏族の運営は長老と呼ばれる年配の人たちの合議制だ。スルタンは名誉職程度であり、だから私が自分の氏族長の名前を述べるなんてギャグも存在しないのである。

ところがイラクでは氏族長の地位がびっくりするほど高い。現在でも何か事あればシェイフに相談するし、氏族間の揉め事もシェイフが話し合う。ハイダル君のお兄さんが強盗にあった事件はいまだに解決していないらしいが、やはりシェイフに報告・連絡・相談がなされ、加害者側のシェイフと交渉が行われたと聞く。氏族間の揉め事は長老たちが集団で解決にあたるソマリ人とは対照的だ。

なぜ、同じような氏族社会なのに、これほど氏族長の地位に差があるのか。理由は「土地所有」である。ソマリ人、特にソマリランド人は「三代遡れば全員遊牧民」と言われるほど遊牧民の生活や気質がよく保存されている。遊牧民は誰もが財産として家畜をもつが土地は持たない。だから、氏族長といっても、他の人たちよりちょっと家畜の数が多い程度のちがいしかない。

ところが、イラクではオスマン朝時代に遊牧民の多くが農耕民に移行していったうえ、十九世紀には、オスマン朝の政策により、多くのシェイフが地主になり、氏族民は小作人になってしまった。オスマン政府はシェイフを利用して氏族をコントロールしようとしたのだ。結果的にそれはうまく行かず、むしろ湿地帯のシェイフの独立性を高めてしまった。

一九五〇年代にチバーイシュ町を調査したイラク人の文化人類学者シャーカル・ムスタファ・

サリーム博士の“Marsh dwellers of the Euphrates Delta”（『ユーフラテス川デルタの湿地民』未訳）によれば、一九二四年にシェイフ制度（封建制度）がイラク政府により解体されるまで、氏族長は軍事、政治、経済、司法など全ての面において絶対的な権力を行使していたという。シェイフ解体後は、多くの氏族長が土地と力を失ったとされるが、私が見聞きする地元のシェイフは基本的に裕福だ。氏族民から「氏族のための活動費」「ムディーフの運営費」といった名目で上納金を集めているという話も聞いたことがある。そして精神的な支柱になっているのだなと、こういう笑いの中にしみじみと実感するわけだ。

氏族話が一段落すると、今度は「詩」の話になった。チバーイシュ町に到着早々、私がジャーシム宋江に「ムザッファル・ナワーブを知っているか」と訊くと、頭領は「もちろんだ。アフワールの人間は誰だって知っている。私は彼の詩が大好きだ」と言い、ひとしきり詩人の話で盛り上がった。そして、ここでもジャーシム宋江は舟大工たち相手に伝説のコミュニスト詩人を持ち出したのだった。すると、棟梁アブー・ムハンネドが身を乗り出し、「私も彼の詩が好きだ。それからアル・ジャワーヘリーも」と、別のイラクの有名な詩人の名前を出し、さらに「私は自分でも詩を書いているんだ」と言った。

舟大工詩人なのか！　と驚いてしまった。ジャーシム宋江はにやりとして私に言った。「ほら、見ろ！　詩はアラブの言語なんだ。ここアフワールでもみんな、詩が好きだ。私の祖母は小学校も行ったことがなかったが詩が大好きで自分でも作っていたぞ」

あとで他の人たちに訊くと、湿地帯の人みんなが詩が好きというわけではなかったものの、私が想像した以上にポピュラーであるようだった。

ジャーシム宋江と棟梁アブー・ムハンネドは代わる代わる自分のお気に入りの詩を暗唱したりして、場はいい感じにほぐれてきた。「それでいくらなんだ?」とジャーシム宋江が舟大工詩人に訊いたとき、いったい何の話かわからなかったほどだ。

もちろん、タラーデの値段だ。

若いアブー・サジャードが今回の仕切り役らしく、彼が「九百ドル」と答えた。氏族と詩のおかげか、もともとそんな感じなのか、三百ドルも下がった。「メーハーレフ(いいよ)」と私は答えた。

交渉成立。「明日から仕事に取りかかる」と彼らは約束してくれた。

3 神をも恐れぬ舟造り

タラーデ造りの初日。アブー・サジャードの葦の工房に集まったのは三名の大工だった。

棟梁アブー・ムハンネド、六十一歳。彼がタラーデ造りを主導する。次に補佐役のアブー・サジャード、三十五歳。作業は彼の工房で行われるし、プロジェクト全体の責任者なので彼のことは「主任」と呼ぶことにした。そして、顧問として今年齢八十歳のアブー・ハミードという老大工が加わった。

右から、棟梁のアブー・ムハンネド、顧問のアブー・ハミード、主任のアブー・サジャード

彼らは全員がビエト・ドゥエリ（ドゥエリ家）という一族であった。聞けば、私たちが前年訪れた大工たちも同じ一族で、主任アブー・サジャードのイトコとのこと。ドゥエリ家はここフワイルで有力な舟大工一族のようだ。

まず何から始めるのか。先進国の大工なら図面を引くだろう。しかし、イラク湿地帯の舟大工は予想もつかない行動に出た。工房の土間に水を撒きはじめたのだ。砂の地面に湿り気を与えると、そこに直接何本か釘を打ち込み、たこ糸のような木綿糸を釘にひっかけて張り巡らせた。

六メートルの長さに糸を三本張り、真ん中あたりを横に引っ張って、最大幅〇・八メートルの楕円を作る。私たちが狐につままれたような顔をしていると、「舟の底の部分だ」と主任アブー・サジャードが説明した。

これが設計図なのかと驚いた。いや、設計図とはちがう。概念ではなく実物大なのだから。まるで家屋の基礎のようだ。

棟梁は丹念に釘の位置を調節しているが、私たちがメジャーで計るとかなり左右でずれている。棟梁もメジャーを使うが、決してピタッと止めず、ざっくりと数字を見るだけだ。でもきれいな曲線を描こうとしているのは間違いなく、職人というよりアーティストのよう。

しかし、このアーティストたちは集中しているときも口は閉じない。見物しているジャーシム宋江や顧問のアブー・ハミード翁を相手にずっと喋り続けている。イラクの人たちは本当に話好きだ。ギルガメシュ叙事詩の洪水伝説によると、シュメールの神々は「人間（の声や音）がうるさい」という理由で人類を滅ぼそうとしたという。ひどい話だが、イラクの男たちを見ていると神々の気持ちもわからなくはない。

ただ、満更無駄話をしているわけでもないらしく、しばらくすると、何か一八××年がどうのとかアブー××がどうのと、年代や人の名前が頻出してきた。一体何の話かとジャーシム宋江に通訳を頼むと、このドゥエリ一家の歴史だった。

顧問のアブー・ハミード翁の曾祖父（一八六五年生まれ）の代まではドゥエリ家は中部のバビロンに住んでいた。その曾祖父が二十歳のとき、他の氏族との抗争に敗れ、このフワイルに逃げ込んだという。戦争に負けて湿地帯に来るのはお決まりのパターンだが、これを聞くだけで、彼らがもともとバニー・アサド氏族ではなく、比較的最近、傘下に入った〝ニューカマー〟だということがわかる。

当時、フワイルはたった二十世帯しかない小さな集落で、舟大工は全員マンダ教徒だった。ドゥエリ一家の息子たちはマンダ教徒の娘をめとると同時に、舟造りの技術を彼らから学んでいったという。

実に珍しい例である。マンダ教徒はムスリムと通婚しない。マンダ教徒は純血を守りたがり、ムスリムはマンダ教徒を蔑視しているからだ。後にも先にも、集団的にマンダ教徒とムスリムが交わった話を聞いたのはここしかない。結果として、このフワイルだけムスリムの舟大工が出現したのだ（親戚になったマンダ教徒はだいぶ前に他の場所に移住していなくなったそうだ）。

そういえば、マンダ教徒の司祭や信者たちもおしゃべりだった。神聖な儀式の間中ずっと世間話に花を咲かせていた。彼らの儀式とここの舟造りはどこかとても似ている感じがする。せっかく神々が人類を洪水で滅ぼしても、生き残ったノアの子孫はやっぱりやかましいのである。

いつの間にか一族の歴史は誰それの息子がバグダードで何とかの商売を始めたといった噂話に

移り、大工二人は喋りながら糸の上に舟の底部をなす横長の板を何枚か載せていく。板の長さはバラバラなのに、全然気にしない。

そこまで作業すると、今度は木材の買い出し。日本人なら素人であってもふつうは作業を始める前に必要な材を準備すると思うが、イラクの人たちは目の前のことに集中する。今手元にある材料をまず使い、それがなくなると、他の材を買いに行くのだ。

付いていくと、フワイルの町の郊外に大きな材木屋があった。ちょうど巨大な倉庫を建てている最中で、国境を越えてやってきたらしいイラン人の鳶職人が何の道具も安全補助器具も使わず、普段着のまま、十数メートルの高さの鉄骨を上り下りしていた。

うちの大工のお目当てはチャムというロシア産の長い材。六メートルのものを十枚購入。これは材木屋がすぐに配達してくれた。

資材がなくなると材木屋へ買い出しに

主任アブー・サジャードは舟を造る工房とは別に、敷地内にもっとしっかりした工場をもっていた。木製ベッドが二十以上積み上げられているのを見ると、日頃はこちらで生計を立てているのがわかる。
棟梁と主任の二人は、イタリア製の電動糸ノコを使って、購入したロシア産の材や他の材を切る。厚さ約二センチのロシア産の材は半分の厚さにしようとしているらしい。「らしい」というのは、切り方がいい加減で、場所によって〇・七ミリになったり一・三ミリになったりしているからだ。ずぼらな私ですら、背筋がむずむずするようないい加減さだが、彼らは意に介していない。このあと、横板にする赤みがかった材も切っていく。こちらは長さを測ろうという意志すら見せない。

切り終わると、板を工房にもっていき、「基板」の上に並べる。まず横板を置き、次に六メートルの縦板を重ね、横板に釘でバンバン打ち付ける。それが終わってから、糸からはみ出した部分を小さいノコギリで切り落としていく。

驚いたことに、十二時前、昼のアザーン（お祈りへの呼びかけ）がモスクから流れる前に舟の底部ができあがってしまった。なんという早さだ。材木の買い出しを含め、四時間もかかっていない。

もっとも「今日はもう暑い」と言って、そこで作業を終えてしまった。

二日目は初日よりもっとアバウトだった。午前中はもっぱら棟梁が仕事。底部の縁をノコギリで斜めに切る。

「引きノコなんやな」と目ざとく山田隊長が指摘する。ヨーロッパで使用されているのは押すときに切れる「押しノコ」だが、日本や中国では引くときに切れる「引きノコ」。イラクは地理的にはヨーロッパにずっと近いのにノコギリの使い方は東アジアと同じなのだ。この舟大工が使用しているノコギリは中国製だという。同じ引きノコ文化圏だからメイド・イン・チャイナが使えるのだ。

長さ六メートルの底板が完成した。意表をついたのは、底板を地面に細長い板きれと釘で固定したことだ。そして、舳先と船尾を持ち上げ、同じように板で固定した。舳先は地面から四十七センチの高さにあがっていた。

どうやってあの美しい三日月型のフォルムを作るのかと思ったら、「地面に固定」という荒技だったのだ。

そこから作業は加速した。板材を電動糸ノコで「ヘ」の字型に切り、手斧で形を整えて「肋骨」に仕立てる。これを底板にバンバン打ちつけていく。みるみるうちに、博物館にある恐竜の化石のレプリカを彷彿させる形ができあがっていく。

鯉の円盤焼きの昼食をはさんで、午後は長い側板を肋骨に貼り付ける作業だ。主任アブー・サジャードが悪霊に取り憑かれたかのような激しい勢いで釘を打ちつける。釘の位置は何も考えていないようで、めったやたらに打ち続ける。

いっぽう、棟梁とジャーシム宋江はまた詩談義。ジャーシム宋江は大学出の読書家だけあり、次から次へと記憶から詩を引き出し、朗々と暗唱する。圧倒された棟梁は奥の手を出した。自作の「ダルミ（イラクの四行詩）」を披露したのだ。

「ヘッデチマーイルマーナミニショーフ……」

「おお、これはカウィ（強い）……」とジャーシム宋江は感嘆した。詩が力強いとか深いという意味らしい。

あとで聞くと、（詩なので訳すのは困難だが）だいたい次のような意味だった。

君を見ると、頰は切って濡れたザクロのよう
私は涙を流しすぎて目が見えなくなったよう

嘘は見ただけで一杯のよう
君を私の胸に抱きしめたい

日本の演歌を連想させるような熱い愛の詩である。ここでは「君を見ると」と題しておく。アブー・サジャードが釘を打ちつける音が響く中、その音に負けぬよう今度はジャーシム宋江と棟梁が二人で声を張り上げて熱唱。そこまではよかった。次にジャーシム宋江は私を振り向き、「タカノ、君もこれを覚えろ！」

いや無理だって。最近は加齢のため記憶力の減退が著しく、二十年来の知り合いの名前だって出てこないぐらいなのだ。どうやってアラビア語アフワール方言の詩を耳で覚えることができるのか？　しかし現代イラク水滸伝の頭領は容赦ない。自分で吟じては繰り返せと命じる。

「ヘッチ…デイ…マーナ…ムル…？」私がつっかえると、「最初からもう一回！」

これがアフワールの伝統か。誰も詩を文字で覚えたりしない。耳で繰り返し聞いて覚え、そして他の人に伝えていく。ただ五十をすぎた外国人の私にやらせるのが無茶なだけで……。

ジャーシム宋江のしつこさは尋常ではない。ふつうは四、五回でやめると思うが、十回、二十回と続ける。なぜこんなスパルタ特訓を受けねばならないのか。気温は三十五度を超えている。声を聞いて近所の人たちも集まってくる。

汗をだらだら垂らしながら、だんだんやけになってきた。ジャーシム宋江のあとにつき、間違いだらけの発音で詩らしきものを怒鳴りまくる。「ヘッデチマーイルマーナミニショーフ！！！！！！」

外国人の中年男が山本譲二や八代亜紀みたいな恋の詩を間違いまくって歌うのだから、地元の人たちには死ぬほどおかしいらしい。

周りのイラク人たちは文字通り腹を抱えて笑い転げ、主任アブー・サジャードもゲラゲラ笑いながら釘を打ちつづける。結局私の歌がいちばんうるさくなってしまい、シュメールの神々に顔向けができないのであった。

4 水滸伝にはブリコラージュがよく似合う

舟造り三日目から新しいルーティンが始まった。

今回はネイチャー・イラクのオフィスに宿泊させてもらっている。ジャーシム宋江はここで執務し、指揮をとる。客間には資料が充実し、二階には客室も三部屋ある。水滸伝の頭領の仕事場であると同時に人々が集まる場でもある。今後は本家中国の水滸伝にならって、このオフィスを「聚義庁《しゅうぎちょう》」と呼びたい。

水牛のゲーマルとパンの朝食をとって舟大工のいるフワイルの町へ向かうのは同じだが、もうジャーシム宋江は飽きたらしく同行しない。代わりに、ネイチャー・イラクのドライバー兼雑用係のマーヘルという男が付き合ってくれる。

英語は一言も話さないが、ジャーシム宋江によるラブ・ポエム「君を見ると」の特訓の成果か私のアラビア語は上達し、マーヘルとの意思疎通には困らなくなっていた。

オフィスを出て川沿いに走ると、水牛たちが続々と放牧に出かけ、入れ替わりのようにハシーシ（葦の若葉）を積んだ舟が岸に集まってくる。何度見ても広々と水をたたえた湿地は美しい。「ああ、今こそ湿地帯を旅したい！」と毎回思うのだが、それはできない。なぜなら舟を造っている真っ最中だからで、なんともどかしい。

舟造りは着々と進んでいた。八時頃私たちが工房に着く頃には棟梁が仕事を始めている。三日目には早くも、タラーデのタラーデたる所以である三日月に反り返った舳先にとりかかっていた。「水の中に一カ月つけてあった」という、緑の苔のついた細長くしなった棒をとりつけるという重要な作業にとりかかるが、なぜか一緒に働く人間が誰もいない。顧問のアブー・ハミード翁は二日目からもう現れなくなり、アブー・サジャードは主任のくせに仕事をあまりしない。

しかたなく、なぜか私が助手になってしまう。反対側から棟梁が「ちゃんとまっすぐになってるか？」などと訊くので困ってしまう。私はこの舟を見るのが初めてなのだ。

聚義庁

とはいえ、それほど深刻に受け取る必要はない。二、三センチの誤差は気にしないし、いくらでも後で調整がきくからだ。

しかし、この工法は一体何だろう。設計図を作らない。あらかじめパーツをきちんと用意することもない。材を正確に測ることもない。長さ、幅、厚さ、すべてにおいて無頓着である。メジャーはたまにしか使わず、その辺に落ちているカサブを切って、メジャー代わりにあてている。そして、大事な三日月

ブリコラージュ的な職人仕事

大工道具は手斧、金槌、鋸、釘のみ

フォルム造りに使うのは使用済みの板の切れ端。

「日本の大工はカンナだけでもいろんなサイズのものを何種類ももってるもんだけどな」と山田隊長は呆れる。ここの大工はカンナ自体使わない。なにしろ道具といえば、ジェッドゥーンと呼ばれる手斧、金槌、釘、ノコギリの四つしかないのだ。しかも釘は長さ五センチぐらいのもの一種類。ジェッドゥーンは万能の道具で、鑿《のみ》やカンナ、金床の代わりにもなる。

ずっと湿地帯の舟大工を雑とか適当と言ってきたが、ちょっとちがうのかもしれない。

これは「ブリコラージュ」なのだ。ブリコラージュとはフランスの文化人類学者クロード・レヴィ＝ストロースが提唱した概念で、「あり合わせの材料を用いて自分でものを作ること」とか「その場しのぎの仕事」といった意味であり、文明社会の「エンジニアリング」と対照をなすとされる。

エンジニアリングではまず設計図を描き、それに従って、決められたパーツを順番に組み立てていく。

いっぽう、非文明社会のブリコラージュは計画性をもたず、今目の前にあるものをとりあえず使う。私も各地でそれを目にしている。

例えばアフリカのコンゴの村の人たちは、きちんとした槍を作らず、槍の穂先だけ持ち歩くことがあった。必要なときはその辺に生えているヤシの枝を切って柄の代わりにする。柄が折れれば新しい枝を見つける。

また、ミャンマーの山岳地帯に住む少数民族の人たちは、森の中で一夜を過ごすとき、竹や木、葉っぱなどを用いて、ものの三十分ほどで仮の小屋を作ってしまう。何日ももつものではないが、これで今晩の雨風はしのげる。今とりあえず間に合えば、あとはどうでもいいのである。これがブリコラージュの基本的なスタンスだ。

アフワールの舟大工の作業は、コンゴの村人の槍やミャンマーの少数民族の仮小屋に比べれば、もっと技術や道具を使っているし、できあがったものも長持ちするはずなので、正確にはブリコラージュとエンジニアリングの折衷と言うべきかもしれない。

ブリコラージュは素人仕事とバカにされがちだが、この舟造りを冷静に見ると考えも変わってくる。もし、このタラーデをエンジニアリングの手法で造ったらどうなるか。極めて精密な作業と高度な技術が要求されるにちがいない。時間もかかるはずだ。ちょっとでもミスをすると全てが狂って台無しになる恐れがあるし、一部の特別な職人にしか扱えない代物になるだろう。でも、この方法なら、ある程度経験を積めば誰でも造れそうだ。

とはいえ、山田隊長が「俺はもうこの舟造れるぞ」と言うのには驚いた。彼のおじいさんは大工で、お父さんは学校の先生だが大工仕事が得意である。そしてこのとき初めて聞いたが、隊長はお父さんと一緒に川舟を造ったことが二回あるという。日本人で手作りの舟を作ったことのある人が何人いるだろうか。

前回は十二年ぶりの海外渡航と日本での山仕事で蓄積した疲労から精彩に欠けた隊長だが、今回は全盛期を彷彿させる活力である。舟をさまざまな角度で眺め、サイズをメジャーで計測し、道具を手にとって検分し、ビデオカメラで撮影するかと思えば、イラストのためのスケッチを描き、しまいには使用されている三種類の材木の同定まで行った。本当に何でもできる人なのである。

隊長は木材のサンプルを日本に持ち帰り、彼の農大探検部の後輩にして、現在農大准教授である桃井尊央氏（林学）に放射断面写真による分析をしてもらった。結果はほぼ推測通りで、もっと詳しいところまで判明した。

まず、六メートルの縦板に使用している「チャム」。柔らかくて軽く、まっすぐな材であり、「ロシアからイラン経由できている」と大工の人たち。山田隊長曰く「シベリア産の針葉樹やろ」。桃井氏の分析結果はトウヒ属エゾマツ（*picea jezoensis*）。

続いて、舳先と船尾と船底に使われるのはチャムより固い材「ジャーウィ」。マレーシア産だという。隊長は「ラワン材やと思う」。桃井氏は「フタバガキ科ショレア属（*Shorea* spp.）」。「ラワン」はフタバガキ科の他の材を含む総称らしい。余談だが、平家物語に出てくる沙羅双樹も同じショレア属の樹木をさし、さらにタイ北部やミャンマー東部ではショレア属の樹木の葉を用いて納豆を作っている。沙羅双樹の花の色は盛者必衰の理を表しているが、その葉では納豆を作り、材はイラクの湿地帯で重宝されているとは琵琶法師もびっくりであろう。

そして、肋骨に使われる材「シドレ」。イラク国内産で、三つの中で最も固い木だ。シドレはバグダードの飲食店街アブ・ヌワース通りやティグリス川の川沿いにも植えられていると、前に

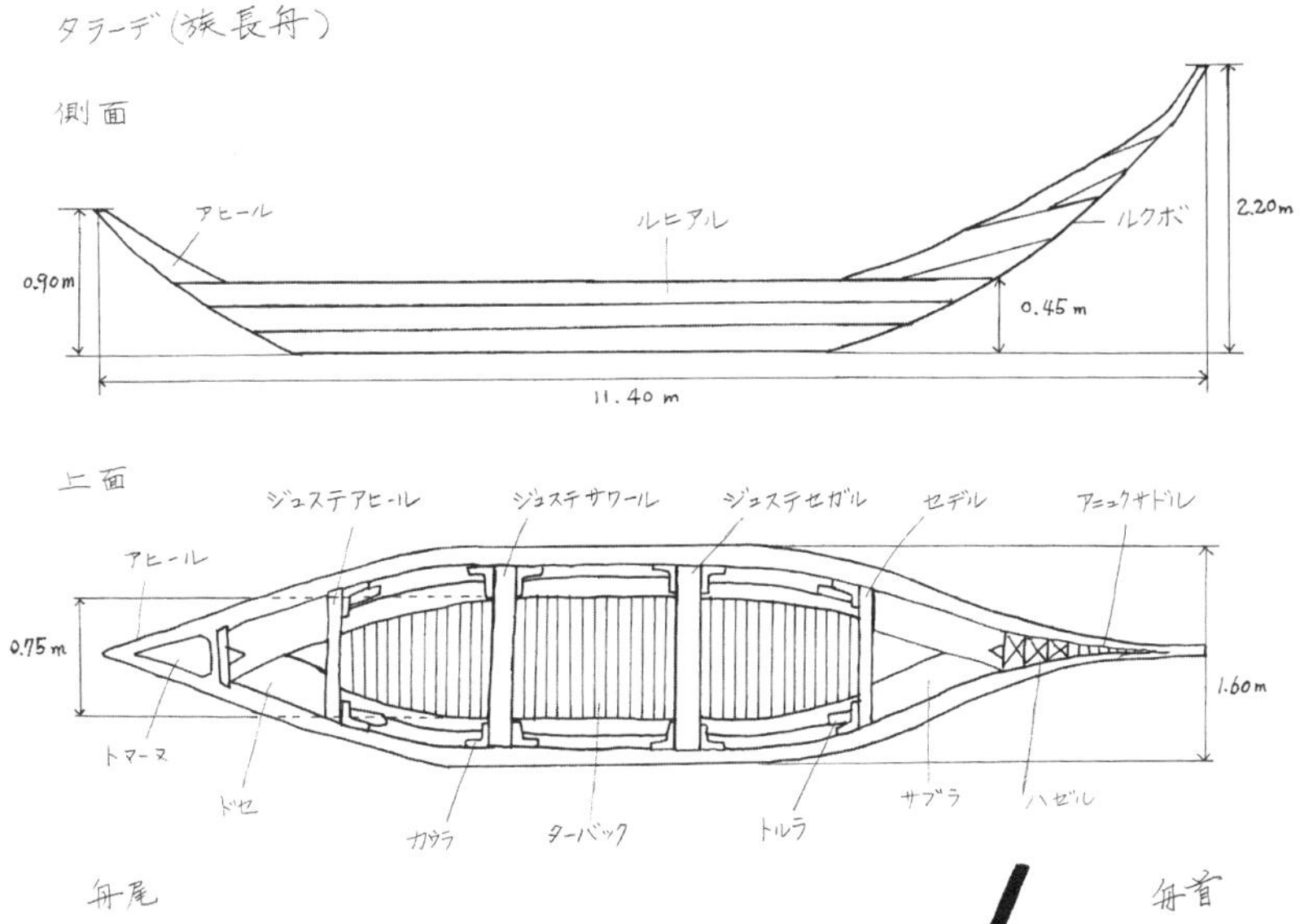

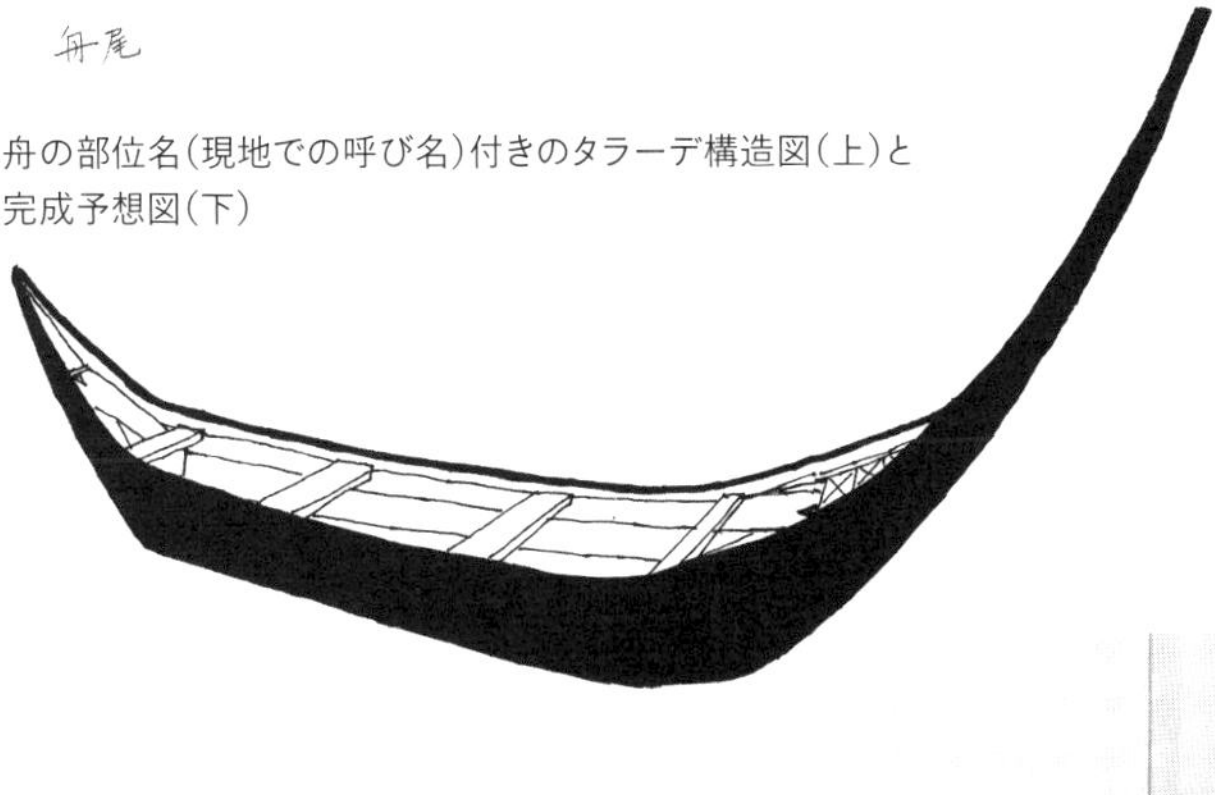

舟の部位名（現地での呼び名）付きのタラーデ構造図（上）と
完成予想図（下）

タラーデと形が酷似する銀製舟形模型
ウル遺跡（ウルの王墓）出土
紀元前2600～紀元前2370年頃
（イラク国立博物館蔵、小泉龍人撮影）

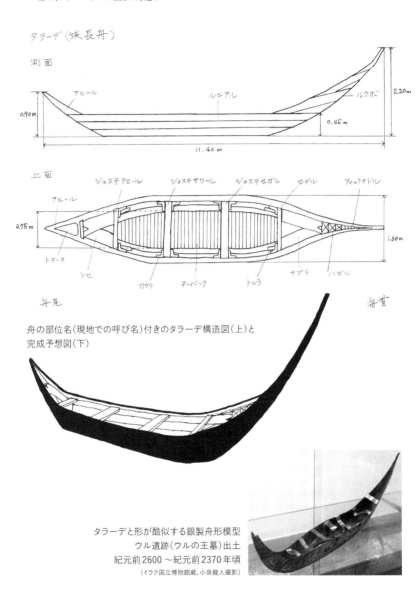

ハイダル君が教えてくれていた。その木を見て隊長は「*Ziziphus spina-christi* やないかな。（アフリカの）チャドにもよくあった。イエスが磔《はりつけ》になったときかぶっていた冠はこの木から作ったっていうんで、キリストのトゲって学名がついた」。和名はクロウメモドキ科ナツメ属キリストノイバラである。桃井氏の分析も同様だった。

私もシドレをソマリランドでよく見ていた。乾燥にひじょうに強い木である。

イスラエル人研究者の論文によると、隊長の言うとおり、磔にされたイエスの冠はこの木の枝で作られたと考えられているが、それだけでなく「ユダヤ教徒、クリスチャン、ムスリムの三者から聖なる木と見なされている」という。イラクでは特に神聖視されており、「木が倒れて根が引き抜かれたら災いの印であり、もしこの木を切ったらその人は病気になるか死ぬと思われている」とのこと。「切ると悲鳴やうめき声をあげる」と信じられていたり、緑の布がかけられ、食べ物がお供えされるなどともある (Amots Dafni, Shay Levy, Efraim Lev "The ethnobotany of Christ's Thorn Jujube〔*Ziziphus spina-christi*〕in Israel")。

この木については前年ハイダル君が面白い話をしていた。

「以前、僕の実家の敷地にこの木が生えていたけど、家を建て増しするときに切らなければいけなくなった。でも、ただ切るとよくないことが起きると言って、お母さんが鶏を一羽潰して、木の根元に供えたんだ」

まるっきりアニミズムである。一神教が広まる前の古いメソポタミアの信仰の名残なのだろう。これを舳先と船尾に使用しているのは単に固くて丈夫なだけでなく、何かスピリチュアルな理由があるのかもしれないが、そこまではわからなかった。

舟大工たちは働き方もひじょうにランダムである。棟梁が姿を見せず、主任アブー・サジャードは工房に来ていてもスマホをいじってばかりで何もしなかったりする。すると、そこにイトコの大工がふらっと現れ、熱心に船尾の難しそうな部分をコツコツと組み立てる。でも、一時間ほどすると、パタッと手を止め、あとはまるっきり部外者のように、工房の隅に腰を下ろしてぼんやりと舟を眺めている。すると今度は、いきなり主任が猛然と釘を打ち始める。

各プレーヤーが入れ替わりでソロを披露するようにも見え、なんだかジャズのセッションみたいだ。やりたいときにやりたい人がやりたいことをする。こんな働き方が世の中にあるのかと感心してしまう。

この日からラマダン（断食月）が始まった。夜明けから日没まで、ムスリムは何も口にしてはいけない。水さえ飲んではいけない。

また、この期間は神への信仰を第一にすべしとされ、多くの人々は労働意欲を失う。私たちの舟大工もそうで、午前中の二時間あまりしか働かなくなった。とはいえ、彼らのホスピタリティには変化がなく、私たちが訪れると（自分たちは飲めないにもかかわらず）水やお茶をせっせと出してくれるから文句は言えない。

私たちは空いた時間を利用し、なるべく多くの人に会い、アフワールの話を聞こうと試みた。湿地帯の中に住んでいる人は主に若者から壮年の人たちで、五十歳以上の年配者は水牛を飼っている人もそうでない人も、多くはここチバーイシュ町に住んでいる。だから、湿地帯の歴史や文化に関するまとまった話を聞くためにはむしろ梁山泊チバーイシュ町で取材をすべきだとわかってきた。

私たちは有象無象がひしめく梁山泊の〝探検〟を始めた。だが、それは舟大工の仕事以上に、行き当たりばったりだった。というのは、アフワール唯一のコーディネーターであるジャーシム宋江が常に多忙であるからだ。イラク国内のマスメディアやNGO、中央政府および地方政府などの対応は彼が一手に引き受けている。また、来月にはネイチャー・イラクの本部があるアメリカへ渡航する予定でビザを取得するという。でも、イラク人がアメリカのビザを得ることは尋常ではない面倒くささらしい。いくつもの書類を用意したうえ、バグダードの米大使館で面接を受けなければいけない。

中央と南部の湿地帯にはジャーシム宋江しか外への窓口がない。それこそが外界からここを遮断する大きな壁になっているのだ。私たちはいつもこの問題に悩まされ、また将来起こりうるトラブルを恐れた。だいたい、彼が病気にでもなったらどうするんだろうか。湿地帯は外部への窓口を失ってしまうのだ。

一方、こちらにも責任がある。私はこの混沌とした湿地帯を自分の頭の中で整理したいという旧約聖書の神みたいな欲求を持っている。でも具体的には何をどうしていいのかよくわからない。そこで、水滸伝の核心的要素と思われる「レジスタンス（抵抗運動）に関わった人」と「マアダン」について訊きたいと頭領に伝えたが、逆に言えば、それぐらいしか具体的なリクエストが出せない。あまりに漠然としすぎている。

その結果、ジャーシム宋江が自分の仕事の合間に、突然「さあ、行くぞ！」と言いだし、どこで誰に会うのかもわからず、出かけることになりがちだった。ジャーシム宋江に訊いても「行けばわかる」としか答えない。まるで「闇鍋」のようだ。

あるいは、町の中や誰かの家で偶然会った人に話を聞くこともあった。あるときはインタビュー相手の周りを一族郎党が十数人も取り巻き、訊きたいことがなかなか訊けない（誰か他の人が勝手に答えてしまったり、センシティブな質問にコメントしてくれなかったり）とか、時間がなくて、ごく限られたことしか質問できないこともあった。ラマダン中なので、昼間に寝ている人が多く、取材相手の中には起こされて機嫌がよくない人もいた。

初めはこのイレギュラーな取材状況がもどかしくてならなかったが、そのうち、「これもブリコラージュ的取材だ」と開き直ってきた。今目の前にあるものでなんとかするのがこの土地の精神なのだ。私も今目の前にいる人に、今自分が訊きたいことを訊けばいいんじゃないか。

水滸伝的な手法で、梁山泊の探検が始まったのである。

5 抵抗者たちの系譜

「抵抗」がイラク水滸伝のキーワードであると思っていた。国家や政府に反逆するとか、それから独立していることである。反国家や非文明もそこから生まれる。

決して間違いでないにしても、実際に話を聞いてみると、私が想像した以上に質と量の異なるさまざまな「抵抗」の形がここにはあった。特に面白かった三人の人物の話を紹介したい。

最初は、ここ梁山泊チバーイシュ町周辺を「シマ」とするバニー・アサド氏族の重要人物。電熱ポットを買いに行ったとき、市場のすぐ脇に立派な葦のムディーフ（ゲストハウス）があるの

バニー・アサドの氏族長カユーン（右）

に気づいた。写真を撮っていたら、中に立派なアラブ衣装に身を包んだ年配の紳士が座っていた。挨拶をして名前を訊くと、「ルブナン・アブドゥラザック・カユーン」と言う。ヘンな名前だと思った。バニー・アサド氏族に属す者はジャーシム宋江を含めて全員が「アサディ（アサド氏族の）」というファミリーネームをもつ。バニー・アサド氏族じゃないのかと訊いたら、ジャーシム宋江が吹き出した。「彼はバニー・アサド全体のシェイフ（氏族長）だ」

なんと、いちばん偉い人だったのだ。特別な一族なので、ファミリーネームがちがうらしい。暇そうにしていたから、早速バニー・アサドと彼の一族について即興のインタビューを行ってしまった。

まず、バニー・アサド氏族の歴史。あくまでこのシェイフによればだが、かつてバニー・アサド氏族はバグダードのやや北東の土地（つまりイラク中央部）に住み、「マズィヤディーヤ」なる国を形成していた。一一六一年、アッバース朝との戦いに敗れて、一部はクルディスタンへ、大部分はこのアフワールに逃げた（これについて研究者は異論があるようだが、ジャーシム宋江を含め、バニー・アサド氏族の人たちはこう信じている）。

その後もバニー・アサド氏族はアフワールに住み続けた。オスマン帝国の時代も、イスタンブルの支配はここに及ばず、彼らは地元の他の氏族と抗争を繰り広げていた。主な敵はイラク南部一帯で強大な勢力を誇っていたムンタフィク氏族連合だったが、やがて交渉の末、「陸はムンタフィク、水はバニー・アサドが治める」と線引きがされたという。

この話が事実かどうかわからないものの、私はむしろ、バニー・アサド氏族の人たちの意識の方に注目したい。バニー・アサド氏族の多くは水牛を飼わないし、湿地の中で移動生活をしないと聞くが、彼らの自意識ではやっぱり「水の民」なのだ。

シェイフの話の白眉は、彼より四代前のシェイフ、サリーム・カユーンの逸話だ。二十世紀の初め、シェイフ・サリームはイギリスと激しく対立した。理由は、イギリスがサウジアラビア出身のファイサル王をバグダードに連れてきて、イラク王国をつくってしまったから。実質的には植民地支配に近い。

シェイフ・サリーム率いるバニー・アサド氏族の軍団はチバーイシュ村（当時は町でなく村みたいなものだった）に立てこもっていたが、一九一〇年代にイギリスの艦隊がバスラから川を続々と上ってきてチバーイシュ村まで二十キロの地点に到着。それを見たアフワールの好漢たちは「さすがに勝ち目がない」と悟り、投降した。シェイフ・サリームはそのままインドの刑務所に三年入れられ、その後イラク北部のモスル（イラク第二の都市。数年前までイスラム国が拠点とした）の刑務所に移された。しかし、イギリスに刃向かったことでイラク人のヒーロー扱いをされていたシェイフ・サリームは出所後、モスルの氏族のシェイフから嫁をもらい、その後バグダードでは所轄のない大臣に任じられ、悠々自適の余生を送った。一九五四年にバグダードの近くで死去したという。絵に描いたような水滸伝的ヒーローだ。

この四代前のシェイフの人生は、アフワールがイラクという国家へ統合されていく過程をよく示していると思うのだが、後で前出のサリーム博士の本を参照したら、シェイフ・サリームはとんでもない「暴君」であることが判明した。

それによれば、カユーン一家は十八世紀の半ばからバニー・アサド氏族のシェイフとなり、ひじょうに中央集権的な軍事封建領主となったという。政治、経済（徴税）、司法の全てを握り、氏族民の生殺与奪の権をもっていた。

カユーン一家率いるバニー・アサド氏族はペルシア（現イラン）からイラクにかけての湿地帯全域で権勢をふるい、多くの氏族を統合した。カユーン時代のバニー・アサド氏族の生業は「強盗と収穫物の略奪と農業」だった。今現在、バニー・アサドは争いごとを好まず、湿地帯においては「常識的で穏健な氏族」というイメージなのだが、当時は水滸伝そのままだったのだ。氏族全体の生業が「強盗」と「略奪」とはすさまじい。

十九世紀になると、バニー・アサドはオスマン帝国と協力したり争ったりする。特に暴君サリームの父ハッサン（五代前のシェイフ）はオスマン軍と戦争を行い、敗れて、多くのバニー・アサド氏族の人たちとともにハウィザ湖（東部湿地帯）に逃げた。以後、バニー・アサド氏族は中央政府の支配に抵抗し、殺人と略奪をくり返す。とはいえ、政府軍の力は強大で、氏族民は激しく弾圧された。この期間にバニー・アサド氏族の人たちはどんどん疲弊し、貧しくなっていったという。

ハッサンは十九人も息子がいたが、後を継いだのは十七番目の息子である「暴君サリーム」だった。彼はオスマン帝国およびイラク王国と一時は協力体制をとる。

だが、彼は恐ろしく残虐な男だった。なにしろ、シェイフの地位に就くために自分の兄全員（十数名）を殺害したというからもはや神話的である。さらに、マンダ教徒に苛酷な税を課したり迫害したりし、その結果、マンダ教徒はチバーイシュ村から徐々に他の土地へ逃げていった。

暴君サリームはイラク王国の大臣に任命され、「ハンマール湿地の支配者」となった。だが、住民から税を取り立てても中央政府にはいっこうに納めないので、一九二四年、ついに政府軍がチバーイシュ村を空爆。暴君サリームのゲストハウスと自宅が焼かれた。暴君サリーム率いるカユーン一家の軍団は東の湿地帯（ハウィザ湖）に逃げ、残ったバニー・アサド氏族の人々を糾合し、再度抵抗活動を行おうとするが、ここに来て初めて氏族民が「これ以上、ついていけない」と拒否した。兵隊がいなければ戦うことができない。暴君サリームは政府に投降して逮捕された――。


今のシェイフが私にしてくれた話とはだいぶ食い違っている。逮捕以後はサリーム博士の記述も現在のシェイフの話とおおむね同じだ。

サリーム博士によれば、暴君サリームが敗北したこの一九二四年、イラク王国によってシェイフ制度が解体され、以後、他の多くのシェイフと同様、カユーン一家はバニー・アサド氏族の人たちの間で力を失い、ふつうの氏族民になったという。

暴君サリームはたしかにイギリスを後ろ盾にする中央政府に立ち向かった水滸伝的好漢ではあったが、湿地帯においては民を苦しめる悪辣な独裁者だった。まるでアメリカに抵抗して国民には恐怖政治を行ったサダム・フセインのようである。

次に登場する〝抵抗者〟は、レイサン・ムハンマド・ナスィール・アサディ、通称アブー・アリーである。彼はバニー・アサド氏族のアル・シェイフ分家のさらにその分家であるアル・アウェイティィ分分家の長（シェイフ）である。

中東・アフリカの遊牧民系の社会では今でも氏族が残っている。私がよく親しんでいるソマリ人、アラブ人、クルド人もそうである（なぜかトルコ人とイラン人には氏族がないらしい。遊牧民時代から時間が経ちすぎてしまったからか、彼らの王朝が多民族化したせいか。その辺はわからない）。

彼らの氏族社会は複雑に枝分かれしている。これを定住民にとっての住所のようなものと私は考えている。例えば、私の実家は東京都八王子市北野台二丁目××という住所である。東京都の下に八王子市があり、それぞれシェイフ（長）がいる。さらに北野台以下には町会長というシェイフがいる。それと同じだと思えばわかりやすい。遊牧民系は移動しているから、住所でなく、氏族の系統でどこの誰かを特定するのだ。バニー・アサド氏族の中にいくつも分家があり、各分家に長（シェイフ）がいるのも理解できるだろう。

さて、アブー・アリーである。彼の家を訪ねたところ、居間兼客間は冷凍庫かと思うほど冷房が効いていた。アフワールの各家庭には巨大な冷蔵庫のような縦型の冷房装置が据え付けられ、客が来るとそれを全開にするのが流儀だ。これには毎回、私たちは苦しめられた。ときには上着を着ていても寒くていてもたってもいられない。山田隊長など、あとで寒冷じんましんを発症してしまったほどだ。

物理的な寒さだけでなく、気持ちも寒くさせるものがある。部屋にはシェイフの息子たちを中心とした若い衆が七、八人集い、強ばった面持ちでこちらを見つめている。親分を絶対に守るという気概が感じられ、ヤクザの事務所に来たみたいな気分になる。これもアフワールで誰かシェイフ級の人物を訪ねたときの一つの定番である。

アブー・アリーは一九四五年生まれ、七十四歳（当時）。生真面目そうな長老であった。シェイフ一族であるものの決して特別に裕福ではないようだ。現在は水牛でなく牛を飼っているが、かつてはチバーイシュ町の周りを移動しながら暮らしていたという。

面白いことに、アブー・アリー率いるアル・アウェイティィ分分家の下にマンダ教徒のグループがいるという。それらのマンダ教徒は一九二〇年代から三〇年代、中央湿地帯の北に位置するアマーラからやって来て、アル・アウェイティィ分分家の傘下に入った。

ソマリ人でも弱い氏族は他の強い氏族の庇護を求めて「移籍」をすることがある。氏族は建前こそ「血統」であるが、事実上は「契約」であり、企業のように吸収合併と分離独立と移籍をくり返している。イラクのアフワールでも全く同じことが行われているようだ。

これらのマンダ教徒は舟造りではなく、主に鍛冶屋だったという。鎌や鍬《くわ》を主につくっていたが、中には金細工師もいたそうだ。やがて、チバーイシュ町に中央政府の行政庁が本格的に設置されると、マンダの人たちは次々と役人になっていったという。

なるほど。誇り高い一般アフワール氏族民は「中央政府」というよそ者の下で働くなんて真っ平ご免だったが、マンダ教徒は気にしなかったというわけか。もともと被差別民だし、より良い仕事に就きたいという欲求は人一倍強かったはずだ。それに彼らはバビロニア占星術やギリシア哲学を受け継ぐ「知の民」だから、普通の湿地民よりはるかに行政の仕事に適していたにちがいない。

そのような経緯で、マンダ教徒はだんだんチバーイシュ町からもっと大きな都市であるナーシリーヤなどへ移住していった。ただ、今でもトラブルがあると、マンダ教徒のシェイフが彼のところに相談に来るという。トラブルとはおそらく、他のムスリム氏族からの嫌がらせや迫害といったことだろう。現在マンダ教徒のシェイフはナーシリーヤで金細工の店を経営しているというから、私たちが前に訪ねたところかもしれない。

この時点で、私ははてっきり、このインタビューはマンダ教徒についてのものだと思い込んでいた。マンダ教徒は「二千年来の抵抗者」であるからだ。だが、湿地帯の水路が縦横無尽につながるように、抵抗者の水路も思わぬところで接続しているのがイラク水滸伝である。

「私は一九六三年にコミュニストとして二年間投獄されていた」と突然シェイフが言うので彼の顔をまじまじと見つめてしまった。敬虔で穏やかなムスリムといった風情のこの人が？

でも彼は淡々と続ける。「当時、チバーイシュ町はコミュニストの中心地で、誰もがそういう考えを持っていたんだよ」

ジャーシム宋江が補足する。「その頃はイラクの大学生や若い知識層の多くが共産主義者だった。彼らは政府に弾圧されて、ふつうの仕事に就けず、僻地であるアフワールに飛ばされ、小中学校の先生になっていた。彼らは子供たちに熱心に西洋の文学や文化、そして共産主義や民主主義の考えを教えた。だから、子供たちがみんなコミュニストになっていったんだ」

実際のところ、イラク南部の特に湿地帯は中央政府からいつも迫害や弾圧を受けていたという。

「だから我々は抵抗していたんだ」とシェイフや息子たちは口を揃える。

彼らを圧迫していたのは政府だけではない。シェイフの中には土地改革の後も引き続き地主として強権をふるっていた者も大勢いた。氏族の人たちは苛酷な小作料や税に喘ぎ、娘や息子を奪われたりしていたという。これらはまさに階級の敵である。

マンダ教徒の人たちも、前に聞いたように、コミュニストが大勢いたという。それだけではない。共産党詩人ムザッファル・ナワーブが刑務所から脱獄したとき、同じ監獄にいたチバーイシュ町出身の共産党詩人も一緒に穴を掘って逃げた。ジャミード・ジャスミ・アル・カユーンというその人は、その名のとおり、カユーン一家のメンバーで、あの悪逆非道な暴君サリームの子孫なのである。

湖を離れて、枯れた葦に覆われた細くて暗い水路をうねうねとたどっていったら、急に別の湖に出たような気分になった。

マンダ教徒からコミュニストへ、さらにそこから暴君サリームの子孫につながってしまう。抵抗者のネットワークは融通無碍《ゆうずうむげ》である。

三人目はこれまた全く別次元の〝抵抗者〟である。名前をアリー・マフサン・アサディといい、退役したイラク政府軍の少佐だという。

家を訪れ、主が現れたとき、私はびっくりした。顔が日本人そっくりなのだ。「松方弘樹やん！」と山田隊長も小さく叫んだ。言われてみればまさに。

源義経がモンゴルに渡ってジンギスカンになったように（なってないが）、松方弘樹も『仁義なき戦い』を経てイラクに渡ったのか！　とはさすがに思わなかったが、もしかして日本人と何か関係があるのかと疑ってしまったのは事実だ。

アリー松方少佐（左）とかつて通っていた湿地の学校（右）

しかし、いくら意表をついたつながりをもつ水滸伝の好漢とはいえ、さすがに日本人とは無関係で、たまたまそういう顔らしい。アリー松方弘樹少佐は一九六八年、中央湿地帯の真ん中にあるイシャン・ハラーブという土の島に生まれた（一七五頁参照）。家は水牛を飼って移動生活を行っていたというから、本物の湿地民である。

そんな水牛飼いの子供がいかにして政府軍の少佐にまで出世したのか？　理由は「学業」である。驚いたことに当時、イシャン・ハラーブには小学校があった。松方少佐はセピア色になった当時の写真を見せてくれた。

葦で作られた校舎の前に先生と生徒が並んだ記念写真だ。男子が二十二名、女子が九名。先生はジャケットを着用した若い人、生徒たちも男子はジャケット、女子は丸い襟のしゃれた制服を着ている。一九七〇年代なのに、今よりもよほど垢抜けている。だいたい、今の湿地帯の子供たちはほとんど学校へ行っていない。

松方少佐によれば、この写真の男子のうち一九九一年、湾岸戦争直後のインティファーダ（民衆蜂起）でフセイン軍に殺された者が二名いるいっぽう、生き残った人の中には松方少佐のほか、現職の国会議員であるアフメド・アサディなる人物もいるという。

たった二十二人のうち、二十歳前後で戦死した人が二人、大出世を遂げた者が二人いる計算になる。水滸伝小学校、やはり並みではない。

アリー松方少佐は成績が優秀だったため、ナーシリーヤの中学校で学んだあと、首都バグダードにある運輸省付属の鉄道学院に進学した。だが、卒業後は徴兵を拒否してレジスタンス活動に入ったという。

「どうして抵抗運動を始めたんですか？」と私が訊くと、同席していた若い衆がざわめき、「なぜそんな当たり前のことを訊くんだ⁉」という苛立ちが部屋に充満した。

「政権がひどくてわれわれを弾圧するからだ！」息子の一人が大声で言った。

彼と息子たちが説明するに、一九八三年からフセインの政府軍はアフワールを空爆するようになった。湿地帯の人たちはシーア派であり、国境の反対側にも親戚がいたりするので、イランに味方するのではないかと疑ったからだという。ちなみに、シンガーソング船頭であるアブー・ハイダルの親戚は二人、この爆撃で殺されたとのことだ。

実際のところは、イラン・イラク戦争のときに、シーア派だからという理由でイラン側についた湿地民はまったくいないとジャーシム宋江も彼らも言う（政権に弾圧された結果、抵抗運動を続けるためにイランの支援を受けるようになった人たちはいるが）。少なくとも米軍が侵攻してくる前まではそうだった。

さて、アリー松方少佐は故郷である中央湿地帯のイシャン・ハラーブとジチリー湖を拠点にゲリラ活動を行った。アマーラのアミール（湿地帯の王）の軍もそうだったように、名称は特になく、「アリーの一派」みたいに呼ばれていた。思想的背景は何もなく（コミュニストでもイスラム主義でもなく)、メンバーは二十〜二十五人。規模的にも質的にも山賊みたいである。

一九九〇年になると、イランが支援する反政府シーア派イスラム主義組織ダアワ党に参加した。ダアワ党は現在のイラク政治における主流派である。

一九九一年のインティファーダでは、反乱軍が一時期、南部を制圧した。松方少佐はティグリス=ユーフラテス川の合流点であるクルナからナーシリーヤまでの広い範囲を任された。チバーイシュ町の市庁舎も占拠し、本当の意味で「梁山泊の頭領」になったこともある。だが、たちまちフセイン軍の大部隊に逆襲され、また湿地の奥深くに戻っていった。

松方少佐たちは一九九一年にフセイン政権にアフワールの水を止められてから苦境に立たされた。そして、九四年にはアミールのヒズボッラーに合流したという。アミールは最初、共産主義に影響を受け武装抵抗を始めたが、後にイランの支援を受け、ヒズボッラー(神の党)というシーア派イスラム主義の名称を名乗るようになっていた。そして松方少佐も九〇年にイスラム主義のダアワ党に参加し、さらに同じくイスラム化したアミールの組織に入った。

推測するに、九〇年頃になると、ソ連が崩壊して社会主義国の幻想も崩壊した。あるいは東側諸国からの支援も期待できなくなったのではないか。

私は長年、ミャンマーやアフリカの反体制武装勢力を見てきているが、ゲリラに必要なのはイデオロギーとカネと武器の三点セットだ。武器はカネがあればたいてい手に入るので、肝心なのは二つ。どちらが大事かといえばカネだろう。カネがないと何もできない。だから必要に迫られると宗旨替えを行うケースはまま見られる。

松方少佐と仲間たちはその後も湿地帯で粘り強く戦い、二〇〇三年に米軍が侵攻してフセイン政権が倒れると、新政府の軍隊に参加した。そして、アリー松方は旧フセイン政権のバアス党の武装勢力やスンニー系の武装勢力などと戦いながらトントン拍子に出世した。水滸伝好漢の中でも数少ない成功例だろう。

政府軍に合流しても戦争は続いた。彼の仲間のうち何人もが、つい二、三年間まで行われていたＩＳ（イスラム国）との戦争に出兵し、うち二人は戦死したという。まるで中国の本家水滸伝のようだ。宋江以下、百八名の好漢たちは国家（宋）の正規軍に参入するが、外敵である北部の「金」との戦いで多くが死亡するのだ。

ここでは三名の抵抗者の例を見てみた。三名を並べると、二十世紀初頭から現在まで、アフワールのレジスタンスがどのように移り変わってきたかよくわかる。初めはオスマン帝国、次はイギリス支援のイラク王国が最大の敵だった。戦うのは氏族が主体。でも氏族民はシェイフに抑圧されていた。そのあと抵抗者の主役はコミュニストになり、中央政府や封建的なシェイフを相手に戦った。そしてだんだんイランのシーア派イスラミストの勢力が強まって、米軍侵攻後は正規軍に変貌、現在に至っている。

水滸伝は混沌としていると思っていたが、このように整理すると、国際政治の影響をひじょうに色濃く反映している。湿地帯の内側も決してぐちゃぐちゃのカオスではなく、氏族やゲリラのレベルではあるが、かなり秩序立った部分もあったようだ。少なくとも私の頭の中では、タラーデ造りと同じように、材（インタビュー）をてきとうに切ったりつぎはぎしているうちに、抵抗者たちの姿が少しずつ形になっていったのである。

6　湿地民の核心「マアダン」とは何者か

抵抗者のインタビューを重ねていくと、その中に重要な人たちが不在であることに気づく。マアダンだ。

かつて湿地帯を拠点にして激しくフセイン政権と戦った「湿地帯の王《アミール》」ことカリーム・マホウドは「マアダンとは抵抗する者の意味だ」とし、「これほど人情に篤く、われわれを助けてくれた人たちはいない」と語った。

マアダンこそが湿地民の中の湿地民であり、イラク水滸伝の中核をなす存在だと思いながら、私たちにとってはいまだに掴み所のないものだった。まず、定義がよくわからない。湿地帯の中で水牛を飼いながら移動生活を行っている人は明らかにマアダンだと思うが、チバーイシュ町もしくはその周辺に定住して水牛を飼っている人たちも少なくないのである。こういう人たちもマアダンと呼ぶのだろうか。あるいは、マアダンとは血筋であり、水上生活や水牛飼いをやめてもマアダンなのだろうか。

また、「マアダンの習慣はバニー・アサド（氏族）とはちがう」などと言う人もいて、それならマアダンとそれ以外の人たちは氏族がちがうのかという疑問も出てくる。

前にも述べたように、マアダンという言葉は今となっては蔑称なので、表向きは誰も使わない。だから、なおさらかつてマアダンと呼ばれた人の正体が見えにくくなっている。ジャーシム宋江もマアダンの話題になると、はっきりしたことを言いたがらない。自分の発言がそのまま書かれないよう気をつけているのだろう。彼は地元に生きる人だから、無用な摩擦を避けるのは当然である。ただ、彼は通訳を快く引き受けてくれるので、私たちは片っ端からマアダンの当事者とおぼしき人たちや彼らをよく知る人たちに会って、話を聞いていった。

最初に聞いたのはジャーシム宋江の右腕、シンガーソング船頭のアブー・ハイダルだ。彼は中央湿地帯と南部湿地帯を知り尽くしていると言われ、浮島に住むマアダンの人たちを訪れるときでも、すぐにパッと彼らに溶け込み、まるで家族の一員みたいな顔をする。一方で彼は頭領と同じバニー・アサド氏族のハダーディーン分家であり、今は町に住んでいる。まさにマアダンと定住民の境目に生きているように見える。

「マアダンって何?」と率直にアブー・ハイダルに訊くと、彼は「水牛を飼う人だ」と即答した。「あなたはマアダン?」と重ねて訊ねたら、今度は一瞬間を置いてから「うーん、昔は水牛を飼っていたからマアダンだったけど、今は牛しか飼ってないからマアダンじゃないな」と答えた。そこには「俺はマアダンという身分から脱したんだ」という含みは感じられず、事実を淡々と述べているようだった。

なるほど。やはり、マアダンは「水牛飼い」という生業を示すらしい。氏族とは直接関係がないことになる。そしてアブー・ハイダルによれば、マアダンは水牛中心に生活をする人であり、水牛がいつも水と新鮮なハシーシ（カサブの若葉）を必要としているので、基本的に移動生活を行うとのことだ。

水牛飼いとしてのマアダンについては、他日、船頭アブー・ハイダルの父親であるジャバル・サブンを訪ねたときにもっとはっきりした。チバーイシュ町の外れの陸地に定住しているが、水

船頭アブー・ハイダルの父ジャバル・サブン

牛も飼っていた。小柄でやせているが、顔立ちは息子のアブー・ハイダルによく似ている。

ジャバル・サブンは一九三九年、チバーイシュ町の外れの浮島で生まれた。日本で言えば昭和十四年生まれで私の父親と同じ年だ。アブー・ハイダルの父親だから当然氏族も同じバニー・アサドのハダーディーン分家である。

ちなみに「サブン」とは「石けん」の意味で、彼の父親が初めて石けんを見たときに産まれたのでそう名づけたという。逆に言えば、石けんという文明の品が初めてチバーイシュ町に入ったのが一九三九年とわかる。

ジャバル・サブンは生まれたときから八十歳の現在に至るまで水牛を飼い続けている生粋のマアダン。当然、古くからの習慣や文化もよく知っている。また、インタビューの間に同じマアダン仲間が集まってきて、みんなでわいわい楽しげに昔話に花を咲かせた。

ジャバル・サブンらによると、やはり「マアダン＝水牛飼い」だという。ただし、水牛だけでなく、牛や鶏も飼っていた。移動するときは水牛も泳いで後を付いてきた。銛《もり》で魚を獲って売ったり、葦でゴザを編んだり、米を作ったりもしていた。

これではっきりした。マアダンは水牛中心の生活を送っている人たちなのだ。中には副業として他の仕事をしている人や定住している人もいるが、いずれも水牛を中心にまわっていることは同じだ。定住しているマアダンも、何か政治的な問題や自然災害などが起きたら、移動生活に戻るのだろう。また、後で知ったのだが、定住しているマアダン一家も、子供が成人して結婚をすると、親から水牛を分けてもらって、湿地の移動生活を始める。

「銛で魚を獲る」というのがマアダンの特徴だと探検家セシジャーも考古学者オクセンシュレイガーも述べていた。圧倒的に効率の良い網を使わないで銛に頼ることが定住民から「愚かな連中」と見下される原因の一つであるということも。

でも当のマアダンであるジャバル・サブンたちに言わせたら「私たちは水牛飼いだから網なんて使わない。使い方も知らない。網で漁をする人たちを見下していた」という。よくよく考えれば、アフワールで網を使った漁はすべて仕掛網であり（投網は見たことがない）、水牛を飼う人たちには使用が難しい。放牧されている水牛が引っかかってしまうからだ。よほど家から離れたところへ網を仕掛けに行かねばならない。そんな暇があったら一頭でも多く水牛を増やしたいとか、よい乳を搾りたいなどと思うのがマアダンなのだ。それも「結局、魚より水牛なのか」という定住民からの嘲笑を買い、「当然、魚より水牛だよ」というマアダンの人たちの誇りを生んでいたことだろう。

もっとも、同時に、彼らは「商売をする人も軽蔑していた」と言い、とても自尊心の高い人たちだとわかる。

彼らによると、マアダンは誰も土地を所有しないという。氏族のテリトリーはあるが、許可を得れば誰でも中に入って住んでよいとのことだ。

ただし、抗争はよく起きた。抗争の原因は大きく四つある。

①婚外の性交渉（親の承諾を得ない結婚や不倫、婚前交渉など）
②テリトリーの侵害
③水牛が耕作地の米や小麦を食べてしまう
④盗み

いちばん多かったのが①婚外の性交渉。一九八〇年代にはバニー・サイイド氏族の娘がファルトゥース氏族の男と駆け落ちしたことが大抗争に発展、なんと三十人が死亡したという。

抗争などのトラブルや事故で人が殺されたとき、解決方法は何か。私が親しんでいるソマリランドでは基本は被害者の遺族（もしくは同じ氏族の人間）が報復として加害者を殺害するのだが、それを回避するときは、加害者の側が、被害者が男性ならラクダ百頭、女性なら五十頭を、賠償金として支払うとされている。これはイスラム法として昔から認められている賠償法で、アラビア語やソマリ語では「ディヤ」とか「ファサル」などと呼ばれている。しかし、実際にはこのような古いやり方を残しているムスリムはひじょうに珍しく、ソマリ人ぐらいしかいないと聞く。

現在、再部族化（再氏族化）が進むイラクでは、双方で金銭を交渉して決める。額はまちまちである。日本の民事裁判における賠償金みたいなものである。

この点を問うと、ジャバル・サブンは首を振った。「ここでは抗争はカネで解決しない。娘だ」加害者の家族が娘を被害者に差し出すという。驚いてしまった。世界でも最も伝統的なイスラムの習俗を残していると思われるソマリランドで今でも行われている方法ではある。私も「兄を殺した男の娘を嫁にもらった」という人に会ったことがある。でもソマリランドではこれは普通の賠償金では片付かないほど問題がこじれたときの特別な解決法だとされている。それがマアダンの人たちの間では「スタンダード」だったというのだ。

ただし、それは湾岸戦争（一九九〇年）頃までで、今はカネの支払いで解決されるとのことである。

四つあるうちの④「盗み」は別な意味でひじょうに面白い。「マアダンは泥棒」という言説は昔からあちこちにある。前述したように、古くは十四世紀の旅行家イブン・バットゥータが記述しているし、探検家セシジャーも「盗みはマアダンのせいにされる」と書いている。

バニー・アサド氏族の人たちだって略奪を生業にしていたことがあるのだから、マアダンに対する中傷に思えるが、そうではなかった。なぜなら、私が遠慮がちに「マアダンはよく盗みをはたらくって書いている本もありますが……」と言ったら、ジャバル・サブンたちは「盗み？　あー、やったやった！　よく盗んでたねえ！」と嬉しそうに言うからだ。いや、びっくりしてしまった。

彼らが言うには「遠くの氏族のものを盗むことは讃えられた。『夜のライオン』と呼ばれて英雄になった」。

その場にいたサイイド・アッバスというジャバル・サブンの友達は「俺のおじいさんは『恐れを知らぬ者』と呼ばれて、あちこちで盗みを働いていたけど、最後はハウィザ湖（東部湿地帯）で殺されてしまった。たぶん、アルブー・ムハンマドにやられたんだろう」と言っていた。

アルブー・ムハンマド（別名モハメダーウィ）とは「湿地帯の王」の氏族で、アマーラを中心とした東部では現在も武闘派として恐れられている。サイイド・アッバスの祖父はそのアルブー・ムハンマドのものを何か盗んだのが見つかり、殺されたのではないかというのだ。ちなみに、マアダンの好漢たちが狙うのは主に水牛と舟。デイツ（ナツメヤシの実）を盗んで殺された者もいるという。

いっぽう、ジャバル・サブンはフセイン政権が嫌いだった。八〇年代と九〇年代にそれぞれ一回ずつ家を焼かれたことがあるからだという。

「だから、レジスタンスの人たちをわれわれはみんな助ける。パンをあげるとか、道案内するとか、警察や軍が来るとウソをつくとか」

その後、私は中央湿地帯に住むサーアド・ガワーリブ氏族や南部湿地帯に住むアル・バハリー氏族といったマアダンの人たちを訪ねて話を聞いた。また、たまたまジャーシム宋江の家にいたとき、彼のおじさんという人が遊びに来た。この人は八十歳で昔のマアダンのことに詳しかった。

その結果だんだん浮かんできたのは「戦わない人としてのマアダン」であった。

レジスタンスに参加したという話はマアダンの人たちから一度も出たことがない。もちろん、中にはそういう人もいただろうが、どうやら多くなかったらしい。アブー・ハイダル親子も他の人たちも、チバーイシュ町をはじめ、定住民の人が大挙して参加した九一年のインティファーダに加わっていない。徴兵の通知が来ると、たいていは湿地帯の奥へ逃げる。国家や政府は嫌いだが、積極的に戦闘するのではなく、あくまで逃げて、抵抗する人たちを助けるというのがマアダンの人たちの基本姿勢のようだ。

また、「盗み」に関していうと、ジャーシム宋江のおじさんによれば、昔マアダンは町や村の娘をさらって嫁にすることがあったそうだ。マアダンと定住民は互いに結婚することがあまりなかった。マアダンの娘が町や村の男と結婚することはあっても逆はなかった。マアダンの生活はあまりに厳しいし、定住民は彼らを見下しているからだ。だが、女性が足りなくなると、マアダンの若者は陸地の娘をさらったという。

若い女性の誘拐はたいへんな悪事だが、武装したマアダンが略奪を行うという話は全く聞かないことに私は気づいた。

マアダンは基本的に外の人間に対して強い武力を行使しない（できない）らしい。外部に対しては「逃げる」か「盗む」。抵抗運動については「助ける」。

ジャーシム宋江のおじさんは「マアダンと町（村）の文化は全然ちがう」と述べていた。全部が全部そうではないにしても、マアダンの多くは、定住民と深く関わりをもたずに生きてきたようである。

マアダンは抵抗する人かもしれないが、戦う人ではなく、消極的に文明や国家の側と接する人たちだと私は思う。他の抵抗者は「文明」や「国家」にもっと近い。だからこそ戦うわけだが、マアダンの人たちは文明／国家を「他人事」として見ている。彼らはもっと独立性が高い。あるいは価値観そのものがちがう人たちと言ってもいいのかもしれない。それはもう一つドキッとするような習慣をもっているからである。

7　衝撃の「ゲッサ・ブ・ゲッサ」

マアダンの人たちと接していると、一般の湿地の定住民とはちがうと感じることが多いのだが、その最たる部分は夫婦関係だろう。

アブー・ハイダルと妻のウンム・ハイダルが私たちと一緒にいたときである。ジャーシム宋江が「アブー・ハイダルは妻が二人いるんだ」と言い出した。「もう一人は近所に住んでいて、アブー・ハイダルは鳥みたいにときどきピュッと向こうに飛んで行って、またすぐ帰ってくる」

第一夫人の前で何を言うのかと私はギクッとしたが、ウンム・ハイダルはおかしそうに笑っている。「それで問題ないの?」と私が彼女に訊くと「問題ない」と答えた。「だって、私がもう一人奥さんをもらってほしいと頼んだのよ」

二人は結婚して三年子供ができなかったから、そうしたという。ところがアブー・ハイダルが二番目の妻を娶ると、二人の妻は同時に妊娠した。結局、その二人には子供が十六人生まれ、うち十人はウンム・ハイダルの子だという。

大した多産ぶりだが、不思議なのは妻を二人ももてることだ。イスラムでは男は四人まで妻をもつことができる。だが、実際には複数の妻をもつ男性は多くない。実際チバーイシュ町に住む人の間ではひじょうに少ない。家庭を二つ持たねばならないから当然だろう。

だいたい「婚資」が高い。結婚するときには夫の側から妻の側へ財産を贈らなければならない。日本でいえば結納金に当たる。

マアダンでもそれは同じらしい。彼らの財産=水牛である。アブー・ハイダルによれば、彼が二回目に結婚したときは婚資が六千ディナールだった。当時水牛は一頭五百〜六百ディナールで、水牛約十頭分に相当したという。当時のレートでは約二百ドルぐらい、日本円では二百五十万円にも達する。大変な出費だ。だいたい、所有する水牛が十頭未満というマアダン世帯もあるのだ。

にもかかわらず、前回会った浮島暮らしの水牛飼いの人（アブー・リヤード）は妻を二人もっていた。どうしてそんなことが可能なのだろう。アブー・ハイダルだって決して裕福そうではない。

率直に訊いたら船頭はにやりと笑った。「ゲッサ・ブ・ゲッサだよ」

ゲッサ・ブ・ゲッサとは直訳すれば「額と額」で、イラク方言では「交換」を意味するという。例えば、色違いの同じシャツを二人の友達が持っているとする。片方が「俺はこの色あまり気に入らないな。おまえの服の方がいいよ」「そうか？　俺はその色、いいと思うよ」「なら、ゲッサ・ブ・ゲッサしようぜ」「あー、いいよ」……というのが基本らしい。つまり、等価のものを交換することで、ニュアンス的には日本語の「取り替えっこ」に近い感じがする。

これをマアダンの人たちは「女性」で行うという。アブー・ハイダルの場合は、ウンム・ハイダルと結婚したとき、二人は十七歳と十三歳だったのだが、アブー・ハイダルの父親が自分のイトコと娘同士を「取り替えっこ」した。要するに、同時に、アブー・ハイダルの姉妹がウンム・ハイダルの兄弟に嫁いだのである。

同じ家同士で娘を交換したら婚資はいらない。プラスマイナスゼロだからだ。

「ゲッサ・ブ・ゲッサでの結婚はマアダンの特徴だ」とジャーシム宋江は言った。

湿地で水牛を飼いながら移動生活をしている他のマアダンの人たちはどうなのか。

前年、一泊させてもらった中央湿地帯のイシャン・グッバに住むサイイド・ユーニスを再度訪ねた。水牛を百頭も飼う「牧場主」的なマアダンだ。

水量が増えているため、彼は前回（一年半前）より数百メートル離れたところに家を移していた。

話を聞くと、サイイド・ユーニスの一族は結婚と子孫作りがことのほか活発だった。祖父は妻が四人、父は三人、そして本人は妻が二人いる。祖父の子孫は（本当かどうかわからないが）四百人に達するという。

「結婚はゲッサ・ブ・ゲッサ？」と私が訊いたら、彼と他の一族の男たちは顔を見合わせて爆笑。

「そうだ、みんなゲッサ・ブ・ゲッサだ！」

やっぱりそうなのだった。彼らの結婚は基本的に取り替えっこ。それで婚資を払わず、どんどん妻を増やし、子供を増やす。

だが、ユーニスが二番目の妻をめとったのがつい二、三年前、彼が四十歳のときで、新妻が十六歳だったというのを聞くと、とても無邪気に笑えない。

マアダンのところでは、妻が複数いるとき、妻は同居するケースもあれば別々に住むケースもあるという。ユーニスのところは同居だ。家に妻が一人でも気をつかうのに、二人もいるとは信じがたい。だいたい、どっちを優先すればいいのか。

「最初の奥さんと二番目の奥さんではどっちの方が上の立場なんですか？」と私がおそるおそる訊くと、ユーニスは「そりゃ、二番目だよ。俺が二番目の方を愛してるからな！」。そう言ってガハハハと笑った。

議論の余地もない圧倒的な男性優位社会である。

さらに衝撃だったのは、ハンマール湖（南部湿地帯）のアブー・リヤードを再度訪ねたときだ。

今回はなぜかジャーシムの友達だという三十代くらいの女性が同行していた。名前はアミーナ。

ナーシリーヤの町に住んでおり、いかにも教育を受けた女性という垢抜けた風情である。だが、彼女はマアダンの出で、湿地の浮島に生まれ育ったという。

幅が二メートルほどの水路を進むと、青々とした水と葦の中に水牛の群れがひしめいている。前回はあまりに寒く、水中の水牛を見ても「かわいそうに……」という思いが抑えきれなかったが、今は明るい日差しを浴びた水牛は気持ちよさそうだ。

私たちの舟が近づくと、水が波立ち、背中が山脈のようにゴツゴツした黒い水牛たちが舟から逃れようと動き出す。青い波の中に黒い地殻変動が起きるようで、何度見てもこの水牛の群れが水面をもぞもぞと動く光景は愉快だ。

葦の浮島に舟を着けて上陸する。下には蒲の葉が敷きつめてあり、葦の家の壁には直径十五センチほどの平べったい水牛の糞がびっしり干してある。中央湿地帯にいるマアダンの人たちの暮らしはまだ町や村に近い感じがするが、南部湿地帯の浮島は別世界だ。

アル・バハリー氏族のアブー・リヤード

この辺りの住人はアル・バハリー氏族。彼らはシェイフ（氏族長）を含め全員が水牛飼いという、正真正銘のマアダンの氏族だ。サイイド・ユーニスとちがい、ここの主であるアブー・リヤードは客の出迎えにも来ない。家の中で立ち上がると「ああ、来たのか」という顔をする。家の中では女性たちが何か作業をしており、円形の囲炉裏では鍋の中でじゃがいもがぐつぐつ煮えていた。ラマダンには全く無関心のようだ。アブー・リヤードはお茶を出してくれた。私と隊長はもちろん、ジャーシム宋江と船頭のアブー・ハイダルも当然のようにそれに手を伸ばす。ラマダンはチバーイシュ町でも、真剣にやってない人が大勢いると私は踏んでいるが（その証拠に多くの食堂が昼も通常営業をしており、テイクアウト業務に忙しい）、湿地帯の中へ入ると携帯電話の電波が弱くなるのと比例して、謹厳なイスラム世界の〝電波〟も弱くなり、浮島になるともはや両方とも半ば「圏外」だ。ラマダンの時期にマアダンの人たちが、断食をしているのを見たことがない。彼らはそもそもお祈りをしないし、モスクにも行かない。

船頭アブー・ハイダルは私があげた日本のタバコをぷかぷかふかし始めた。タバコもラマダン中は禁止のはずだがおかまいなし。それどころか、アブー・リヤードの奥さんに一本渡し、奥さんも一緒に吸い始めたのにはたまげた。私はイスラム世界を長く旅しているが、人前でタバコを吸う女性は都会のモダンな人か、カタギでない人（娼婦とか）しか見たことがない。

浮島というのは独特の世界だ。町では（そして中央湿地帯でも）女性は男性の前に姿を現さないのだが、浮島はなにしろ狭い。女性が姿を隠す場所もないし、初めから隠そうともしていない。イラクでは女性を目にしないので、視界に女性がいるだけで、ドギマギしてしまう。

アブー・リヤードの娘たちはタンノール（フジツボ型の窯）でパンを焼いていた。アミーナも慣れた手つきでそれを手伝う。アミーナはマントのように黒くて大きい衣（アバーヤ）をまとっているが、十代とおぼしき娘たちは体にぴったりした紫や黄色や赤の派手な服を身につけていた。彼女たちがパン生地を窯の中に貼り付けたり、そこから取り出そうとしたりする度に、体の曲線がそのままあらわになる。こんな風景も他では全く見られない（ジャーシム宋江によれば、服そのものは町の娘と変わらないという）。

しかし、なによりこの浮島が外部世界とは異なっていると知らされたのは婚姻についてだ。ここの主は最初の妻は婚資を払っているものの、二番目はやはりゲッサ・ブ・ゲッサだった。しかも「イトコと互いの娘をそれぞれの嫁にした」という。私は最初、どういう意味か理解しかねたが、二、三度確かめてわかった。わかって、絶句した。

だって、そうだろう。この狭い世界でイトコの子供同士は物心ついたときからの兄弟姉妹みたいなものだ。父のイトコは娘たちにとって血のつながった「おじさん」である。それがある日、そのおじさんの妻にならなければいけないのだ。いっぽう、彼女からすれば、おじさん（新しい夫）の子供たちは、結婚後、いきなり自分の「子供」になる。「子供」側からしたら、今まで兄弟姉妹のように一緒に遊んでいた相手が急に「お母さん」になってしまう。

ジャーシムの知人アミーナさん

アブー・リヤードはゲッサ・ブ・ゲッサと言って笑っているが、私からすると到底許容できるものではなく、凍りついてしまった。ジャーシム宋江はあとで、「バニー・アサド氏族は（たとえマアダンであっても）絶対にこんなことはしない。でもアル・バハリーではよくある」と溜息をついていた。

イトコ同士で自分たちの娘を交換して、自身の第二夫人にするという手法は驚きだ。

裕福でなくても第二、第三夫人をもてるマアダン社会。でも、そうすると、女性の数が足りなくなってしまうんじゃないか。

そこで思い出したのは、「マアダンがかつて町の娘をさらうことがあった」というジャーシム宋江のおじさんの話である。あれはゲッサ・ブ・ゲッサの副作用だった側面もあるのではないか。

年配の男性の多くが第二夫人や第三夫人として若い女性を娶ってしまうと、適齢期の女性の数がどうしても足りなくなる。特に貧しい家の若い男性にとっては不利だ。彼らがコミュニティの外から女性を得ようと考えるのも不思議ではない。たとえ、拉致という強引な手段に訴えてでも。

いったん拉致されると、町の人間には湿地の内部を探す手立てがないし、後で娘が発見されても子供を身ごもっていたり産んでいたりして手遅れだろう。もっと言ってしまえば、拉致された段階で「貞節は奪われた」と解釈されるのがイスラム社会である。貞節を失った（とされる）女性はもう結婚相手が見つからないから、そのまま拉致した男と添い遂げるしかない。でも、ときには娘の氏族が激怒し、トラブルになることもある。その場合はどうするか。「拉致した側の氏族が娘の氏族へ自分たちの娘を差し出すのだ」とジャーシム宋江のおじさんは言う。つまり、強制的なゲッサ・ブ・ゲッサだ。

ゲッサ・ブ・ゲッサの連鎖はマアダンの外側にも波及するのである。

マアダンの男社会、恐るべし。定住民がマアダンの人たちに拒否感や蔑みを抱くのが少しわかるような気がする。というか、私自身が強い拒否感を抱いてしまった。

でも、マアダンの社会を男性至上主義と決めつけるのはまだ早そうだった。なぜなら、第一夫人は私たちの話を聞きながら隣で悠然とタバコをふかしているばかりか、ときどき口を挟む。イラクではバグダードでもチバーイシュ町でもありえない。女性は男性の目に触れることさえ許されないし、喫煙も許されていないのだ。その意味ではマアダンの女性は定住民女性に比べて格段に自由であり、個人の権利が認められているとも言える。

それだけではない。アブー・リヤードが葦の刈りとりをする様子をみんなで撮影しに行こうとしたときである。私たちのボートに、アブー・リヤードが乗り込むことに第一夫人が猛反対したのだ。なぜかというと、ジャーシム宋江の女友達であるアミーナがいるから。「自分の夫と他の女が同じ舟に乗ってはいけない」と彼女は言う。

「え⁉」と驚いた。だって、二人きりではないのだ。他に、私たち四人が同乗するのだ。それでも第一夫人は許さず、アミーナはしかたなく舟から下りた。アブー・リヤードは肩をすくめるだけで何も言わない。

凄まじい悋気《りんき》。そして、それに何も言えない夫。ジャーシム宋江は最初彼女を説得しようとしたが、途中で諦め、「わけがわからん」と首を振った。

イラク水滸伝の核心部である真正マアダンの世界は、かくも周辺の湿地定住民の世界とは異質なのである。

8　アメリカVSイラン戦争危機とタラーデ完成

「アメリカとイランの関係が急速に悪化しています」という連絡が在イラク・日本大使館から入

ったのは私たちの滞在が十日を過ぎた頃だった。日本の外務省と日本大使館はどうやらイラク政府から日本人の渡航情報を得ているらしく、私たちがイラクに入国するといつも私の携帯電話に直接かけてくる。要旨は「できれば早く退避してください」であるが、もちろん私たちはその勧告に従えないので、定期的に居場所や現状をこちらから報告している。そのやりとりの中で、冒頭のような緊急警告がなされたのだ。

イラクは特殊な国である。政府に強い影響力をもつ国がアメリカとイランなのだ。ＩＳが猛威を振るっていた時期は一緒に戦っていたが、共通の敵がいなくなると、アメリカとイランは宿敵に戻った。イランの革命防衛隊やその影響下にあるイラク人の民兵が、これまでも幾度となくイラクにある米軍の基地にミサイルを撃ち込み、緊張を高めてきた。イラクがアメリカとイランの戦場となりつつあるのだ。

しかし、今回はいつも以上に状況が悪いらしい。ジャーシム宋江はアメリカのビザをとるため、バグダードのアメリカ大使館で面接を受ける予定だったが、前日に突然キャンセルされた。理由は、「すべてのアメリカ大使館職員は即時イラクから撤退せよ」という命令が本国から下ったからだった。

「高野さんたちも危険に十分注意してください」と日本大使館が警告するのも当然だろう。大使館職員の人たちにしたら、他に誰も外国人がいない、イラン国境に近い湿地帯の真ん中でポツンと孤立している私たちはさぞかし無防備に見えたことだろう。

しかし、私たちは危険にさらされているわけでも、孤立しているわけでもなかった。なにしろ、ここは水滸伝エリアである。イラクで何か本格的な戦闘が勃発したら、みんなが逃げ込む場所にいるのだ。しかも、私たちはチバーイシュ町の人々の間ではすでに「おもろいガイジン」として有名である。ここを仕切るバニー・アサド氏族の人たちの「客分」として認知されている。何かあったら必ず守ってくれるはず。守れなければ彼らの名折れになる。つまりとても安全な状況にいるのだ。

舟造りはほぼ終わっていたが、ジャーシム宋江が忙しいこともあり、最後の塗装がなかなかできなかった。その間、私たちはチバーイシュ町だけでなく、湿地帯の西の端ナーシリーヤ（ディカール県）と東の中心地アマーラ（マイサン県）にも足を伸ばした。

東西二つの町とも中央政府に対して反抗的であり、アメリカとイランの双方を嫌っている人が多い。二つの町ともその意味では根っからの水滸伝なのだが、気質はかなり異なるようだ。

東のアマーラを中心とするマイサン県は氏族の結束が強く、保守的かつ土着的な水滸伝。反米・反イランのサドル師や親イランの民兵が多い。また、何年も氏族抗争が続いている場所があるとか、強盗団が出没するので有名な地域があるとか、ハウィザ湖では武器や麻薬の密輸が行われているといった情報が伝えられ、「武闘派水滸伝の中心地」という印象がどうしても強い。またイラン国境に接しており、イラン側にもまたがって住む氏族がいるため、親イランのイスラム主義者も少なくない。いわば「水滸伝右派」である。

一方、西のナーシリーヤは教育水準が比較的高く、伝統的な氏族社会をさほど重んじていない。イラク共産党が初めて結成された町で、昔から現在に至るまで共産主義の影響が強い。特に知識層はそうである。ナーシリーヤへ行き、作家やジャーナリスト、詩人といった文筆業者や書店主に会うと、たいてい共産主義者なのに驚かされる。私がライター（作家）と名乗ると「君はコミュニストか？」と聞かれるほどだ。年配のマンダ教徒の作家ですらいまだに共産党員がいる。彼らは「アフワールこそ革命の中心地だ」と公言して憚らない。

ムスリムにしてもマンダ教徒にしても、コミュニストの人々は「共産主義は自分たちの宗教を決して否定したりしていない」と言う。彼らが訴えるのは、信仰の自由や、互いに他の宗教を認め合うこと、あるいは民族的、宗教的なマイノリティを保護すること、言論の自由や人権を尊重すべきだということである。西洋人や日本人の感覚からすればふつうの民主主義者もしくはせいぜいリベラル（左派）である。彼らは武力闘争ではなく、デモやストライキ、文章や風刺の絵で抵抗を示す。こちらは「水滸伝左派」である。

これらはあくまで私が現地を訪れ、地元の人たちと話をしたり、後でチバーイシュ町の友人たちや在日イラク人の友人にも話を聞いたり、資料を当たったりしているうちに浮かび上がってきた「印象」にすぎない。アマーラにもサドル師や民兵が嫌いな人は普通にいるし、ナーシリーヤにもイスラム主義の人は大勢いる。ただ、二つの地域を比べると大まかにはそういう傾向が見て取れるのではないかと思う。

もっとも、どちらの側の人たちも私たちには大変フレンドリーで、少なくとも町に滞在するかぎり、危険を感じることはなかった。むしろ、通りがかりの人や同じ店の見知らぬお客さんにお茶やご飯を御馳走になったりして、みんな、すごく親切にしてくれていた。特にアマーラでのホスピタリティには驚くべきものがあった。店で朝食を食べると、知らないうちに誰か他のお客さんが私たちの支払を済ませていったりするのだ。

アマーラのマンダ教徒の人たちはラマダンに関係ないので私たちをお昼に呼んでくれた。まさか、イスラム厳格主義が浸透しきっているイラクで、ラマダン中に堂々と昼食に呼ばれるとは思わなかった。昼食は案の定、鯉の円盤焼きだった。

食後は、白い髭を生やし、白い衣を身につけたマンダ教徒のシェイフ（司祭）たちがカモを殺す儀式を行うのを見物したが、例によって、彼らはずーっとお喋りに興じたり冗談を飛ばしたりして、まるで日曜日に川辺へピクニックに来たお父さんたちのようだった。

いちばん呆れたのは、手際の悪さである。この手の儀式は年中行っているにもかかわらずだ。カモの首をナイフで切って屠ると、葦の籠に入れておく。籠はたまたま私の真ん前にあった。シェイフたちは次に水の中に入り、洗礼を始めた。二千年前のヨハネやイエスと同じように、水で体を清めている。

鴨が暴れていたマンダ教徒の儀式

ところが、私の目の前の籠には、死にきっていないカモがいて、ときどき暴れて蓋を押し上げ、外に出ようとする。蓋もちゃんと閉まっていないのだ。思わず、私が籠の蓋をおさえようとすると、水の中からシェイフがあわてて「触るな！」とアラビア語で怒鳴る。

「それは聖なるものだ！」

びしょ濡れのまま裸足で川岸をぺたぺた走ってきて、蓋をおさえるシェイフ。でも、またカモを力尽くで籠の中に押し込めただけで、蓋をするのもおざなり。

どうして、もう少しきちんと息の根を止めてしっかり蓋をしないのか不思議だ。

何分かすると、案の定、また別のカモが断末魔の悲鳴をあげながら籠から飛び出そうとし、私もまた思わず手を出しかけると、びしょ濡れのシェイフが川の中から「触るな〜！」と叫び、再び、水を滴らせながら走ってくる。コントみたいだ。しまいには、彼は私に向かって英語で「ドント・タッチ……うひゃひゃひゃひゃひゃ〜」と大きな腹をゆすって笑い出した。

私の中でマンダ教のイメージはすっかり変わってきた。前は二千年近くも湿地帯にひっそり隠れていた神秘的な宗教の信者だと思っていた。いや、それは間違いじゃないのだけど、彼らは決して隠者でもミステリアスでもない。ムスリムの人たち同様、明るくて人なつっこくて愉快な湿地民である。逆に言えば、そうだったからこそ、劣悪な環境と差別に耐えながら二千年近く生き抜くことができたのではないかと思ってしまった。

また、私たちが現地の人たちにだんだん溶け込んで来たから、リアルな姿が見えるようになったということもあるだろう。

日本及び世界で「アメリカとイランがイラクで一触即発だ」と報道されているとき、当のイラク南部の辺境ではこんな和やかな日常が流れていたのである。

我々のタラーデは十日あまりでほぼ完成した。あれほど適当に造っていたように見えたのに、できあがってみれば三日月のフォルムが惚れ惚れとするくらい美しい。歪みやいびつな部分は見当たらず、すべてがなめらかで絶妙のバランスを誇っている。

あとはギール（瀝青）を舟の表面に塗るだけだ。アフワールの舟造りがかくも雑なのは、一つには最後にギールを塗るからだ。多少の隙間など問題がなく完全防水が達成されてしまう。この人たちはシュメールの時代からそのように舟を造ってきた。いわば、「五千年来の雑さ」なのだ。

仕上げの作業は夜八時過ぎに始まった。ギールを塗る作業は暑いから少しでも涼しい時間帯にやりたいのと、ラマダンなので食事をとってからみんなで頑張ろうということらしい。

舟大工たちの工房脇にはロンドン在住のアーティストが発注したタラーデが二艘置いてあるが、それらは先端部分のギールがつららのように流れて垂れ下がったまま固まっていた。

「ギールの質がよくなかったんだ。あと、最近、夏が暑すぎる」

最近この辺は夏の気温が日陰でも五十度を超える。湿地帯周辺でもギールはとれるのだが、質がよくなくて気温が高くなると溶けてしまうとのことだ。

「今回はヒートから良いギールを取り寄せた」とアブー・サジャードは言った。ヒートは古代メソポタミアの時代からギールを産出することで知られる。

ギールは工房の脇に積んであった。石炭のように黒っぽくて、泥が凝固したものみたいに見える。これを長辺一・五メートルほどの大きな細長い金属の容器に入れ、火をガンガン焚き、ぐつぐつ煮込む。燃料はいつものカサブだ。するとギールが溶けてどろどろになる。そこに砂を混ぜる。日本でも道路を舗装するときアスファルトに砂利を混ぜるから、基本的には同じだ。ただし、こちらでは小石は入れない。

一時間半ほど煮てから火を弱める。上澄みの部分は「よくない」と除去、さらに一煮立ちさせる。

①ギールを煮込む

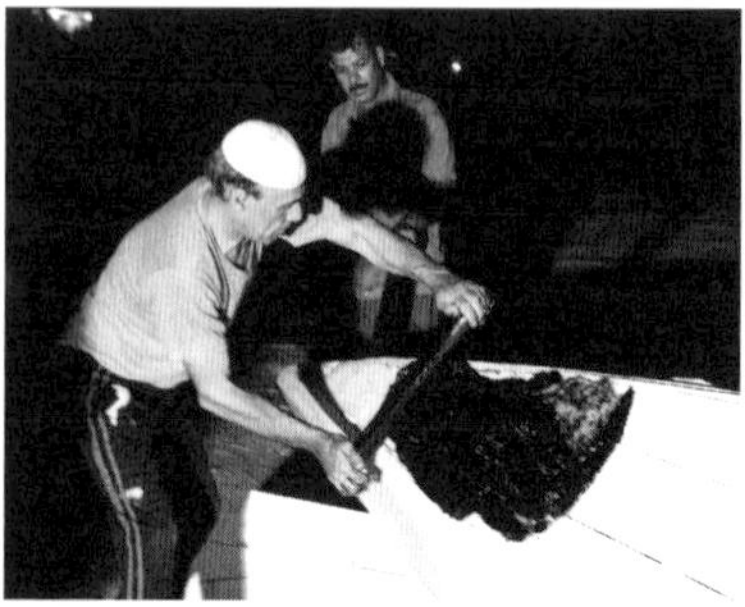

②麺棒のような棒で舟に塗る

③丹念に仕上げる

④最後に泥を塗って完成!

ギールの準備ができると舟を横に倒して塗装開始。暗がりの中、ライトをつけての作業だ。

　これが実に奇妙だった。煮えたぎってどろどろしたギールを主任アブー・サジャードが左官職人のように片手で小さな板の上に盛り付けて運び、舟の上にぺたんとのせる。すると、詩人大工の棟梁アブー・ムハンネドがサグラという大きな麺棒のような棒に機械油をつけ、手にも同じ油を塗りたくり、そのギールを棒で伸ばしはじめた。そば粉やうどん粉を麺棒で伸ばすのと同じ要領だ。砂を含んだギールは餅のような弾力と粘性をもっており、よく伸びるし、不要な部分は切って取り除くこともできる。

　なんとも不思議な技術だった。し

かもこれは数十年前のやり方ではなく、数千年前という気の遠くなるような古代からの技法なのだ。

ギールは冷めるとすぐに固くなってしまうので、大工がギールの微調整ができるよう、手伝いの人がカサブにつけた火でギールを炙っている。その背後には、遠くでクルナ第二油田が吹き上げる炎が大火事のように夜空を染めているのが見えた。古代と現代の極端なコントラスト。しかもギールと油田のガスはそもそも同じ原油なのだ。

舟の両側面を塗ってから最後に船首。棒を二つ使って、手早く器用にギールを伸ばす。最後はドラム缶の上に立ち、舳先。大工や見ている人たちは、ギールで黒光りする突起を指して「いちばん大事なところだ」とか「強く、強く（しろ）」とか、葦の火を当てて「熱い、熱い！」などとジョークを飛ばして笑う。

今では極めて珍しいタラーデの塗装を見に近所の人たちがわさわさと集まってきた。この人たちを接待するかのように、ジャーシム宋江に強引に促され、私は氏族ネタと愛のポエムという二つの持ちネタをくり返し披露。私の立ち位置はだんだん船頭のアブー・ハイダルに似てきた。アフワール専属芸人だ。

完成したのは約三時間後。ギールは熱されると溶けてしまうので、直射日光が当たらないよう、最後に上から泥を塗りつけてコーティングを施す。すると、まるで十年以上も前から使い込まれたかのような、風格のあるタラーデがライトの中に浮かび上がった。

感無量……と言いたいのに、アフワールの人たちはせっかちで、ゆっくりと感慨を味わわせてくれない。記念写真を数枚撮影すると、こんな夜更けにもかかわらず、すぐに舟をネイチャー・

イラクのゲストハウスへ移送するという。街灯もない真っ暗なところで重い舟を運搬するなど危険じゃないか、明日の昼にやった方がいいんじゃないかと思うのは私たちだけらしい。結局、私たちと大工を含め、その場にいたほとんどの人が参加し、舟を持ち上げて、四トンぐらいのトラックの荷台に載せた。

このとき私は猛烈に不吉な予感に襲われた。だが、それを口にする間もなく、トラックに乗り込む。運転席に座ったジャーシム宋江は、例によって異常に落ち着きがない。スマホの操作をしながら、真っ暗闇の道を猛スピードでぶっ飛ばす。

「危ないですよ……」と私が諫めると、「大丈夫だ」と彼は風の音に負けないよう怒鳴った。

「昼間は道で水牛を轢くと運転手の責任になって賠償金を払わなければならないが、夜は水牛の飼い主の責任になる。だから問題ない」

いや、そういう意味ではないんだが。

不吉な予感はますます私の中で膨れあがっていた。

クルナ第二油田のオレンジ色の炎が、地獄の業火のように彼方で揺らめいていた。

第6章

呪われた水滸伝の旅

南部湿地帯の水牛たち

1 「エデンの園」から追放されて

タラーデ造りが完成したとき、私が襲われた不吉な予感。それは第六感でも超能力でもなく、ある事実に基づいていた。

舟が重すぎる！　理由はギールをびっしり塗装したから。大人が十五人ぐらいでも運ぶのに苦労した。こんな重い舟ではほんの少しの障害物や浅瀬でも止まってしまい、人力で移動させることができない。アフワール一周の旅は困難ではないかと衝撃を受けたのだ。

だが、現実は想像を上回る。その後、水滸伝の旅はあまりにも不運だった。もはや「呪われている」としか思えないぐらいに。

舟造りの半年後、二〇一九年の秋、私と山田隊長はいよいよ湿地帯の舟旅を行うために、三度目のイラク渡航の準備をしていた。煩雑な手続きを経てビザを取得し、航空券を予約し、舟旅に必要な装備なども用意した。もちろん、梁山泊チバーイシュ町の頭領ジャーシム宋江の予定を確認し、滞在日程を調整した。湿地帯には水もたっぷりあり、舟旅には理想的な状況だとも聞いていた。

ところがである。出発五日前になり、たまたま隊長が定期的な健康診断を受けたところ、医師から「ヘモグロビンの数値が異常に低い。今すぐ検査を受けないと危険」と言われた。隊長はそれまで普通に山仕事を行っており、体調に何も問題がないにもかかわらずだ。信じがたかったが、もし本当に何か深刻な病気が進行していたらまずい。アフワールにはまともな医療施設がないのだ。私たちは呆然としながら、予定を全てキャンセルした。結局、その後、詳しい検査でも問題は何も見つからず、隊長は健康体のままだった。どうやら誤診か検査ミスだったらしい。深い溜息をつきつつ、次の春に旅を延期した。だが、「次の春」は巡ってこなかった。新型コロナウィルスのパンデミックが始まってしまったのだ。

コロナ感染は人や国の紐帯を浮き彫りにした。ご存じの通り、中国でまず感染爆発が起きたが、真っ先に飛び火したのはイランだった。イランは欧米による経済制裁のため、中国との関係が深く、人の行き来も多い。そして、イランが最も深いつながりをもつ国は隣国のイラク。ナジャフやカルバラといったイラク南部にあるシーア派の聖地は絶えず莫大な数のイラン人が巡礼に訪れているし、政治や軍事の面でも、イラクはイランの強い影響下にある。その結果、イランから少し遅れてイラクでもパンデミックが始まった。

面白いことに、世界中どこでも、自国の感染者数が増えると、その国の政府は外国からの感染者入国を恐れる傾向にある。イラク政府もそうで、二〇二〇年二月末、突如、中国のみならず、日本と韓国を含む東アジアの国からの入国を禁止してしまった。私たちは三月に出発予定で、すでにイラクのビザを取得し、旅の準備を進めていたから、またしても呆然である。ちなみに、この頃の日本では感染者数がまだひじょうに少なかった。それにしても、あんなに危険地帯として知られるイラクから「日本人は危険だから来るな」と言われる日が来るとは……。

二回連続で旅が出発直前に中止になるなど考えられない。絶望的な気持ちになった。

四月には日本のイラク大使館でビザの発給停止が発表された。

当時のイラクの状況はハイダル君などから漏れ伝え聞いていたが、二〇二〇年の夏前に、「うちの家族と親戚は全員コロナにかかったよ」と彼が苦笑しながら話していたので驚いたものだ。当時、日本では感染者数が多くても一日に数百人程度で、知り合いの中に感染者など全然いなかったからだ。なんでも、イラクではマスクの着用やロックダウンは断続的に行われているが、家庭内で隔離するという習慣はなく、むしろ病人が出ると一族みんなでお見舞いに行くから、あっという間に感染が広まってしまうという。もっとも「全員治ったから問題ない」とのことだった。

その後はみなさんもご存じの通り、日本では感染爆発がくり返し起こり、パンデミックの波は大きくなる一方となっていった。私たちは秋と春になると、一応、イラク大使館にビザの問合せを行ったが、毎回「発給停止のまま」という回答を得るのみだった。アラビア語イラク方言の勉強もとっくに止めていた。いつ行けるかわからない状況では学習のモチベーションが保てない。

イラクのニュースは欠かさずチェックしていた。本当にこの国は並みではないと思ったのは、コロナ禍であっても動乱が絶えないことである。例によって、イラン系の民兵はイラク国内各地にある米軍基地に何度もロケット弾を撃ち込んだ。あるときは首相が命じて首謀者を逮捕したところ、重火器で武装した民兵の部隊が首相府を取り囲んで脅した。以後、グリーンゾーンや米軍基地にロケット弾を撃ち込むぐらいでは逮捕しなくなったと聞く。

私たちの二回目のイラク渡航後、最大の事件の一つは、二〇一九年十月に始まった「十月革命」と呼ばれる市民抗議運動である。ハイダル君によれば、これはリーダーもいなければ、特定の国や組織の後ろ盾もなく、イデオロギーもなく、純粋に市民が集結したもので、「反汚職と行政サービスの改善」を求めた運動だという。また、アメリカとイランを含めた「外国勢力」の排除を求めている人たちもいた。

バグダードのタハリール広場には連日、数万人の民衆が集まり、デモを行った。ハイダル家の三男アサム兄さんも参加していたらしい。

しかし政府の治安部隊の弾圧は苛烈だった。デモが始まって最初の一週間で百人以上が銃で撃たれて死亡したというニュースを見て、私は愕然とした。日本では同年三月に始まった香港の民主化デモが話題だったが、こちらはあれだけ騒ぎになっていながら半年以上経っても治安部隊に殺害された者などひとりもいなかった。なのに、イラクではたった一週間で百人以上。人間の命がなんて軽いのかと痛感せざるを得ない。

そもそもイラクの場合、よく「治安部隊」なる曖昧な言葉が使用されるが、対応（もしくは弾圧）しているのが軍なのか警察なのか民兵なのか判然としないから報道ではそのように呼ばれるのだ。そしてとりわけ親イランの民兵は躊躇なく市民を撃つと報道する国際ニュースサイトもあった。暴力はデモの現場にとどまらず、影響力のある市民の拉致や行方不明事件も頻繁に起きた。これもどうやら民兵の仕業らしい。

バグダードで始まったこの運動はすぐに南部にも飛び火した。最も激しかったのはイラク共産党誕生の地にして水滸伝左派の拠点ナーシリーヤである。こちらでも市民が激しく治安部隊と衝突し、多数の犠牲者が出た。

この市民運動と弾圧の結果、翌年の四月までの半年間で六百人が死亡し、二万人が負傷したとされる。

選挙の早期実施を政府が約束し、「革命」は収束していったが、ナーシリーヤではその後も何度も大規模なデモが起こり、イラクの英語ニュースサイトで「ナーシリーヤは独立国家になったのか？」などといった見出しを見かけたこともある。

特に印象的だったのは二〇二〇年十一月にデモの市民がサドル師の民兵と衝突した事件だ。民兵側の発砲により、市民が七名以上死亡し、約八十名が負傷したとされる。

「水滸伝右派と左派が激突しているのか⁉」と目を瞠ったものの、詳細はよくわからなかった。


時は流れる。ハイダル君はルーマニア人の彼女と東京で結婚式をあげ、念願の博士号を取得し、奥さんの生まれ故郷であるルーマニアの地方都市へ移住していった。

一時は極めて身近に感じていたアフワールは、いまや遥か彼方にある夢の土地「ガンダーラ」のようだった。いや、「エデンの園」と言うべきか。リンゴを食べたわけでもないのに追放されてしまったのだ。

絶望も通り越し、「いつかまた行ける日が来ればいいなあ……」とぼんやり思うだけだ。唯一悔やまれるのはタラーデである。ほんの少しでもいいから乗っておくべきだった。どうせ半年後に来て旅するのだからと試乗もしなかった。あれはどんな乗り心地だったのだろうか……。

だが、この長い〝煉獄〟の期間は私に意外な発見をもたらした。二〇二〇年十月のある日、暇に任せて、イラクの湿地帯関連のいろいろな単語をグーグルで検索していた。「マーシュアラブ（Marsh Arab ＝湿地のアラブ人。一般には英語で「マアダン」のこと）」とカタカナで入れたところ、「失われたイラクの手仕事　マーシュアラブの刺繍布」というブログ記事がヒットした。葦の中

女の子や動物が描かれたマーシュアラブ布

を進む小舟や葦のムディーフという見慣れたアフワールの写真とともに、布の写真が掲載されていた。

——なんだ、これは……。

鮮やかな赤やオレンジ、ピンク、黄色といった暖色系の糸で、うねうねとうねる曲線や円や菱形に混じって、花、家、人、動物などが自由奔放に描かれている。このブログによれば、これらはマーシュアラブ、すなわちマアダンによってかつて作られていたものだという。

仰天するしかない。湿地帯は単調な世界だ。春に行けばエデンの園に見えると言っても、あくまで青い水と空、緑の葦に彩られた青系のシンプルな自然の風景である。なのに、この布の華やかさといったらどうだろう。そして私はこんな布を現地で一度も見た記憶がない。

ブログの筆者は「宗教にとらわれない自由で楽しい文様世界」とか「メソポタミア文明の芸術性が生きる」などと記していたが、私の印象もまさにそのとおり。イスラムでは偶像崇拝が禁止されており、絵や絨毯などにも人を描くことを避ける。さらに、動物であっても具象画は好まれず、幾何学的に描かれることがふつうだ。アラベスク（唐草模様）が発達したのは、それがアラーの御心に適うと思われているからだ。

しかし、マーシュアラブ布はイスラムの気配が皆無。踊っているようなポーズをとる若い女性らしき人、背中に羽の生えた怪獣みたいな動物、植物のように地面から生えているような雰囲気の家など、思わず笑みが浮かんでしまうような愉快な図柄が並んでいる。ナスカの地上絵にも共通点を感じてしまう。本当に太古の昔か、はたまた宇宙からやってきた人々が描いたかのように見えるのだ。

いくつもの思いが交錯し、頭が真っ白になりそうだった。あまりにも自分が見てきたアフワールのイメージとちがいすぎるのだ。だいたい、繰り返しになるが、私はアフワールのどこでもこんな布を見た記憶がない。湿地帯の中に住むマアダンの人たちの家でも、チバーイシュ町やアマーラの家やゲストハウスでも。

私の目は節穴だから単に見逃しているだけかもしれないが、絵心があり観察力の鋭い山田隊長に訊いてみても「見たことないなあ」と首を捻った。隊長はマーシュアラブ布の図柄を見て「クリムトとかミュシャの絵を思い出すな」とも言った。たしかに十九世紀末オーストリアの画家グスタフ・クリムトの色鮮やかで不思議な模様を描き込む画風や、チェコの画家ミュシャの装飾的なポスターは、マーシュアラブに似た感じもする。

いずれにしても、私たちが知るアフワールのイメージではない。

自分たちはまだアフワールの核心を何も見てないんじゃないかという恐ろしい疑念にとらえられると同時に、「本当にアフワールのものなのか？」という疑いも覚えた。

いっぽうで、「どこの布であっても、こんなに面白い模様のものは見たことない」という感嘆もあった。何だろう、この布は。

ブログは「トライブ」という絨毯やラグを扱う会社のサイトのものだった。問い合せのメールを送ると、榊龍昭《さかきたつあき》氏というオーナーから返事が来た。私は東京都清瀬市にあるトライブのオフィス兼倉庫を訪ね、榊さんに話を聞いた。

榊さんは三十年以上、中央アジアや中東を中心に、世界中のトライバルラグを集めて販売しているディーラー（貿易商／仲買人）である。「トライバルラグ」とは、ペルシア絨毯のような王侯貴族や名家が誇るような芸術品ではなく、辺境の遊牧民や山岳民族が生活の必要に応じて手作りし、自分たちで使っているキリムや絨毯などを指すらしい。榊さんは穏やかで学究肌の人だった。年齢は私より八歳上だが、私と同じように少数民族が好きでしょうがないようだった。世界各地に自分で足を運んでいるとのことだし、書棚にも私の好みに合った文化人類学や民族研究の本が並んでいた。

榊さんが「マーシュアラブ布」を初めて見たのは一九八五年に渋谷の松濤美術館で開催された松島きよえという人のコレクションの展示においてだったという。

「すごく面白い。他で見たことがない」と一目で魅了された。それから三十年ぐらいかけて少しずつ中東各地のディーラーから買い集めた。いちばん多く発見したのはイラクの隣国であるヨルダン、次が同じく隣国のシリア。一部はイランで見つかったとのことだ。

まず、私が榊さんに訊ねたのは「なぜこれがイラクの湿地帯に由来するとわかるのか」ということだった。

榊さんによれば、こうだ。トライバルラグの収集や販売の本場は欧米である。特に植民地経営の長いヨーロッパではそのような民族芸術品は二十世紀前半ぐらいまでにほとんどが調べ尽くされている。ところが、西欧人ディーラーや収集家の間でもマーシュアラブ布は謎の存在だった。そういった人々の間で有名な Jay & Sumi Gluck "A Survey of Persian Handicraft"（ジェイ&スミ・グラック著『イランの手工芸品の調査』一九七七年刊行、未訳）という図版入りの本では、マーシュアラブ布の図版に「クルディッシュ（クルド人のもの）?」とクエスチョンマーク入りのキャプションがつけられていた。トルコやイラク、イランなどに住むクルド人のものではないかと思われていたらしい。でもクルド人の間ではこのような刺繍布は確認されていない。

刺繍布がどうやらイラクの湿地帯に由来するのではないかと思われるようになったのは、驚くべきことに二十一世紀に入ってからのことだった。

私も本書で再三ふれている考古学者オクセンシュレイガーの著作『イラクのマーシュアラブ』（二〇〇四年刊行）に「刺繍をほどこした毛布」として記載があったのだ。

若い女子はベドウィンのところか市場で買った婚礼用の毛布に丹念に刺繍をほどこす。村では、このような毛布なしで新婚生活を始めるのは不可能のように見える。母親も未婚の息子のために毛布に刺繍をする。特に仕事で家から離れたところで寝るようなときがあれば。刺繍はかるくなされるのが普通だが、最も賞賛されるのは、カラフルな模様をふんだんに使い、表面にびっしり刺繍をほどこしたものである。

私も当然目にしているはずなのに、記憶にまるで留まっていなかった。布についてはノーマークであったし、この記述のページには肝心の写真がなかったからでもある。実は本のカバーに、女性が何か布を手に作業している写真が使われており、これがマーシュアラブ布らしいのだが、一部しかうつっていないため、この布がどういうものかは判断がつかない。また、この写真の布は既製品の毛布の上から刺繍をしているように見え、榊さんが収集・販売しているいわゆる「マーシュアラブ布」とは異なっている。今、見ても本当にそうなのかなと首をひねってしまう。

「この本が出版されたあと、欧米のディーラーが『マーシュアラブのラグ（布）』として販売するようになったんです」と榊さんは言う。私自身、この後いくつか英語で書かれたラグディーラーのウェブサイトを検索して読んだが、品物（マーシュアラブ布）の説明はどれも似たり寄ったりで、オクセンシュレイガー本がどうやら唯一の情報源であるらしい。

「トライブ」オーナーの榊龍昭さん

倉庫にある実物を見せてもらうことにした。倉庫といってもマンションの一室である。狭いスペースに、数百枚ものラグや絨毯が積み重なっている。榊さんは慣れた手つきで一つの山から布を取り出すと床に広げた。赤やオレンジの絵柄が目の前にぱーっと広がった。

意外に大きい。縦三メートル、横二メートルぐらいある。それにしてもどうだろう、この圧倒的な世界観は。融通無碍に描かれながら全体のバランスがとれている。

「織物の柄とはちがって刺繍なので迫力がありますよね」と榊

さん。たしかに刺繡は平面でなく立体的だからインパクトが強い。しかも刺繡の糸は太い毛糸だ。

榊さんによれば、下の布地は羊毛のラグで「綾《あや》織り」だという。綾織りはジーンズなどにも使われている斜めに織り込んでいく織り方だ。伸縮性があるから、この布地にいくら刺繡を施してもツレ（糸や布が引っ張られて歪むこと）が出ない。ただし、普通の綾織りではなく、「二飛び二飛びの綾織」と呼ばれる特殊な綾織りだという。

もっと驚くべきは「綾織りに刺繡をする技法は他では見たことがないですね。古代の技法なのかもしれない」と榊さんが言ったこと。榊さんが知り合いの研究者に訊ねてみたところ、「シルクロードで漢代（紀元前三世紀〜紀元後三世紀）に栄えた王朝の遺跡で出土した毛織物に刺繡されたとおぼしき布があった」と教えてもらったという。その遺跡はタクラマカン砂漠南部（中国の新疆ウイグル自治区）にあるそうだ。

現代の布には似ているものが見当たらないのに、二千年前の布に共通点がある⁉︎

メソポタミアと中央アジアはさして遠くない。五千年前のシュメールの時代から少なくともインドやアフガニスタンとは交易がなされていたのだ。二千年前なら当然交流はあっただろう。

「ほんとですか！　すごいですね！」と私の声もうわずってしまう。でも今目の前の布をみていると、「幻の古代の技法」説も決して不思議でないように思えてしまう（唯一、インドのカシミールでマーシュアラブ布と同じ綾織りの毛織物の上に刺繡を施したものがあると後でわかった。それも相当古くからある技術らしい）。

ほんとうに古代シュメールの時代からタイムトラベルしてきたかのように見える布なのだ。十枚以上見せてもらったが、すべて色やデザインが異なるのに、共通した特徴を感じる。そしてどれも面白い。細部まで凝っていて、いくら見ていても飽きない。

その後、榊さんが所有しているアフガニスタンやウズベキスタン、イランなどのトライバルラグを見せてもらった。どれも素敵な品で、これまでの辺境旅でラグに興味を持たなかった自分を恥じたが、それらを一回り見たあとでマーシュアラブ布に戻ると、その世界観の異次元ぶりに改めて驚いてしまう。宇宙の他の天体から来た布のようだ。

いったいどれぐらい古いものなのだろう？　榊さんにもわからないらしい。昔のものでも使ってなければ状態がいいし、日常的に使っていれば経年劣化するからだ。

「湿地帯が干上がってからは作ってないでしょうから、少なくとも三十年前のものでしょう」と榊さん。環境が破壊されると伝統技術は廃れがちである。人々が難民のように離散した場合、サバイバルで精一杯になってしまうからだ。実際、マアダンの人たちはかつてペリカンの皮で作った太鼓で音楽を奏でていたのに、湿地帯が干上がったあとではもう作っていない。だから現存するマーシュアラブ布は相当古いと榊さんは想像するのだ。

「もしかしたら百年前のものもあるかもしれませんね」

榊さんの推測は当たっているかもしれないし、ちがっているかもしれない。というのは、誰がこの布を作っていたのか定かでないからだ。なぜかわからないが、オクセンシュレイガーは「マーシュアラブ」という言葉をマアダンだけでなく、湿地の定住民に対しても使っている。というより、むしろ定住民を主な調査対象としている。この刺繍布についても、マアダンでなくバニー・ハサンという定住民氏族の習慣として紹介している。もし定住民が作り手なら、チバーイシュ町のバニー・アサド氏族がそうであったように、湿地帯が干上がっても一部の人たちはその場に住み続けていた可能性があり、伝統は残っているかもしれない。

それにしても、イラクの湿地帯は世界的になんて秘境なのだろうか。榊さんが言うように、人々が魅了されるような美しい民芸品はそれこそ今から百年前に西洋人の手で「発見」され、「収集」（もしくは「収奪」）され、整理分類が完了している。つまり文明による〝統治〟が行き届いてしまったと言える。ところが、超高度情報化社会の現在、いまだにこのマーシュアラブ布の正体がはっきりしないのだ。ネット情報やSNSを駆使しても、詳しいことは何一つわからない。

榊さんはもう一つ、びっくりする情報を教えてくれた。「マーシュアラブ布はアガサ・クリスティがコレクションしていたと言われているんです」

たしかにクリスティはバグダードを何度も訪れており、そのときの体験をもとに『オリエント急行殺人事件』や『メソポタミヤの殺人』などの名作を書いた。それどころか、バグダードで知り合った考古学者マックス・マローワンと結婚し、彼が発掘調査を行っていたウルの遺跡を一緒に訪れている。そう考えると、彼女がアフワールの布を集めていたとしても全く不思議ではない。

でも、クリスティのコレクションがどこへ行ったのかわからないという。もっと言えば、本当にクリスティがマーシュアラブ布を収集していたかも確かではない。でもヨーロッパのラグ・ディーラーの間では、まことしやかに伝えられているという。

謎の布を収集していたのはミステリの女王だったという伝説。

どこまで謎めいているのか、マーシュアラブ布。なんとしてもこの布の正体を明かしたい。次回の旅は舟旅と謎の布探しが二大テーマだ——。

コロナ禍による膠着状態が動いたのは二回目のイラク行き(舟造り)から三年近く経った二〇二二年三月。大した期待もなく、「まあ、もうすぐ春だから」と年中行事のようにイラク大使館に問い合わせたところ、ビザが下りるという回答を得た。

え、エデンの園を再訪できるのか⁉

驚き慌ててビザを申請し、ジャーシム宋江と予定を擦り合わせ、航空券を探した。ウクライナ戦争が勃発し、チケット代は前回の二倍に暴騰していたが、やむを得ない。とにかくアフワールに戻りたいという思いだけで私たちは支度をし、旅立った。

そこでさらなる「呪い」が待ち受けているとは知らずに……。

2 主なき梁山泊

青い水の道を白い飛沫をあげてシャクトゥーラ(船外モーター付きボート)は進んでいた。周囲には葦の湿原が広がり、刈り取った緑のハシーシ(葦の若葉)を運ぶマアダンの舟とすれちがう。黒い水牛の群れが心地よさそうに水に浸り、空から黄金の日差しが降り注いでいる。シンガーソング船頭のアブー・ハイダルがハスキーボイスを響かせる。

二〇二二年四月、ついに私たちはアフワールに帰ってきた。三度目の旅は、それ自体が奇跡のようだった。

イラクではコロナ禍は終わっていた。日本ではまだほとんどの人がマスクをつけ、感染者の数に一喜一憂する状況が続いていただけに、突然コロナ前の世界に戻ったかのようだ。

チバーイシュ町で訊くと、「ここではコロナの感染者も死亡者もすごく少なかった」とのことで、誰も関心をもっていなかった。世界がコロナ禍のときも、ここでは人が会えば普通に握手とハグをし、一緒に手づかみでご飯を食べていたという。

浮世離れした湿地帯は世界的なパンデミックからも取り残されていたらしい。ただ、昔は見なかったマスク姿の人をときおり見かけた。これはコロナ予防ではなく、土埃対策である。湿地帯はじめじめしていると思われるかもしれないが、雨がいくらも降らないから水のない場所はひじょうに乾燥しているし、砂漠に取り囲まれている。絶えず土埃や砂嵐に見舞われているため鼻や気管支をやられている人が多い。どうやらイラクがコロナ禍のときに「マスク」というものが初めて一般人の間に（あるいは薬局に）お目見えし、「これは土埃よけに便利だ！」と一部で好評を得た模様だ。それだけがコロナ禍の〝痕跡〟であった。

何もかも以前と同じようなのに、一つだけ巨大な欠落があった。

ジャーシム宋江がいない――。

ボートに乗っていないどころか、イラクにいなかった。泌尿器科系の病気で、隣国ヨルダンの病院に緊急入院してしまったのだ。これから手術を行い、チバーイシュ町に戻るのは早くても私たちの到着から二週間後だという。以上の知らせを受けたのは私たちの出発より一週間前のことだった。さすがに三回連続で直前キャンセルはありえない。出発するほかなかった。

どれだけ呪われているのか！　と思った。私たちの滞在の半分以上、肝心の現地パートナーにして唯一の案内人が不在なのだ。しかも彼が帰ってきても、すぐにバリバリ野外活動ができるとは到底思えないし、活動させてはいけないだろう。

舟旅は今や極めて困難になった。タラーデでの旅は大がかりなイベントになること必至で、正直なところ、ジャーシム宋江がいても実現できるかどうか危ういと思っていた。

マーシュアラブ布の探索も同様だ。謎の刺繍布は、到着早々、手がかりを得たものの、これまたジャーシム宋江だけがその布についての情報とコネクションを持っているらしいのだ。

何もかもがジャーシム宋江頼り……。

前々から思っていたことだが、それこそがイラク水滸伝の旅における最大の弱点だ。外部から来た人間は彼を通さないと湿地帯に入ることができない。いくら彼が超有能で良心的とはいえ、この大きな世界に入口が一つしかないのはあまりに不自然にして不都合である。彼が病気にでもなったらどうするんだろうと思っていたら、現実になってしまった。よりもよって私たちの満を持しての再々訪のときに。

刈り取ってきたハシーシを運ぶ少年

いちばんの困難は言語である。チバーイシュ町にはジャーシム宋江以外に英語を話す人がほとんどいない。少なくとも私たちを手伝ってくれそうな人は誰ひとり英語を話さない。

かたや私のアラビア語はどうか。これまではハイダル君やジャーシム宋江がそばにいてくれたため、現地で使った経験があまりに乏しかった。しかもアラビア語はコロナ禍が始まってから二年以上全く勉強しておらず、五十代半ばの記憶力は真夏の炎天下に置かれたアイスクリームより溶けやすい。ほとんど忘却の彼方であった。

絶望的な気持ちでいたところ、イラクへ向かう機内で隊長が「高野、かえってよかったんじゃないか」と言った。「ジャーシムがいると、いつも彼が仕切るから、地元の人たちと直接話ができないだろう。いい機会なんじゃないか」

たしかに。ジャーシム宋江は極めて能力が高く、中央湿地帯と南部湿地帯ではどこでも顔がきく人だった。だが、常に彼は自分の慣れ親しんだところを自分のペースで案内するため、見られる範囲が限られてしまう。

今回、もし仮に湿地帯一周の舟旅ができるとしても、同じ問題に遭遇することが予想された。ジャーシム宋江がツアーを組織し、彼の知り合いの家やその周辺に泊まりながら、一週間ほどを過ごす。それでは新しい発見が生まれないんじゃないか……。

そんな懸念を抱えていたのだが、期せずして私たちは彼のいない状況に放り込まれたわけだ。隊長の言葉には本当に救われる思いだった。私も内心そう思わないでもなかったのだが、他人にはっきり言ってもらえると全然ちがう。そう、これをチャンスと思わないでどうする？

幸いなことに、彼の不在に伴い、さまざまな人たちが姿を現した。いずれも頭領がいたときは彼の陰に隠れていたか、私たちの目には見えていなかった人物である。

まず、ジャーシム宋江の旧友でネイチャー・イラクの会計係であるマフディ。いかめしい風貌をした彼は、百八十センチを超えるがっしりした体を伝統的な白い長衣に包んでいる。

前の二回の滞在時には、いずれも最後の日に私たちは宿泊費や船頭アブー・ハイダルのボート代や車両代、食費などをネイチャー・イラクに支払った。彼はそのときだけオフィスに姿を現し、素早く計算して私たちから代金を受け取り、領収書を書くと、速やかに去って行った。無口で余計なことは何も言わない。だから私たちは彼のことをただの会計係だと思っていたのだが、そうではなかった。

今回、空港まで迎えに来てくれたのも彼だったし、ジャーシム宋江なきあと（生きているけど）、聚義庁（ネイチャー・イラクのオフィス）に設えた頭領のデスクにどっしり腰を下ろすと、手伝いに来てくれたネイチャー・イラクの関係者に「タカノたちに全面協力すべし」と矢継ぎ早に指示を出したのも彼だった。割れ鐘のような声、髭を生やした威厳のある面持ちは、日本の明治時代の学校の校長先生を連想させる。

あとでジャーシム宋江や他の人たちから聞いて知ったのだが、実はマフディは梁山泊における重要人物だった。まず会計係としてひじょうに信用されている。ネイチャー・イラクはアメリカに本部を置き、資金集めもそこで行っている。本部からチバーイシュ支部への予算はジャーシム宋江ではなくマフディのもとへ送られてくるという。

ジャーシム宋江曰く、「彼は絶対に間違えないし不正も行わない」。汚職・不正大国で万事がいい加減なイラクにおいて、そのような人物を見つけるのは簡単なことではない。

もう一つ重要なのは、マフディはチバーイシュ町では名家の出身で、ひじょうに尊敬されていることだ。「マフディはこの町で行われる全部の結婚式と葬式に顔を出すんだ」とあとで私と親しくなった人は言っていた。

そういうことなのかと私は思った。ジャーシム宋江の能力の高さと人間的な魅力は誰もが認めるところだが、自由な信仰の形を否定する現在のイラクの風潮に反感を持っていることでも知られている。しかもネイチャー・イラクの本部はアメリカにあり、このチバーイシュ支部に外国人の異教徒をせっせと引き入れている。中には猜疑心や嫉妬を抱く人がいてもおかしくない。

実際に、二年前、ネイチャー・イラクは「外国から不正な資金を調達している」という理由でイラク政府から「テロリスト組織指定」を受けたことがある。もちろん根も葉もない疑惑だったのでジャーシム宋江らが抗議弁明した結果、その指定は半年後に解除されたようだ。イスラム主義的なイラク政府の治安維持部門は常にアメリカ系NGOに「スパイではないか」という疑心を抱いているのだ。

そんなジャーシム宋江とネイチャー・イラクが梁山泊チバーイシュ町、ひいては中央湿地帯と南部湿地帯全域で、問題なく活動を続けていられるのは、名望家のマフディという後ろ盾があるからだと想像される。

私は本家水滸伝の「盧俊義《ろしゅんぎ》」を思い出した。盧俊義は梁山泊のナンバー2ながら、存在感が希薄だ。もともと好漢でもなんでもなく、大都市・北京の大富豪で、宋江らが無理やり誘拐してきて、副頭領に据えた。梁山泊に来てからも目立った活躍はない。いったい何のためにナンバー2の座にいるのかわからないし、宋江がどうしてそこまで無理して彼をさらってきたのかも不明なのだが、もしかしたらマフディみたいな人だったのかもと思ってしまう。

アウトローの集団といえども、周辺の一般住民や地方政府とうまくやらなければ生きていけない。その際、誰か「信用」のある仲介者が必要だっただろう。物語には書かれてないが、盧俊義は裏でその役割を全うしていたのではないか。

マフディはまさに水滸伝世界と一般地元社会を結ぶ仲介者である。今後は彼のことをマフディ盧俊義と呼ぶことにする。

「何かやりたいこと、ほしいものがあれば、なんでも言いなさい。私ができるだけのことをする。そのようにジャーシムに頼まれている」と彼は生真面目な大声で告げた。

マフディ盧俊義が指示を出した相手は、いずれも梁山泊のスタッフだ。お馴染み船頭のアブー・ハイダルと、運転手のマーヘル、そしてアヤドという中学校の地理の先生だった。

マーヘルは白熊のような色白の巨漢。赤児のようにつややかで白い肌をして、ちょっとしたことで赤児のように不機嫌になるかと思うと、やはりちょっとしたことで赤児のように無邪気に笑う、全体的に赤児のような大男だった。運転手以外に、このオフィスに寝泊まりする客の世話をする係でもある。舟を造っているとき、大工のところまで毎日送り迎えしてくれたので、私が直接言葉を交わしていた数少ない地元民の一人だ。彼は隣に住んでおり、彼の弟たちや従兄弟、それに九歳になる彼の長男がよく遊びに来るようになった。

そして最後のアヤドこそが、私たちにとって最も重要な新登場人物だった。背がひょろっと高くて初々しさの残る顔立ちなので、まだ学生のように見えるが、実は三十一歳で娘が一人いた。この彼が私たちのパートナーを務めてくれるという。「ぼくは君たちのお手伝いができて本当に嬉しい。ぼくもアフワールが大好きだ！」とよく通るテノールの声で言う。アイロンのきいた小ぎれいなシャツとズボン、丁寧になでつけられた髪、ピカピカの革靴を見ると、失礼ながら、会った時点では、現場であまり役に立たない地方の若いインテリにしか見えなかった。本家水滸伝にも序列三位の呉用《ごよう》という参謀がいた。賢いがときに頭でっかちであまり魅力を感じないキャラクターだった記憶がある。とりあえず、アヤドはイラク水滸伝の呉用といった役回りだろうか。

マフディ盧俊義、アヤド呉用、船頭兼芸人のアブー・ハイダル、白熊マーヘル。彼ら「梁山泊新四天王」とともに、私たちは活動を始めた。

前に書いたように、アフワール一周の舟旅はもちろんのこと、謎のマーシュアラブの布についても、ジャーシム宋江だけが情報とコネクションを持っているらしい。そこで彼が戻るまで、私たちはマアダンの生活調査を行うことにした。

アヤド呉用と船頭のアブー・ハイダルとともに、ほぼ毎日、湿地帯に繰り出した。すると、現地の新しい顔が見えてきた。「呪われた水滸伝の旅」がはからずも別の扉を開けたようだった。

3 天地明け初めぬ島

私は山田隊長と相談のうえ、今回の旅の目的を大きく三つに設定した。
一、タラーデに乗ること。二、マアダンの生活を知ること。三、マーシュアラブ布の正体を探ること。そしてもし可能なら舟旅を行う。
真っ先におこなったのはタラーデを見に行くことだった。

なにしろ三年前に作ったまま放置してあるのだ。唯一の安心材料は盗まれたりしないこと。あんなに重い舟は盗みようがない。船外モーターをつけられない舟を現代のアフワール人がほしがるとも思えない。

舟を置いてあるネイチャー・イラクのゲストハウスへ着くと、目を疑った。ゲストハウスごと廃墟になっていたからだ。「建て直す予定で、もう一年以上使ってない」とアヤド呉用は言う。

土と葦の壁や柱は風化し、まるで遺跡のようである。タラーデはゴザで覆われていたものの、そ

マフディ盧俊義(左)と聚義庁で

白熊マーヘル(中央)と娘たち

いつも上機嫌なアヤド呉用

船頭兼芸人のアブー・ハイダル

の上に土埃（土砂）が堆積し、ほとんど掘り起こさねばならなかった。私たちの美しい舟はシュメールの遺物のように朽ち果てているように見えた。私と隊長は「こりゃひどいな……」と嘆息したが、アヤド呉用や船頭のアブー・ハイダルは「問題ない。ちょっと修理すればいい」と意に介してなかった。とてもそう思えないけれど、他にできることもなく、彼らを信じるしかなかった。

タラーデに乗るのはジャーシム宋江が戻ってきたときに相談するしかない。

私たちは頭領の不在のあいだ、「二、マアダンの生活を知ること」に集中しようと決めた。私たちは舟旅にこだわっていたが、それは舟に乗りたいからではない。マアダンの人たちの生活を知るのに最適だと判断したからだ。彼らの暮らしは人類最初の文明である古代メソポタミア文明の時代から連綿と続いてきた可能性が高い。そして前の二回の訪問でいろいろと話として聞いていたことを自分の目で確かめたかったし、なにより「実感」したかった。ああ、こんな生活をしているんだ、こういう気持ちで暮らしているんだ、ということを直に感じたかったのである。

幸い、チバーイシュ町からシャクトゥーラで日帰りできる範囲にマアダンの人たちは大勢住んでいた。

最大の問題は「言語」だ。ネイチャー・イラクのゲストハウス並みに廃墟化した私のアラビア語をいかにして甦らせるか。奥の手を使うことにした。「秘技・同言語通訳」。

一般に、語学力は個人の能力だと思われている。「英検2級」とか「ＴＯＥＩＣ650点」などといった数字がそれを物語る。しかしそれはちがう。個人の中にある語学力（私は「絶対語学力」と呼んでいる）は半分ぐらいだ。あとの半分は「相対的語学力」であり、相手との関係性による。コミュニケーションは自分一人では成立しない。相手との共同作業なのだ。相手が自分に興味があるかどうか、親しい間柄かどうか、互いの文化背景を知っているかなどで通じ方は大きく変わってくる。そして、相対的語学力はコツさえつかめれば、短期間でグッと上げることができる。

まず、誰か信頼できそうな人を自分の取材パートナーに決める。それから、時間をかけて、その人に自分のやりたいことを丁寧かつ詳細に話す。すると、その人が私の助手兼通訳になってくれるのだ。例えば、タイで私が地元のタイ人にタイ語で何か訊いても相手はなかなか理解できないとか、あるいはそのタイ語での返事を私がちゃんと理解できないという状況になりやすい。でも助手がいれば、私の下手なタイ語を聞いてちゃんと意図を理解し、相手に正確に伝えてくれる。同様に、現地のタイ人が答えたことを助手が私にわかりやすいタイ語に直して伝えてくれるというわけだ。助手兼通訳の存在は本当に便利で、必要となれば、あとでその人に頼んで取材対象者に電話やSNSで追加取材や確認もできる。

私はこれまでタイ語のほか、中国語、フランス語、スペイン語、ソマリ語などでこの術を使ってきた。エンジニアリング的な語学とは対極にあるブリコラージュ語学の神髄とも言える。水滸伝にぴったりの手法ではないか。

今回は聚義庁でアヤド呉用に何時間もかけてレクチャーを行った。アラビア語で記した「やりたいことリスト」や地図を見せたり、図や絵を描いたり、ときには辞書や翻訳アプリの助けを借りたりしながら、「マアダンの生活習慣をもっと知りたい」と説明した。具体的には「浮島（チバーシエ）の作り方」「（水牛のクリームである）ゲーマルの作り方」「マアダンの人たちの移動経路」などである。

「タマーム（了解）！」とアヤドは高らかに宣言した。「ぼくが全て手伝うから」

どれだけわかってくれたのか心許なかったものの、とにかく現場に出かけるほかない。


マアダンの生活探訪・第一弾はチバーシェ作りだ。

今まで「葦と土を交互に重ねる」などと聞いていたが、実はよくわかっていなかった。だいたい、水の中に人工的に島をどうやって作るのか？　重機があれば土を運んで積み上げることも可能だが、もちろんそんなものはない。しかもアヤド呉用は「土は使わない」という。頭の中は「？」だらけだ。

全行程を見るのはひじょうに長い時間がかかるだろうと思い、「二十〜三十分ほど〝見本〟を見せて欲しい」とアヤド呉用とマアダン出身の船頭アブー・ハイダルにお願いしたら二人は快諾してくれた。

四人で船頭のアブー・ハイダルのシャクトゥーラで出発。どこで作るのかと思ったら、意外にも中央湿地帯だった。「意外」というのは、今現在、中央湿地帯に完全な浮島はまったく見当たらないからだ。

船頭のアブー・ハイダルが他の用事に時間をとられていたので、出かけたのはすでに朝の十時。日差しは強烈で肌をじりじりと焼く。雨がめったに降らないアフワールでも天気は変わる。昨日は薄曇りで湿度が高かった。今日は絵に描いたような晴天。空は青く、白い雲が細くたなびいている。カモに似た鳥が上空を横切るのがときおり見える。中央湿地帯には鳥が少ないとはいえ、いないわけではない。

私が懸念していたのはアヤド呉用がどれだけアフワールの実情を知っているかだ。「ボランティアとしてネイチャー・イラクを手伝っている」とのことだったので、正直期待してなかったが、実は驚くほど詳しかった。

すれ違うマアダンの人たちと親しげに言葉を交わしたり、私にアフワールの用語を教えたり、ときには船頭アブー・ハイダルに向かって「ちがう、そっちじゃない」などとルートの指示を出したりする。

どうしてそんなによく知っているの？　と訊いたら、「ぼくは漁師だったんだ」というからびっくりした。彼は十四歳から二十歳頃まで、家計を助けるため、お兄さんたちと一緒に、毎日舟に乗って魚をとっていたのだという。学校があるときは早朝に、学校が休みのときは一日中。湿地帯に詳しいわけだ。ジャーシム宋江よりずっとよく知っているだろう。

いやあ、お見それしました！

アヤド呉用は本家水滸伝の呉用とちがい、現場でも強い人だったのだ。水滸伝では「阮小二《げんしょうじ》」という漁師が登場する。家族思いで、水の世界を知り尽くしており、戦力としては梁山泊有数の好漢だ。アヤドはキャラクター的に呉用と阮小二を兼ねていたわけだが、混乱するので今まで通り呉用で行きたい。

町でも上機嫌な彼が水の上ではさらにハイテンションになり、「タカーノ！」と頻繁に呼びかけ、湿地帯のことを教えてくれる。

例えば水路の名称。水路は幅によって、呼び名がついているという。大きくは四種類ある。

幅一メートルくらいの小さい水路は「ミシェシュ」、幅が二メートルくらいになり二隻のシャクトゥーラが余裕ですれ違えるほどになると「サベル」、サベルよりやや大きい水路が「ガヘン」、そして二車線から四車線の大通りほどの水路は「ガルマ」。

学校の先生らしく、彼は教育熱心だ。舟が進路を変える度に「タカーノ、これは何と言う水路？」と訊く。私が「ミシェシュ？」と自信なさげに答えると、「ムンターズ（素晴らしい）！」と大げさな笑顔でほめてくれる。この年になっても、いや、この年になると以前にも増して手放しで褒められることなんかなくなるから、とても嬉しい。褒め上手な先生から実地でくり返し練習をさせられたら、水路の区別がすぐにできるようになった。

面白いのは、水路の呼び名が相対的なものではないことだった。例えば、ガルマ（大水路）にもガヘン（やや大水路）にも見える水路がある。なにしろ幅なんて葦や蒲などが無秩序に生えていてはっきりしないし、途中で広くなったり狭くなったりする。私がてきとうに「ガルマ」と答えると、先生は首を振る。「いや、これはガヘン」

「ガヘンかもしれないけど、ガルマでもいいんじゃない？」と先生に抗議すると、彼は再度きっぱりと否定する。

「いや、これはガヘン。誰もがガヘンと言う」

湿地民の間でどの水路をなんと呼ぶかコンセンサスができているらしい。つまり、その場にいなくても、「あそこのガルマをまっすぐ行って、ガヘンのところを右に曲がって、二本目のミシェシュを入ったところ」というように、言葉で場所の説明ができてしまうのだ。日本で地元の人たちが「国道をまっすぐ行って、セブン‐イレブンの向かいの路地を左に入ったところ」などと言うのと同じだ。

他にもマアダンの人たちが葦の束を切り取ったあとの「切り株」みたいなものを「ドゥーラ」と呼ぶとか、フセイン政権が作った道路の跡を「カスレ」と呼ぶということも習った。

今まで地元の人たちはどうやってこのぐしゃぐしゃした湿地帯の地理を把握しているのか不思議に思っていたが、彼らもただ視覚的な記憶力に頼るのではなく、「名前をつけて区別し認識する」という〝文明〟的な手法を利用しているのだ。

興味深いことにアヤド呉用は「これらの言葉はアラビア語じゃなくてシュメール語」だという。初めは混乱したのだが、彼が言う「シュメール」とは古代人ではなく、マアダンのことだった。おそらく「マアダン」が蔑称なので代わりの呼び名を必要としたのだろう。その際、「マアダンの人たちこそ古代シュメール人の子孫であり、湿地帯本来の住民である」という認識から、リスペクトをこめて「シュメール」と呼ぶことにしたらしい。東京の下町の人たちを江戸っ子と呼ぶのに似ているとも言える。ジャーシム宋江は使わないから、誰か別の、いわゆる「意識が高い人」が作った呼称のようだ。

実際のところ、「ガルマ」や「ドゥーラ」といったマアダンの人たちが用いる湿地用語の多くはアラビア語とは全然ちがうというから、古代シュメール語に由来する語彙が混じっていてもおかしくない。

「シュメール語ではこれは××と呼ぶ」という説明を聞きながら、水路の幅を自分の目で確認しながら進んでいくと、以前ジャーシム宋江に連れられて、漫然と舟に乗っていたときとは、まるで心持ちがちがう。空間的にも時間的にも、湿地の奥へ、奥へと自分が染みこんでいくように感じる。

さて、浮島作りである。

町からカスレ（旧サダムロード）沿いに走るガヘン（やや大きい水路）を三十分ほど行ったところにある広い水辺は「バグダーディ湖」と呼ばれている。ふつうの湖とちがい、岸辺はない。輪郭もはっきりしない。ただ広い水面が見られるだけだ。

カサブ（葦）の茂みにいきなりボートは突っ込んだ。一体何をするんだろう？　アブー・ハイダルがトイレに行きたいのか？　と思いきや、彼は長衣を脱いでランニングシャツと短パン姿になると、鎌をもって舟の先端まですたすた歩き、密集した葦の中に裸足でぴょんと飛び込んだ。自分の体重で葦を踏んでぐいぐい曲げている。

なんと、もう浮島作りは始まっているらしい。呼吸をひとつも置かず、ボートで走ってきた勢いをそのまま維持しているのに驚いた。「おい、待ってくれ！」と撮影係の隊長が慌てている。スマホで動画を撮ることさえ間に合わないのだ。

太さ二センチくらいのカサブは日本の笹に似ている。アブー・ハイダルに踏みつけられると、ちょうど水面から二十センチくらいのところで直角に曲がる。半分へし折られる感じというか。乾いたカサブは固く、ささくれ立っているから、足の皮膚などすぐ切れそうなのに、まるで安全靴を履いているかのように無造作に踏みしだく。すごい足だ。

少し離れたカサブの束は鎌で引き寄せ、同じように足で踏んで折る。瞬く間に二メートル×二メートルぐらいの広さが確保されると、今度は周囲に生えるカサブの束を刈り取り、そのスペースにのせる。

「来い！」と呼ばれ、私はそこに飛び乗った。足は沈まず、揺れもしない。まるでふつうの家の床みたいに平らで安定している。ここまで十分もかかっていない。

この辺りの水深はせいぜい一メートル前後だろう。葦は根が水底より五十センチ以上の深さに伸び、竹のように横に地下茎を張り巡らせるから、水平方向にも垂直方向にも強いと聞いていたものの、こんなに丈夫とは想像しなかった。

さらにアブー・ハイダルは、今度は私たちを葦の空き地に残したまま、ボートで出かけ、数十メートル離れた場所から蒲の葉の束を刈り取ってきた。蒲は一見葦と同じように見えるが、断面はきしめんのように平たい。これを下に敷くと、床がなめらかになる。マアダンの浮島の家にはいつも新鮮な青い蒲の葉が敷きつめられている。

次に小屋がけ。長さ二メートルぐらいのカサブの束を切って水面下の地面に突き刺し、テントのポールのように立てる。そのポールを何本か刺すと、今度はカサブの束を横に渡して、各ポールを縛る。これで骨組みはできた。「あとはゴザで覆えばいい」とのこと。

「おしまいだ」とアブー・ハイダルはにやりとした。

なんと全工程で二十分ぐらい。これが原初チバーシェなのである。ミャンマーのインレー湖や南米のチチカカ湖でも浮島は作られているけれど、それらは水に浮かんでいる。ところが、アフワールのこれは中空に浮いていた。

あとは住む人が多ければ単純にスペースを広げれば良く、長く住んでいて浮島が水面下に沈んでいったら葦をどんどん上に足していく。さらに、家を建ててわりと長く住むなら泥を運んで重ねていくという。

「大したもんやな。まさかこんなに素早く作るとは思わんかった」と録画のスイッチを切った隊長が言う。

「予想と全然ちがいましたね」と私も唸った。突然始まり、明確な終わりもない、その場しのぎの典型的なブリコラージュである。

アヤド呉用が「これがチバーシェだ、これもシュメールのものだ」と連呼するので、引き締まった筋肉をした船頭がシュメール人に見えてきた。実際に五千年前のシュメール時代でも湿地に住む人たちはこのようにチバーシェを作って住んでいたことだろう。

シュメールの文明側の人々は町を作るとき、下水の流れや風向きまで計算に入れて都市国家を設計したという。そちらは文明エンジニアリング。そしてこっちは野生のブリコラージュ。対極である。

チバーシェに所有権がなく、誰もが勝手に使えるというのも腑に落ちた。もともと何もない葦の茂みに即興で作るだけなのだ。こんなものにどうして所有権が認められよう。一時的に自然からスペースを「借りる」にすぎない。五千年前にウルの町で土地の賃借を行っていたのは、土地を確保するためにそれだけ労力がかかっていたからだろう。

作りたての浮島にごろんと寝そべってみる。寝心地は最高だった。下は柔らかく清潔だし、周りは高い青い葦の茂みに囲まれて、〝守られた〟感じがする。さわさわと葦が風にざわめく音と青く柔らかい草の匂いに包まれ、うっとりしてしまった。

何かに似ていると考えて、やがて思い当たった。子供の頃に作った秘密基地だ。あのときめきを思い出す。

チバーシェ(浮島)作り

1. 葦の密生している所を選び、舟で突っ込み、足で踏みつけていく。
2. 回りの葦を刈り寄せ、交差して積み上げるように踏みこむ。
3. 安定したら、蒲の葉を上に敷き床をなめらかにする。

横になると寝心地は抜群だった

この浮島はまだ水路に面しているが、もっと細い水路の奥に入って同じものを作れば、そうそう人に気づかれないはずだ。葦を踏みしだいて通路を作って、完全に葦のジャングルの中にスペースを作ることも可能だろう。町（国家）からの逃亡者が潜むのも簡単だ。そこを拠点に抵抗活動を行うことも。本当の「秘密基地」である。

浮島は地面の上にないことが唯一無二の特徴だ。テントを張るとか野営するという感覚とはちがう。何もない水上（しかも水に接していない！）に居場所を作ってしまうのだ。天と地が分かれた（あるいは神が分けた）ことを世界の始まりとする神話が世界各地にあるが、まだその前段階にいるようにも思える。

天地あけ初《そ》めぬ島だ。

船頭のアブー・ハイダルはボートの底から手品のようにメロンを一個とり出し、鎌で切り分け、私たちに配った。汁が滴り、甘くて美味しい。配るだけでなく、彼自身、三日月の切り身にかぶりついた。今はラマダン中なのに。

「インテ・ムウ・サーイム（え、断食してないの）？」私が言うと、彼は手の甲で汁をぬぐいながらにやりとする。

「ムウ・サーイム（断食してない）」

「インテ・ミスル・ジャームーセ（水牛と同じじゃん）」私が言うと彼は爆笑して言い返す。

「あんただって水牛と同じだろ！」

メロンを食べず律儀に断食しているアヤド呉用が笑った。

「あんたたち二人とも水牛と同じだ！」

楽しい。この楽しさを、古代メソポタミアの時代から、数多の逃亡者や新しく結婚したカップルは作りたての浮島で味わってきたのかもしれない。

4　ゲーマルの謎

マアダンの生活探訪・第二弾は「謎の食品ゲーマル」調査だ。

マアダンは古代メソポタミア文明のシュメール人やアッカド人の文化をダイレクトに受け継いでいると思われる。理由はカサブの家やタラーデが五千年前のものと同じ形をしていることと、水牛を飼っていることである。

この辺が湿地帯という環境の面白さだ。例えば、現在エジプトのピラミッドの近くに暮らしているヤギや羊やラクダが古代のファラオ時代の家畜の直接の子孫かというと、その可能性は限りなく低い。その周辺に暮らす農民や遊牧民が四千年前の古代エジプト人の直接の子孫か、あるいは古代エジプトの文化を受け継いでいるかというと、それも期待薄だろう。家畜も遊牧民も農民も移動するからだ。何千年も経てば、家畜や住民はすっかり入れ替わったり、痕跡が残らないほど他の地域の出身者と混血、同化してしまったりするだろう。

ところが、水牛はちがう。水のあるところでしか生きられないのだ。しかも湿地帯は砂漠と海に囲まれている。古代アフワールの水牛がすっかりよその土地に移動し、別の土地から新しい水牛がやってきたということは考えにくい。同様に、水牛飼いが他の水牛飼いとまるっきり入れ替わったりする確率も低い（新しい人たちが水牛飼いに参入して混血が進むことは当然あるだろうが）。

だから、水牛は四千年以上前の水牛の直接の子孫であるだろうし、それを飼う人たちも四千年以上前のマアダンの血をある程度は引いている可能性が高い。少なくとも文化は受け継いでいると考えていい。

古代のシュメール文明やバビロニア文明は滅んでしまったが、水滸伝世界は特別栄えることもないかわりに滅ぶこともなく、当時の生活を伝えているのだ。

水牛が飼育されているのは肉をとるためではなく、乳およびその加工品のためだ。要するに、水牛の乳製品は現在まで受け継がれる世界最古の加工食品と考えられる。

とりわけ水牛のクリーム「ゲーマル」は、鯉の円盤焼きと並ぶイラクの二大国民食の一つであり、他の土地にない食品ながら、私たちにとっては「謎」だった。

いまだに作り方がよくわからない。というより、腑に落ちない。「水牛のミルクを温めてから一晩おくだけ。何も入れない」と聞いているが、それでは牛乳の膜と同じで、とてもあんなに芳醇なクリームとも絹ごし豆腐ともつかない食感の乳製品ができるとは思えない。

もう一つ不思議なことに、ハンマール湖の浮島に住むアル・バハリー氏族の人たちは「ゲーマル」は作らない。「ヨーグルトだけ」と言う。そんなに簡単なのになぜ作らないのだろうか。

私は六、七年かけて日本・アジア・アフリカの納豆の取材をしたことがある。その過程で（苦い経験を含めて）思い知ったのは、「聞き書きで食べ物取材はできない」ということである。作り手は下拵えや調理の手順などを頭でなく体で憶えているので、口頭で訊ねられても往々にして正しく説明できないのだ。

もしかしたらゲーマル作りにも何か特別なコツや技術あるいは添加物があるんじゃないか。そう思って、実際に見てみることにした。アヤド呉用に頼むと、彼はさっそく、市場のゲーマル売り場で自作のゲーマルを毎朝販売しているウンム・ハッサンという女性と話をつけてくれた。

ちなみに、この取材の過程で気づいたのだが、ここの市場は——厳格なイスラム社会ではどこでもそうであるように——基本的に男性ばかりである。買物客も女性はちらほら程度でしかも夫か兄弟などと一緒に来ている。

売り手にいたっては、魚を売る人と乳製品を売る人しか女性がいない。彼女たちはみんなマアダンであった。定住民の女性は市場で働いたりするのを許されないのだが、マアダンは別である。彼らはほぼ核家族単位で生活をしていて、しかも一世帯ごとに別々に生きている。葦や魚をとるのも、それらを市場へ運ぶのも、市場で売るのも、ほぼ全て自分たちの家だけで行う。他のマアダン世帯と協力したり、定住民の仲買人や販売店に頼んだりしない。自己完結性が高いのである。だから女性だって表に出て働かないわけにはいかない。あるいはマアダンの女性は自由度が高いという見方もできる。

マアダンに比べると定住民は社会的なつながりが強くて大きい。例えば、漁業なら「漁師→卸しor仲買人→小売り」という仕組みが小さいチバーイシュ町でも成立している。そしてそれは男性の役割とされ、女性は家庭内の仕事に集中させられている。人間のつながりが大規模になればなるほど分業化が進む。文明度が上がると、同時に個人に対する「圧力」も上がる。

マアダンと定住民のちがいはこんなところにも現れるのだ。

ウンム・ハッサンは湿地の中ではなく、町に住んでいた。アフワールに面したカスレ（カスラ、ケスレとも言う）地区で、ごくふつうの石造りの民家であるが、裏手で水牛を飼っていた。この辺に暮らすのはみんな「定住したマアダン」であり、水牛を飼ってゲーマルを作って生計を立てているという。

八時半頃私たちが到着したとき、作業はすでに始まっていた。窓の小さい部屋の壁際にプロパンガスの台が設えられ、ステンレス製の平たい鍋がずらりと並んでいる。そのうち四つの鍋でミルクがぐつぐつ沸騰し、甘い匂いが暗がりに立ちこめていた。かなり本格的な家内制手工業の趣だ。

毎日約二十五リットルのボトル二本分のミルク（つまり五十リットル）を一時間ほど煮る。その間、カップで二人の女性がひっきりなしにかき混ぜる。この時点で「膜」を作らないようにしているらしい。火を止めるとしばらくおき、冷めたらもう一度火をつけて十分くらい同じようにかき混ぜた。そして、火を止めた。

「あとは夜まで十時間ぐらいおいておく」という。たしかに「沸騰させるだけ」ではあるが、一時間もかき混ぜるのは相当に面倒だ。

しかし、それを言うなら、この取材自体が思ったよりはるかに面倒だった。乳製品作りが女性の仕事だからだ。マアダンの社会では、水牛の乳搾りだけは絶対に男性が行い、それ以外の加工作業は女性が担当すると決まっているという。

本来、親族以外の男性が女性と接触してはいけないという現代イラクのルールがある。イスラムの半分〝圏外〟に暮らすマアダンの人たちはそのルールへのこだわりが少ないが、町に暮らすとそうもいかないらしい。一家の主（ウンム・ハッサンの夫アブー・ハッサン）が目を光らせている。

ウンム・ハッサンは黒いアバーヤをまとい、顔も黒い布で覆っている。見えるのは目だけ。彼

ゲーマル作り
1、牛乳を煮ながら、かきまぜること1時間。
2、夜まで10時間おいてできあがり。
3、氷水につけて急に冷やす。
4、表面の膜をナイフで6等分に切り
巻き込むように取りだす。

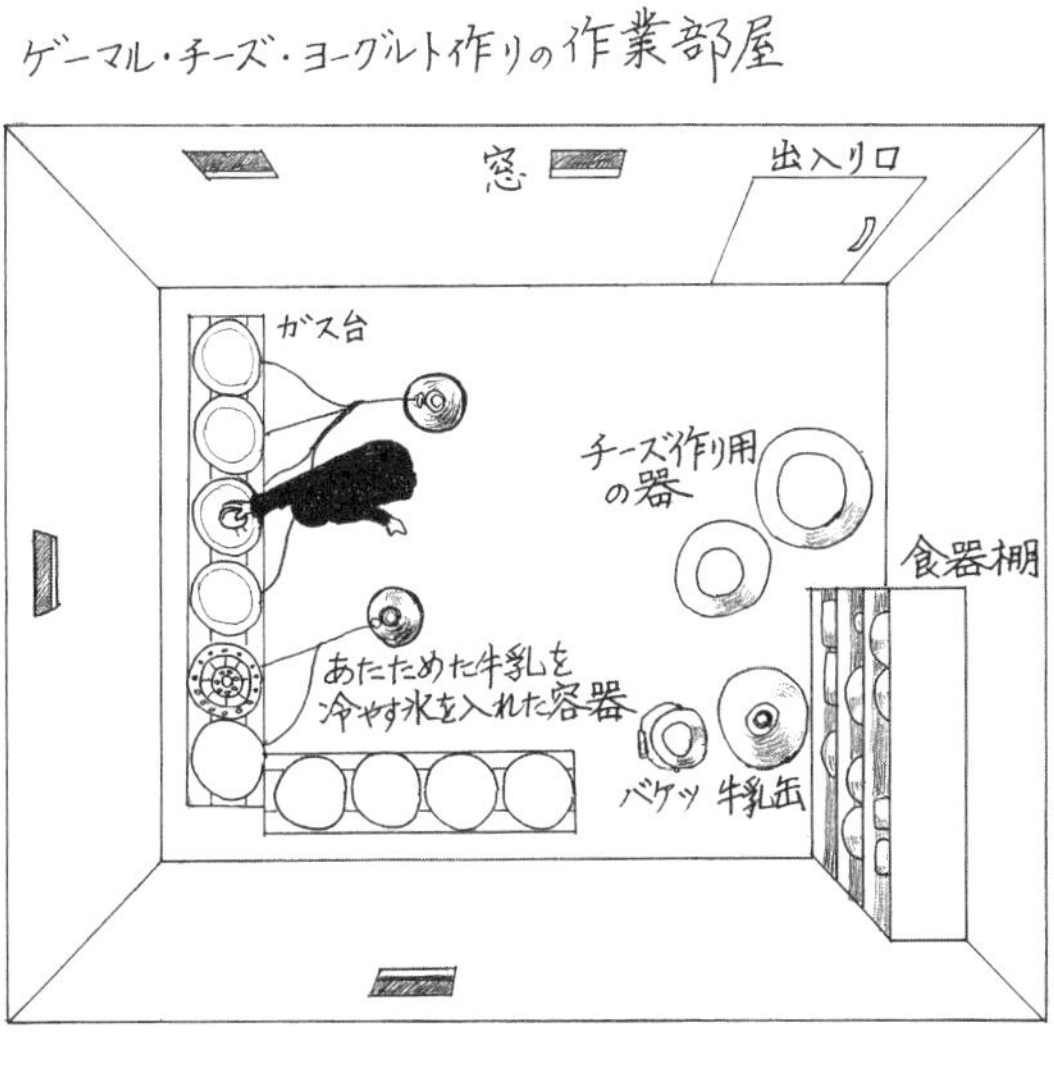
ゲーマル・チーズ・ヨーグルト作りの作業部屋
窓
出入り口
ガス台
チーズ作り用の器
食器棚
あたためた牛乳を冷やす氷を入れた容器
バケツ
牛乳缶

女も日頃はもっと動きやすい服装をしているはずで、この日は見るからに作業がしづらそうだった。だいたい冷房もない閉め切った部屋で火を焚いているから猛烈に暑い。私の頰を汗が滴り落ちる。女性たちもさぞかし暑いだろう。彼女たちは極力顔をこちらに向けないよう、不自然にそらせ、緊張しながらミルクをすくっては高みから流し落としている。なんだか風変わりな秘教の儀式みたいだ。

ゲーマル作りのあと、チーズ作りも見られるというので、準備ができるまで、居間兼客間で待機。ジャーシム宋江がいないと、時間がとれていい。梁山泊の頭領はせっかちでいつも忙しいから、こういう時間のかかる取材は頼みにくいのだ。

親族らしき大人の男性や子供たちが集まってきたものの、異国のよそ者を前に、みんな、固くなっている。通訳者がいないと間が持たない。

「しゃーない！」私は意を決して声を張り上げた。例によって愛のポエムを吟じたり、氏族ネタを繰り出したり、「エレキ漁でしびれる魚の真似」という最近考案した新しいギャグを演じたりして、なんとか場をなごませようとつとめたのだ。

面白いことに、アフワールの人たちは、ギャグやジョークに「流れ」を求めない。日本や多くの国では、出会った人相手に唐突に歌をうたいかけたり、沈黙が支配している集まりで突然ギャグを言ったりしたら、「は？」という顔をされたり、逆に場が白けたりするだろう。下手したら怒られる。でもアフワールでは大丈夫。正確に言えば、全員ではなくても、何人かにはウケる。それをきっかけにざわめきが戻り、ホストも満足げな顔をする。アフワール人は根は生真面目でありつつ、同時にたいへん陽気だ。

シーンと静まりかえった広間でいきなり立ち上がり、感電した魚になって体をビクビク痙攣《けいれん》させるのは勇気がいるが（しかも五十代半ばになって！）、その勇気は「うわっはっは！」という笑い声と景気のいい拍手で報われるのだ。

私たちがわいわい楽しげにやっていると、じょじょに女性も集まってきて、腰を下ろす。この辺はさすがマアダンである。定住民の家では考えられない。

かたや隊長はここの人たちの似顔絵を描きはじめた。まず髭面の主アブー・ハッサンを描いてみせた。よく似ていたのに、ご本人はプライドが高い人らしく、絵を見せてもフンと鼻を鳴らしただけだった。

女性たちの反応はちがった。ゲーマル作りの名人ウンム・ハッサンを描いたところ、主アブー・ハッサンはまたしても面白くない顔をしていたが、奥さん本人にあげると、とても喜んだ。私たちは似顔絵を写真に撮っておいた。女性の写真を撮ってはいけないのだから、似顔絵はこちらにとっても貴重だ。そのときは余裕がなくて気づかなかったが、後で絵を見ると、彼女がきちんとアイラインを引き、口紅も塗って、きれいにメイクしていることがわかる。

やがて、年頃（十六、七歳くらいか）の娘がすーっとやってきて、「私も描いてほしい」と言うなり、あろうことか、私たちの前で顔を覆っていた布をパッと外した。

主アブー・ハッサンの目が一瞬怒りに燃え上がった。

「俺は殺されるんじゃないかと思って焦ったよ」と隊長は後に語る。

「まずい！」と私も思い、今度はエレキ漁で、魚だけでなく漁師も感電して痺れるという一人コントみたいなものを始め、ごまかすのに必死。周りが楽しく笑っていると、ホストは怒るに怒れ

左から主アブー・ハッサン、妻ウンム・ハッサンと娘の似顔絵

ないからだ。

ジャーシム宋江がいないから、自分たちでなんとかするしかない。今までも湿地帯芸人みたいなことをしていたとはいえ、あくまでジャーシム宋江がけしかけて私がそれに応えるという「猿回しの猿」形式だった。でも猿回しが不在の今、猿は自立しなければならない。

われら芸人ならぬ芸猿の奮闘の甲斐があり、一時間もすると、みんなの警戒心はすっかり緩んできて、けっこうふつうに話ができるようになってきた（アヤド呉用の「同言語通訳」の助けを得てだが）。

例えば、ウンム・ハッサンの手には何か模様のようなものが見える。アラブの人たちはヘナという染料で手に模様を描くのでそれかと思って訊ねたら、「ちがう。イディク（入れ墨）」だという。「ハラーム（イスラムで禁忌）だけどね」とウンム・ハッサンはいたずらっぽく笑った。

アヤド呉用は、イディクという言葉も「シュメール語」であり、入れ墨自体がシュメールの文化だと言った。彼女が言うようにイスラムでは入れ墨はタブーなので、この面でもマアダンはイスラム電波がひじょうに届きにくい世界に生きていることがわかる。

チーズ作りはウンム・ハッサンの娘二人が行った。またしても顔を黒布で覆い、私たちと目が合わないよう、虚空を凝視しながら、一メートル以上の長さにチーズを伸ばしている。このチーズ作りには塩を用いない。フレッシュチーズなのだ。これもまた何千年も前から作られてきたものだろう。


夜にウンム・ハッサン宅を再訪すると、ゲーマルの鍋は氷水につけて冷やされていた。一時間ほど冷却するという。急速冷却か！　これは今まで誰も教えてくれなかった技術だ。

そして、いよいよ取り出し。少しベージュっぽく変色した表面の膜にナイフを入れ、六等分に切り、最後は両手でそっと膜をつかむと、春巻のように丸め込みながら取り出す。芸術品のように美しいゲーマルだ。

ここからとれるゲーマルは約五キロ。一キロ九〜十ドルで売れるというから、キロ十ドルとして、一日五十ドル。アフワールでは実入りのよい仕事に思えるけれど、経費がばかにならない。ガス代、氷代のほか、水牛のエサ代がかかる。私たちも市場で水牛用の飼料売り場を訪れたことがある。小麦やふすま（小麦の外皮）などが売られていた。店の人によれば、こういう飼料を与えないと美味しいゲーマルはできないという。ウンム・ハッサンのようなプロのゲーマル作りは水牛に飼料を与えている。

さらに、市場に持っていって自分たちで売らなければいけないことを考えると、わりがいいとは言えない。家内工業的な量産体制を敷いているので、なんとか商売になっているのだろう。

取材が終わってからも茶を勧められ、また居間でだらだらと長居していた。こういう無為の時間が大事だ。リラックスした雑談の中から興味深い話が出て来たりするからだ。

ゲーマルについても面白いことがわかった。主アブー・ハッサンは「結婚するまでゲーマルを食べたことがなかった」というのだ。彼はかつてナーシリーヤに近い湿地に住んでおり、フセイン政権のとき、政府とトラブルがあってこちらに逃げてきたという。

「私の一族はゲーマルを作らない。妻の一族はゲーマルの作り方を知っているからそれで初めて食べるようになった」

彼ら夫妻が言うに、ゲーマルは誰もが作れるものではない。作る技術と経験が必要。しかも昔、湿地帯の中に住んでいるときは氷もなく、冬の寒い時期にしかゲーマルは作れなかった。最後に冷やさないと美味しく出来上がらないというのだ。

やっぱりコツは急速冷却にあったのか。湿地民だけでなくイラク人は誰もがゲーマルをイラクの国民食のように自慢する。でもそれは昔からの伝統ではなかった可能性が高い。

実は私たちはあとで他の湿地民の家を訪ねて訊いてみたところ、やはり食べている人は少なかった。一度、ハンマール湖にある浮島の家でゲーマルをいただいたが、ただの牛乳の膜みたいで、市場のゲーマルとは似ても似つかなかった。

私は自分でもゲーマルを作ってみた。船頭アブー・ハイダルに市場から水牛の乳を買ってきてもらい、ウンム・ハッサンとほぼ同じ手順で作った。ただし、ミルクをかき混ぜるのは一時間でなく五分ぐらい、最後の冷却は氷ではなく冷蔵庫のフリーザーで行った。

自分でやってみると、この冷やす過程がすごく重要だとよくわかる。冷やす前はただの牛乳の膜みたいに薄いのに、一気に冷却することによって分厚いヨーグルトとも豆腐ともつかない厚みや質感が出るのだ。ウンム・ハッサンのものには及ばないながら、まあまあの作品ができた。

実は牛乳から作る生クリームも全く同じ手順で作られていることを後で知った。最後に冷蔵庫や氷で急速冷却するのである。ただ、新鮮な牛乳でこのように作っても同じ味になるとは思えない。比較調査をしていないのでなんとも言えないけれど、水牛と牛では乳に含まれる脂肪分や他の成分がかなりちがうのではないか。

調査の結果から推測するに、ゲーマルは本来、寒い時期に一部のマアダンの人たちが作るささやかなおかずみたいなものだったのではないだろうか。

ゲーマルが古代シュメールかバビロニアの時代から食べられていたとしたら、こちらの「原初ゲーマル」だろう。二十世紀半ば、氷が使えるようになったおかげで、ゴージャスな「本格ゲーマル」というべきゲーマルが生まれて商品化され、他のマアダンの人たちも食べるようになった。最初に「本格ゲーマル」が作られるようになったのは湿地帯の中ではなく、バスラやナーシリーヤやアマーラといった都市部だったのだろう。

もしかしたら、一九五〇年代から六〇年代にかけて、大量の湿地民が首都バグダードに流出したとき、そこで大々的に商品化されたのかもしれない。なぜなら、バグダードがイラクで最も進んだ都会であり、氷へのアクセスが容易だったはずだからだ。

今のような形の「本格ゲーマル」は実は現代都市文明の恩恵をもろに受けたハイブリッド食品だった——というのが私の仮説である。

文明と非文明は複雑に絡み合っているのだ。

5　移動経路を調査する

マアダンの人たちは遊動民である。私と隊長はこれまでアジア、アフリカの各地で、遊牧民や狩猟採集民を見てきた。彼らは定住をせず、転々と住居を変えて移動しているが、決してランダムに移動しているわけではない。多くの場合、一年の中でサイクルや決まった移動経路を持っている。例えば、トルコのクルド人やブータン人の遊牧民は夏になると標高の高いところへ家畜を連れていき、寒くなると逆に標高の低い暖かいところに下りていく。ソマリの遊牧民は雨季と乾季のサイクルにしたがってヤギやラクダを連れて移動する。家畜に必要な草と水のある場所が季節ごとに変わるからだ。

マアダンの人たちもそのようなサイクルがあるにちがいない。ここには（かなり不規則とはいえ）季節に応じた水の増減がある。また、夏と冬の気温差は三十度以上に達し、草の生え方も当然変わってくるだろう。このような場所で、彼らはどのように移動しているのか。

言語の問題もあるし、私たちは十分な調査能力も時間もないから、あくまで「実感」を得ることが眼目だ。とはいえ、なるべく事実関係を明らかにするため、ＧＰＳを使用した。

まず取材対象者を選んで聞き取り調査を行い、彼らがこの数年もしくは十数年の間に移動して家（拠点）を構えた場所を教えてもらう。次に可能な限り、彼らと一緒に過去の家（拠点）のあった場所をボートで実際に訪れて、土地の様子を見てＧＰＳで位置を確認する（ログをとる）。そして最後はパソコン上で移動経路をデータ化する。

――と簡単に書いてしまったが、正確には使用したのは山田隊長である。隊長は現在の本業である森林調査の仕事でもGPSを使っているというから、安心していたが、実際には別のアプリを使用しなければならず四苦八苦していた。しかもビデオ撮影と似顔絵描きを同時進行でやらねばならないから大忙しだ。

もっとも私はアラビア語でインタビューを行わねばならないので、同じくらい必死。町ではなく湿地帯の中に住んでいる〝真正マアダン〟の人たちは独特の方言を持っていて聞き取りが難しい。そこは同言語通訳のアヤド呉用に一般的なイラク方言に直してもらうからいいとしても、彼らの説明自体がなかなか理解できなかった。

取材自体も手間と時間がかかった。訪ねた人が家にいるとはかぎらず（不在である方が多い）、主がいない場合は女性に会わないよう、少し離れたところで待機したり、出直したり、別の人を当たったりということもしなければならなかった。当然のことながら、わざわざ過去の家（拠点）まで一緒に行くのを誰しも面倒がった。そこを説得して後で謝礼を払った。

ちなみに、湿地の人は、定住民もマアダンもたいへん誇り高く、「人に雇われる」ことをとても嫌がる。だから前もって謝礼を払おうとする

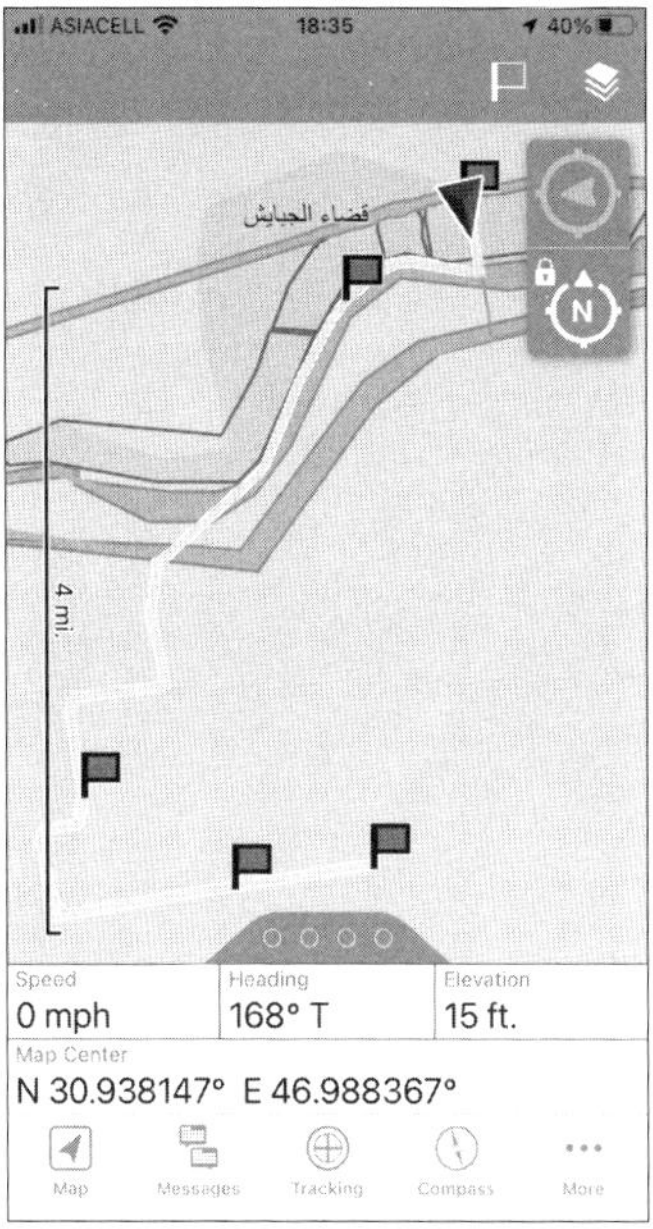

GPSで移動経路をたどる
（アブー・ラーディの例）

と、失礼に当たったり断られたりする可能性がある。そこで、ちゃんとお願いして取材に〝無償協力〟してもらい、あくまで最後に「お足代」「お茶代」を渡すという作法が必要になってくるのだ。

この移動経路調査にわれわれ二人とも本当に苦労した。訪ねた人は三人。なるべくサンプルにバリエーションをもたせたかったので、あえて住む場所も氏族も別々の三名を選んだ。

〈1〉アブー・ラーディ　ハンマール湖（南部湿地帯）　アル・バハリー氏族

浮島に住んでおり、これまで何度も訪れている人である。山田隊長は「トム・クルーズそっくりや！」と言っている。たしかに眉の骨（眉弓骨）と鼻筋が見事なTの字を描いているところは似ているが、風や日差しにさらされた彼の風貌は本家よりはるかにワイルドだ。以下、「ワイルド・トム」と呼ぶことにする。

彼は一九八六年生まれ、三十六歳。カスレ地区に生まれ育った。フセイン政権がアフワールを潰してからはバグダードの方に移住し、二〇〇四年、アフワールの復活とともにチバーイシュ町のカスレ地区に戻ってきた。彼のアフワール遊動民としての生活はここから始まる。

二〇一四年、水牛が増えたのでカスレ地区からハンマール湖の①ガルマという島に移った。ガルマで二年住んでから、②二〇一六年九月にデベンという場所に移った。そこに五年住んでから、③二〇二一年十月に現在のイムチェメルという浮島に移動した。

なんと、八年間で三カ所しか住んでいない！　ガルマやデベンという地名もどこだかわからないので、実際にボートで案内してもらう。すると、いずれもハンマール湖にあり、せいぜい直線距離にして一キロずつぐらいしか離れていなかった。

まず、②デベンは五年も住んでいただけあって広かった。浮島ではなく土の島だ。今の浮島の三倍ぐらいありそうだ。〝現代シュメール語〟で「モーゲット」と呼ばれるマアダンの家特有の丸い囲炉裏の跡が残っていた。かつては水が豊富でハシーシ（葦の若葉）もたくさんあったが、現在は水が少なく、塩分濃度も高い。ハシーシも少ない。「もし水が戻ってくれば、俺たちもここに戻る」と彼は言う。

次に彼が二年住んでいた①ガルマ。②デベンと同じ水路沿いで、もっと西にある。「ここは狭いし、水も少ない。友だちも少ない」という理由で移動したという。

とても理解が難しく混乱する回答だ。

意外だったのは、ワイルド・トムが季節ごとに、あるいは一年で何カ所か移動せず、同じ場所に何年も住んでいることだった。彼自身は「水が少ないから移動した」と答えているが、その間に水は相当増えたり減ったりしている。それはデータ上からも明らかだ。

例えば、②への移動時期である二〇一六年は、特に水が多くも少なくもない年だった（三三八頁参照）。そして、二〇一八年は大渇水の年だったが、アフワールの水が激減したにもかかわ

ワイルド・トムと子供たち。右から二人目は山田隊長

らず移動していない。つまり、実際はかなり水が増減してもそれで移動していないことになる。

それから②デベンという土の島についてワイルド・トムは「俺の場所で、許可なく他の人間が住むことはできない」と言ったこと。浮島に所有権はないのに、土の島にはあるようだ。

詳細はわからなかったものの、どうやらワイルド・トムが自力で土を運んで大きな島にしたらしい。投入した労力が大きいと所有権の気持ちが芽生えるのではないかと解釈した。

〈2〉サイイド・ウサム　中央湿地帯　サーアド・ガワーリブ氏族

年齢を聞きそびれたが、おそらく二十五歳くらいだろう。マアダンの男子は結婚すると（あるいは子供ができると）独立するという。彼もそうで、もともとチバーイシュ町のカスレ地区に住んでいたが、三年前の二〇一九年に結婚して独立し、移動生活に入った。子供はまだいない。

彼の移動もひじょうにイレギュラー。

①イシャン・アブー・ヌスレ　二〇一九年十月〜二〇二一年七月（約一年九カ月）
②アル・デッチェ　二〇二一年七月〜十一月（約四カ月）
③ハマラ　二〇二一年十一月〜二〇二二年一月（約二カ月）
④ハレッド　二〇二二年一月〜二月（約一カ月）
⑤カスレ　二〇二二年二月〜四月現在（約三カ月）

（一七五頁の地図参照。前にも述べたが、「イシャン」とは古代メソポタミアの遺跡で、現在は島のような陸地になっている。イシャンは数カ所あるが、だいたい東西に並んでおり、いずれもユーフラテス川から北へ十キロほどの距離に位置する。また、ここでいう「カスレ」とは、駅のホームみたいになって

いる破壊された「サダムロード」の跡)

初めの①イシャン・アブー・ヌスレには二年近く滞在したのに、それ以後は去年の七月から今年四月現在までの九カ月間に四回も引っ越しをしている。

理由はすべて「水が少ない＝水の塩分濃度が高い＝ハシーシが少ない」だった。

塩分濃度はアフワールの人たちがもっとも気にする要素である。農業を行ううえでも塩害は困る。小林登志子氏によると、歴代の古代メソポタミア王朝が南から北へどんどん中心を移していったのは塩害が大きな理由の一つだという。水牛を飼ううえでも、水の塩分濃度が高まると乳の質が悪くなるとか水牛が病気になりやすいなどと言われる。また水牛にとっていちばん良いエサとされるハシーシの発育もよくないとされる。

サイイド・ウサム

とはいえ、二〇一九年は大豊水であり、二〇二〇年と二〇二一年はやや少ないがさほど年間で変化がなかった年である。それで移動する必要があるのか。

だいたいにおいて、彼もまた移動距離が短い。③ハマラだけ五キロ以上離れているらしく、私たちは時間がなくていけなかったが、それ以外はみんな一キロ程度の距離だ。こんなに近かったら水の量は変わらないだろう。塩分濃度は流れにもよるのでわからないが。

〈3〉ファラー　中央湿地帯のイシャン・ハラーブ　サーアディ氏族

年齢は四十歳。額のしわが渋くて、山田隊長は「（『勝手にしやがれ』に出てたフランスの俳優）ジャン＝ポール・ベルモンドそっくり」だと言う。イシャン・ハラーブから十キロほど離れたトゥィーレに生まれ育つ。子供は九人。シャクトゥーラ一艘の他、手漕ぎボートを三艘もつ。

彼の移動経路は以下のとおりである。

①カスレ　二〇一〇年一月〜十二月（約十一カ月）

②**イシャン・ハラーブ**　二〇一〇年十二月〜二〇一六年二月（約五年二カ月）

③カスレ　二〇一六年二月〜十月（約八カ月）

④**イシャン・ハラーブ**　二〇一六年十月〜二〇二〇年不明（約四年）

⑤ウンム・シュエジ（チバーイシュ町の近く）

チバーイシュ町におけるユーフラテス川の水位

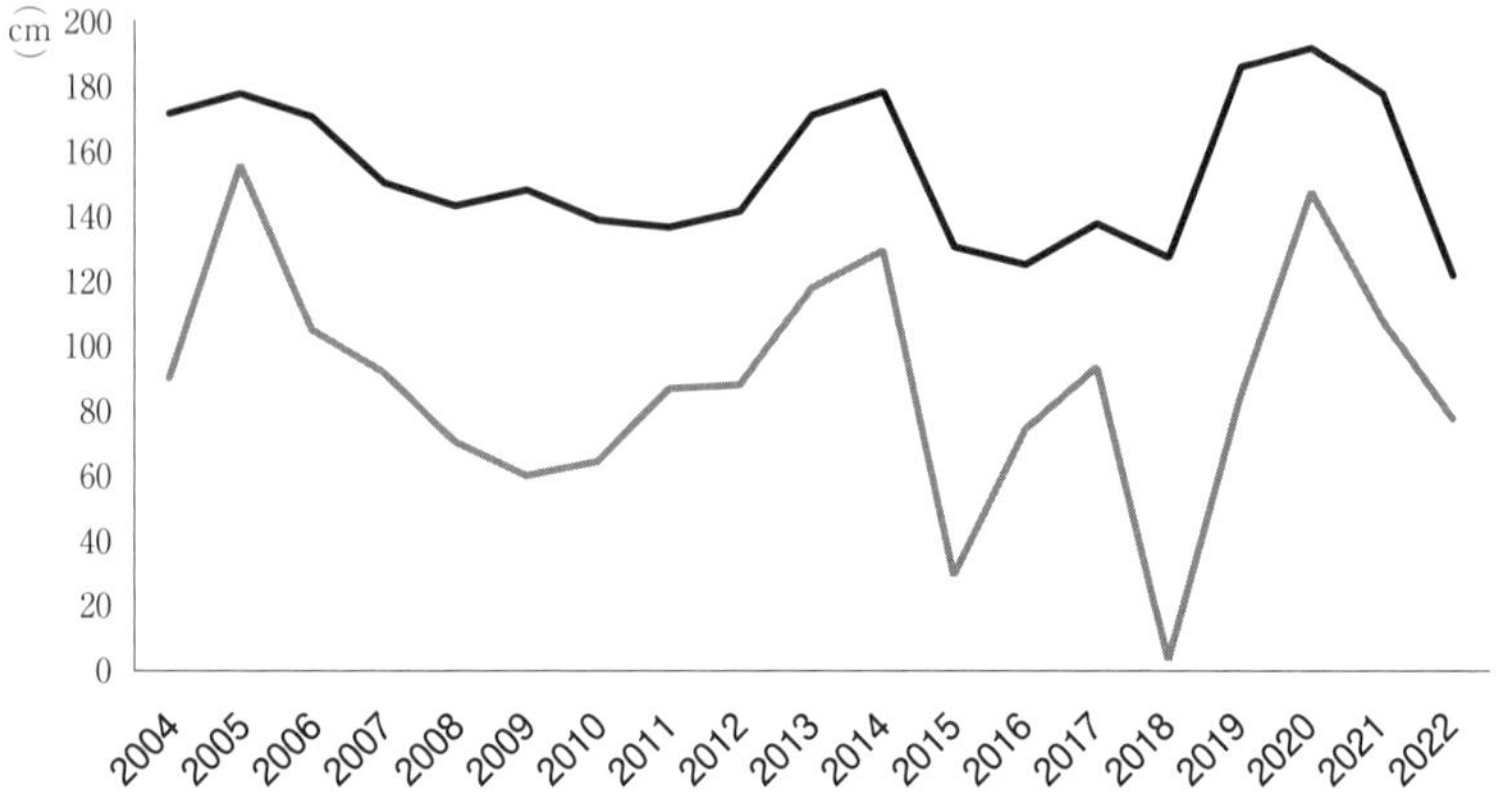

上が最高値、下が最低値を示す。中央および南部湿地帯の水量はユーフラテス川の水量と基本的に連動しているので、ある程度は推測できる（イラク水資源省湿地復興局資料より作図）

二〇二〇年不明～二〇二一年一月（一年以内）
⑥**イシャン・ハラーブ**　二〇二一年一月～九月（約八カ月）
⑦ゼッチェ　二〇二一年九月～二〇二二年二月（約五カ月）
⑧**イシャン・ハラーブ**　二〇二二年二月～五月現在（約三カ月）

彼の移動経路もなかなか複雑だが、明らかにイシャン・ハラーブを拠点にしている。二〇一〇年～二〇一六年と二〇一六年～二〇二〇年は、それぞれ四、五年も住んでいる。他の年も必ず何カ月かはハラーブで過ごしている。むしろ、ハラーブに定住し、ときどきなんらかの事情で過ごしにくくなると一時的に他の地域に住む程度にみえる。

〈2〉のサイイド・ウサムもイシャン・アブー・ヌスレにいたときは長居している。イシャンにいるときはそれほど動かないのかもしれない。

ファラー

以上、ざっと三人（三世帯）の移動経路を記した。三つの事例からでは普遍的な結論を導けないものの、多少の感想を言うことはできるだろう。

私と山田隊長が意外に思ったのは、それぞれの移動経路があまりに異なることだった。

〈1〉のワイルド・トムは同じところに長く暮らしている。〈2〉のサイイド・ウサムは三カ月ほどの短期間で次々と移る。そして〈3〉のファラーはハラーブという拠点をしっかり持っている。しいて共通点を見出すとすれば、いずれも移動する場所はだいたい近くであり、さほど遠くへ行かないことだ。個人か氏族かのテリトリーがあるのだろう。あるいはあまり遠くへ行くと、親族や友だちと会いづらくなり不便なのかもしれない。

でも、彼らの移動パターンが異なるのも無理はないという感じもした。家族形態や生活様式がまるっきりちがうからだ。

〈1〉のワイルド・トムはハンマール湖にある葦の浮島に住んでいる。〈2〉のサイイド・ウサムと〈3〉のファラーはイシャンかカスレ（サダムロード）という固い地面にしか家を作らない。中央湿地帯のマアダンは、昔はともかく、現在は葦の浮島に住んでいる者は誰もいない（浮島の生活を残すのは南部湿地帯の住民だけだ）。〈2〉のサイイド・ウサムにいたっては葦の家ではなく、鉄骨の骨組みにゴザをかぶせた家に住んでいる。

浮島と陸地はどちらが住みやすいかはわからない。一見、陸地の方が便利なように思うが、プライバシーやセキュリティ上は、誰もが歩いて訪ねてくる陸地よりも独立した島の方が有利な点もある。

家族構成や年齢のちがいもあるだろう。〈2〉のサイイド・ウサムが頻繁に移動をくり返しているのは子供のいない若い夫婦だからということも十分考えられる。飼っている水牛も数頭しかおらず（正確な数字は聞きそびれた）、なおさら身軽だ。また経験もないし、よい場所は年配一家におさえられているため、新たな場所を開拓する必要があるのかもしれない。

もう一つ、とても重要なことがわかった。「現在、中央湿地帯ではマアダンの人たちはイシャンより北側に住まない」ということだ。中央湿地帯の塩分濃度は濃いため、この水を飲んでいると水牛は長生きしないし乳の質もよくないとされる。だからどこの家でも水牛用の飲み水をユーフラテス川（チバーイシュ町）まで汲みに行き、高さ一メートル、幅二メートルほどもある巨大なポリエステル製タンクに貯蔵している。水牛をたくさん飼っている家は水汲みのために一日にボートで何往復もするという。燃料代と時間がかかるから結果的にチバーイシュ町から遠くに住みたがらない。

ただし、これらの事例だけでは、マアダンの人たちが狭い範囲で暮らしているように思うかもしれないが、それはちがう。

私たちが最初の取材時（二〇一八年）に泊めてもらった〝大牧場主〟のサイイド・ユーニスは、もともとティグリス川の支流であるガラーフ川沿いで生まれ育ったが、その後アマーラの周辺に移り、アフワールが干上がってしまったために各地を放浪して、今は中央湿地帯のイシャン・グッバ周辺に暮らしている。一族郎党と水牛百頭近くを引き連れ、百キロ単位で何度も移動しているのだ。

ゲーマル作りを見せてもらったアブー・ハッサン（奥さんや娘の似顔絵を描こうとすると目が怖くなる人）はかつてナーシリーヤの近くに住んでいたが、フセイン政権時代に何か問題に遭遇し、数十キロ離れたチバーイシュ町近くに移住してシュガンベという氏族の傘下に入ったという。そのシュガンベ氏族は今ではチバーイシュ町周辺に数多く見られるが、もとは隣のバスラ県を拠点としていたという。

アフワールは安定した場所ではない。二十年や三十年というスパンで見れば、常に何かが起きている。国家レベルの戦争、氏族抗争、政府からの差別や迫害、大干魃や洪水といった自然災害などなど。

前に述べたように、これだけの材料から一般的なことは何も言えないのだが、マアダンの人たちは時代と場所に応じて、ひじょうに柔軟に環境に対応していることはまちがいない。

移動経路取材で、いちばん難しかったのは、地名である。

話をしていて、何が地名なのか普通名詞なのかわからないのだ。例えば、〈1〉のワイルド・トムが住んでいた「デベン」とは浮島（チバーシェ）に土を盛って作った島のことである。「ガルマ」とは前に書いたように大水路の意味だ。ともに普通名詞である。

〈3〉のファラーが生まれ育った「トウィーレ」は「長い」というアラビア語の一般的な形容詞である。

デベンやガルマは至るところにある。日本語で言えば、「丘」とか「大通り」くらいの感覚だ。いったいどこの丘か、どこの大通りかわからないし、大通りに面しているからその場所も「大通り」と呼ぶのは理解が難しい。

それからカスレという地名がやたら頻繁に出てくる。「カスレ」は「シュメール語」ではなくアラビア語で「壊された」という意味だ。これも長らく謎だったが、何度もアヤド呉用に訊いて確かめるうちに徐々にわかってきた。フセイン政権が倒れたあと、人々は川の水を湿地に引き入れるため堤防を壊した。その壊された場所を「カスレ」と呼ぶ。でも壊されたところは十四カ所もあり、すべてがカスレである。しかもかつてサダムロードと呼ばれていた舗装道路も壊されたから、その旧道全体もカスレと呼ばれるのだ。

語彙自体はアラビア語ながら、使用方法は「シュメール的」としか言いようがない。

どの言語でも固有名詞は普通名詞に由来すると思う。例えば、日本語でも大きな川のほとりにある村は「大川」と呼ばれたり、そこに住む人は「大川さん」と呼ばれたりしただろう。小さな集落の中では「岬」「川」「谷」「浜」だけで通じることは普通にあっただろう。でも、近隣の他の岬や川や谷、浜と区別するときには特定の名称が必要になり、信濃川とか由比ヶ浜とか襟裳岬といった固有名詞が生まれたはずである。

ところが、アフワールは今でも東京都を優に上回る巨大な規模にもかかわらず、固有名詞としての地名が極端に少ない。

彼らが普段よく利用している固有名詞はむしろ個人と氏族である。例えば、私たちが取材に出かけるとき、「どこへ行くの?」と誰か湿地に詳しい人に訊かれたら、「アブー・ラーディ（個人名）」や「アル・バハリー（氏族名）」と答える。

純粋に地名の代用にもなる。「この魚はどこで捕れたのか?」「アル・バハリーで（アル・バハリー氏族が住んでいるエリアで）」といった具合だ。とはいえ、アル・バハリー氏族の人たちは何カ所にも分かれて住んでいる。ハンマール湖にもいれば、ユーフラテス川にもいる。個人も氏族も移動するから、近況に通じている必要がある。空間的・時間的な文脈がわかっている者にしか話が理解できないのは同じだ。

私たちが直面した困難は国家や文明側が抱いてきた困難と同じだろう。なぜなら、取材や調査を行ってその土地や住民を把握することは、広い意味では「統治／支配」と同じだからだ。

だから私たちが湿地民の移動経路をなかなか理解できないのは能力が低いゆえにしても、むしろ好ましいことだと言い訳したくなるのである。

6 われら聚義庁を乗っ取る!

「シェイフ・ヤマダ!」という白熊マーヘルのばかでかい声。

「なんだ、君も絵描いてほしいのか」山田隊長の苦笑まじりの声。

私がノートから顔を上げて見ると、白熊マーヘルと彼のイトコがにこにこ微笑んで、隊長のデスクの前に立っていた。

執務室に設えられた立派なデスクはここの頭領であるジャーシム宋江のものだが、今ではもっぱら山田隊長の仕事机と化していた(私は同じ部屋のソファか隣室のテーブルで作業していることが多かった)。

隊長には仕事が山ほどあった。浮島の作り方やゲーマルの作り方といったマアダンの生活技術を映像に収めているのでそのデータの管理や確認、さらにそれをイラストにおこしたり、GPSで湿地民の移動経路を調べたりする。その上、白熊マーヘルの一族が次々とやってきて「似顔絵を描いてくれ」と頼む。

最近では「シェイフ・ヤマダ」という呼び名も定着してきた。シェイフは氏族長やイスラムの長老への尊称だが、山田隊長も堂々とした体格や態度、豊富な自然知識から、冗談半分にそう呼ばれはじめた。いまや、冗談の域を超えて尊敬されている。第一には似顔絵描きとしてだが。

昔、私たちがアジア、アフリカ諸国を旅したときは「写真を撮ってくれ」とよく言われたものだが、スマホや携帯が普及した今、写真は誰でも撮れ、むしろ似顔絵の方が貴重だ。

地元の人たちが頭領のデスクの前に立ったまま「シェイフ」と呼びかけて頼み事をしているのを見ると、まるで隊長がこの聚義庁の主になったかのように思える。

実際のところ、このオフィスに寝泊まりし、仕事もしているのは私たちである。私たちが必要な人をここに呼び出し、何をするか決定し、ここから出かけて調査を行い、帰ってからはここで調査結果をまとめている。大きなテーブルに地図や資料を広げて議論を行うこともあれば、私が自分でゲーマルやヨーグルトを試作することもある。

日に三度の食事ももちろんここでとる。料理や食材は白熊マーヘルが市場や食堂から買ってきてくれたり、彼の家から持ってきてくれたりする。アヤド呉用が家から奥さんの手料理を持ってきてくれたこともあった。

彼らが用意してくれた料理の中で、私たちがいちばん好きだったのは「マスムータ（「火傷した」の意味）」と呼ばれる魚のスープである。これは湿地帯で獲れた魚（長さ二十センチぐらいのコイ科の魚）を日陰で一〜三週間干し、発酵させたものを炙ってから、油たっぷりの汁でタマネギ、オクラ、ニンニク、燻製ライムなどと一緒に煮込んだアフワールの名物料理だ。

発酵した魚は日本のくさやほどではないものの、よく似た発酵臭を伴っており、アフワール以外の地域に住むイラク人は「くさい！」と言って嫌がるという。アラブ世界を見渡しても魚の発酵食品などないのではないか。私は「くさや汁」という別名を勝手に付けてしまった。

でもアフワールの好漢たちは大好き。ラマダン明けのお祝い「イードドル・フィトル」に、イラクでは各地域でその土地の好みの料理を食べるが、アフワールではナーシリーヤ、アマーラ、バスラといった都市部を含め、全域でマスムータを食べるという。それは定住民でもマアダンでも変わらないらしい。逆に言えば、これがアフワール人共通のソウルフードともなっている。

くさいと言っても、なにしろマイルドなくさやだから、私たちには郷愁を誘う匂い。そして、焼いてある魚は香ばしく、油たっぷりなので、アツアツ。〝火傷した〟という料理名はここに由来する。そして、ヌーミーバスラ（イラク独特の燻製ライム）の渋みと酸味、タマネギの甘み、そこに塩気が絡まって、絶品なのだ。

干して発酵させたマスムータ用の魚

外国人がこれを好むというのがアフワール人にとっては愉快でならないらしく、「好きなイラクの料理は？」と訊かれて「マスムータ！」と答えると、それだけでウケてしまい、私にとって三つ目の定番ネタになってしまったほどだ。

なぜか白熊マーヘルやアヤド呉用は私たちとオフィスで一緒に昼食を食べようとしない。食事は自分の家で家族と一緒に済ませたと言い、大きなアルミのお盆に載せて料理を運んで来て、大きなテーブルに並べる。

「マスムータ、やっぱり美味いですね」

「この匂いがええな！」

私たちがガツガツと食べ、アチアチ！　と嬉しい悲鳴をあげるのを、彼らは横でにこにこしなから見守っている。

傍目からは氏族民が献上した湿地飯を梁山泊の頭領たちが平らげているように見えなくもない。ほとんど私たちが聚義庁をのっとった形だ。

ジャーシム宋江不在でもイラク人の客がひっきりなしに訪れ、その相手をするのも私たち（正確には私）である。面倒くさいのだけど、白熊マーヘルやアヤド呉用が呼びに来るのだ。

初めにやってきたのは、ジャーシム宋江の友人とその家族だった。友人はチバーイシュ町出身、奥さんは別の地方出身のイラク人で、現在はスイスに移住し国籍も取得している。彼らはスイスに生まれ育った十代の娘を一人連れていた。彼は「ここに宿泊するつもりだ」と嬉しそうな口調で語っていたのに、中の様子を知ると家族ごと黙って出て行った。ここにはゲストルームが三つあるものの、お湯の出るシャワーもなければ、水洗トイレもない。正直言って清潔でもない。先進国に暮らす女性には耐えがたいだろう。

ジャーシム宋江の友人と言えば、バグダードやナーシリーヤから遊びに来たイラク人作家の三人組もいた。彼らはそれぞれ詩人、ジャーナリスト、小説家を名乗り、ラマダン中にもかかわらず普通に水を飲み、タバコを吹かした。案の定、彼らもコミュニストだった。

日本にも興味をもっており、三島由紀夫やサムライが好きだと言っていた。どうやら、この人たちの中では、三島や武士は「大義のために自分の命をかけた人」というくくりで、共産主義者の仲間になっているようだった。三島もびっくりであろう。残念なことに、私は誤解を解くほどのアラビア語力もなければ、そんな気力もなかったので、深くうなずくに留めた。

バグダードを拠点とするイラク国内の環境ＮＧＯから若者たち五人ばかりがどやどやとやって

きたこともあった。彼らのうち二人は英語が堪能だったから、イラク情勢やアフワールの自然保護に関する話を聞くことができた。また、このNGOのチバーイシュ町支部の担当者はバニー・アサド氏族、つまり現地の人だった。彼は湿地帯で調査を行っていて、当然マアダンの最近の動向に詳しかった。

そういう意味では私にとって情報収集のよい機会であったが、なんとも賑やかな連中だった。持参したウィスキーを飲んで酔っ払い、タバコや水パイプで部屋に煙を充満させ、「イラク人も国際社会もティグリス＝ユーフラテス川の環境問題について何もわかってない！」と気炎をあげるインテリの若者たちの接客は忍耐力が試された。

しかも翌日彼らが去ったあとは、オフィスの至るところに、タバコの吸い殻が散らばっており、「環境問題をあれだけ偉そうに語って、これかよ……」と嘆きつつ拾い集めねばならなかった。

聚義庁の主も、いざなってみると（なってないけど）、なかなか気苦労が多いのである。中でも面食らったのはヨーロッパからの珍客がふいにやってきたときのことだ。

「英語の翻訳《トゥルジュマ》を手伝ってほしい」とアヤド呉用から電話がかかってきたのは昼飯を食い終わって昼寝をしていたときだった。ああ、いいよと気軽に引き受けたら、十分後に彼は聚義庁にやってきた。一人ではない。西洋人と一緒だった。

「この人、何を言っているのか全然わからないんだ。通訳してよ」

アラビア語は「翻訳」と「通訳」が同じ「トゥルジュマ」だからわからなかったが、通訳が必要だったのだ。

西洋人は中年のスペイン人男性だった。名前はホセ。

――なんだ、こいつは⁉

と思った。なにしろ、アフワールのど真ん中である。西欧人はときどき来るとはいえ、数はかなり限られている。国際NGOや国連の関係者、フリーのジャーナリスト、ネイチャー系のテレビ番組クルー、「エデンの園」に巡礼に来る風変わりなキリスト教団などがたまに来る程度だ。そして彼らは来ても、私たちのように長居しない。短いときは日帰り、長くても二泊程度でさっさと帰ってしまう。だから私はそういう人たちが来ていることをジャーシム宋江のフェイスブックを通して知るだけで、実際に出会うことはほとんどなかった（一度だけキリスト教団の人たちを見かけたが）。

だからこのスペイン人も、初めジャーナリストかと思ったら、なんとただの旅行者だった。湿地帯を単独で旅行している外国人を見聞きしたのは私も初めてだ。おそらく冒険的な旅行者なのだろう。

ホセがイラクに来たのは五日前だという。イラク滞在は一週間のみ。バグダードに四泊したあと、今日の昼、長距離バスに乗ってナーシリーヤに到着し、本来ならそこからバスラに移動して、飛行機で帰国する予定だった。

ところが、ナーシリーヤのバスターミナルで出会ったイラク人が「ぜひアフワールを見るべきだ」と言い出し、その場でジャーシム宋江に電話をかけた。おそらくそのイラク人はジャーシム宋江の知人で、彼がヨルダンの病院に入院中なのを知らないのだろう。すると、梁山泊の頭領は「自分はチバーイシュ町にいないけど歓迎する」とスペイン人に直接話した。ホセはそれまでアフワールのことを全く知らなかったが、面白そうなので、喜んでバスを乗り換えてチバーイシュ町にやってきた——。

ジャーシム宋江らしいと私は心中溜息をついた。彼は誰かに頼られると絶対にその期待に応えたいと思う人なのだ。

ホセは面倒な奴だった。明後日の飛行機でバスラ空港からスペインに帰るから、出国前のPCR検査もあるし、絶対に今日中にバスラに着きたい。でもアフワールを見て回りたいという。アヤド呉用に通訳すると、彼は「そんなの無理だ！」と手を振った。ラマダン中はバスラ行きのバスが午後三時に終わってしまう。もしそれに乗りたいのならアフワールは行けない。もしアフワールに行きたいなら、バスラまでタクシーで行くしかない。ところがホセは「アフワールへは絶対行きたいし、タクシーは値段が高いからバスで行く」と頑なに言い張る。

こういう自己中心的な西欧人バックパッカーを昔インドやアフリカで見たよなと溜息交じりに思い出した。

アヤド呉用がいろいろな人にバスの時間を問い合わせている間、ホセが「アフワールツアー」の値段を訊くから、アヤド呉用の言い分を伝えると「時間に比べて高い」と文句を言う。「俺が出せるのは百ドルまでだ」。私たちを地元の旅行業者と勘違いしているのだろう。そして、そういう業者とはタフに交渉すべきだと思っているのかもしれない。アヤド呉用に伝えると、彼はスーパーテノールの声で「無理だ！」と叫ぶ。私はホセに「俺たちは営利企業じゃない。NGOなんだ。純粋に経費しかとってない」と説明した。経費とは船頭のアブー・ハイダルに支払う額と、訪問する湿地民の人たちへの「お茶代」である。

アヤド呉用はマフディ盧俊義や白熊マーヘルなどに電話をかけて相談。その結果、午後五時に出るバスでも、途中で二回乗り換えればなんとか今日中にバスラまで行けることが判明した。それなら二時間ほど湿地帯ツアーに出る余裕がある。

「よかった！」とアヤド呉用、「それならオーケー」とホセ。ツアー料金にも納得してくれた。

「君はラッキーだよ」とホセの肩を叩いて昼寝に戻ろうとしたらアヤド呉用が大声で叫ぶ。「ダメだよ、タカノ、君も一緒に来るんだよ！　通訳してよ！」

考えてみれば、この二人は一言もことばが通じないのだからしかたがない。なんと私は湿地帯ツアーのガイド兼通訳になってしまった。

ツアー主催者になると目線が変わる。時間がもっとあれば中央湿地帯とハンマール湖の両方を見せたいが、全体で二時間となると、余裕を見て一時間半ほどで切り上げる必要があり、中央湿地帯まで行くのは時間的にリスキー。それならマアダンの生活をばっちり見られるハンマール湖に絞るべきだ。アル・バハリー氏族の人たちが住む浮島へ行くのが妥当だと判断した。アヤド呉用もそれがいいと頷いた。

急いで船頭のアブー・ハイダルに電話したら、幸い暇だったらしく、すぐにシャクトゥーラでやってきてくれた。

オフィス前の運河から出発。ユーフラテス川を突っ走り、ハンマール湖に入ると、ガルマ（大水路）から離れていきなり狭いミシェシュ（小水路）に突っ込んだ。思わず私はニヤッとしてしまった。

アル・バハリー氏族の浮島へ行くのにこんな狭い水路を行く必要は全くない。秘境冒険的なムードをだすためにわざとこっちを選んでいるのだ。しかも無闇にスピードを出す。葦や蒲の葉が顔に当たり、ホセが「うわっ！」と首をすくめる。水牛の群れに出くわすと、スピードを落として、写真が撮りやすいように舟の位置を調整する。ここを訪れる外部の人間（大半はイラク人）は少なくない。一般のイラク人もアフワールではほとんど外国人のようなものだから、興味の持ち方は同じだ。百戦錬磨の船頭アブー・ハイダルはよそ者向けのツアーをよく心得ている。

再び大通りに戻り、いくつものチバーシェと水牛の群れを通り過ぎてから、アブー・サバという年配の人が住む浮島に到着した。アブー・サバは、前に私が訪ねて、「イラン・イラク戦争の時、徴兵されて戦地に行った？」と訊いたら、鼻を指で押し上げ「豚」の表情を作ってニヤリとした。「行くわけねーだろ。逃げたよ」という意味だった。ひょうきんなおっさんなのだ。

私はアブー・サバへお土産のタバコを一箱渡すと、葦の家の前に広げられたゴザの上に腰を下ろしてくつろいだ。あーあと伸びをして、家の壁にもたれる。

……なんと、私の行動はまるっきり船頭アブー・ハイダルと同じだった。これまでいつも、浮島へ行くと、船頭アブー・ハイダルが瞬時に浮島に溶け込み、その家の住人のような顔をするのに感嘆していたが、やっとわかった。

人はいつも「自分に近い集団に寄る」習性がある。船頭アブー・ハイダルがゲストと一緒に知り合いの浮島を訪ねたとき、どっちが一緒にいて気楽かというと確実に浮島の人たちだ。もっと言ってしまえば、浮島の人たちに「よそ者の仲間」と思われたくないのだ。船頭アブー・ハイダルがいつも私たちから離れてマアダン側にぴったりくっついていたのはそういう理由だった。

今の私だってそうだ。見知らぬスペイン人旅行者より顔なじみでおもろいおっさんのアブー・

サバの方が親しみを感じるし、アブー・サバ一家の人たちに横柄な白人然としたホセの仲間だと思われたくない。

船頭アブー・ハイダルも私の横に腰を下ろし、「新しい船外モーターがほしい。ヤマハのF40は日本でいくらするんだ？」などと訊く。最近はよく一緒にいるから、アブー・ハイダルとはかなり会話が通じるようになってきた。幸い、この浮島は弱い電波が飛んでいた。スマホでモーターの値段を調べて、船頭アブー・ハイダルと「五千ドルぐらいだね」「五千ドル？　高すぎるよ」「他の型はどうかな」などと喋っていた。

パシャパシャ写真を撮っていたホセがやがて私たちのところにやってきて、腰を下ろした。私も少しはお客を接待せねばと思い、スペインのどこから来たのかと訊いてみたり、自分も昔、南米で習ったんだとちょっとスペイン語を喋ってみたりした。

続いて、これまた顔なじみである「アフワールのトム・クルーズ」ことワイルド・トムの浮島へ移動。強面のワイルド・トムの肩を叩いて挨拶する。今度はホセがしきりに説明を求めるので、浮島の基本的な作り方だとか彼らの食生活は水牛の乳製品中心だが町で小麦を買ってきて土の窯で焼いているとか、移動するときは葦の家を分解して運び、また移動先で組み立てるなどと説明した。何を訊かれても、とりあえず答えられてしまう自分に驚いた。

「この水牛たちを見なよ。自分たちで毎朝草を食べに出かけて、夕方になるとまた自分たちで戻ってくるんだ。頭いいだろ？　牛や羊なんかは人が連れて歩かなきゃいけない。飼い主が同行しないで済むんだから、ここの水牛の方がずっと賢いよ」などと訊かれないことまで教えて、お国自慢の真似事までしてしまった。

ワイルド・トムの浮島で

ワイルド・トムの浮島を離れて聚義庁への帰路につく。「あ、あれを忘れてる！」と気づいて、船頭アブー・ハイダルに手を振り、船外モーターの爆音に負けないよう、「歌、歌！」と怒鳴ったら、彼は薄く微笑んだ。「わかってるよ」という意味だ。

　しばらく行くと、ボートは狭い水路に入っていった。背の高い葦が生い茂る雰囲気のよいところでエンジンを止めると、船頭は太い葦の棹で舟を操りはじめた。辺りに静寂が訪れ、棹から滴る水音がぴしゃりぴしゃりと響く。

「ホセ、彼はここでいちばんの歌い手だ。動画を撮れよ」と私は客にうながす。

　船頭アブー・ハイダルは持ち前の美声を目一杯発揮し、朗々と歌う。すっかり感心しながらスマホで動画撮影するスペイン人。ところが、その歌は途中から、私が十八番にしている舟大工詩人作詞の「君を見ると」に切り替わった。しかも船頭は歌詞を忘れているのかわざとなのか、「君を見ると、君を見ると、君を見ると……」と同じフレーズをエンドレスでくり返す。ふざけるにもほどがある。でも、巧みに節をつけているので、アラビア語を知らないホセは全然気づかないようだ。私とアヤド呉用は顔を見合わせ、声を殺してククと笑った。おちゃめな船頭アブー・ハイダルはこちらを見てウィンクをした。

　何も知らないホセはとても満足してくれたようだ。

私たちはきっかり一時間半でツアーを終えた。このあとバスの発着所まで見送らなければいけないのか、面倒くさいなと思っていたら、向こうから卵形の頭に尖った鼻をつけた男がバイクでとことこやってきた。本名アフメドだが、ロシア大統領そっくりの顔をしているので、私と隊長は勝手に「プーチン」と呼んでいる。ツーリストの世話をするという名目で外国人の監視を行う公安警察の男だ。外国人がネイチャー・イラクを訪ねているという情報をどこかから得たのだろう。好きじゃないやつだが、今はちょうどいい。彼は片言の英語を話す。

「アフメド、ホセをバスの発着所まで連れて行ってくれ」

「オーケー。後ろに乗れよ」

プーチンはホセを乗せて去って行った。

見送ってオフィスに戻ると、私とアヤド呉用はふうっと大きな吐息をついてソファに腰を沈めた。「いや、面倒くさかったね」「ほんとだ。時間はないのに、タクシーはカネが高いとか言ってさ」と話し合う。

私は付け加えた。「アヤド、知ってるか。あいつはＩＴ企業を経営してるんだってよ」

「マジ⁉」とアヤド呉用は絶叫した。「なのに、タクシーでバスラへ行けないなんて言ってたの？」

「そう、あいつはわがままなんだ」

「いや、わがままなだけじゃない。ケチだよ、ケチ！」

スペイン人の悪口を言ったり、船頭アブー・ハイダルのデタラメな歌を思い出して笑ったりした。

喋っているうちに、思いついた。

「アヤド、俺、ここでガイドをやれるよな？　今日ホセを案内できたし、俺は英語だけじゃなくてフランス語とかスペイン語とか中国語とかいろいろな言語が使える」
旅行者向けなら大した語学力はいらない。湿地帯関連の用語を覚えれば十分ガイドができる。日本の出版界が潰れてもアフワールに逃げ込めばなんとかなる。今は無理だが、将来的にイラクの治安がある程度回復すれば、ここは何と言っても「エデンの園」にして「人類文明発祥の地」である。ポテンシャルとしては無限大の観光資源がある。

それだけではない。もう少し湿地帯のことを勉強し、それに関連する用語をアラビア語で言えるように練習したら、アヤド呉用と組んで、国連関係者や欧米からのジャーナリストを案内することも可能だろう。もうジャーシム宋江がいなくても大丈夫だ。

「それはいい考えだ」とアヤド呉用も賛同してくれた。「フェイスブックでいろいろな言語で書けば、人がたくさん来るよ」

梁山泊はもらった！　なんて思わなかったが、少なくとも今私が湿地帯を「内側」から見ていることは間違いなく、梁山泊頭領代理の醍醐味を満喫したのであった。

第 7 章

謎のマーシュアラブ布を追え！

布のルーツは〝禁じられた民〟!?

1　頭領ジャーシム宋江の帰還

ジャーシム宋江が突然帰還したのは、ラマダンが終わり、お祝いの自動小銃の連射音が街中に鳴り響いている最中だった。若干痩せた感じはするものの、「ハーイ、タカーノ、ヤマーダ！」と威勢よく叫ぶ姿は以前と変わらない。

「タカノ、あの布を見に行こう！」と彼は言った。「あの布」とは謎のマーシュアラブ布のことだ。私は自分の目の奥にあるもう一つの目がくわっと見開いたような気がした。謎の探求こそ私の生き甲斐である。

今回、謎の布探しにかける私の気合いは並みでなかった。「トライブ」の榊さんから気に入った布を一枚購入した。ICチップを思わせる複雑で入り組んだ模様があたかも作り手の脳内をそのまま表しているかのような逸品である（カラー口絵「マーシュアラブ布の世界」C）。長さ三メートル×幅一・五メートル、重さ十三キロ。畳んでもスーツケース一個分もあるその大作をわざわざイラクまで持ってきた。これまた長年の苦い経験から「写真を見せるだけでは人は真剣に受け取らないし、きちんと認識できない」とわかっていたからだ。

バスラ国際空港からチバーイシュ町の聚義庁に到着して何よりも先に床に布を広げ、マフディ盧俊義やアヤド呉用らに見せた。「これを見たことがありますか？」

マフディ盧俊義は驚いた様子で、「素晴らしい。でも私は見たことがない」と言った。船頭の

刺繍布を手にした7人の女性たちのポスター（真ん中がセルマさん）

アブー・ハイダルも額にしわを寄せ、「知らない」と首を振る。

見たことない？　彼らが知らないとはアフワールのものではないということか？　一瞬動揺しかけたところ、アヤド呉用が「エーイ！」と歓声をあげ、「タカーノ、あれを見ろ！」と窓側の壁を指さした。

あろうことか、壁には特徴的な菱形模様の刺繍布を手にした女性たちの写真が七枚並んだ横長のポスターが貼ってあった。「Embroidered Wedding Blankets from the Garden of Eden（エデンの園の刺繍ウェディングブランケット）」という英語のタイトル付きで。

うわっ！　と驚いていたら、白熊マーヘルの弟がいきなり、何かを私の布の上にどさっと投げ出した。青系統の色合いながら、紛うことなきマーシュアラブ布。さらに弟は別の布を持ってきた。こちらは汚れて、ところどころ破損しており、明らかに誰かが鑑賞用に入手したものではなく、まさに「生活で使用されてきた布」だ。こんなものは地元にしかない。

この時点で「マーシュアラブ布」がイラク湿地帯の産品であることが確認された。アヤド呉用によれば、イラクでは

「アザール」もしくは「イザール」と呼ばれるという。やっと、本当の名前も判明した。以後、本書では「アザール」と呼ぶことにする（なお、後で驚くべき事実も判明した。二〇一八年、最初にチバーイシュ町に来たとき、私たちが泊まっていたネイチャー・イラクのゲストハウスの壁一面にアザールが飾られていたのだ！　一五五頁の写真がそれだ。私たちの目はなんと節穴だったことか……）。

さて、現段階でわかっているアザールの特徴をまとめてみよう。

①「二飛び二飛びの綾織り」という特殊な綾織りで織られた羊毛一〇〇％の布の上に、やはり羊毛一〇〇％の糸でびっしり刺繍がされている（ちなみに、「絨毯」は毛足の長いもの、「キリム」は縦糸と横糸からなる平織りの織物）。

②図柄が動植物や人間、幾何学模様、怪獣のような奇妙な形のものまで、ひじょうに多様であり自由に描かれている。具象と抽象の両方が入り交じっている（イスラム圏での織物や絵画には基本的に人間は描かれず、具象的な動植物も避けられる傾向にある）。

そして今、マフディ盧俊義やアヤド呉用らから生産地について新しい情報がもたらされた。

③アザールはアフワールのものだが、チバーイシュ町にはない。ティグリス川の支流で最終的にはユーフラテス川に流れ込むガラーフ川沿いや、ユーフラテス川沿いにあるホドルという町で作られている。

ポスターに写っている女性グループはホドルに住み、今でもアザールを作っている。

アヤド呉用らの話とオフィスに置いてあった英語の資料を総合し、大まかな経緯がわかった。

リーダーはセルマさんという六十代の女性。二〇一九年、つまり私たちがタラーデを作った年の秋、ジャーシム宋江はバグダードのアメリカ大使館の協力を得て、アザールの作り方（刺繍の仕方）をチバーイシュ町の女性に教えるワークショップを開催した。さらに同年、アメリカのニューメキシコ州で毎年開催されているInternational Folk Art Market（国際民芸市場）にもアザールを出品した。その際「エデンの園の刺繡ウェディングブランケット」というネーミングを考案し、このポスターも作成したようだ。

セルマさんの作品

さすが頭領！　と感心するしかなかった。アザールの作り手とコネクションをもっているばかりか、地域おこしに役立てようとしていたのだ。外部世界がこの布の正体をまったく知らないときに、しかも現代文明の最強国アメリカから資金を獲得して。

ただ、残念なことにこのアザールでの地域おこしプロジェクトは単発のイベントで終わってしまったようだ。チバーイシュ町に広まらなかったし、外部世界にも届くことがなかったのである。皮肉なことに、「マーシュアラブ」ではない新しいキャッチーなネーミングを考え出してしまったがゆえに、我々の検索にも（おそらくラグのディーラーたちの検索にも）ひっかからなかったのだ。

「いったい作り手はどんな人たちなのか？」「布作りはどんな歴史をもつのか？」などなど訊きたいことが山ほどあった。ただちにホドルへ行き、セルマさんに話を聞きたかったが、マフディ盧俊義に「ジャーシムと一緒に行け」と言われ、一日千秋の思いで彼の帰りを待っていたのだ。

異常に行動の早いジャーシム宋江は、私たちと再会した五分後にホドルへ電話をかけた。まずセルマさんではなくその夫に電話をかけ、セルマさんへ電話する許可を得ているのを見て私はハッとした。

すっかり忘れていた。現在のイラクでは（特に定住民の世界では）、女性は親族以外の男性と交流することが許されていないのだ。一緒にワークショップを開催して写真入りのポスターを作成したぐらいだから、ジャーシム宋江とセルマさん一家は十分に親しい間柄のはずなのに、それでも会うには夫に話を通さなければいけない。言い換えれば、初対面のよそ者、しかも外国人の私たちが彼女に会って話を聞くのはひじょうに難易度が高い。マフディ盧俊義が「ジャーシムと一緒に行け」と言うわけだ。

ジャーシム宋江はセルマさんに電話し、首尾よく翌々日のアポイントをとりつけた。そればかりか、アザールを扱っている商人にも会わせてくれるという。

さすがに頭領の力量はちがう。これまで私たちはアヤド呉用ら梁山泊の新四天王と協力しながら、小さな歯車をいくつもこまめに動かすようにリサーチを行っていたが、ジャーシム宋江が来ると、巨大な歯車がガッチャン！　と音を立てて回り出す気配がした。

だが、しかし。ここでも「呪われた水滸伝の旅」から逃れることができない。

出発の朝、ジャーシム宋江の顔を見て私はギョッとした。精気がない。どうしたのか訊くと、下腹を手で押さえながら「痛いんだ」と顔をしかめた。周囲を心配させないためだろう、彼はどんな手術をしたのか親友のマフディ盧俊義にさえ言おうとしなかったからよくわからないものの、どうやら手術した箇所らしい。実は前日、ラマダン明けのお祝いで、町の知人友人を一緒に訪ねて歩いたときも、ときどき辛そうな表情をしていた。「トイレに行きたくなったときや、行ったあとにすごく痛む」と言う。疲れてくると、立ったり座ったりするだけでも激痛が走るらしい。

やはり、本来は家で安静にしているべきで、外出する段階ではなかったのだ。今日はとりわけ具合が悪そうだ。しかし、もうアポはとってあるし、なによりジャーシム宋江本人が絶対に予定を変えたりしないだろう。

私はとっさに「ヘッデチ・マーイル・マーナ・ミニ・ショーフ……」と舟大工詩人が作った愛のポエムを歌い出した。

ジャーシム宋江は私の歌を聞くと、予想通り破顔し、一緒になって歌い出した。あとはすっかりいつもの陽気な梁山泊頭領。私はホッと胸をなで下ろした。それにしても、アフワール人の演芸好きは並みではない。これだけ深刻な顔をした人が一発でご機嫌になるのだから。まるで強心剤だ。

私、山田隊長、ジャーシム宋江、アヤド呉用、そして運転手役の白熊マーヘルの五名は、マーヘルのピックアップトラックでホドルへ向かった。アザール探検隊である。

ホドルはナーシリーヤを県都とするディカール県の隣のムサンナ県にある。同県の県都サマーワはイラク戦争直後に自衛隊が駐屯していたことで日本人には知られる町だ。ホドルはそのサマーワから二十五キロほど離れた町である。チバーイシュ町からは直線距離にして約百四十キロで、東京駅から静岡駅までの直線距離と同じくらいだ。三時間以上のドライブとなった（四〇一頁地図参照）。

謎の刺繍布「アザール」とは一体何なのか。私はこれまでのリサーチを脳内で反芻した。

コロナ禍で日本国内に閉じ込められているとき、私は二人の重要人物に会い、アザールについて意見を求めていた。一人は文化学園大学名誉教授の道明三保子氏。ヨーロッパ、アジア、日本における染織（染め物と織物）研究の第一人者である。トライブの榊さんと知り合いで紹介してもらった。道明先生は一九七〇年代初めに、日本の考古学の調査団に同行してイラクを訪れ、そのときバグダードでアザールを見つけて購入したという。その店は土産物屋ではなく、アザールだけを取り扱った専門店だったらしい。

道明先生が購入したアザールを見せてもらうと、五十年前のものとは思えないほど、色鮮やかで美しかった。色合い、モチーフ、雰囲気、どれをとっても典型的なアザールである。少なくとも五十年前のイラクにはアザールが大量に販売されていたわけだ。ただし、イラクのどこから来たものかは先生にも見当がつかないとのことだった。

なお、調査団はティグリス川とユーフラテス川が合流するクルナ周辺で二カ月ほど調査を行ったという。もろに湿地帯エリアだ。しかも途中「ゲスト参加」としてやって来た画家の平山郁夫夫妻を伴ってマアダンの集落を訪れ、平山画伯がスケッチを描くのに付き添ったこともあるという。戦後の昭和で最も有名な画家の一人がマアダン集落を訪ねていたとは驚きだ。

でもその二カ月間、民家などでアザールらしき布を見かけた記憶はないそうだ。また、アザールに似た刺繍布はあるかどうか訊ねたところ、「思い当たらないですね」という答えだった。道明先生はユーラシアの染織について最も広く知っている日本人の専門家ではないかと思われる。実際、アザールの実物を所有しているだけで驚異的だ。その先生でもアザールの正体についてはわからないという。

二人目の重要人物は現代日本を代表する画家の一人である山口晃さん。私は前々から山口さんの作品のファンであり、自著のカバーに山口さんの絵を使わせていただいたこともある。山口さんの凄いところは、超一流の芸術家であるのみならず、古今東西のアート作品を「実作者」という目線から読み解いて説明する能力にも長けていることだ。私は山口さんならマーシュアラブ布(アザール)が一体どんな布なのか推測がつくかもしれないと思い、無理を承知で確認をお願いした。ありがたいことに山口さんは快諾してくれた。

桜が満開の上野公園の隅っこに布を広げて見てもらった。山口さんは一時間近くもかけて、ときに離れて全体を見渡し、ときにしゃがみこんで布地や刺繡を手でなぞりながら、「印象」を率直に語ってくれた。何の情報もない一枚の布からこんなに様々なことが推測できるのかと私は心底驚いた。ここでは全部紹介できないのが残念だが、中でも次のような意見、感想が心に残った。

まず全体のデザイン。一見して規則性があるようでないような、摑み所のないデザインのようだが、山口さんにははっきり見えるらしい。

「この布はグランドデザインがありつつも、その場のノリで作っていますね」という。

オレンジの線で大枠を作り、四角く区切って、その中に図案を配置していくというのがグランドデザイン。でもその後は、下手に全体を見ず、電話のときの落書きみたいに手癖に任せて作業している。色合いはお隣の図案を見ながら決める。菱形のモチーフが多いのは四角い枠に合うからだろう……。

もう一つ気になったのはこれが本当に伝統的なトライバルラグなのかどうか。なぜなら、写真や実物を見せたイラク人の中にはこの布は商売用に作られたものだと言う人がいたからだ。

でも山口さんは「商業製品ではない」と推測する。

「売り物ならこんなに手間暇をかけないでしょう。忘我と楽しみの中間ぐらいで作っていたんじゃないでしょうか。（編み物の）リリアンとか縄文の模様と同じような感じがします」

やっぱり伝統的なラグであるようだ。プロの作品（商品）ではなくもっと手工芸の原点的な素朴さが感じられるらしい。

「伝統芸能になる前の融通無碍がありますね」とも言う。伝統になると模様や型が決まるけれど、そこに至ってない。〝スカートをはいた女の子〟の図柄など、「伝統の深みから現代のものをパッと摑む感じがする。ブリコラージュですね」。

ブリコラージュ！　山口さんの口からイラク水滸伝のキーワードが出たのは興味深い。

売り物ではない。かっちりした伝統芸能でもない。もっと自由で奔放なもの。

山口さんの話をざっと総合すると、「マーシュアラブ布（アザール）は古代メソポタミアからイラクの湿地帯に伝わる伝統的な布」という榊さんや私が抱くイメージとかなり重なる。私がなにより感銘を受けたのは、山口さんがこの布を長い時間をかけて熱心に観察し感想を述べてくれたことだ。美術的価値については一言も触れなかったものの、古今東西の美術に親しんで来たアーティストにとっても不思議な魅力が感じられたようである。

道明先生と山口画伯という日本を代表する染織研究者と美術家の意見を聞き、アザールへの興味がさらにかき立てられたのだった。

今、われわれはアザールの産地を目指して突っ走っている。期待は高まるばかり——のはずなのに、私の胸中には暗雲が垂れ込めていた。

ジャーシム宋江の具合が悪そうなのだ。苦痛のうめきをあげて苦しそうな顔を彼が見せる頻度が増えてきた。その度に私が愛のポエムを歌って盛り上げようとするも、ナーシリーヤをすぎたあたりから、この強心剤も効かなくなり、頭領はぐったりしたままになった。

まずい。彼が演芸に反応しなくなったら、そうとう重症だ。果たして取材になるのだろうか。

期待と不安に胸が引き裂かれそうになったまま、私は土埃の舞う道路の彼方を見据えていた。

2 世界最古の都市国家ウルク

砂漠では砂混じりの激しい熱風が吹き荒れていた。ついさっきまで風など全然なかったのに、遺跡の敷地に入った途端、この暴風。まるでSF小説や映画に出てくる、〝時空がねじれて起きる磁気嵐〟のようだ。これは満更嘘でもない。私たちはある種のタイムトリップに入ろうとしていた。

今から約五、六千年前〜二千年前ぐらいまで栄え、人類史上最古の都市と評されるウルク。「イラク」の語源ではないかと一説では言われるウルク。

四千年以上前に造られたジッグラト（聖塔）やギルガメシュ王が造ったとされる町の跡が目の前に広がっていた。地面には土器の破片が無数に散らばっている。まるでつい数年前まで誰かが

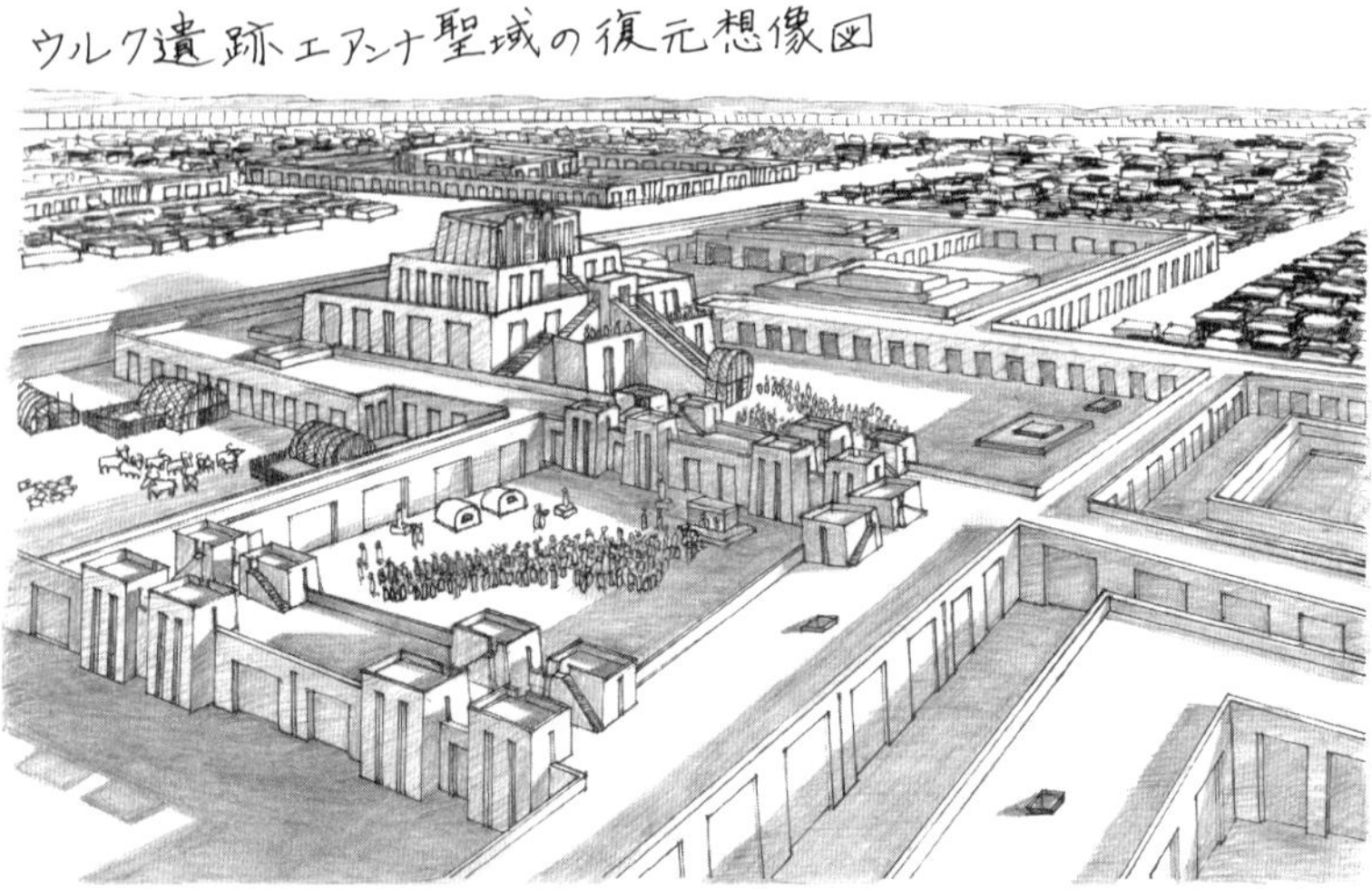

紀元前3000年紀末。Curt-Engelhorn-Stiftung et al. Uruk: 5000 Jahre Megacity. Petersberg, Michael Imhof Verlag, 2013を参照し、作画。

ここで生活していたようだ。

目眩にも似た思いがする。

なぜ、私たちはこんな場所にいるのだろうか。謎の刺繍布を追いかけていたのではなかったのか。そもそも、今われわれは現代にいるのか？

水滸伝頭領のネットワークは並外れている。聚義庁でアザール取材の話し合いをしているとき、ホドルの町を地図上で探したら、偶然なのか必然なのか、すぐそばにウルクの遺跡が記されていた。現在、アラビア語では「ワルカ」と呼ばれている。

「行きたいか」とジャーシム宋江が訊くので、びっくりしつつも「もちろん！」と答えた。彼はその場でイラク政府文化省の考古学部門の責任者に電話をかけた。友人なのだという。ふつうは特別な許可が必要だが、その人が話を通しておいてくれるとのことだった。

私は信じられない幸運に驚くばかりだった。

ウルクは古代メソポタミア文明とイラク水滸伝を考えるうえで、極めて重要な遺跡だ。なにしろウルクは考古学者のあいだで「世界最古の都市国家」あるいは「その最有力候補」と考えられている。アウトロー世界の誕生は国家の誕生と同時であると考えれば、人類史上最古の水滸伝もこの付近ということになる。

これまで私たちがこの遺跡を訪ねようとしなかったのは、一つには現在の湿地帯から遠すぎるからだ。五、六千年前、ユーフラテス川はウルクのほとりを流れており（川の近くに町を建設したのだ）、周囲は湿地帯だったはずだが、時代が進むにつれ川はウルクを離れ、また湿地帯も河口方向へ後退していった。今ではいちばん近い湿地帯エリアでもウルクから五十キロ以上離れており、私たちの関心外になってしまっていた。

だが、湿地帯はつい五十年ほど前まではるかに広大だった。アザールという古い刺繡布を通して、失われた「旧湿地帯」（と呼ぶことにする）が初めて私たちの目の前に存在をあらわしたのだ。

ウルクは大都市ナーシリーヤの近郊に位置し管理もされてきたウルの遺跡とちがい、外部の人間がたやすく立ち入れる場所ではない。百年前からドイツの調査隊が発掘を行っており、イラクの国内の事情や戦乱のために途切れていたが、最近発掘が再開されたという。まだ専門家による調査中の遺跡なのだ。そんな場所をわれわれが訪問できるのは、ジャーシム宋江の人脈ならではだ。

だが、水滸伝頭領は自分の能力の高さゆえに苦しみが増すことになってしまった。取材先が二カ所になってしまったからだ。悩むのは私も同じだ。

頭領が倒れたらどうするのか。すぐに病院に搬送しなければいけない。その後、状況によってはバグダードの大きな病院に移送する必要も出てくるかもしれない。謎の布探しどころではない。リスクを最小限にするためウルク行きは避けるべきじゃないか。……でも、ウルクに行く機会など一生に一度しかないだろう。しかし、ジャーシム宋江が倒れたら元も子もない……。

私が激しく葛藤しているうちに、小高い丘が見えた。「ワルカ（ウルク）だ」と白熊マーヘルが指さす。

なんと、もう着いてしまった。人類文明発祥の地の入口にはコンクリートの箱のような小さな警察のオフィスがぽつり。前では犬が三匹寝そべっていた。広大な遺跡は鉄条網で囲まれている。考古学者の小泉龍人氏によれば、二〇〇四年、サマーワに駐屯していた日本の自衛隊が地元の氏族と協力して建設したものだという。それまでは何もなく、外部の人が勝手に出入りし、遺物を持ち出すこともできる状態だった。自衛隊はそれを憂慮し、遺跡保護に一役買った。正確にいえば、自衛隊の活動費、自衛隊員の給料などは全て国民の税金から出ているから、私たち日本国民がウルク遺跡保全に協力したことになる。

ジャーシム宋江は苦痛に顔を歪めながらクルマから下りると、友人の考古学局長に電話し、警備の警官と話をする。

無事に許可が下りた。ゲートが開き、警察車両に先導され、私たちもクルマで走る。まるでサファリラリーのようにアップダウンの激しい砂漠の道だ。揺れる度にジャーシム宋江がうめく。私も興奮と不安が最高潮に達して動揺した。

車道の終点でクルマを下りると、猛烈な風が吹き荒れていた。見渡すかぎりの砂漠のなか、ドイツの調査隊が二十世紀初めに敷いた発掘調査用のトロッコ鉄道の線路が遺跡からまっすぐこちらへ延びている。

「ここに残る」というジャーシム宋江と白熊マーヘルをあとに、肩に銃をかけた武装警官とともに私、隊長、アヤド呉用は遺跡の中心へ向かった。

くらくらしたような感覚を覚えるのは、砂混じりの強風に体が煽られるせいか、謎の刺繡布アザールに導かれ、行く予定もなかったし行けるとも思っていなかった世界最古の都市ウルクに来てしまった不思議さゆえか。

発掘途中の遺跡には表示や解説はほとんど何もなかった。素人が見てもさっぱりわからない。ウルクは今から六千年前のウルク期に最古の都市が造られて以降、さまざまな支配者が王朝をつくったりこの町を支配したりしてきた。シュメール人、アッカド人、バビロニア人、アッシリア人、ギリシャ人、パルティア人、ペルシア人……。

メソポタミアの建物は基本的に土である。使用する道具にも土器が多い。結果として、町が壊されると土に戻る。破壊と再生がくり返されることにより、土が堆積し、小高い丘のようになっていく。中央湿地帯の中にある遺跡（イシャン）もそのようにしてできたと推測されている。この遺跡も周辺より標高が高い。ここだけ激しい風が吹いているのもそのせいだろう。

とはいえ、単純に古い時代の遺跡が下に埋もれ、新しい時代の遺跡が上に露出しているというわけでもない。敷地内に高低差があるうえ風化の度合いも区画によって異なる。千年あるいは二千年も時代のちがう建物や町の跡があたかも並列しているように見えたりもすると後に小泉氏に聞いた。考古学者でないと、遺跡のもつ意味や重要性は理解できないのだ。

もっとも、何も表示がなく管理もされていないがゆえに、遺跡は「生《なま》」な感じがした。むき出しの古代に放り込まれたような気分だ。

ウルクには二つ中心的な地区がある。私たちが向かったのはそのうちの東側にある「エアンナ地区」だ。中心には四千百年前、ウル・ナンムというシュメールの王によって建てられたジッグラト（聖塔）が見える。運転手の白熊マーヘルが遠くから指さした〝小高い丘〟だ。

私たちの足元には土器の破片が無数に散らばっていた。あるものは彩色され、あるものは彩色されておらず模様もなく表面がつるつるしていた。まるで、つい数年前まで人が住んでいたかのようだ。いつの時代のものかわからないにしても、千五百年以上昔のものなのは間違いない。三千年から四千年も前のものもあったかもしれない。

またしても自分がタイムマシンに入ったのを感じていた。イラクのように極度に乾燥した地域では、日本みたいに湿潤な地域とは風化や腐敗の進み方が根本的に異なる。

「あれを見ろ、カサブだ！」とアヤド呉用が叫んだ。見ると、ジッグラトの途中から枯れた植物が束になって突き出ていた。「シュメールのカサブだ！」

現代のシュメール（マアダン）のことではなく、本物のシュメールの葦だという。

四千年前の葦が残っている？　信じがたい。あとで小泉氏に写真を見せて確かめたところ、

「たしかに葦ですね。ジッグラトの建設時に使ったんでしょう」とのことだった。

四千年前に建材として埋め込まれた葦が、表面のレンガが徐々に風化し崩れていったため、外に姿を現したようだ。一カ月前に湿地帯で刈ってきたかのように見えるのだが。

ジッグラトの光景は、私たちがタラーデを保管しているネイチャー・イラクのゲストハウスと

いくらも変わらなかった。片や四千年前、片や三年前。使用されないとあっという間に風化するのに、それ以上は何千年も変化しなかったりもするのだ。

「ギルガメシュ・シティ！」今度は警官がジッグラトのふもとに広がる遺構を指さした。

ギルガメシュ！　ウルク第一王朝の王にして、人類最古の物語と思われる「ギルガメシュ叙事詩」の主人公。その人物が作ったと言われる町が形をともなって目の前に存在する。なんという非現実感だろう。

実際はその遺構はセレウコス朝時代からパルティア時代にかけて（紀元前四世紀〜紀元後二世紀）のものだった。

ギルガメシュ王の名前は粘土板史料に残されている。他の史料がないため確証はないものの、おそらく実在しただろうと言われている。ギルガメシュの建設した都市は周囲が十キロ弱だとギルガメシュ叙事詩に書かれているが、ドイツ隊の発掘により、ウルクの遺跡の城壁跡はほぼ同じ長さだと判明した。自衛隊がつくったフェンスはその城壁跡をだいたいなぞっているのだという。

ギルガメシュの名には特別な感慨がある。山田隊長がこの王の逸話を気に入っているのだ。とりわけ、ギルガメシュ王が森の番人フンババと戦い、打ち負かす場面。これは湿地帯のシュメール人が現在のレバノンで木材をとり、しまいには森林を破壊してしまったという史実を表しているといわれる。「文明による環境破壊の最古の例や」と、二十年以上前、日本を代表する環境活動家だった隊長は何度も私に語っていたものだ。

私に格別な感慨をもたらすものがもう一つあった。

「書き言葉はここに始まった（The first written words started here）」というイラク政府機関の立て

た看板だ。

文字は世界のいくつかの場所で発案されたが、最も古いものがメソポタミアの楔形文字《くさびがた》。その原型となったのはウルク古拙《こせつ》文字という絵文字のような記号だ。もともと家畜や物資を管理するために作られたという。

文字は文明の基礎をなす。文字が創られることで、あらゆるものが標準化・均一化されていくからだ。遠い外部世界や後世へ伝える情報量も桁違いに大きくなる。文字によって、人類は時間と空間をコントロールする術を覚えたのだ。

私はまたここで「逆タイムマシン感覚」に襲われた。〝現代のシュメール人〟つまりマアダンの人たちは読み書きができない人がふつうにいるからだ。マアダンだけではない。今、ジャーシム宋江と一緒に車で待っている白熊マーヘルも、彼の弟や従弟も、字が書けない。理由はわからない。彼らが学齢期のとき、湿地帯エリアが混乱状態にあったせいかもしれないし、家庭の事情で学校に行けなかったのかもしれない。フェイスブックやワッツアップで友だち登録するとき、彼らは私に「俺の名前を（アラビア語で）打ち込んでくれ」と頼む。自分の名前を入力することもできないのだ。彼らは画像や動画、音声メッセージを利用するだけで、字は読まない。

しかし、私はなんといっても文筆家である。文字を読み、書くために生きていると言っても過言ではない。私にとってここは聖地なのだ。

文明の極みであるウルクと水滸伝の人々。その二つはあまりにかけ離れているように見える。二つを結びつける架け橋はないのだろうか。

私たちは他にも石の三角錐で作った神殿跡やギール（瀝青）など、多くの遺跡や遺物を見た。

エアンナ地区のジッグラトの前で。「書き言葉はここに始まった」

ジッグラトから出てきたカサブ（葦）の束

イリガル神殿のアーチ型の通路

青釉レンガで装飾されたイリガル神殿の跡

ほんとうはもっともっとじっくり見て、写真や動画を撮ったり、思索にふけったりしたかったが、それはできない相談だった。ジャーシム宋江の状態が気がかりだったからだ。

私たちは三十分足らずで車に戻った。頭領は猛暑の中、エアコンもかかっていない車の後部座席に転がり、苦しそうにうめいていた。

早くここを出なければ。そして別のタイムトリップに出かけなければ。白熊マーヘルはアクセルを踏み込み、アザール探索が再開された。

3　謎の刺繍布の作り手と会う

ホドルの街中にあるセルマさん宅に到着したのは正午近かった。街中にもかかわらず、周囲には生ゴミが投げ捨てられたドブとも水たまりともつかない「湿地帯」が広がっており、すさまじい悪臭がする。チバーイシュ町の今日の最高気温は四十一度と予測されていたが、ここはもっと高いだろう。悪臭と猛暑で耐えがたい。

夫は姿を現さず、黒いアバーヤをまとったセルマさんが直接迎えてくれた。ついにアザールの謎が明かされるのかと私はさっきとは別種の興奮にとらえられた。

居間兼客間には彼女の作った布が置いてあった。観光のお土産として買う分には可愛らしくてよいのだろうが、どうにも粗い作りで、コレクションの対象になるような作品ではない。私はひそかに、現在でもアザールの技術が連綿と伝えられていることを期待していたのだが、あっさり打ち砕かれた。しかし嘆く暇はない。ジャーシム宋江が倒れる前に訊くことを訊かねば。

早速インタビューを始めた。セルマさんは本名セルマ・エベド・ダメジェ・ターイー。一九五九年ホドル生まれ、両親ともターイーという氏族である。彼女は布作りのグループを束ね、ワークショップを主催するだけのことはあり、判断が早く、頭のよさそうな人だった。

布作りを始めたのは十一歳のとき。つまり一九七〇年頃で、習ったのは近所の人だった。母は作り方を知らず、セルマさんが上手になると逆に教えてあげた。習い始めた理由は「お金になるから」。当時、住んでいた地区には二百五十人ぐらい女性がいたが、そのうちアザールを作れるのは五、六人だけだった。しかも彼女たちは「プロ」だったようだ。ただ、職人というより「内職」という感じではないかと思う。

左からセルマさん、ジャーシム、著者

なんと、今から五十年前の時点で、新婦もしくは新郎の母親がアザールを作るという習慣はとっくに失われていたことになる。彼女の祖母までは知っていたそうだから、女性の誰もがアザールを作る習慣が残っていたのはせいぜい一九五〇年代くらいかもしれない。

セルマさんは十八歳で結婚したが、そのとき自分で新婚用のアザールを作った。

氏族は関係なく、ホドルではみんな同じスタイルのアザールを作っていた。

布地と染料は市場で買い、羊毛はベドウィン（遊牧民）から買っていた。自分で糸を紡いで染めていた。作るのは一人。という

アザールを刺繍するセルマさん

のは、刺繍のリングは大きくて同時に二人で仕事はできないし、アイデアもちがうから。

セルマさんに刺繍のやり方をほんのちょっと実演してもらった。

やり方は基本的に日本や世界の他の国で行われている刺繍と同じだ。まず、刺繍したい箇所に丸い「刺繍枠」をはめて、布をピンと伸ばす。日本ではこの輪は大きくても直径三十センチ程度のようだが、セルマさんが使っていたのは直径六十〜七十センチもある自転車の車輪フレーム。

布をピンと張ると、左手で毛糸玉を持って布の裏に回す。右手には鈎《かぎ》のついた編み棒を持って布に突き刺す。布の裏で棒の鈎に毛糸をひっかけて、表側に引っ張り出す。そして、再度表から裏へ棒を突き刺す。これをくり返すことによって、刺繍がなされていく。「チェーンステッチ」と呼ばれる技法らしい。

刺繍枠が巨大であることを除けば、特に変わった作り方ではないようだ。セルマさんは体を揺らしながらスピーディーに同じ作業をくり返す。思ったより早く刺繍が布の上に展開していく。刺繍の密度は低く、図案も単純なものが多いので、これなら一枚の布を仕上げるのにさほど時間がかからないだろう。

アザール作りの概要はだいたいわかった。次は「本物のアザール」、つまり伝統的な用途で作られたアザールについて訊きたい。

と思ったら、また障害が現れた。

イラク名物、不滅のホスピタリティ。インタビューは突然中断され、なんと昼食になってしまった。もちろん鯉の円盤焼きだ。一秒でも時間が惜しいこのときに。「イラク食、怖い！」という気持ちが久々に甦った。だがジャーシム宋江はセルマさんの手前、辛そうな顔を一切せず、楽しそうに食事をする。ほんとうにこの人はすごい。尊敬する。

ようやく食事を終えてから、私の布を見せた。セルマさんは思わず息を飲んで、一言「カディーム（古い）……」。続いて「ヘロー（素晴らしい）」。

質の高さに驚きを隠せないようだ。

いつ頃のものかと訊くと「わからないけど、七十年から九十年前のものじゃないかな」。作られた場所は「ホドルかもしれないが、よくわからない」。

やはり、そんなに古いのか。できれば、この布の製作者を探しだしたいと思っていたが、ほぼ不可能だろう。

ここまでジャーシム宋江の通訳で訊いたが、苦痛も限界に達したようだ。頭領は壁際に敷かれたクッションの上に倒れ込んだ。いや、本当にお疲れさまでした。ちなみに、運転手の白熊マーヘルはご飯を食べたら即昼寝。巨大なスヌーピーみたいな姿勢で寝ていた。代わりにアヤド呉用が登場。彼とはアラビア語でしか話せないので、インタビューは格段に難しくなるし、ジャーシム宋江をなるべく早くチバーイシュ町（もしくはナーシリーヤの病院）に連れて帰らなければいけないから時間もかけられない。できるだけのことをするしかない。

私が訊きたかったのはアザールの図案の意味もしくは名称である。似たような図柄や模様がいくつもある。また、作品ごとに独特な（あるいは奇妙な）図案もある。それらは何を意味するのか。どこまでセルマさんが知っているだろうか。

私が自分のアザールの図案を一つずつ指さして訊くと、驚いたことにセルマさんは全て即答する。「アラバーネ」「ミナレット」「モウド」……。

アヤド呉用とセルマさんの質疑応答があまりに早くて私はついていけない。意味を説明されても理解できない。とにかくアラビア語で書きとめ、写真やビデオで撮影し、あとでアヤド呉用に意味を確認することにした。

本当にこの名称が正しいのかはわからない。ただ、とても大きな手がかりを与えてくれる。このアンティーク布の作者とセルマさんは同じ伝統を共有している。そうでなければ、ここまで即答はできないだろう。セルマさんは先ほどはどこでこの布が作られたかわからないと答えたが、図案を一つ一つ見てからは「この布はホドルで作られたと思う」と言った。つながりを実感したのだろう。

アザールは百年もの間、緩く、でもしっかりした絆を保ってきている。図案の解析を行えばもっといろいろなことがわかるだろう。

大急ぎでセルマさん宅を辞し、チバーイシュ町に帰るかと思いきや、根性の人ジャーシム宋江は別の家へ私たちを案内した。アブー・ムハンマドという絨毯や布の商人の家だった。

本名カーラド・ムハンマド・ターイー。一九六三年ホドル生まれ。セルマさんと同じくターイー氏族の一員だ。彼は先祖代々ラグの商売をしており、セルマさんたちが作ったアザールを販売しているのも彼だった。以下、アラビア語風に「商人《ター》カーラド《ジル》」と呼ぶ。

商人カーラドによれば、ホドルには現在アザールを作れる女性が八人から十人ほどいるという。みんな、商売として仕事をしている。

結婚用に刺繍布を作る習慣はやはり「七十年から九十年前に終わった」とのこと。理由は「市場で毛布が買えるようになったから」。それまでは毛布がなかったから、自分たちで作るしかなかった。

セルマさんたちから買い上げた商品はバグダードやバスラ、イスタンブル、テヘランへ売っているという。

次に彼の倉庫兼店舗へ行き、実際の布を見せてもらった（口絵A）。残念ながら、やっぱり質の良いアザールはない。「売り物ならこんなに手間暇をかけないでしょう」という山口画伯の言葉は正しかった。

ふと、今さらながら根本的な疑問に気づいた。

「どうしてここ（ホドル）にアザールがたくさんあるんですか?」とカーラドに訊ねると、「シユメールから受け継いだからだ」という答えが返ってきた。ウルクの伝統が何千年という時を経て生きているという。これは予想できた答えだが、次のものは予想外だった。

「ここは昔、マンダ教徒とユダヤ教徒が住んでいた。彼らが昔から作っていて、ムスリムはあとから習ったんだ」

なんとここでマンダ教徒再登場だ。もし本当だとすると、マンダ教徒から舟造りを習ったというフワイルの舟大工一族と同じパターンである。

イスラムからかけ離れた雰囲気のこの布が、もともと異教徒に由来するというのは大いに考えられるにしても、あまりに意表を突いた説である。

謎が謎を呼ぶとはこのことか。だが今はそれについて検討する余裕も材料もない。私たちは早めにインタビューを切り上げ、チバーイシュ町に帰った。帰路もジャーシム宋江は苦しそうに唸り続けていた。

翌日、ジャーシム宋江は中部の町バビロンへ向けて出立した。彼はバビロンに家を持っており、娘さん夫婦が住んでいる。バビロンはバグダード郊外とも言える立地なので、大きな病院に通いやすいのだ。結局私たちが滞在中、彼は二度とチバーイシュ町に帰ってこなかった。

彼がいなくなってしまうのは私たちの取材にとって打撃だがしかたない。というより、一刻も早く彼に病院へ戻ってほしかったので安堵した。あんなに体調が優れないのに妥協なく最後まで取材に協力してくれて感謝しかない。

大きな歯車が失われ、私たちは以前と同じように、小さな歯車をこせこせと動かして頑張るしかなくなった。できるものを使って、できるだけのことをする。改めてブリコラージュだ。

まずはセルマさんが教えてくれたアザールの図案の解読。これから多くのことがわかるにちがいない。アヤド呉用と何時間もかけて、動画と写真を見て、絵を描き、辞書や翻訳アプリの助けを借りながら確認していった。

判明した図案は左図の通りだ。図案の解析結果から大きく二つの「発見」があった。

まず、ほぼ全ての図案に名称があったこと。好き勝手に描いているように見えたが、モチーフの大半は決まっているのだ。ただし、サイズや配置は自由で、デフォルメもかまわない。

セルマさんに教えてもらった図案を理解してから、榊さんが所有する他のアザールを写真で見ると、至るところに同じような図案が刺繍されているのに気づいた。デフォルメされていたりサ

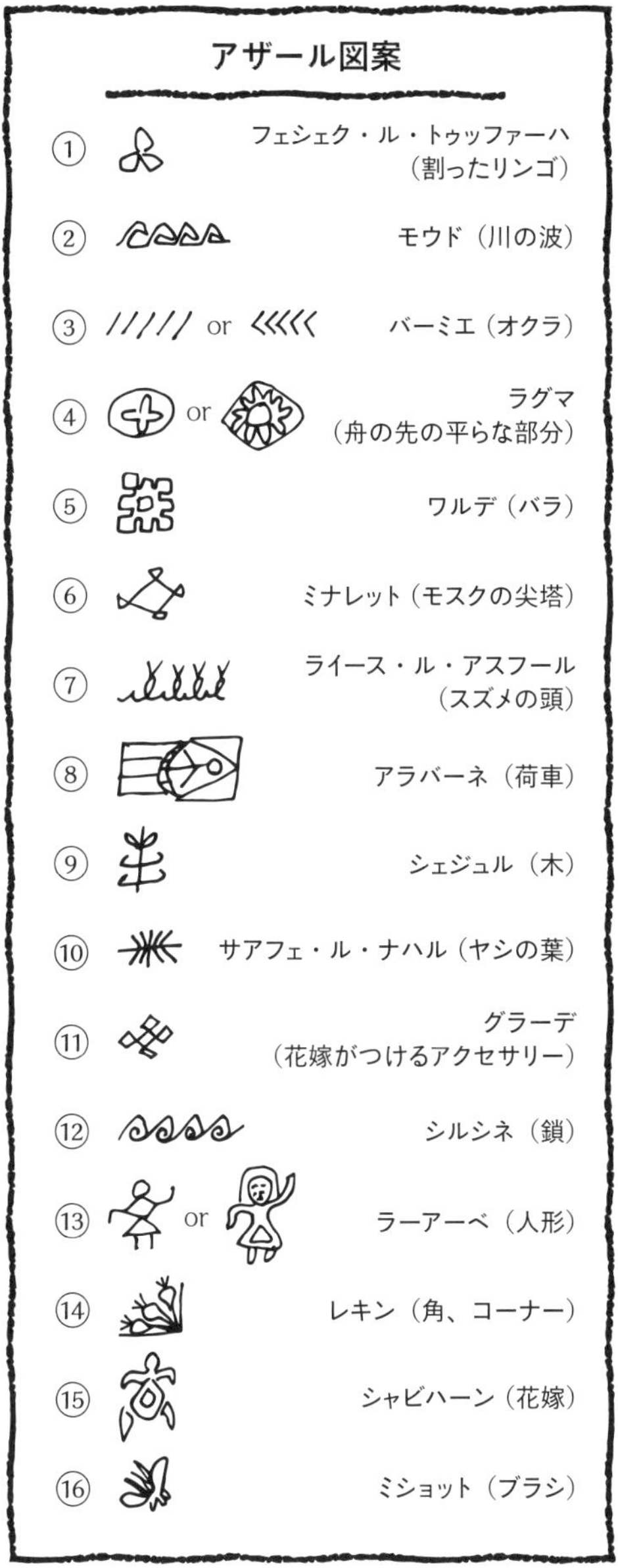

①		フェシェク・ル・トゥッファーハ（割ったリンゴ）
②		モウド（川の波）
③	///// or 〈〈〈〈〈	バーミエ（オクラ）
④		ラグマ（舟の先の平らな部分）
⑤		ワルデ（バラ）
⑥		ミナレット（モスクの尖塔）
⑦		ライース・ル・アスフール（スズメの頭）
⑧		アラバーネ（荷車）
⑨		シェジュル（木）
⑩		サアフェ・ル・ナハル（ヤシの葉）
⑪		グラーデ（花嫁がつけるアクセサリー）
⑫		シルシネ（鎖）
⑬		ラーアーベ（人形）
⑭		レキン（角、コーナー）
⑮		シャビハーン（花嫁）
⑯		ミショット（ブラシ）

イズがちがったりしたのでわからなかったのだ。ある布では「怪獣」のように見えた図案は「ブラシ」の一種だった。女の子らしき図案もよく出てくる。すごく写実的なものもあれば（口絵D）、記号みたいなものもあり、同じだと認識できなかったが、よく見ればどれもスカートをはき、多くは片手を上に挙げていた。これらは全て「人形」のバリエーションなのだ。

私は「タロット占い」を思い出した。若い頃、友だちがタロット占いに凝っていて、私も一時期、夢中になっていたことがあるのだ。タロット（大アルカナ）は「運命の輪」「愚か者」「タワー」「魔術師」「太陽」といった二十二枚の絵付きのカードからなる。それぞれのカードには意味があり、順番にカードをめくっていくことによって占いを行う。カードの意味にはけっこう幅があり、占いのテーマや前後のカードによって（つまり文脈によって）意味は変わる。あるいは変えることができる。個々のカードに定まった意味があるからこそ、連ねていくと物語が作りやすい。さして技倆がない占い師でも即興で説得力のある占い（＝物語作り）ができるのだ。

アザールもそうだ。もし一般の芸術のように完全に作り手の自由なら、何を描いていいか迷ってしまうだろう。構図を考えることさえ難しいはずだ。でもアザールには決まったグランドデザインと図案があるので、作り手は迷うことなく刺繡をすることができる。いっぽう、いくらでも大胆なデフォルメが許されるから、個性や思いつきを存分に生かすことができる。自由奔放で個性的なのに調和がとれているのはそのせいなのだ。

もう一つの発見は、図案の内容だ。湿地帯の要素と文明の要素の両方があるのだ。

「モウド（川の波）」「ラグマ（舟の先の平らな部分）」などはアヤド呉用によれば「シュメール語」

つまりマアダンの言葉だという。

一方で、「ワルデ（バラ）」「ラーアーベ（人形）」「フェシェク・ル・トゥッファーハ（割ったリンゴ）」など、アフワールの世界にはもともと存在しないものも含まれている。バラやリンゴは冷涼な地域でないと育たないし、スカートをはいた少女の人形は工業製品だろう。

その中間的な図案も多い。「アラバーネ（荷車）」「ミナレット（モスクの尖塔）」は湿地帯の中にはないものの、チバーイシュ町のような湿地帯エリアの町には昔からある。

もちろん、セルマさんが言う名称がどこまで普遍的なものかはわからない。作り手によって、あるいは地域によって呼び名がちがっても全然不思議ではない。ただ、山口画伯が述べたように、「伝統の深みから現代のものをパッと摑む」感触はたしかに図案からうかがえる。

これらの特徴を考えると、アザールはやはり湿地の中に住むマアダンの人たちの文化ではなく、湿地の内側の世界と外部の文明世界の両方にアクセスできるアフワール定住民の文化である可能性が高いように思える。

ウルク遺跡で私が感じていた水滸伝世界と文明世界の断絶。その架け橋になりえる布なのだ。

だが、調査を続けて行くとさらに思いがけない展開が待っていた。

4　アザールを作っていたのは〝禁じられた民〟!?

アザール探検隊はメンバーを入れ替え、今度はシャットラという町へ出発した。

私と山田隊長、アヤド呉用、マフディ盧俊義の四人がマフディ盧俊義の弟が運転するタクシーに乗り込んだ。ジャーシム宋江やマフディ盧俊義らによれば、アザール生産地は大きく二つ。一つはホドル、もう一つはティグリス川からユーフラテス川へ向かって南北に流れるガラーフ川流域だ。

ガラーフ川は百キロ以上の長さがあり、アザールが作られているという場所はいくつもあるらしい。その中でシャットラが選ばれたのは、マフディ盧俊義の「職場」がそこにあったからだ。彼はもともと国家公務員で、ある省庁のシャットラ支所に勤務していたが給料が払われないので行くのをやめてしまったという。ただ何年か勤めていたのでもちろん場所はよく知っているし、人脈もある。イラク人は知り合いのいないところにはまず行きたがらない。

それにしてもシャットラか。何の因縁かと感嘆してしまう。ここもまたウルクと同じくらい私が惹かれていながら、ついぞ行くチャンスがなかったところだ。惹かれた理由の一つはこの町が一九八〇年代までコミュニストの中心地だったから。フセイン政権のときもその前の政権でも、弾圧迫害された共産主義者は湿地帯に逃げ込み抵抗活動を行っていたと繰り返し述べたが、その中でも最大の拠点とされていた。「イラクのモスクワ」と呼ばれていたというから恐れ入る。

もう一つの理由は、例のアメリカ人考古学者オクセンシュレイガーが調査を行っていた古代都市遺跡ラガシュの最寄りの町であることだ。

メソポタミア歴史学の小林登志子氏によれば、ラガシュはシュメール研究に欠かせないという。なぜなら、シュメール研究はこの都市の発掘調査から始まったからだ。ラガシュから出土した大量の粘土板文書が解読され、非セム語の言語を話すシュメール人の存在が初めて証明されたのだ（『古代メソポタミア全史』）。

抵抗者とシュメール。これぞイラク水滸伝というひじょうに興味をそそられる組み合わせにもかかわらず、行く機会がなかったのは、ウルク同様、ガラーフ川周辺も現在では湿地がほとんどないからだ。オクセンシュレイガーによれば、一九八九年以前に湿地は干上がり、マアダンも姿を消したという。アザールを追っていると今は失われた、しかし数千年前からつい数十年前まで存在した巨大な〝旧湿地帯〟が姿を現してくる。

ディカール県の県都ナーシリーヤへの道を途中で右折し、ガラーフ川に沿って北上。約二時間ほどかかって着いたシャットラは意外に大きな町だった。チバーイシュ町よりも一回りか二回り大きい。かつてイラク共産党の首都にたとえられただけはある。巨大な天蓋のついた市場に入り、丸々と肥えた鯉がピシャピシャ跳ねている金だらいの間を歩いて行くと、毛布やシーツなどを売る小さな店があった。

マフディ盧俊義やアヤド呉用が三十代くらいの店員二人にアザールについて訊ねると、彼は早口で地名を並べてまくし立てた。私が懸命に地図を参照しながら確認したところ、やはりガラーフ川沿いだったが、町ではなく、いずれも旧湿地帯の中にある集落のようだった。オクセンシュレイガーが紹介していたバニー・ハッサン氏族のアザールについては「質がよくない」とあっさり言っていたのについ笑ってしまった。

彼らもアザールを売っているが、ここにはなくて家にあるというので、案内してもらう。住宅街の路地裏にある決して大きくない家ながら、敷地の中に入ると外の喧噪が遠ざかり落ち着く。オーナーだという色眼鏡をした男性が出て来た。アリー・ムハンマド・ラダー・ジュブリーという名前で、ハッチャムという氏族に属している。八十年前、祖父の時代からこのシャットラでラグや絨毯を商っているという。以下、「商人《タージル》アリー」と呼ぶ。

彼はわれわれを倉庫に案内してくれた。小さな部屋にラグが山積みになっている様子は、榊さんの「トライブ」の倉庫そっくりだ。同じように、乾いた犬の毛の匂いにも似た、心地よい羊毛の匂いがたちこめる。

商人アリーは一つの布の山からいくつもの布を床にどんどん広げはじめた。

「おお！」と思わず声が漏れる。正真正銘のアザールだ。ところどころすり切れたり破れたりしたものや仕事がやや粗いものもあるが、中には目を瞠るような出来映えの布もある。

オーナーはこれまた早口で喋りながら布をめくったり重ねたりし、私には何がなんだかわからない。彼と興奮する私自身を抑えて、一枚ずつ写真を撮りながら以下の話を聞いた。そして、何度も驚かされた（布の呼び名は便宜上のもの）。

・ナジャフ（布の呼び名）　五十～六十年前（作られた時期）（口絵B）
いきなり衝撃を受けた。シーア派最大の聖地ナジャフ周辺で作られた布だというのだ（ナジャフは県の名前でもあるので、正確にはナジャフ県のどこかである）。ホドルのアザールとは少し意匠がちがう。オーソドックスな菱形（セルマさんによれば「ミナレット」）と細い糸で刺繍した幾何学模様（セルマさんによれば「ミショット（ブラシ）」）の組み合わせのこのタイプは榊さんの所蔵品にもあり、榊さんと「何でしょうね？」と首をひねっていたものだった。イスラム初代裏番（シーア派の始祖）のアリーは現在のナジャフ県クーファに拠点を築き、そこで暗殺された。そして、クーファ近郊に埋葬された。それが現在の聖地ナジャフだ。かつてはクーファもナジャフも湿地帯の縁に位置していたのだ。

・ジュムフーリー　五十〜六十年前（口絵H）

ジュムフーリーとはアラビア語で「共和国」のこと。イラクの共和国時代（一九五八〜一九六八）に作られたからそう呼ばれる。モチーフには見慣れないものが多い。目を引くのは菊の御紋を連想させる大きな円形の図案。これは「バビロニアの太陽」と言われ、共和国時代の象徴だったという。また当時発行された硬貨「十フィリス」の意匠でもある。だからこの円が描かれているのは「ジュムフーリー」とすぐわかり、年代も比較的はっきりしている。

・ディーワーニー　約四十年前

ナジャフ県の隣、カーディシーヤ県の県都ディーワーニーヤの布（「ディーワーニー」と「ディーワーニーヤ」は同じ単語の男性形と女性形。男性名詞のアザールを指すときは男性形ディーワーニー、町のときは女性形ディーワーニーヤが用いられる）。

他とまるでちがった感じ。榊さんのところでも見たことがない。図案も見慣れないものが多く、色をべたべたと貼りつけている印象。ラーアーベ（人形）が目立つ。この人形は両手とも下にたらしている。

ディーワーニーヤはイラクの歴史でも現在のニュースでもめったに登場しない地味な町なので意外だったが、地図を見るとこちらも旧湿地帯の真ん中に位置していた。

・ホドル　約四十年前（口絵G）

菱形の枠の中に大きな星ともイソギンチャクともつかない図案が特徴的。これは「ラグマ（舟の先の平らな部分）」のバリエーション。アラバーネ（荷車）の図案も見られる。商人アリー曰く、「これもホドルのアザール」。こうして見ると、榊さんが所有・販売するアザールの大半がホドル産の特徴を示している。ガラーフ川沿いでも作られているが、最大の産地はホドルと思われる。

・ホドル　約八十年前

これもラグマとアラバーネ。古いもので状態はよくない。

・シャットラ　約四十年前

地元ガラーフ川流域のアザールは意外に少ない。シャットラ産が二枚あるだけだった。考古学者オクセンシュレイガーが調査していた付近で作られたもの。もう一枚は具体的にシャットラのどこのものかは不明。二枚とも他のアザールとは少しちがい、刺繡の密度が低く、仕事は粗い。

・ヤフーディー（ユダヤ）　約百年前（口絵I）

何より驚いたのがこの布である。見た目には古くてとても魅力的ながら、他のアザールと同種に見える。ピンクと黄色の色合いは「ジュムフーリー（共和国）」に、モチーフはホドルの布に近い。だが商人アリーは「百年前にユダヤ人（教徒）が作った」と言うのだ。

ユダヤ⁉︎　思えば、ホドルの商人カーラドも「アザールはもともとマンダ教徒とユダヤ教徒が作っていて後からムスリムが学んだ」と言っていたが、あまりに唐突だったし、マンダ教徒の方に関心を引っ張られ、ユダヤは耳を素通りしてしまった。

ここの商人アリー曰く「マンダ教徒はアザールを作らない。ユダヤ教徒がもともと作り、あとでムスリムが習ったんだ」。なお、アラビア語ではユダヤ教徒もユダヤ人も区別なく「ヤフーディー」と呼ぶ。以下、日本人に馴染みがある「ユダヤ人」を訳語に使う。

このシャットラには以前、ユダヤ人もマンダ教徒も大勢いた。「イラクのモスクワ」という異名をとるほどコミュニストが多かったのは、一つにはそれが理由らしい。もともとイラク共産党はアッシリア人のキリスト教徒によって作られた。以後、貧困層やマイノリティの権利を守ることを掲げたため、共産党はマンダ教徒やユダヤ人からも強い支持を集めたのだ。

「ユダヤの布」にはシナゴーグのような建物が描かれていた

それにしても、ユダヤ人が作ったというアザールが目の前に出現するとは。「祖父の代に仕入れたもの」とアリー。「ユダヤ人が作った布はこれ一枚だけだ」という。

特徴的なのは塔を三本もつ建物。他のアザールにも似たモチーフがあるが、それらはもっと丸みを帯びていて、カサブの家やムディーフ（ゲストハウス）にも見えるのだが、この布のそれは四角いしっかりした壁をもっており、明らかに寺院か宮殿だろう。

アリーによれば「ユダヤの寺院」、つまりシナゴーグだという。寺院がとても目立つ反面、他はアラバーネ（荷車）やバーミエ（オクラ）といった一般のアザールと共通したモチーフが並んでおり、つながりがはっきりと見て取れる。驚くしかない。

ホドルでセルマさんに話を聞いたときと同じかそれ以上の興奮に包まれてしまった。どれか一枚買って帰りたいと思った。それはやはり「ユダヤの布」だろう。アリーの言い値は五百ドルだった。もし状態がよければそれでも安いが、おそらく虫に食われたのだろう、いくつか破損している箇所があった。そこを指摘して交渉し、三百ドルで購入した。

あとで、アヤド呉用やマフディ盧俊義から「三百ドルなんて高い」と言われた。調査をしてわかったのだが、アザールは現在のアフワール人にもその他のイラク人にも評価されていない。「まあ、昔からあちこちにそういう布があるよな」ぐらいの感じだ。

かつて日本人も明治維新直後、自分たちの伝統文化の価値を見失っていた時期があった。浮世絵を二束三文で売り払い、法隆寺を燃やそうとしたという話もある。伝統の和の美術品は西洋人が評価することによって、日本人にも価値が再認識された。アザールも同じ道をたどるのかもしれない。

5　湿地帯に存在した「禁じられた民族」

チバーイシュ町の聚義庁に戻り、買ったアザールを床に広げて見る。「うーん、ユダヤの布とは驚いたな」と山田隊長は感心する。「でもエデンの園ってユダヤ人が言っていることやからな」全くである。ジャーシム宋江が「エデンの園の刺繍ウェディングブランケット」と命名した通りではないか。

なにしろ、伝説とはいえ、ユダヤの始祖アブラハムはナーシリーヤ近くのウル出身だとされている。あのジッグラトがある場所だ。旧約聖書によれば、人類として初めて神の啓示を受けて契約を交わしたアブラハムは、「カナン」（現在のパレスチナ）へ移住したヘブライ人（ユダヤ人）ということになっている。

歴史的にもユダヤ人（もしくはその祖先）が古くからこの湿地帯周辺に暮らしていたことは間違いない。湿地帯エリアの南部に最古の都市国家（文明）をつくったシュメール人は、四千年前には早くも歴史から姿を消した。以後、湿地帯エリア（歴史学的な「シュメール」である）を支配したのは主にセム語派の民族である。シュメールと共存したり覇権を争ってきたアッカド朝（紀元前二三三四〜紀元前二一五四）、ハンムラビ法典で有名なバビロン第一王朝（紀元前一八九四〜紀元前一五九五）、新アッシリア帝国（紀元前一〇〇〇〜紀元前六〇九）などもみな支配層がセム語民族であるか、書き言葉としてセム語派言語を使用していた。そしてユダヤ人とアラブ人も同じくセム語派民族である。

一般向けのユダヤの通史として評価が高いというレイモンド・P・シェインドリン著『ユダヤ人の歴史』（入江規夫訳、河出文庫）によれば、バビロニア王朝が栄えていた頃、セム語派の半遊牧民がパレスチナに流入して定住し、イスラエル人の祖になったのではないかという。彼らの子孫であるダビデが紀元前一〇〇〇年頃にイスラエル王国を建設し、その支配はユーフラテス川流域にも及んだ。

もっともその当時「ユダヤ教」や「ユダヤ人」という言葉も概念もなかったらしい。今日的な「ユダヤ教」が成立したのは紀元前五世紀頃とされており、ユダヤ教の始まりとともにそれを信仰するユダヤ人（教徒）の歴史が始まったという（現在でも「ユダヤ人」の定義は必ずしも一定ではないが、本書ではユダヤ教成立以後は「ユダヤ教徒＝ユダヤ人」と仮定して話を進める）。

ソロモン王時代に栄華を極めたイスラエル王国はその後、イスラエル王国とユダ王国に分裂し、前者は紀元前七二一年に新アッシリア帝国に、後者は紀元前五八六年に新バビロニア（紀元前六二五〜紀元前五三九）にそれぞれ滅ぼされた。

湿地帯を含めたイラクに住んでいたユダヤ人は、おおむねこのユダ王国が滅亡した後の紀元前六世紀頃に、パレスチナから強制的にこの新バビロニアに連れてこられた人たちの子孫だと信じられている。

湿地帯エリアに移住を余儀なくされたことでユダヤ人は自分たちの宗教と民族を結びつけるアイデンティティを再構築した。バビロニアのユダヤ人長老たちが、古代イスラエル時代の古い文献をもとに公式の歴史と法律、慣習、宗教的行事を編纂し、「洪水伝説」などシュメール以来の故事伝説を取り入れながら、トーラー（律法）と預言書その他の聖典（いわゆる「旧約聖書」）を作った。「ユダヤ人」と「ユダヤ教徒」の始まりである。それが紀元前五世紀頃ではないかと推測されているわけだ。

広大なバビロニア帝国の版図のどこで聖典が作られたか不明だが、おそらく湿地帯エリアの南部（つまり、かつての「シュメール」、現在のアフワール周辺）ではないかと思う。今のチバーイシュ町からさほど遠くないところだ。中央湿地帯と東部湿地帯の間には聖典作りに参加した人物の墓（とされている場所）があるし、だいたいあえてウル出身の人物をユダヤ教の始祖と定めているのだ。聖書を作った人々がその周辺に住んでいたか、少なくとも強い思い入れがあったからだろう。

その後、ペルシア帝国の支配下になると、一部のユダヤ人はパレスチナへ帰還したものの、湿地帯エリアの暮らしに慣れた大半のユダヤ人はここに残った。パレスチナはユダヤにとって、もはや住みやすい土地ではなかった。ローマ帝国時代、ユダヤ人は二度にわたる叛乱を起こすが鎮圧され、大勢の人たちが湿地帯に逃げ込んだ。その頃、湿地帯は「反ローマ帝国」勢力の拠点となっていた。

七世紀にイスラムが誕生し、湿地帯全体がイスラム化してもユダヤ人は住み続けた。ユダヤ人はイスラムが許容する「啓典の民」だった。貿易、学問芸術、宝石・貴金属の加工販売、職人などの分野で活躍し、とりわけ「金融（金貸しや両替）」担当者として不可欠な存在であった。イスラムは利子をとることを禁止している。キリスト教も利子をとることを良しとしていなかった。実はユダヤ教も同じユダヤ教徒から利子をとることは禁じられているが、異教徒からならよしとされている。結局、ユダヤ人が金融を一手に引き受けることになったのだ。

「湿地帯」におけるユダヤ人のデータは残っていないが、近現代の「イラク」なら記録が残されている。『イラク歴史辞典』によれば、オスマン帝国時代は、現在のイラク領内にユダヤ人が二、三万人。

二十世紀前半、イラクのユダヤ人社会は栄えた。主にバグダードを中心とした大都市に彼らは住んでいた。同書には、イラクの輸入の九五%、輸出の一〇%をユダヤ人が扱っていたとある。また、いくつもの大手銀行がユダヤ企業家によって設立された。金融業や貿易業だけでなく、医師、公務員、弁護士といった中流階級も輩出した。一方では、雑貨屋経営、職人、労働者といった比較的貧しい人たちもいた。

状況が変わったのは一九三〇〜四〇年代である。イラク国外のユダヤ人によるシオニズム運動(イスラエル再興運動)がマジョリティのアラブ・イラク人を刺激し、ユダヤ人を排斥する動きが始まった。イラクのユダヤ人はシオニズムに賛同せず、むしろ反対している人が多かったにもかかわらず、一九四八年のイスラエル建国によってユダヤ迫害は決定的になった。公務員の解雇や国籍の剝奪といったイラク政府の苛烈な政策を受けて、ユダヤ人は一九五二年までにほとんどがイラクを去った。

バスラのかつてのユダヤ人街

国連の調べでは二〇一二年のイラクにおけるユダヤ人の数は「十人」とされている。

現在、「ヤフーディー(ユダヤ人)」という言葉はイラクでは全く聞かれない。タブー視されていると言ってもいい。実はアマーラやバスラといった湿地帯エリアの都市にも旧ユダヤ人の町並みが残されている。ユダヤ人の家は二階にバルコニーとも出窓とも言える木造の張り出しがあるのが特徴的だ。これは「ファナーシール」と呼ばれる。ただし、イラクでファナーシールといえば、「昔の家」とか「古い伝統建築様式」という説明しかされておらず、「ユダヤ」とは誰も言わない。

思い出したのだが、最初にアフワールへ来たとき、私たちはアマーラの町でハイダル君に「あそこがユダヤ人街だ」と教えてもらったことがある。近づいて写真を撮ろうとしたら、ハイダル君に「質の悪い民兵に見られていたらまずいからもう行こう」と促された。ユダヤ人を追い出して七十年近くも経っているのにまだ警戒しているのかと驚かされたものだ。でもおかげで私たちはそこで写真も撮れずユダヤ人街のことも忘れてしまった。タブー視の成果は出ているわけだ。

さて、商人アリーから買ったこのアザールは本当にユダヤ人作のものなのか？ アザールのルーツは本当にユダヤ人の刺繍布だったのか？

可能性はあると思う。アリーの家はユダヤ人が周囲にふつうに住んでいた時代から商売を行っており、事実関係はよく知っているはずだろう。アリーのみならず、ホドルの商人カーラドも「マンダ教徒やユダヤ教徒が先に作っていた」と述べている。カーラドの家も祖父の代からのラグ商人である。

また、前述のように、「ユダヤ」がイラクにおいてタブー視されている以上、商人アリーや商人カーラドがわざわざ嘘やデタラメを言うメリットがない。「ユダヤの布」なんてイラク人だけでなく、全てのアラブ人が嫌がるだろう。

もし商人アリーが欧米相手に商売をしているなら「ユダヤの布」や「エデンの布」といった売り文句は有効かもしれないが、実際には彼は英語が使えないばかりか、フェイスブックのアカウントさえ持っておらず、イラク人やヨルダン人の商人に直接アザールを売っているだけだ。そして、アザールを扱う欧米のディーラーのウェブサイトに「ユダヤ」というワードが全く見られないことからも、そんな話は全然広まっていないことがわかる。

意図的にちがう情報を発信している可能性は少ないだろう。

とはいうものの、アザールがユダヤの布かというと、やはり首を捻ってしまう。

ネットでユダヤの刺繍や布の模様、さらに歴史的・宗教的な文様を眺めてみても、アザールの図案と似ているものが見つからないのだ。ユダヤの意匠は多種にわたっているものの、どれももっと緻密でエンジニアリング的である。アザールの奔放さが欠けている。あるいはアフワールのユダヤ人だけが持っていたデザインなのかもしれないが……。

アザールの歴史についてはまだ謎のままだ。でも一つ印象的なことがある。商人アリーも商人カーラドもユダヤ人について話すとき、実に自然だった。全然タブー視する様子がなかったのだ。

商人カーラドに至っては「最後のユダヤ人は鉄道のホドル駅の駅長で名前をアブー・ダーワドといい、一九七三年にロンドンに移住した」と淀みなく語っていた。彼の情報と口ぶりから、その人物はユダヤ人でありつつ、地域社会で尊敬される地位に就いていて、一般ムスリムからも親しまれていたことがうかがえる。

ユダヤ人もマンダ教徒と同様にかつては湿地帯の一員だったことが察せられ、アザールの起源＝ユダヤ布説の真相は別にして、イラク水滸伝を考えるうえでひじょうに重要なことだと思われた。

6 刺繍布によって浮かび上がるアフワールの真の姿

私たちはさらに調査を進めた。バビロンに滞在中のジャーシム宋江に電話やメール、ＳＮＳでインタビューしたり、アヤド呉用に手伝ってもらいアザールを扱っている他の商人を探したりした。

その結果、アザールはユーフラテス川流域とガラーフ川流域でしか作られていないらしいことがわかった。ジャーシム宋江曰く「アマーラやバスラでも聞いたことがない」。

アザールを扱っている商人自体が極めて少ない。ネット情報や口コミを通じて探したのだが、私たちが取材した二人以外は、アマーラに一人見つかっただけだ。彼に手持ちのアザールの写真を送ってもらったところ、いずれもホドルの特徴を備えており、商人自身も「ホドルのもの」と話していた。

いっぽう、「アザール＝ユダヤ布説」について。ユダヤ教成立の箇所でも簡単に述べたが、ティグリス川沿いの、ちょうど中央湿地帯と東部湿地帯の間に、「アル・ウザーイル（アザーイル）」という場所がある。ここは旧約聖書に登場し、「エズラ記」を書いたエズラ（アラビア語でウザーイルもしくはアザーイル）という書記の墓だと信じられており、かつてユダヤ教のシナゴーグが建てられていた。一九五〇年代までウザーイルの町にはユダヤ人の大きなコミュニティがあったという。もちろん、今ユダヤ人は一人もおらず、シナゴーグはモスクとなっている。

「アザーイル」と「アザール」は音が似ている。何か関係があるのではないかと療養中の頭領に訊ねると、こう答えた。

「正直言って言葉の関連性は全くわからない。でも私の考えでは、ユダヤやアザーイルとアザールは関係ないと思う。ティグリス川沿いでは作られてないのだから。アザールが作られていた場所はみんな遺跡の近くだ。私は、アザールはシュメール時代からの伝統だと思う」

ユダヤではなく、もっとはるかに古代のシュメールとつながっているというのが彼の推論である。

私は情報を整理するため、布作りが行われていた場所と遺跡の位置を参照する地図を作製してみた。

すると、たいへん興味深いことがわかってきた。世界最古の都市ウルクのそばにはアザール最大の生産地であるホドルがある。シュメールの記録が最も多く発見されているラガシュ遺跡のそばもアザール産地が集まっている。また、最大のジッグラトが残されたウル遺跡、ウルクと並びもしかすると世界最古の都市国家かもしれないと言われるエリドゥ遺跡の比較的近くにも、ユーフラテス川沿いに産地がある。

また、ディーワーニーヤの近くにはニップル遺跡というこれまた重要なシュメール遺跡がある。ディーワーニーヤはアザール調査においてひじょうに重要な場所だと思われる。というのは、今まで書きそびれていたが、今様アザール作りの第一人者セルマさんによれば、アザールには大きく「ディーワーニー」と「ビーアイー」の二種類があるというからだ。

ディーワーニーとは私がこれまで紹介してきた色鮮やかで人間や動物、植物などを自由奔放に刺繍した布だ。ところが、実はもう一つ、別種のアザールがある。これはトライブの榊さんが「これもマーシュアラブだと言うんですが、全然ちがいますよね」と見せてくれたもので、同じ刺繍ではあるものの、仕様がかなり異なる。

下の生地は同種なのだが、刺繍の毛糸がもっと細い。刺繍の密度は低くて、人間や動植物などは描かれていない。わりと地味な幾何学的な模様中心なのだが、かといって、他のイスラム世界

ディーワーニー

ビーアイー

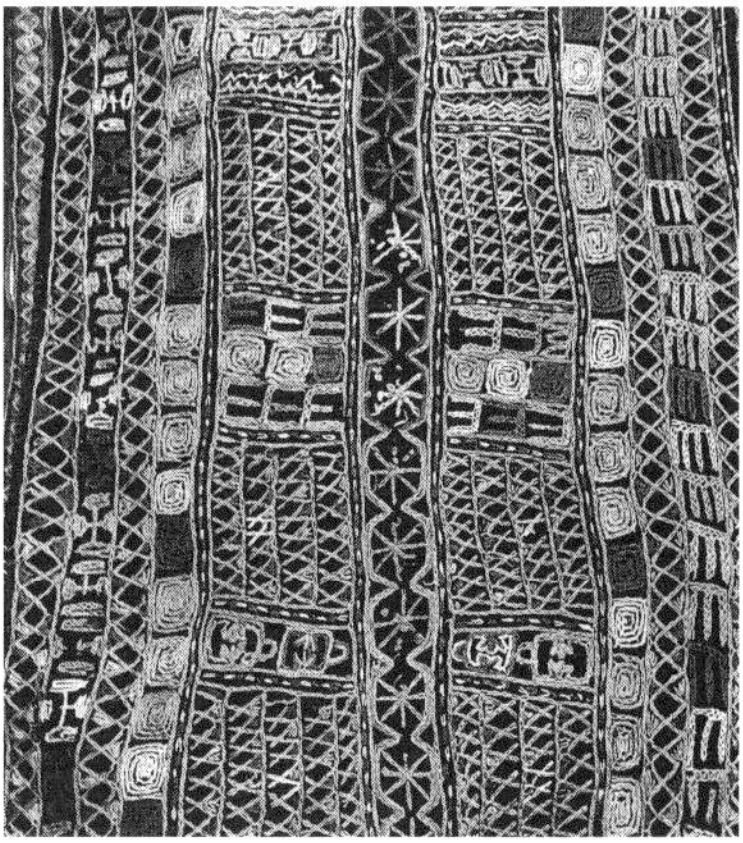

アザールには大きく分けて二種類ある。一つは太い毛糸を使い、人物や動植物の図案を大胆に取り入れた「ディーワーニー」、もう一つは細い毛糸を使い、細かい網目模様を組み合わせた「ビーアイー」。後者は数が少ない。

の布ほど明晰さは感じられず、もっとやわらかくて素朴な味わいだ。

そして、うまく言えないが、太い毛糸のアザールと精神的な共通性を感じる。セルマさんによれば、これが「ビーアイー」だという。シャットラの商人アリーもこの意見に同意したうえ、「ビーアイーは主にスーク・アッシュイユーフやフフッドで作られている」と述べた。

その二つの町は中央湿地帯と南部湿地帯に接しており、チバーイシュ町ともごく近い。あらためてビーアイーを眺めると、マアダンの家やムディーフでよく見られるカサブの編み込み模様を連想させる。おそらく、これがムディーフに置かれていたら、すごく自然に感じられることだろう。

ディーワーニーとビーアイー。ホドルやシャットラで作られていた布もすべて様式としてはディーワーニーということになる。そしてその名称は「ディーワーニーヤ」から来ていると考えるのが自然だ。同じ単語なのだから。ディーワーニーヤはかつてアザールの中心地だった可能性がある。

いっぽう「ビーアイー」という語は何に由来するか不明だ。

話を戻すと、たしかにシュメール遺跡とアザール生産地は偶然とは言いがたいほど重なっている。古代メソポタミア文明はティグリス＝ユーフラテス川流域に生まれたと多くの歴史書や教科書に記されているのだが、実は主な遺跡はユーフラテス川流域に集中し、ティグリス川（本流）沿いにはほとんどない。理由はユーフラテス川の方が流れが穏やかで安定していたからだ。ティグリス川は水量が多い反面、流れが急で洪水も多かった。だから、都市国家建設はユーフラテス川沿いが好まれた。

アザールもなぜかティグリス川を避けるように分布している。ただし、遺跡はまだ全部が発掘調査されているわけではないし、アザールの産地がこれらに限られているわけでもない。あくまで現時点では何かしら関連性があるかもしれないとしか言えない。

アザールの正体とは別に、私はアザール探検によって旧湿地帯が浮かび上がってきたことに興奮した。それまでは、前述したようにどうしても現在の湿地帯に意識が引っ張られてしまっていた。でも湿地帯はかつてははるかに巨大だった。おそらくイラク中南部のティグリス＝ユーフラテス川に挟まれたエリアはオスマン帝国の時代まで大部分が湿地帯だったと思われる。湿地帯が急速に縮小していったのは二十世紀に入ってからだ。上流部の人口が増えて、ダムや堰が建設され、農業用水や工業用水、生活用水がとられるようになったためである。

それでもオクセンシュレイガーによれば、一九六〇年以前はディーワーニーヤに近いニップル遺跡までは湿地帯だったという。その後、加速度的に水の世界は海に近い方へ後退していったのだ。

本書では「旧湿地帯」と呼ぶが、何千年も前からつい数十年前まで（私が生まれた一九六〇年代くらいまで）はその巨大な湿地帯が「イラク水滸伝」の世界だったのだ。「現湿地帯」は最近の縮小版でしかない。

アザールと遺跡の場所に関係があるかどうかは別として、アザール作りが旧湿地帯に広がる伝統文化であったことは間違いないだろう。

もう一つ、アザール探検によって浮かび上がってきたものがある。他ならぬ「湿地帯の二重構造」である。

西洋人もイラク人も、多くの人がアフワールについて語ってきたが、どれもひじょうに大雑把なものであった。まず、古代シュメール文明と湿地民の生活文化を論理的に整理していないように感じる。

例えば、ユネスコはアフワールとシュメール遺跡をセットにして「世界遺産」と認定したものの、それらがなぜセットなのかは明確に説明していない。単に近くにあるからだけとも思われてしまう。

マアダンがシュメールの文化を受け継いでいるという言説も一般的であり、かくいう私自身便乗してきたが、それももっと説明が必要だと思う。なぜなら、シュメールは国家／文明の元祖であり、湿地民は反国家／非文明の人々と考えられるからだ。

イラクのコミュニストたちは「アフワールは革命の中心地。なぜならシュメール文明を受け継ぎ、国家に抵抗を続けてきたから」と述べているが、明らかに辻褄が合わない。シュメールの都市国家は王が支配する階級社会であり、悲惨な境遇に喘ぐ労働者（もしくは奴隷）が社会の下部構造を支えていたとされているからだ。

また、「湿地民」についても少なからぬ混乱が続いている。イラクでは「マアダン」「アフワールの人」という言葉が定義もなく使われている。英語では「Marsh Arab（マーシュアラブ＝湿地のアラブ人）」なる言葉が広く使用されており、一般には「マアダン」のこととされているが、オクセンシュレイガーは「湿地帯エリアの定住民」にも用いている。

私も長らくこの混乱に悩まされてきたが、次第に整理がついてきて、最後にこのアザールの出

湿地民のイメージ図

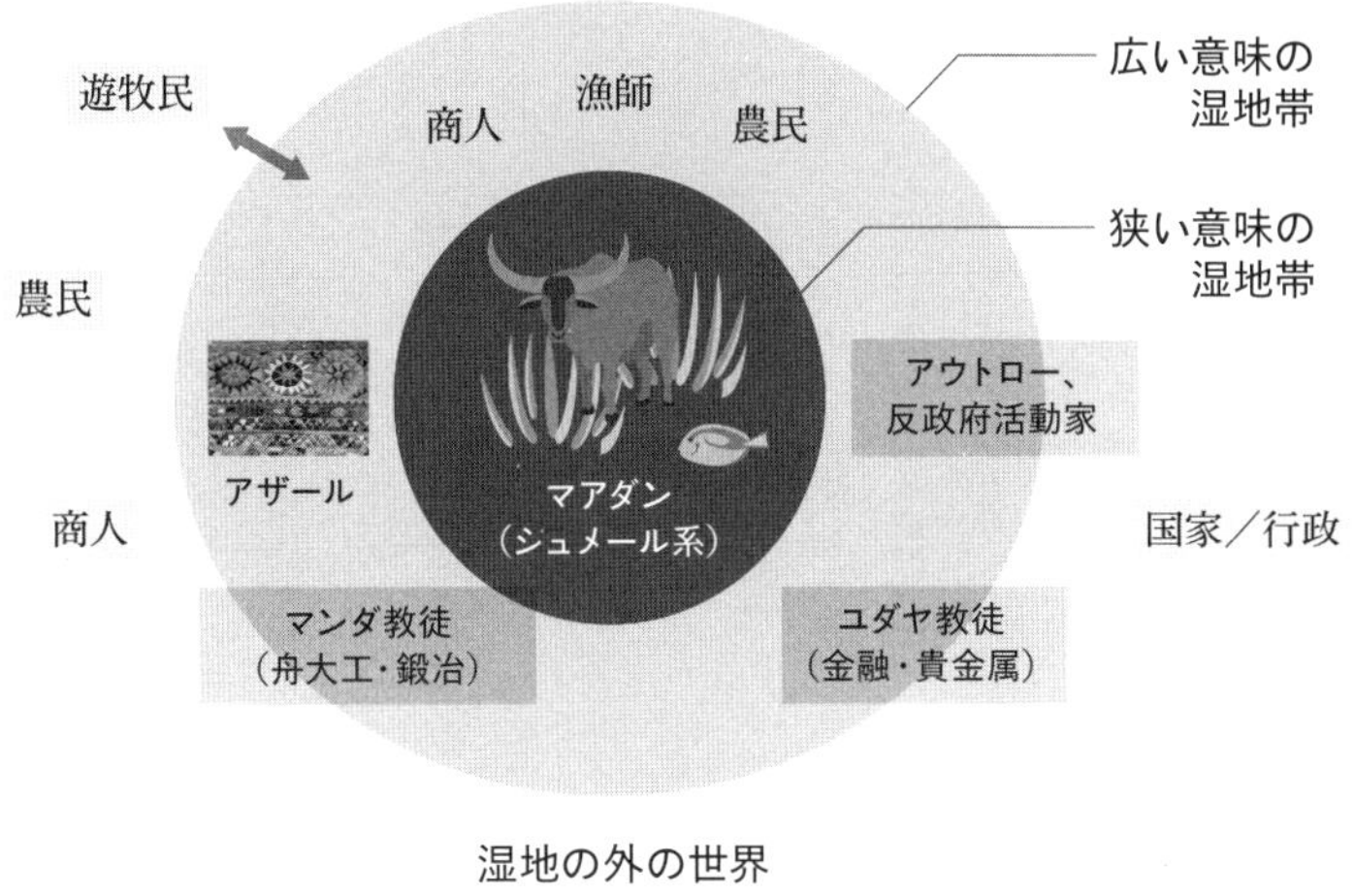

現によって、確信がもてるようになった。すなわち、湿地帯は二重構造なのであると。

イメージ図を作ったのでご覧頂きたい。

湿地帯には二種類あると私は考える。一つは「狭い意味の湿地帯」、もう一つは「広い意味の湿地帯」だ。

「狭い意味の湿地帯」とは湿地帯の核心部をさす。水とカサブの世界だ。住民は水牛を飼い、魚をとり、移動生活を行っているマアダン（現在のシュメール人）。彼らは文明／国家とは距離をおき、積極的に関わらないようにしている。ただし、市場でものを売り買いしたり、必要な文明の品を入手したりしている。

いっぽう、「広い意味の湿地帯」はその周りに展開している。住民は陸地に定住している。生業は農業、漁業、商人、職人など。舟大工や鍛冶や金銀細工に従事したマンダ教徒や貴金属の職人や金融を専門としたユダヤ人もここに含まれる。季節によっては遊牧民も訪れていた。

彼らは国家や都市民から見れば、「湿地民」「湿地帯に住んでいる」と思われている。ジャーシム宋江が浮島に生まれ育ったという話からわかるように、二十世紀の半ばまで、彼らも湿地の内側に住むことは普通にあったし、舟も利用していたが、マアダンから見たら陸上に基盤を置いた人たちだ。彼らはマアダンと外部世界の媒介者でもある。

戦争に負けて湿地帯に逃げ込んできた者、アウトロー、マイノリティ、政府や国家に抵抗する人たちも実際にはこの「広い意味の湿地帯」に入り込んできたと考えられる。もちろん、本当に追い詰められたときには湿地の奥に入るにしても、そうでないときはなるべく陸上かそれに近いところに住むからだ。水牛を飼うこともない（中にはマアダンと結婚して水牛飼いになった人もいただろうが）。考えてみれば、「抵抗する」という時点で、文明や国家と強いつながりを希求しており、マアダンとは一線を画すのだ。アザールを作っていた人は明らかにこの「広い意味の湿地帯」の住人だろう。ジャーシム宋江も「マアダンは一部を除いてアザールを作らない」と明言している。

そして、さらにその外側に国家や行政、農民、都市と結ばれた商人などがいた――。

この図自体、模式的であることから免れないものの、このように考えると、混沌とした湿地帯の有り様がかなり整理できるように思う。

二〇二〇年代の超情報化社会の現代においてもなお謎に包まれていたという、ある意味で「奇跡の布」アザール。まだまだ不明な点はいくつも残されているが、私たちの調査で全貌がある程度明らかになったと言っていいだろう。この謎を追う旅は本当にスリリングだった。オクセンシュレイガーの他は誰も調べたことがなかったテーマだけに、意外な発見や驚くべき展開の連続だった。まずマーシュアラブの布を作っていたのはいわゆるマーシュアラブ（マアダン）ではなく、湿地の定住民だった。名称からして間違っていたのだ。

産地はユーフラテス川とティグリス川の支流のガラーフ川流域に集中しており、ティグリス川本流域には見られないこと、理由は不明だがシュメール遺跡の場所とかなり重なっていることもわかった。いっぽうで、産地の範囲はひじょうに広く、今回見つけた布では、西のナジャフから東のスーク・アッシュイユーフまでは二百キロ以上も離れていた。

ユダヤ人起源説という奇妙な話も伝えられていた。図案がかなり固定化され、自由で美しい作品を誰もが作れるような仕組みになっていることも理解できた。

いつ頃まで歴史を遡るのか、誰が作り始めたものなのかはわからない。現代の布に似たものが見当たらず、二千年前のシルクロードの遺跡から発掘された布に技法としての共通性があるというところから、ひじょうに古い時代から作られてきた可能性は高い。

一つ言えるのは、この布がアフワールの歴史と文化を見事に反映していることだ。

布の図案はイスラム圏の布の範疇から大きく逸脱している。動植物のみならず人間までも、作り手はなんでも自由に描くことができる。アフワールは元来がそういう場所だったはずだ。

今でこそ、湿地の定住民は都市民化が進み、イスラムの教えを厳格に守るようになっているが、かつては独立心が強く、マンダ教徒やユダヤ教徒などのマイノリティと共生していた。

マアダンの人たちは現在でも宗教の束縛から逃れているように見える。彼らはシュメール時代からの生活を継承しており、彼らの自由で朗らかな精神が布に現れているように私には思える。

その上で新しく使えるものはどんどん取り入れている気配がある。

シュメールから続く精神的、文化的なあらゆる要素を取り込んで成立している布であるといってもいい。

まさにアザールはアフワールを象徴する布である。それがわかっただけでも私はかなり満足なのだった。

第 8 章

古代より甦りし舟は行く

中央湿地帯、バグダーディ湖で

1　湿地帯の罠、再び

現代シュメール人（マアダン）の生活を調べたり、アザールの謎を追いかけたりしながら、執念深い私たちは舟でアフワールをめぐる旅を模索していた。

頭領抜きでタラーデの旅が不可能だということはわかっていた。あの大きな舟を動かして、一週間以上旅するのは大イベントであり、ジャーシム宋江のネットワークと統率力が必須なのだ。

私たちは船頭のアブー・ハイダルと一緒に彼のシャクトゥーラ（船外モーター付きのボート）で、中央湿地帯を南北に縦断して、マイサン県の県都アマーラまで到達し、あわよくば、東部湿地帯もボートで移動したいと希望した。

これはジャーシム宋江とマフディ盧俊義の間でも激しい議論を引き起こした。早口のアラビア語だから内容はよくわからないものの、「アマーラ？　ハタル、ハタル（危ない、危ない）！」とマフディ盧俊義が主張していた。どうやら、私たちの希望を叶えてやりたいという頭領と、現実面を慎重に考慮する副頭領の間で意見の不一致があるようだった。

二人の答えは最終的にノーだった。理由は大きく言えば、「水不足」と「セキュリティの心配」だ。この二つは舟の通行という物理的な問題と治安という人為的な問題とも言い換えることができる。

どちらも深刻かつ曖昧な問題だった。

「水不足」自体は、私たちもよく認識していた。毎日のように湿地帯に繰り出していたからだ。

中央湿地帯のイシャン・ハラーブ付近。同じ地点でも年によって水量は大きく異なる

今年は水が少ない。最初に来た二〇一八年の冬かそれ以上の渇水だ。しかも二〇二〇年から三年連続で、毎年「今年がいちばん少ない」という。二回目に訪れた二〇一九年春は水が豊かだったが、そのときに比べて九十センチも水位が低いのだ。中央湿地帯やハンマール湖に暮らすマアダンの人たちもそれについて嘆いていた。

ジャーシム宋江によれば、今湿地帯に流れ込んでいる水はすべてユーフラテス川からの水で、ティグリス川からは全く流入がない。トルコ領のティグリス川で二〇二〇年頃に稼働し始めた巨大なダム（ウルス・ダム）のせいだという。

ティグリス川本流はアマーラの町を通る。町に着く前にいくつかの支流に分かれ、湿地帯へ流れ込むデルタ地帯みたいなものを形成している。一九五〇年代、探検家セシジャーの時代は、水がはるかに多かったので、デルタ地帯の多くは湿地帯だったようだ。

私たちは最初にアフワールに来たとき、デルタ地帯を少し車で見たことがあるが、現在はふつうの陸地となっていた。グーグルマップを見ると他の場所もおおむね陸地である。

トルコから水が流れて来なければティグリス川は水量が激減し、本流をちょぼちょぼと水が流れるだけで、支流には回って来ないことになる。すると、当然、舟でそこを遡ることはできない。もしそれが本当なら、湿地帯はひじょうに危機的な状況にあることになる。今後、永続的に渇水が続く恐れがあるからだ。

いっぽう、イランと国境を接する東部湿地帯とハンマール湖（南部湿地帯）も同じように水が少なくて水路の移動はむずかしいだろうと言う。この二つの湿地帯は水源が異なる。東部湿地帯はティグリス川だけでなくイランからも水が注ぎ込んでいるし、ハンマール湖はユーフラテス川が水源だ。そのどちらも水不足ということは、トルコ、イラン、イラクの三カ国の山岳地帯で雨が降らなくなっているのかもしれない。

しかし、舟の通行ができないことには別の原因も考えられる。ティグリス川のいくつもの支流から湿地帯に注ぐ部分には堰が設けられている。一つには流れる水の量を調整するためだが、最大の目的は農業用や飲料水用に水をとるためだ。

川のスペシャリストである山田隊長は「堰を舟が通ることができるのかな？」と疑問を呈した。「そもそも舟がそこを通れる仕組みになってないかもしれんし、もしかすると、たくさんあるときは通行できても水位が下がると通行できないとかかもしれん」

中央湿地帯に住むマアダンの人たちにも訊いてみた。真正湿地民の暮らしは厳しく、学校や医療施設もないため、高齢者や小さい子供は陸地に定住していることが多い。チバーイシュ町だったりアマーラだったり、ガラーフ川沿いの町だったり。中でもデルタ地帯はもともと湿地民の土地ゆえ、家族や親族のいる人が少なくない。よって、湿地で水牛を飼う人たちもときどきアマーラ方面に帰る。彼ら曰く、「前はボートで帰ったが、今はチバーイシュ町から車で帰る」。理由を訊くと「水がないから」。

でもそれは最近、水が少なくなったからそうなのか、堰ができて水路が使えなくなったからそうなのか、他に理由があるからなのか、よくわからなかった。それに、マアダンの人たちの取材をしてきて思うのだが、彼らは何か困っている理由を訊くと、とりあえず「水がない」と答える傾向がある。本当は人間関係や経済的な理由かもしれないが、それは言いたくなかったり、面倒くさかったりするので「水がない」と言う。すると、他の人たちもそれ以上追及しない……そんな知恵というかマナーみたいなものがあるようにも感じる。

――湿地帯の罠が帰ってきた……。

と思った。初めてアフワールへ向かったとき、そのとりとめのなさ、摑みどころのなさに悩まされたものだ。そのときと同じ、もわもわした霧に脳内が覆われてしまった気がする。

もう一つの「セキュリティ」についても、「湿地帯の罠、再び」だった。

私たちはチバーイシュ町周辺の湿地帯には馴染んでいる。バニー・アサド氏族の客分みたいなものだ。バニー・アサド氏族の人たちはチバーイシュ町周辺の氏族とも関係は良好だから当然私たちにとっても安全である。ここがアフワールの中心地だから、なんだか湿地帯エリアのどこへでも自由に行けるような気がしてしまっていたが、それは錯覚だった。

湿地帯は巨大だ。ディカール県（県都ナーシリーヤ）、マイサン県（同アマーラ）、バスラ県（同バスラ）という三つの県にまたがっている。それぞれの大きさは日本の県より大きい。そして、隣り合っていながら歴史や文化が異なる。まるで「京都府」「大阪府」「兵庫県」みたいなものだ。

私たちは、船頭のアブー・ハイダルが湿地帯のことを熟知していると思っていたが、ジャーシム宋江たちの意見はちがった。「アブー・ハイダルはアマーラのことはよく知らない」。そしてアマーラ側は「治安がよくない」のだという。

ジャーシム宋江は広大なネットワークをもつ特別な存在だから、彼と一緒なら何とかなるのかもしれないが、それ以外のアヤド呉用や船頭のアブー・ハイダル程度では顔が利かないことは考えられる。

もっと言ってしまえば、チバーイシュ町の人たちはアマーラの、特にデルタ地帯のような僻地がどういう状態なのかよくわかっていないようだ。ましてや、アマーラに外国人が行くことの安全性など正直見当がつかないのかもしれない。

私と隊長は何時間、いや十時間以上もこれについて話し合ったが、何も結論は出なかった。なにしろ確かな情報源がないのだ。

「自分たちの目でみるしかないんじゃないか」と隊長が最後に言った。私もうなずいた。

あろうことか、振り出しに戻っている。最初イラクの湿地帯をめざした頃に。

かくして我々は「どうして自分たちは舟旅ができないのか」を突き止めるため、二人、陸路でアマーラへ行き、「水」と「セキュリティ」の問題を探索することに決めた。

ここでまた梁山泊の人たちとのやりとりが厄介だった。彼らはクルマ移動ですら私たちだけで行かせてくれないのだ。残念なことにアヤド呉用は、学校の試験期間に入ってしまい、私たちと行動ができなくなっていた（逆に言えば、よく今まで、授業の合間を縫ってわれわれに付き合ってくれていたものだ）。

ジャーシム宋江は、四年前、私たちがアマーラで世話になった「毒蛇を手づかみする奇人」アフメド・サーレ先生に電話して私たちの世話を頼んだ。「タカノたちを数日案内して彼らをあんたの家に泊めてくれ」と言う。それは負担が大きすぎるだろうと電話を聞いていた私は驚いた。案の定、「大学の授業があるのでできない」と断られてしまった。

イラク水滸伝のもう一つの罠は「友だちベース」でしか物事が動かないことだ。仕事なのだからきちんと報酬を支払って通訳やコーディネーターを頼みたいと思っても、それをなかなか許してくれない土壌がある。アフワール人は誇り高い人たちで、誰かの下につくことを潔しとしない。ホスピタリティに富むのは「人をもてなす側」であり、主導権を握るのも「ホスト」だからだ。私はこれまでアヤド呉用を正式な助手として報酬を払うかわりに彼の手伝いを確保しようとしたが、全く相手にされなかった。誰かに買物を頼んでもやってくれないので、謝礼を出そうとしたら断られたということも一度や二度ではない。

これは私たちの思い過ごしではなくて、一九五〇年代にチバーイシュ町で調査を行ったバグダード人の人類学者サリーム博士が著書に書いている。「調査で苦労したのは人を雇えなかったことだ。おかげで半年間、助手がいなくてたいへん困った」と。

もちろんプロの運転手や船頭や職人は雇えるけれど、そうでない人を雇うのは難しいのだ。アマーラのサーレ先生の件も同様で、私たちがきちんと報酬を支払えば彼が数日間、職場で休暇を得ることも私たちを宿泊させることもできたかもしれないが、「友だちベース」では負担が大きすぎる。

そして、意外なことに、ジャーシム宋江にはサーレ先生以外に私たちを頼める友人がアマーラにいなかった。マフディ盧俊義やアヤド呉用も同様だ。

もしかしたら「水滸伝右派」のイメージが強いマイサン県のアマーラの人たちと、「水滸伝左派」の拠点という印象があるディカール県のチバーイシュ町やナーシリーヤの人たちは関係がよくないのかと思った。

アヤド呉用にそう話したら「関係は別に悪くない。ふつう」と一笑に付された（あとでハイダル君にも訊いたのだが、同じことを言われた）。

では、どうしてそこまで知り合いがいないのか。ふと、思いついてアヤド呉用に訊いた。

「チバーイシュ町の人はアマーラの人と結婚したりする？」

「ラ（いや）」と短く参謀は答えた。「アマーラにはバニー・アサドがいないから」

アヤド呉用の説明は驚くべきものだった。現在でもバニー・アサド氏族は他の氏族の人と結婚することはほぼないのだという。ほとんどがチバーイシュ町のバニー・アサド氏族の人と結婚し、一部の人はナーシリーヤやカルバラなど別の町に住むバニー・アサド氏族に相手を見つけるそうだ。そしてアマーラに住むバニー・アサド氏族はほぼゼロに近い。

「バニー・アサドだけじゃない。この辺（アフワール）はみんな、そうだよ。同じ氏族内でしか結婚しない」

いや、知らなかった。昔はそうでも今はもっとちがうものだと思っていた。特に町の人やアヤド呉用のような大学卒のインテリは別だと思い込んでいた。

それならチバーイシュ町の人たちがアマーラに知り合いや友だちが少ないことが理解できる。というより、アフワールはいまでも群雄割拠する氏族社会のままなのだ。

それにしても、私たちだけで行くことをどうしても梁山泊の人々が許さないのには参った。私たちは六十三歳と五十五歳なのに、まるで六歳と五歳の子供みたいだ。せいぜい小学一年生扱いであろう。

しかたない。私はルーマニアに移住したハイダル君に久しぶりに電話して、かつてアマーラで世話になったアマチュア写真家のムハンマドの電話番号を教えてもらった。写真家ムハンマドは「湿地帯の王《アミール》」ことアブデル・カリームを紹介してくれたり、アマーラ南部のデルタ地帯を案内してくれたりしたが、そもそもハイダル君の友だちでもなく、知り合いの知り合いだった。しかもそれ以後、ハイダル君も私たちも彼とメッセージのやりとりさえしていない。不義理もいいところなのだが、背に腹は代えられず、私たちは図々しくも彼に電話して事情を説明した。すると、有徳の人ムハンマドは「ＯＫ。何も問題ない」と快諾してくれた。

かくして私たちはタクシーで出発した。私は解放感に包まれた。小学生扱いにうんざりしていたのだ。私と隊長は歴戦の強者である。私は辺境旅のプロ、隊長にいたっては世界レベルの探検家だ。どうして子供扱いされなければいけない？

ところが、われら歴戦の強者は行く先々で子供扱いされた。チバーイシュ町からアマーラまで約三百キロ、その間に警察もしくは軍の検問所がいくつもある。毎回そこで止められ、不審な顔で「どうしてあんたたちだけなのか？　一緒にいる人はいないのか？」と訊かれる。小学生が二人だけで長旅をしていたら誰もが不審に思う。彼らの反応はまさにそれだ。

その度にアヤド呉用かマフディ盧俊義、あるいは写真家ムハンマドに電話して「彼らはわれわれが面倒をみている」と言明してもらう。私たちの目的や身分はどうでもよく、「誰の客なのか

＝保護者が誰か」を知りたがっているのだ。

バスラ県からマイサン県に入る検問所では、誰にも電話がつながらず、警察署に拘束されてしまった。保護者が判明するまで身柄を預かるという感じだ。

数多ある検問所をくぐり抜け、ようやくアマーラの町に到着した。町の目抜き通りにあって、これまで二度泊まっている中級ホテルに泊まろうとした。だが、ホテルのフロント係は私たちを見るなり、「一体何しに来た？」という顔をした。考えてみれば、前は二回ともイラク人の知り合いが同行していた。やはり、小学生（外国人）だけでホテルに泊まるのは異常に感じるらしい。

彼らは一応、宿泊を受けつけてくれた。フロント係は英語を話さないばかりか、なんとローマ字の読み書きができなかった。私たちのパスポートの名前を宿帳に書き写せないのだ。このホテルに外国人が泊まることはまずないらしい。

それだけではない。「人が来ている」と呼びに来たので、てっきり写真家ムハンマドだと思い、ロビーに出たら、見知らぬ中年男性がテーブルに姿勢良く座っていた。

誰だろう？　と思いながら、私がアッサラームアライクムと挨拶をしても立ち上がらない。握手もせず、前の椅子を示し、「座りなさい」と一言。

異様な人物だった。背は高くなく、やせていた。地味なジャケットにズボンという洋装に口ひげを生やしており、雑貨屋の主のようなどこにでもいる風貌だが、奇妙なのは、顔にも声にも感情が全く見えないことだった。イラク人は誰もが喜怒哀楽をことさらに表すのに。私が椅子に座ると、「君の名前は？」「何処の国から来た？」などと質問する。

「あんたは誰だ？　ポリスか？」と訊くと、男は私の目を見据えたまま、かすかに顎を引いた。

イエスの意思表示らしい。間違いなく公安警察。おそらくは秘密警察だ。ホテルの人間が「怪しい外国人が来た」と通報したのだろう。

彼はアラビア語しか話さず、最初は私を直接尋問しようとしたが、私のアラビア語が下手なのと、彼がＮＧＯもネイチャー・イラクも理解しないので（アフワールの警察は誰も「ＮＧＯ」という言葉や概念を知らない）、私は写真家ムハンマドに電話した。秘密警察の男はくどいほど質疑応答をくり返した。私たちの身元、職業、スケジュール、旅の目的、ムハンマドの身元などを事細かに訊いていた。

男は電話を切ると、「君たちのことはわかった。ただ、いつも誰かが君たちを見ているから気をつけるように」と、親切なのか脅しなのかわからないセリフを残して立ち去った。

私も長いこと世界各地を旅し、秘密警察的な男たちとも出会ったことがあるけれど、彼らはもっと強面だったし、高圧的な口調で喋っていた。でもこの男はまるで機械のようだった。このまま顔色一つ変えないで、拷問でもやりそうなぐらいだ。もしかするとフセイン政権のときからこの仕事をしていたのかもしれないし、イランの諜報機関で訓練を受けた人物かもしれない。

ジャーシム宋江やマフディ盧俊義たちが私たちを二人だけでアマーラへ送り出すのを極端に警戒していたのが今さらながらよくわかった。保護者のいない外国人は心配されるだけでなく、危険分子扱いもされるのだ。

すっかり馴染んだと思ったイラクの湿地帯が、いつの間にか、初めて来たとき以上に見知らぬ土地に見えた。

2　過激なる水許伝右派

ティグリス川は滔々と流れていた。前回（二〇一九年）の「豊水」のときと素人目には変わらないように見える。目の錯覚かと思ったが、川のプロである山田隊長も「水、あるじゃないか！」と驚きの声をあげた。「てっきり干上がってるかと思ったぞ」

私たちは写真家ムハンマドの案内でアマーラの町近くのティグリス川を見に来たのだ。すると、思いがけず、豊かな水の流れに遭遇し、戸惑った。

トルコのダムのせいで水がないというのは何だったのか。

ティグリス川の水量は最近減っているのかと写真家ムハンマドに訊くと、「同じティグリス川でも場所によって水の多いところと少ないところがある」と答えるのみ。減ったとは言わない。まあ、そうだろう。「渇水」を謳われている今の時期にさして変化が見られないのだから。

続いて、ティグリス川と支流ブティエラ川の分岐にも足を運んだ。ブティエラ川はデルタ地帯を通って中央湿地帯へ直接流れ込んでいる川である。しかるに、この分岐でも水はブティエラ川にたっぷりと流れ込んでいた。

狐に化かされたような気分だった。

翌日、写真家ムハンマドにブティエラ川沿いのデルタ地帯へ連れて行ってもらった。現在、デルタ地帯の七、八割は「マイムーネ地区」という行政区分となっている。二〇一八年の最初の旅でも、同じようにこの土地を訪れたのを懐かしく思い出す。この四年間、タラーデを造ったり、水滸伝の好漢たちを訪ねたり、マアダンの生活を取材したりして、また同じ道に戻っている。

写真家ムハンマドの行動も前回と全く同じ。マイムーネ地区の中心であるマイムーネ町に住んでいる叔父さん、アブー・アクラムの助けを借りる。フセイン政権時代、「湿地帯の王」と一緒にゲリラ活動に従事していた猛者である。甥っ子のムハンマドはアマーラに生まれ育ち、長年、湿地帯に通って写真を撮っているのに「地元の人なしでマイムーネを訪れるのは少し不安」という。

アブー・アクラムの豪勢な邸宅も四年ぶりに訪ねた。家の前を流れるブティエラ川は水量が多いとは言えないものの、渇水に苦しむ川ではなかった。エレキ漁で魚を獲っている漁師の舟が通り過ぎる。

水の謎は深まるばかりだったが、セキュリティに関する謎は徐々に明らかになっていった。

邸宅で、アブー・アクラムの四輪駆動車に乗り換えた。「前にこの車に乗ったとき、銃を持ってましたよね？」と叔父さんに話しかけると、彼は運転席横のボックスをパカッと開けた。そこにはやはり拳銃が放り込まれていた。

「必要なんですか？」と訊くと、彼はにやりとして頷いた。

彼の言葉を裏付けるようなニュースが入ったのは、それからたった三十分後だった。

叔父さんが誰かから電話を受け、写真家ムハンマドに何か話している。いつも穏やかなムハンマドが珍しく、興奮した様子だ。彼は私たちを振り返って言った。

「警察署が襲われて、オフィサーが足を撃たれた！」

彼によればこうだ。このマイムーネ地区の住民は九五％がアゼイルジという氏族の人間である。

昨日、この氏族の若い男が何か違法行為をおこない、サラーマという町の警察に逮捕された。すると、同じ氏族の仲間が復讐しに来たという。サラーマ警察署を銃で襲撃し、オフィサー（管理職なのか警部なのかわからないが階級の高い人）が一人、腿を撃たれて負傷。その後、警察側が応戦し、仲間たちは逮捕された。

「いつ？」

「一時間前だ」

驚いた。そんなことが本当にあるのか。

実は決して初めて聞く話ではなかった。かつてネイチャー・イラクにやってきて騒いでいた環境NGOの若者たちから似た話を聞いていたのだ。

彼らが言うに、アフワールではごく普通に行われているエレキ漁は、実はイラクの法律で厳しく禁止されており、中部や北部では警察や民兵が取り締まりを行っているので、誰もやってないという。

では、なぜ南部では取り締まらないのか？　そう訊くと、バグダードの若者たちは笑った。

「もし警察が捕まえたら、氏族の連中が襲って来るからだよ」

そのときは「そんなことがあるのか？」と半信半疑だったが、今起きていた。

水滸伝右派、過激である。

驚いているうちにサラーマの町にさしかかった。「サラーマ」とは皮肉なことにアラビア語で「平和」を意味する。とてもそんな事件が起きると思えない、文字通り平和な雰囲気の小さな町だった。

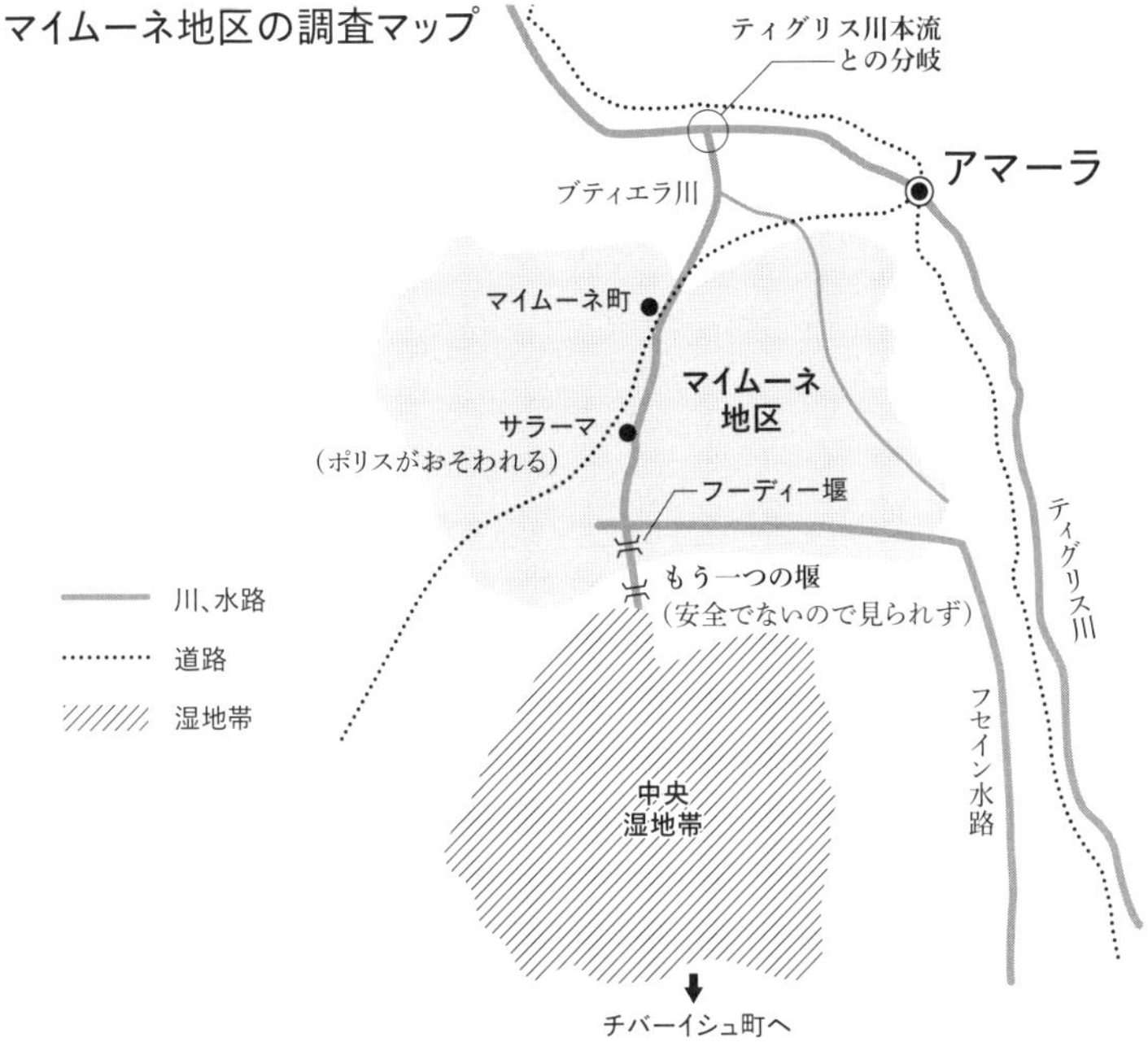

アマーラからマイムーネ地区まで行き、ティグリス川の支流ブティエラ川沿いに南下して、フセイン水路と交差するフーディー堰まで行った。そこから先は「安全でない」という理由で行くことができず。水はどこもかなり豊富にあった。

ブティエラ川との分岐点から見たティグリス川本流

マイムーネ地区のブティエラ川

サラーマを通り過ぎ、ブティエラ川沿いにさらに南下し、フーディー堰という堰に到着した。ここでブティエラ川はフセイン政権時に作られたフセイン水路とブティエラ川本流に分かれる。二つの流れは同じぐらいに見えた。つまり、水の半分は水路に、もう半分は中央湿地帯へ向かっているということだ。

「どっちも水があるなあ」と隊長が言う。たしかにとても水不足には見えない。

私たちが写真を撮っていると、堰の管理人が出て来たので、私の語学力では難しかったものの、できるだけ話を聞いた。それによると、ブティエラ川の水がアフワールへ流れる割合は、二〇一八年が三〇％、二〇一九年が一〇〇％、二〇二〇年から二〇二二年は四五％とのこと。二〇一九年が一〇〇％という奇妙な数字なのは豊水のせいかもしれない。一時期は洪水が起きていたのだ。

いずれにしても、この五年で特に中央湿地帯への流れが減っていることはないようだ。私たちが目にしている流れからもそれは理解できる。

「水はここまでは来てるんやな。あとはこの水がどれだけ中央湿地帯まで行くかだ」と隊長。この下流には農地があるのが見える。また、堰がもう一つある。湿地帯へ着く前に、水がとられているのかもしれない。それを確かめるには川沿いの道をさらに下流方面へ行けばよかったのだが、それはできなかった。

「この先は行けない。治安がよくない」とアブー・アクラム叔父さんが言うのだ。マイムーネ地区の住民である彼でさえ行くことができないのかと驚いた。と同時に、私たちが舟でアマーラまで旅ができない治安的な理由にも納得がいった。

「高野、これ、見てみい」と隊長が言った。水門の横に幅一メートルぐらいのコンクリートの通路があった。梯子のように、鉄の棒が横に敷かれている。

「舟が通れるように作ってある道や」

なるほど。水門を迂回できるようになっているのだ。舟が運びやすいよう、鉄の棒はコロのようにくるくるまわるようになっている。途中が上り坂になっているので、ウィンチか人力かで舟を引っ張り上げる必要はあるが、通行は可能だ。タラーデが通れるかどうかは微妙だったが、船頭アブー・ハイダルのシャクトゥーラなら問題ないだろう。

隊長によれば、日本の川にもこれと同じような水門迂回路が設けられているところがあるという。少なくとも、この堰の建造者（おそらくはイラク政府の水資源省）は湿地民へ最大限の配慮をしていたと考えられる。

「でも、使ってる様子はないな」と隊長。たしかに鉄の棒は錆び付いており、水路の両端は葦が生い茂っていた。

「水がない」は正しくなかった。舟も原理的には通れる。でも誰も使っていない。「そりゃそうだ。これだけ道路が発達して、車が走ってるんだから、舟を使う必要なんかない」と隊長は結論づけた。

マイムーネ町のアブー・アクラム叔父さん宅で昼食をとってから、今度はブティエラ川の西側にあるオウデ湿地に連れて行ってもらう。かつては広大な湿地帯で、水の多いときは中央湿地帯とつながっていたらしいが、今は完全に干上がり、水路が一本流れているだけだった。水路の脇に小さな家が細々と並んでいる。彼らはマアダンではない。その証拠に水牛ではなく牛を飼っていた。水牛を飼うには水が足りないのだろう。もう十年以上前にこの元湿地は完全に干上がってしまったという。

このオウデ湿地へ向かうとき、アブー・アクラム叔父さんは途中の検問所で警察か役所の下働きみたいな人を一人クルマに乗せた。これは私と隊長がアフリカの辺境地で見慣れたやり方で、セキュリティのため地元の人に同乗してもらうのだ。ここもマイムーネ地区の一部なのに、町の人間であるアブー・アクラムだけでは通行が心配になる場所なのだ。

マイムーネ町に戻る途中、川の写真を撮ろうとして、ある民家の脇にクルマを止めた。撮影していると、家の人たちが出て来たので、私たちも挨拶して自己紹介した。すると、彼らは私たちをムディーフに迎え入れ、お茶をだしてくれた。

私は隊長と顔を見合わせた。マイムーネ地区のホスピタリティに感嘆したのではない。ただ家の脇で川の写真を一枚撮影するだけでも、このようにきちんと挨拶することが必要な土地なのだと改めて理解したからだ。

私たちが舟旅をできない二つの理由のうち、「セキュリティ」ははっきりとわかった。この土地は一見さんがスッと通り抜けられるような場所ではない。フーディー堰の南側は、マイムーネ地区の人が一緒でも行けない。マイムーネ地区のブティエラ川沿いに住む人たちももし私たちが舟でいきなり通りがかったら、「おい、何してるんだ?」と止めたことだろう。いや、その前に、「知らない外国人が舟で勝手に俺たちの土地を通ろうとしている」という不穏なニュースが流れたことだろう。警察署を襲うぐらいだから、無礼で丸腰の外国人を襲うぐらいわけない。そして、川旅の舟ほど防御に適さない乗り物はない。陸上から待ち伏せされれば逃れる術がない。

舟で旅をすれば、湿地帯をよく理解できると考えていたが、完全に間違っていた。逆だ。湿地帯をよく理解し、住人とよい関係性を築いたうえで、いちばん最後に舟の旅ができるのだ。

私がそう言うと、隊長は無念そうに答えた。

「舟が今でも使われていたらちがっただろうけどな……」

ああ、そうか！　と私はようやくもっと本質的なことに気づいた。

もし人々が今でも普通に舟で行き来していれば、話は全然ちがっただろう。しかし、今は誰も長距離移動に舟など使用しない。舟はマアダンの人たちが市場へ通ったり、漁師が魚を獲ったりといった生活上に必要な乗り物であるが、誰もそれで旅などしていない。

なぜなら、「文明」が入ってきているからだ。船外モーターが登場すれば、それまでいくらターデに価値を置いていても人々はモーター付きのボートに乗り換える。そちらの方が便利で、商売や戦争に有効だからだ。

さらに自動車と道路が普及すれば、人々は同じ理由でクルマに乗り換える。伝統的に反国家／非文明の人たちとは言え、そこは同じだ。武力を行使するにも車があった方が便利だ。

私はこれまで辺境各地の旅で、本来、自然の中で生きてきた人たちが急速に町や道路や車に呼び寄せられる光景を見てきた。そしてそれを「文明の重力」と名づけた。よほどのことがないと逆らえない力である。よほどのこととは、政府の軍隊や警察が弾圧したり、犯罪を犯した人間が町から逃げたりしているような場合だ。

誰もが舟で移動していた時代なら、船頭のアブー・ハイダルももっとアマーラを舟で行き来していて、顔なじみがいたことだろう。私たちが舟で通過してもさして目立たず、船頭のアブー・

ハイダルと一緒なら何も問題なかった可能性大である。

クルマ移動の時代に舟移動することが不自然なのだ。私たちがもし舟で彼らの土地を通過しようとすれば、「あいつら、いったい何をやってるんだ？」という疑念を呼び起こしてしまう。

私たちが苦労していたのはセキュリティのせいでもあるが、それだけではない。根本的に、「文明の重力」に逆らって飛ぼうとしていたからなのだ。

3 マイ・スウィート梁山泊

できることが少なくても、あらゆる可能性を探り、最大限のトライをするのがわれわれの信条である。

マイムーネ地区を含めデルタ地帯を舟で行くのは難しいとわかったので、東部湿地帯はどうかと写真家ムハンマドと彼の友人たちに訊いてみた。すると、東部湿地帯は水がとても少ないうえ、まだ行ったことのない南側のエリアはアルブー・ムハンマド（モハメダーウィ）氏族の二つの分家が抗争を続けていて、行くのは危険だと言われた。分家の片方は「湿地帯の王《アミール》」ことカリーム・マホウドが属す一族だという。

もっとも、アマーラの人たちはそれを大したことだと考えていないようだった。「彼らはいつも武力闘争しているから」「そこに近づかなければ関係ない」という態度である。でも私たちは「そこに近づきたい」と思っていたから、やはりとても残念だった。

私たちは写真家ムハンマドに友人を紹介してもらい、バスラも訪れた。バスラはアマーラ、ナーシリーヤに並ぶ湿地帯エリア三大都市の一つだ。今まで空港を利用するだけで、市内は見たことがなかった。

バスラ周辺も治安は決してよくないようだった。氏族抗争が続いているというニュースもあったし、町の中心部に、今も戦争中かと思うような荒廃したブロックがいくつもある反面、ピカピカのベンツやアメリカ車が爆音を響かせて走っていたりして、激しい貧富の差や社会の歪《いびつ》さを感じさせた。

現地で出会った地元の人はこう言った。

「フセイン政権が倒れてから、アマーラからいろいろな氏族の人間が移住してきて、バスラは別の町に変わってしまった」

アマーラは水滸伝右派の首領であるムクタダ・サドル師の支持者がひじょうに多い。もっとも大学卒の知識層の人たちの多くはサドル師を嫌っているようだった。

アマーラで一緒に食事をしたある人は「ムクタダ（サドル）の父は素晴らしかったが、ムクタダはおならプーだ！」という言い回しを私に教えた。そして、自分の友だちにいきなり電話をかけては私にそれを言わせ、相手が爆笑したり困惑したりするのを楽しむという、アフワール人が大好きな遊びにいそしんでいたくせに、「バスラでは絶対にこれを言ってはいけない」と釘をさした。

もっともバスラではイランの力も強い。バスラ国際空港はイラン政府もしくは民兵の支配下にあると言われている。一国の国際空港が隣国の支配下にあるとは異常だ。市内やその周辺は実際どのようになっているのか見当がつかない。一から人脈を構築し、情報収集を行わないといけない。舟旅ははるか彼方だ。だいたい、どこに水があるかもわからない。

どこへ行こうにも「セキュリティ」と「水不足」が行く手を阻んだ。やはり、水が比較的多くて、私たちがセキュリティを確保している場所に戻るしかない。つまり梁山泊とチバーイシュ町だ。

タラーデを造ってそれを水に浮かべられる場所自体、チバーイシュ町周辺だけだ。

「舟大工に頼んで自前のタラーデを造ってもらった」と言うと、アマーラやバスラの人たちは例外なく「ほんとか！」と驚いたり大笑いしたりした。舟の写真を見せると、「おお！」と誰もが感心した。今は失われたタラーデを造る（しかも外国人が）というのはやはり相当突飛なことであると同時に、タラーデのフォルムはアフワール人の琴線に触れる魅力があることを実感した。

私たちが長いイラク水滸伝の旅の終わりにすること。それはタラーデに乗ることである。梁山泊には私たちの仲間がいた。ちょっと気まぐれなときもあるが、愉快で気持ちのいい人たちだ。

私たちはチバーイシュ町に戻った。水がびっくりするほど多くて、「増水してるのか？」と隊長と二人して驚いた。実は何も変わってなかった。他の地域と比べると桁違いに水が豊富なのだ。水牛の群れが葦の若葉をのんびり食べている姿を見るだけで愛おしさがこみあげてくる。「帰ってきた」という気持ちだ。

残念ながら頭領のジャーシム宋江はまだバビロンから帰ってきていなかった。連絡してみたら、当分こちらには戻れないとのことだった。しかたない。彼抜きでやるしかない。

早速、参謀であるアヤド呉用に旅の報告をし、タラーデ試乗に向けて相談した。なんといって

も まだ舟は廃墟の中で埋もれている。
幸い、ここの人たちは動きが早い。「わかった。明日舟の修理をしよう」と彼は言った。

翌日、ギール塗りの経験をもつという漁師二人に声をかけ、新しいプロパンガスを用意して、旧ゲストハウスへ行く。

またしても廃墟の中から遺物と化した舟を発掘。漁師たちは軽く土埃を払うと、ガスバーナーで舟の表面を炙り、ギールを溶かしながら麺棒に似た棒で塗り直していった。二人の仕事ぶりは手慣れている。日本なら（そして多くの国では）業者に任せてクライアントは家に帰るところを、アフワールではそうしない。ずっと見守る。

舟大工やマンダ教徒がそうだったように、この二人も作業しながらずっと喋り続けるから、話し相手にならなければいけないのだ。まあ、かしましいこと。シュメールの神々の受難再びである。

アヤド呉用は、二人の話に耳を傾けては「へえ、そうなの⁉」と感心し、彼らの仕事ぶりを見ては「素晴らしい！」「すごいね！」と飽くことなく賛嘆の言葉をかけ続ける。ちなみに、彼はネイチャー・イラクのオフィスで水道や電気の修理に来る職人にも全く同じように接している。

この地では、クライアントは職人や業者にお茶を出したり弁当を用意したりする以上に、話し相手になることが「接待」になるようだ。そして穿った見方をすれば、こうして見張って励まさないと職人がきちんと仕事をしないのかもしれない。

三時間半ほどかかって（それだけアヤド呉用は話し相手を続けて！）、舟の再塗装は終わった。

「これでタラーデは水に浮かべて問題ない」と参謀は自信たっぷりに頷いた。

しかし、喜ぶには早かった。舟を水辺へ移送しなければいけないが、その前にこの敷地から運び出すのが難題だったのだ。三年前、私たちができあがったばかりの舟をここに運び込んだときは十数人がかりだった。金網がちょうど壊れていたところから、舟をうまいこと敷地に突っ込んだ。ところが、その後、金網はしっかり補修されてしまい、同じところから出せない。さらに、金網は敷地をぐるりと囲っており、舟が通れそうなスペースがない。問題は金網だけでなかった。金網の中に高い土壁の塀が築かれ、舟はその中に置かれている。人が通る出入り口はあれど、舟は十一メートルもの長さがあるので、そこを通れると思えないのだ。

「どこから舟を出すんですかね？」「いや、わからん」私たちは二人して首をひねった。まるで二重の密室トリック。アフワール人はいかにしてこの難問を解決するのか？

と思いきや、彼らが選んだ秘策は――秘策でもなんでもなくて、行き当たりばったりだった。何も考えず、ただ行動する。

私たちが「舟はすごく重いから人は最低十人は必要だ」と言うのをアヤド呉用以下誰も真剣に耳を傾けず、集まったのは白熊マーヘル、彼の弟ジャアファル、船頭のアブー・ハイダル、そして私たちのたった六人。しかも白熊マーヘルのピックアップトラックで現場に到着すると、敷地の中にずんずん入って、一歩も足を止めずにいきなり舟を持ち上げようとするので心底呆れた。

ふつうの日本人や他の国の人なら、まず、舟のところに到着したら、周囲を見渡して、舟をどこから出すのか、見通しをある程度つけると思うが、彼らは何もしないのだ。まるで浮島作りをしたときと同じように、歩いてきた勢いそのままに作業を開始する。何も考えず、ただ車の方向

廃墟になったゲストハウスに放置されていた舟

ギールを再塗装する

舟を検分する山田隊長

へやみくもに舟を動かそうとする。当然のことながら重くて一ミリも動かない。すると、今度は一人が塩化ビニルのパイプを、別の一人がペットボトルの飲料水を何本か持ってきた。なんと、これらをコロに使うらしい。

あらためてここの人たちの仕事っぷりには瞠目させられる。まず、やってみる。そして、ダメだとわかって、初めて別の方策を考える。逆算をしないし、見通しも立てない。段取りゼロ。舟を持ち上げてコロに乗せるときも、まず傾けて石で固定する必要があるのだが、みんなで「せーの」という感じで持ち上げてから、誰か一人が石を探しに行くのだ。私たちを含め、他のメンバーはその間、重い舟を持ち上げたまま待つしかない。

中学校の先生であり大学院に通っているアヤド呉用から、読み書きを知らない白熊マーヘル兄弟まで、全員が同じ動き方をしているので、教育や学歴は何も関係ないことがわかる。

彼らは「行き当たりばったり」という強い哲学を共有しつつも、具体的な発揮の仕方はバラバラ。私たち以外の四人が「上だ！」「下だ！」「右だ！」「左だ！」「タカーノ、そうじゃない！押すんだ！」「いや、タカーノ、ちがう、そっちじゃなくてこっちだ！」とわめき、頭が痛くなる。

そのうえ彼らは躓《つまず》きやすい場所で重いものを運ぶのに、みんなサンダル履きだった。日本においてさえ、誰よりも計画と段取りを重んじ、安全を優先する隊長は内心苛立ちの極致にあるのではないかと、私はそちらもヒヤヒヤしてしまう。

しかし水滸伝の民は無理やり舟を傾けて、なんとか初めの関門——土壁の塀——を突破。次は金網の狭い隙間ごしに、車を使って上に引っ張り上げるという。車道は一メートル以上も高い場所にあり、舟を上に引きあげる必要があるのだ。しかも金網のところは段差になっていて、舟の底がひっかかる。

彼らは流れるような動きを見せるが、それはただ「止まらない」だけで、手順を把握しているわけではない。なにしろ舟と車を結ぶロープがない。誰もそこまで考えてなかったらしい。

船頭アブー・ハイダルが取り出してきたものを見て唖然。魚獲りの網、しかも直径五ミリもない細いナイロンロープだ。湿地帯きっての歌い手はそれをこよりのようによじってロープ状にすると、車の下に結びつけた。このときも、あらかじめ結ぶ場所を見つけたりせず、ロープを持って車の下にもぐってから、「ここかな？　いや、こっちかな」と取りつける場所を探す。

それから車で引っ張った。

これが怖い。車が動き、舟が引っ張られ、もし途中でロープが切れたら（たぶん切れる）、舟は坂をこちら側に滑り落ちてくる。私たちの足めがけて。

それでも全員で舟を押し上げなければいけない。幸か不幸か、白熊マーヘルがアクセルを踏み込んだ瞬間にパチンと切れた。舟は一センチも動かなかったので、被害は生じなかった。

誰ひとり、驚きもしないし、がっかりした様子も見せない。白熊マーヘルが車の中からわりと太いロープを出したときも、「あるじゃん！　早く出せよ！」と喚《わめ》いたのは私ひとりで、他の人たちは平然としている。

それからも段差で舟が引っかかるとわかっているのに、誰もそこに板か平たい石を置いて段差を解消することを考えない。車のパワーに任せて引っ張り続けたら、周囲の地面がえぐれて段差がどんどん高くなっていくのは喜劇を見ているようだ。段差があまりにも酷くなって初めて、彼らはテコを使い始めた。

見切り発車とその場しのぎの連続。さすが水滸伝の人々だ。下水道の流れまで見越して都市を造った五千年前のシュメールの先達（隣人だけど）はあの世から超絶に苛つきながらこれを見ているにちがいない。

でも、そこには過剰にエンジニアリングと計画性に集中しすぎている日本人が見失っているものがあるのかもしれない。というより、私と山田隊長だって彼らと同じなのだ。私たちがやろうとしていたタラーデでのアフワールの旅こそ、一般の日本人や他の国の人たちから見れば「そんなの無理だよ」という計画とも言えない計画で、見切り発車とその場しのぎの連続であった。でもその結果、私たちは今ここにいる。それは誰にも否定できないはずだ。たとえ、端から見ればコメディのようだったとしても。

わあわあ騒ぎながら、優雅な曲線のおかげで極端に摑みにくい舟をなんとか持ち上げたり引っ張ったりしていたら、なんと金網のフェンスを乗り越えてしまった。タラーデの勇壮な三日月型の舳先が樹木の陰から外に出て、真っ先に日の目を見ている。

今度はタラーデの横板を車の荷台に結びつけて引き揚げる。フェンスの鉄の部分にこすれ、ガリガリという激しい音を立ててタラーデが動く。船底のギールが削られているはずだがこれまた気にする人たちはいない。正午の猛烈な日差しの中、ウォーとかオリャみたいなかけ声を発してひたすら舟を押し上げる。

しまいに舟は——信じられないことに——敷地の外側にある未舗装の路上に引き揚げられた。二重の密室を脱出してしまったのだ。ひたすら試行錯誤だけで。

「通っちゃったよ‼」と私は嬉しさと可笑しさで大笑いの発作に襲われた。そしてこうも思った。

もし日本人だけなら、段取りを考えるだけで何日もかけた可能性がある。いいアイデアが生まれないとか、機械やスタッフの人数が足りないとか安全性に問題があるとか言って、作業そのものが無期延期＝中止になっていたかもしれない。

でもアフワール人はやり遂げた。やった者はやらない者より常にえらい。少なくとも私はそう思う。彼らには脱帽だ。

あとはそう難しくない。少しずつ舟を荷台の上に押し上げ、ロープでしっかり固定すると、車でゆっくりとユーフラテス川へ運んだ。

川のほとりに着いて車を止めると、やはりみんなは一瞬も立ち止まることなく、舟を荷台の外側に押す。私たちもだ。タラーデはゴロンという鈍い音を立てて荷台から離れ、スーッと水の上を辷《すべ》って葦の茂みに突っ込んで止まった。ゆらゆらと水に揺れている。

「古代からの贈り物」という言葉が唐突に私の頭に浮かんだ。数千年のときを経て、やってきたような錯覚をおぼえたのだ。実際に舟はあたかも久しぶりに故郷に帰ったかのように心地よく揺れていた。

みんなはわーっと歓声をあげた。私も突発的な興奮に襲われ、白熊マーヘルの息子ハモーディーに教わった「水牛のように強くなれ」という歌をうたいながら踊り出してしまった。船頭のアブー・ハイダルが乗ってきて一緒に踊る。近くにいた関係ないおじさんも「ハイハイハイ！」と手拍子を叩きながら同じように踊る。

かくして、杜撰にして果敢な私たちの旅をしめくくる準備は完了した。

4　浮島、最後の晩

私たちはタラーデを川に運び出した後、ハンマール湖にあるワイルド・トムの浮島で一夜を過ごした。これも長い間願っていたことだ。本当の浮島によそ者が泊まることは容易でない。なにしろ女性がいる。家屋は一軒のみ、部屋も分かれていない。探検家セシジャーの時代はいざ知らず、今の浮島系シュメール人は客人が泊まれるようなムディーフを持ち合わせていない。でも、ワイルド・トムとはすでに親しくなっていたし、無理を言ってアヤド呉用と一緒に泊まらせてもらえることになったのだ。

これまで行ってきたマアダンの人たちの生活調査のしめくくりである。

太陽が西の空に傾いた頃、馴染みの南部湿地帯のアル・バハリー氏族エリアに到着した。荷物を置くと、ワイルド・トムと一緒にハシーシ（葦の若葉）を刈り取りに行った。すでにガルマ（大通り）はよいハシーシは取り尽くされているので、ミシェシュ（小水路）に入らねばならないが、そちらにはいくらでも見つかる。家（浮島）からボートで五分もかからない場所だ。私も実際にやってみたが、実に容易《たやす》く、面白いようにとれる。

浮島のロケーションさえよければ、つまりハシーシがたくさん生えているところなら、水牛飼いの生活はラクになる。もしよいハシーシが十分にないなら、水牛飼いはどこまでも行かなければならないだろう。水量や塩分濃度だけでなく、住民の人口密度や水牛の頭数密度も関係してくるにちがいない。あまりにハシーシの調達が難しくなると、移動することになりそうだ。

今はハシーシの刈り入れ時期なので、青い草を山と積んだ他のマアダンの舟としばしばすれ違う。エンジン付きだけでなく、女性や子供は昔ながらの舟で長い棹を操りながら草を運んでいることもある。

水牛の群れがゆったりくつろいでいる合間を行くと、小魚を籠にどっさり積んだ舟が通り過ぎた。かつては銛で魚を獲っていたマアダンの人たちだが、今ではエレキ漁を行ったり、水牛が少ない場所を選んで網での漁を行ったりしている。

以前、山田隊長がイラクTVの前で指摘したように、中央と南部湿地帯は動植物（特に鳥類）の数が少ない。やはり十年前後にわたって完全に干上がってしまった後遺症ではないかと思うのだが、いっぽうで水中の豊かさには毎回驚かされる。この浅い湿地帯に獲り尽くせないほど魚がいるのだ。

「フランス語でパストピシキュリチュールってやつやな」と山田隊長が感心したように言う。

「なんですか、それ？」

「アグロフォレストリーみたいなやつで、牧畜と漁業の組み合わせや」

一九九〇年代辺りから環境保全が世界で最も大きな課題の一つになると、アグロフォレストリー（農業と林業を組み合わせたもの）やアグロパストラル（農業と牧畜を組み合わせたもの）などが注目を集めるようになった。隊長は「循環共生型生活圏」という言い方もする。農業、林業、牧畜だけを続けると土地が疲弊してしまうが、他の生業と組み合わせればよい循環が起き、土地が「持続可能」になるというものだ。

例えば、アグロフォレストリーでは、アカシアのようなマメ科の樹木を畑の内外に植える。樹木は適度に日陰を作り、畑の乾燥を防ぐし、枝は燃料になる。雨が降ったとき土壌流出からも土地を守る。マメ科の木の根は「窒素固定」という作用により、根の周りに窒素を増やす。それが畑の天然の肥料となる。

一九九〇年代後半から二〇〇〇年代前半にかけて、山田隊長は「四万十・ナイルの会」という環境ＮＧＯを主宰し、私も唯一のスタッフとして参加した。二人で何度もアフリカのナイル川流域の環境ＮＧＯを訪ねて回り、そのときに隊長から現場でくり返しそういったことを教わった。「循環共生型生活圏」は何も特別なものではない。化石燃料を使う農業機械、農薬と化学肥料が普及する以前は、日本を含め、世界中で普通に行われてきた。日本では牛を飼って田畑を耕したりし、その糞を肥料に使っていた。炭やシイタケ栽培、肥料などに利用しやすいナラやクヌギなどの木を植えて山を維持する「里山」もそうである。その土地にあるものを最大限生かした、一石二鳥的ともブリコラージュ的とも言えるライフスタイルだ。今や工業化された大規模な農林水産業による弊害が大きくなったため、かつての伝統的な生き方が見直されているわけだ。

隊長はアフリカのチャドやブルキナファソで長らく循環共生型生活圏作りを指導してきた。それらの国は元フランスの植民地なので公用語がフランス語であり、隊長も実は英語よりフランス語の方が得意である。

でも牧畜と漁業のセットとは初耳だ。

「（西アフリカの）ニジェール川の中流域には広い氾濫原（川の中洲で湿地みたいなところ）があるやろ？　あそこには牛を飼っている牧畜民と漁師がおる。別々の民族で言葉もちがうんだけど、一緒に暮らす季節がある。牛がたくさん糞をして、川が増水するとそれが水に溶けて魚のエサになる。すると漁師が獲る。牧畜民も分け前として魚をもらえる。これがパストピシキュリチュールや」

補足すれば、牛や水牛の糞は魚にとって大好物の餌だという。もし漁民だけが暮らしていたら魚はそれほどたくさん獲れないだろう。牧畜民だけなら、魚をもらえないので、その分、余計に牛を飼ったり、遠方から魚に代わる食料を買ったりしなければいけない。牛の数が増えすぎれば草が足りなくなるかもしれない。糞尿の量も土地の処理能力を超え、かえって土壌を汚染してしまうことにもつながる。

つまり、漁師と牧畜民が共存することで、循環が生まれ、生活が持続可能になるのだ。

「マアダンの人たちはひとりでそれをやってるから二刀流や」

しかも湿地民は水牛においしいハシーシを腹一杯食べさせるために、湿地帯のいろいろな場所に分散して住んでいる。

「人が浮島を作って湿地帯の中に住んでるなんて見たことないよ。他の国の湿地帯は岸辺や中洲みたいな固い地面に人が住んでるもんや。これも水牛がおるからやろう」

その結果、アフワール全体が手入れの行き届いた魚の養殖池のようになっているわけだ。

広大な湿地帯の至る所に水牛と湿地民が暮らしており、それが循環共生型生活圏を形成している。アフワールと水牛と湿地民は三位一体の関係なのだ。

浮島に戻ると、水牛たちはもう帰っていた。彼らは朝は自分たちだけで湿地へ出かけ、夕方には家に帰る。私も世界各地でいろいろな牧畜を見てきた。牛、山羊、羊、ラクダ、馬……。でも、いつも誰かしら人間が傍らにいるものだ。そうでないと、動物たちは勝手に草を求めてどこかへ行ってしまう恐れがある。

でもここの水牛は人間の付き添いを必要としない。よいエサが家にあると知っているから戻るのだろう。ハシーシは水牛の顔が届くほど低いところにはなかなか生えていない。エサがそこら中にある草原や山での牧畜と湿地の牧畜はその点がちがう。水牛は飼い主への依存度がもっと高く、そのためかえって自律的に放牧できるという面白い仕組みになっているように思えた。

ワイルド・トムに水牛の飼い方について話を聞いた。彼は水牛を二十頭飼っていた。おとなが十五頭、仔牛が五頭。おとなは雄がたった一頭で、他は全部雌だという。

「雄が二頭いたらケンカになる」とワイルド・トム。「水牛の家はハーレムなんだ」とアヤド呉用が横で笑う。「タカーノ、羨ましいだろ?」

「いや、妻がひとりでも大変なのに、十人以上もいたら俺は死ぬ」と言ったら二人は大笑いした。

マアダンの人たちは水牛の肉を食べないという。基本的に雌はみな乳牛。そして雄の仔牛が生まれると、少し育てたあと、市場に売ってしまう。私は直接見聞きしたことがないが、水牛の肉を食べる人もいるらしい。

日が暮れると、こぢんまりした葦の家の中で、焼いた野菜にホブズ(パン)という質素だが美味しい夕食を家族と一緒にとった。ワイルド・トムの奥さんと娘たちは少し離れたところに座っている。最初は遠慮していたが、発電機の電源を切り、灯油ランプだけの灯りになると、長女のゼイナブは目をキラキラさせて話に加わってきた。

「日本に水牛はいるの?」と彼女が訊くので、「いない。でも牛と鶏と豚はいる」と答えると、

「豚!?」と彼女は目を丸くした。口に手を当てて笑いながら隣の妹弟に何か話しかけている。「ね、豚だって、ヤバくない?」みたいな感じだ。その仕草や表情は日本の十五、六歳の女の子と何も変わらない。彼女は十歳まで学校に行っていたが、家の仕事が忙しいのでやめたと言う。日本にいたらごく普通の中学生か高校生なのかもしれない。

私たちは歌を要求され、私はアフワールの愛のポエムを、隊長は土佐の民謡を歌う。見学に来たつもりが、むしろこっちがドサ回りの芸人みたいだ。娘たちはねそべりながら楽しそうに足をバタバタさせて笑った。奥さんも微笑しながら、明日の朝食用のパン生地をこねていた。

眠くなったと告げると、ワイルド・トムに案内されたのは屋外だった。意外だが、考えてみれば当然だ。女性の家族と同じ空間に寝るわけにいかない。あとで、ワイルド・トムの長男やそのイトコという若者たちがやってきて、われわれと同じように外で蚊帳を吊って寝た。同じマアダンの親戚や友だちはこうして外で寝るのが普通のようだ。

もっと意外だったのはすごく冷えること。湿地帯は町に比べて気温がずっと低いことは知っていたものの、浮島はさらに涼しい。というか寒い。町の家ではエアコンがないととても眠れないのにこちらは毛布が必要だ。

顔をあおむけにすると、すさまじい星空だった。ギラギラと輝く夜空自体が落ちてきそうだ。

「今まで俺が行ったところで、星がすごいと思ったのは、(南米の)

食事の準備をするワイルド・トム夫人

アンデス、チベット、サハラ砂漠の三カ所だけど、ここはそれに匹敵するな」

隣で隊長が感嘆する。

吸い込まれそうな無限の宇宙を見ながら、思う。自分には「湿地帯は住みにくい」という先入観があったんじゃないかと。今初めて思いついたのではなく、前から湿地帯の中へ入る度にうすうす感じていたことが、この美しく澄み切った浮島の夜を味わううちに、はっきり形になって現れてきたのだ。「湿地帯は、夏は異常に蒸し暑くて、害獣・害虫が多く、病原菌の巣窟」という言説は正しくないんじゃないか。

たしかに一部のエリアは臭気が強いが、基本的に浮島は夏はとても過ごしやすいし、なにしろ飲み水にも体や持ち物を洗う水にも事欠かない。水に囲まれて独立している分、毒ヘビやサソリなども入って来にくいような気がする。何かあればすぐ移動できるから災害や戦乱にも柔軟に対処できる。「三密」でないからパンデミックの影響も少ない。そもそもインフルエンザやペストなど感染症の大半は都市文明が誕生してから発生したと最近ではよく言われるようになった。シュメール人が衛生や快適さにひじょうに気をつかった町づくりをしていたのは、要するに人と家畜が過密な都市の方が住環境が悪かったからではないのか。

ではなぜ人は都市文明や国家に惹かれてしまうのだろう？　そんなことをつらつら考えながら眠りについた。

翌朝、ワイルド・トムは夜が明ける前に起きて水牛の世話をしていた。水牛の小屋の脇で草を燃やし、水牛はもうもうたる煙の中にうごめいていた。

「虫を追い払ってるんだ」とアヤド呉用が言う。

仔牛には蒲の穂を粉にした「フレート」を与えている。私は「ほら、フレートだぞ」とアヤド呉用を肘でつっついた。フレートは砂糖と混ぜて固めると同じく「フレート」と呼ばれるお菓子になる。今やアフワールの銘菓としてバグダードやバスラなどの都会でも人気があると言われる。アヤド呉用は漁師をしていた頃は自分で蒲の穂を見つけると、取って市場でも売っていたとのことで、取るのも食べるのも大好き。

毎回湿地へ出て自生している蒲の穂を見つけたり、マアダンの家でフレートを干してあるのを見かけたりする度に「タカーノ、見ろ、フレートだ！」と呼びかけ、「あれは高く売れる。美味い」と訴える。「わかった、わかった」と私は苦笑する。だから今日も教えたのだが、私がからかっているとも気づかず、「うん、フレートは美味い。仔牛も好きなんだ」と嬉しそうなアヤド呉用は本当にいい奴だと思う。そしてフレートを与えるとはやっぱりワイルド・トムは仔牛を大事に育てているんだなとも実感する。

フレート（ガマの穂）を見せるアヤド呉用

隊長はどこにいるかと探せば、水辺に置かれた舟に腰掛け、三歳から十二、三歳くらいまでの子供たちに取り囲まれて似顔絵を描いている。キャッキャッとはしゃぎ声をあげる子供たち。

「マアダンのうちの子は人なつっこいな」と子供好きの隊長は顔をほころばせる。

「たしかに、町の子はもっとお行儀いいですもんね」

町の人の家は子供の躾けに厳しい。どこの子供も私たちを見ると興味津々になるが、あまりべたべたとしてこない。近づくと大人や年上のお兄ちゃんやお姉ちゃんに「お客さんの邪魔をしちゃダメ！」という感じで叱られる。

マアダンの家では女性だけでなく、子供たちももっと自然なのだ。

夫が水牛の世話をし、子供たちがシェイフ・ヤマダに張り付いているとき、奥さんは独特の手法でパンを焼いていた。ターバック（粘土板）を熱した上にパン生地を載せてから、乾燥させた水牛の糞を燃やし、それをターバック上のパン生地に直接のせるのだ。牛糞を燃料に使う地域はインドをはじめ数多くあれども、直接食べ物の上にのせるところは知らない。でもこんがりと小麦粉が焼ける美味しそうな匂いが立ちのぼってくる。

寒い朝、スペシャル・ターバックと水牛の乳のシンプルな朝食は体を奥底から温めてくれた。

食事を終えても太陽はまだ低く、水牛たちも体を地面に横たえたまま半分まどろんでいた。水牛が湿地へ「出勤」するところを写真に撮りたいとワイルド・トムにリクエストしたら、彼は「ハッ、ハッ」というような声をあげながら手で追い払う仕草を見せた。水牛たちは「まだ眠いのになんだよお」という迷惑げな顔をしつつ、のろのろと立ち上がり、家を出たものの、浮島の真横の水にドボンと入ると、そのままみんなで体をくっつけあって、水面でまどろんでいる。やっぱり眠いらしい。ワイルド・トムは「ちっ、しょうがねえなあ」というしかめ面をして、その対照的な表情がおかしい。

「マアダンの生活って面白いですね」と私は隊長に話しかける。

「そうやな」と隊長も言う。「この人たちはええ顔してるよ。自然の中で自分の力で生きている人の顔やな。この人たちは、みんな、目に見える範囲のもので生活してるよな。水、葦、水牛、魚、蒲の穂。そこが町の人というか、文明の人たちとちがう」

たしかに。文明側の人は目に見えないほど遠くにある物を必要とする。シュメールの昔からそうだ。千キロ以上も離れたレバノンから木材を調達し、現在のイランやインドから金属や貴重な石を仕入れた。そういうものがないと生活が成り立たなかった。現在はさらに遠方と取り引きし、資源や工業製品や食料を輸出入している。

「マアダンの人たちはすごく自立してるやろ。ここには食べるものがあって、燃料があって、飲む水もある。それこそこうやってシュメールの時代から暮らしてきたわけだ。今後も水があるかぎり、この生活を持続できる。本当のＳＤＧｓだよな」

全くそのとおりだ。世界中探してもここほど長く持続している生活形態はないかもしれない。シュメールやアッカド、バビロニアなどの文明は高く栄えては滅び、今はもうない。マアダンの人々は一度も栄えたことはないが、滅びることもない。彼らがシュメールの遺産を今の時代に伝えているというのは彼らの生活が持続可能であった何よりの証拠だ。

私は彼らが麦や米といった主食（炭水化物）を陸地の文明に依存してきたと思っていたが、隊長曰く「いや、これだけ乳製品と魚があれば炭水化物はいらんやろ。遊牧民や狩猟採集民で炭水化物を特にとらん人はたくさんおるよ」。炭水化物はあれば食べるが、なくても十分に生きていけるらしい（後で探検部の大先輩である探検家・医師の関野吉晴さんに訊いたら同じ答えだった）。

しかも彼らは密林や離島や高山に孤立しているわけではない、わりと文明や国家に近いところにいる。うまく距離をとり、利用できるものは利用し、気に入らないときや自分たちに不利益が及びそうなときはすっと距離をとる。ブリコラージュだ。

しかも狩猟採集民とも遊牧民とも異なり、グループ単位で行動せず、世帯ごとに独立して家（島）を構えている。現代的な側面もあるのだ。

まだ朝八時前だが、そろそろ帰らねばならない。私たちがいると、女性の着替えや水浴びなどの妨げになる。

浮島の一夜を過ごせてとても満ち足りた気分だった。

5　好漢たちが集結、タラーデに乗る

タラーデ試乗会の日、私は午前三時に目が覚めてしまった。ようやくこの日が来たかという感慨にどうしても浸ってしまう。

浮島泊に比べれば、タラーデに試乗するなど簡単なように思えたが、全然そうではなかった。まず、われらが参謀にして同言語通訳のアヤド呉用が「学校の試験期間が終わらないから一緒に行けない」というのだ。彼なくしてタラーデ試乗会は成立しない。彼がどうしても譲らないので、私は「校長の電話番号を教えてくれ。俺が校長に頼む」と詰め寄った。アヤド呉用はさすがに参ったようで、苦笑しながら自分で学校に電話をし、特別に休暇をもらった。

アヤド呉用の身柄を確保したら、次は日程。浮島泊の三日後という予定を組んだのだが、予定日の前々日の晩にアヤド呉用が突然「明日やろう」と言い出した。最近、土埃（砂）がひどい。

この季節はサウジアラビアのルブアルハリ砂漠やもっと遠くのサハラ砂漠からも砂が飛んでくるという。空が赤い靄《もや》のようなもので覆われることもある。バグダードでは連日、数十人が呼吸器をやられて病院に運ばれたとネットのニュースで報道されていた。チバーイシュ町でも苦しんでいる人は少なくなく、例えばマフディ盧俊義も最近はマスクを着用している。

土埃は体によくないし、視界が遮られる。風が吹けば砂嵐にもなる。

タラーデ試乗会では写真や動画をしっかり撮る必要があった。私たちの本に使うのはもちろんのこと、ネイチャー・イラクの公式サイトやフェイスブックでも利用されることが決まっていたからだ。

「試乗会は天気のよい日がいい。予報を見る限り、明後日より明日がいい」とアヤド呉用は力説するのだが、どうしてもっと早く言わないのだろうか。でもたしかにそちらの方がいいので、私が同意すると、そこから船頭のアブー・ハイダルや白熊マーヘルらに連絡するという、相変わらずの泥縄スタイルだ。

舟の櫂をこぐ人たちもちゃんと集まるのか不安だったが、アヤド呉用に一任した。前にも言ったように、こちらではカネで人を雇うのが容易くない。暇な若者がたくさんいても、バイトを雇うようなことはできない。すべて友だちベースで頼まなければいけないのだ。

そんなこんなで、当日の朝を迎えたわけだ。四時前に私たちは起きだし、ディシュダーシャ(長衣)とチャーヒーエ(頭巾)、さらに頭にはイガール(黒い輪)をのせた。ラマダン明けのお祝い用に買いそろえたものだ。ついでに言えば、私はこの格好で例の愛の歌「君を見たら」を歌うところを誰かに動画にとられ、それがTikTokにアップされて、イラク中でアクセス数が何万回にも達していた。

「ディシュダーシャとチャーヒーエを忘れるなよ。みんなにもそう言っておいてくれ」と昨晩私はアヤド呉用に念を押した。タラーデは五千年前のシュメール時代から続く伝統の舟だから、洋服ではなくて、ここの伝統的な衣装で揃えようと私が提案したのだ。

ところがアヤド呉用は「ぼくはディシュダーシャなんか持ってないよ」と笑う。若いインテリはそんな伝統装束を好まないとは知っていたものの、「今回は特別だ。誰かに借りて絶対着てくるんだぞ」と言っておいた。


四時過ぎ、「タカーノ……」と、いつになく弱々しい声で白熊マーヘルが声をかけてきた。眠そうだ。しかし出発である。

私は元気よく盛り上げようとしたが、生真面目な隊長は「安全第一」「水没には注意だ」とカヌー教室初心者クラスの先生のように注意する。もっともアラブの民族服を着ているから、マアダンの氏族長に諭されているような気分になる。

まもなく、「タカーノ！」といつもの度外れた陽気さでアヤド呉用が友人のラーアドを連れてやって来た。私たちも外に出る。ラーアドは彼の親友で野菜の仲買人をしている。落ち着いた物腰のナイスガイだ。ボート漕ぎを趣味としており、私たちも彼の舟に乗ってユーフラテス川の船遊びを楽しんだことがある。

ラーアドは衣装を着用していたが、アヤド呉用はTシャツ、ナイキのジャージ、ジョギングシューズというものの出で立ちだった。

「これで行くのか？　ディシュダーシャは？」と訊くと、「僕は持ってないからさ」と平然。ここで私はぶち切れた。イラク水滸伝の旅で本気で誰かに怒ったことなんて一度もなかったのに、最後の最後に切れてしまった。些細なことに見えるだろうが、今日のフィナーレに完璧を期したかったのに、いちばん身近な人間に傷をつけられた気持ちになってしまったのだ。

「昨日あれだけ言ったのになんなんだよ」

「ぼくは今日はカメラマンだからいらない」

「ダメだ、おまえ、ムシケラ（問題、問題を起こす奴）だ！」

私が珍しく怒り心頭に発しているのを白熊マーヘルが面白がり、アヤド呉用に向かって「おまえ、ムシケラ、帰れ！」とはやし立てる。

隊長ひとり、この騒ぎに呆れた様子で、一人超然と明け方の空を見上げ、「あれが火星、あれが金星……」と指さし確認をしていた。

ここで揉めていてもしかたない。怒りが収まらないまま、白熊マーヘルの運転する車に乗り込んで出発。船頭のアブー・ハイダルの家の近く、ユーフラテス川の土手の上に行く。

到着するとアブー・ハイダルはいつも伝統装束だから当然として、長男のハイダルもちゃんとディシュダーシャとチャーヒーエをまとっている。

「やっぱり、アヤドだけだ。俺が昨日、十回ぐらい言ったろう？」と怒りが再燃した。白熊マーヘルが「タカノ、大丈夫だ。俺が乗るから」。するとアヤド呉用が「マーヘルが乗ったら舟が沈む」と笑う。白熊は「おまえ、ムシケラ、帰れ！」

冗談で始まった二人の言い合いもだんだん色合いが変わってきた。

「おまえこそ、朝飯のお茶に砂糖をもってきてないだろう。おまえがムシケラだ」とアヤド呉用が言い出した。白熊は顔を紅潮させて「ちがう。おまえがムシケラだ。帰れ。ルルルッル～」と最後にはマアダンが水牛を湿地へ放牧に行かせる合図を若い先生に向けて放った。

さすがにアヤド呉用の表情もこわばり、場の空気が固まった。

これはいかん！　と私も気づいた。大事なのはタラーデに乗ることなのに、なぜここで内輪もめをしているのだ。

すると、船頭のアブー・ハイダルが「タカーノ、ジンメ・ゼイヌ・ベイエ……」と小声で促す。やっぱりそうか。雰囲気が悪くなったら一発ギャグだ。

私はいきなり、「ジンメ・ゼイヌ・ベイエ・ミスレ・ジャームーセ（水牛のように強くなれ）」と大声で歌って踊り出した。「ハッハッハ、ハッハッハ」と合いの手を入れる船頭。途中で歌詞「水牛」の部分を「（白熊）マーヘルのように強くなれ」に変えると、マーヘルが怒ったふりをして巨体をぶつけてくるので、ぶつけ返す。周りのみんなも手を打ち鳴らして大笑い。明け方にバカ騒ぎが住宅街に響き渡った。近隣住民にとっては迷惑だったろうが、おかげでわれらタラーデ隊は出発前の空中分解という危機を免れた。

そこへ珍客が現れた。ツーリストポリスを装う公安警察の男〝プーチン〟ことアフメドだ。私たちが到着した直後はよくのぞきに来たのに、我らの存在に飽きたのか、最近はすっかり顔を見せていない。どうして今日のイベントを知ったのだろう？

もともと気に食わない奴だし、アヤド呉用の衣装問題でまだむしゃくしゃしていたので、「おー、プーチン！　アフメド・プーチン！」と呼びかけた。これまでは隊長と二人だけでそう呼んでいたので、当人も他の人たちもポカンとしている。ロシアのプーチン大統領に似ているからと私が説明すると、メンバーたちは「ホントだ！」「似てる！」と吹き出し、本人も怒るかと思ったら、「俺はイラクのプーチン」とボソボソつぶやいている。日頃みんなから疎んじられているゆえに、からかわれてちょっと嬉しいみたいだ。

そうこうしているうちに、船頭アブー・ハイダル親子がシャクトゥーラでタラーデを引っ張ってきた。

よかった。ふつうに浮いている。川に放りだしてから二日経っていたので案じていたのだ。舟底のギールも剝がれ落ちてないようだ。それを確認すると、白熊マーヘルは「タカーノ、よい旅を！」と微笑み、車で自宅へ帰った。彼は水が怖いのか、湿地の中へは決して行こうとしない。

チャーヒーエをアブー・ハイダルが直してくれた

タラーデをシャクトゥーラにロープで結びつけると食糧、水、葦の棹二本、パドル（櫂）三本をのせ、自分たちもシャクトゥーラに乗り込んで出発した。

最終的に、タラーデ隊のメンバーは私たちの他は、アヤド呉用、ボートマンのラーアド、船頭のアブー・ハイダル親子、それにプーチンの七名。なんのことはない、みんな、気心の知れた友人たちだ。プーチンも旧知の間柄だから今日は「友だち」にしておこう。

中央湿地帯を北に向かって進む。水が少ないこの時期、豊かな湿地帯の風景を見たければバグダーディ湖へ行くというのは誰もが一致した意見だ。

真っ暗な湿地帯の隅からじわじわと白くにじんでくる。

早朝のボートは風が冷たい。アヤド呉用はシーツをかぶって「寒い、寒い」と震えている。「ほら、ディシュダーシャを着て来なかったからだ」と私は執念深く責める。実際、長衣は薄っぺらいにもかかわらず、風を防ぎ、寒さを感じさせない。いつも人の家を訪ねると、異常なほどに冷房を効かせて私たちは凍える思いなのだが、現地の人は若者たちだけでなくお年寄りも寒そうな素振りすら見せない。それはディシュダーシャのおかげだと気づいた。

なお、ディシュダーシャは暑いときでも涼しく過ごせる。長袖で裾も長いから蚊や虻《あぶ》にも刺されない。優れものの民族服なのだ。

「タカーノ、天気いいな！」まったくめげた様子のないアヤド呉用が朗らかに言う。たしかに土埃の気配すらなく、群青色の空にオレンジの色味が差してくる。

舟は通いなれたガルマ（大水路）をまっすぐ進む。大勢の人が行き交う大通りだけあって、ハシーシ（葦の若葉）は残っていなかった。私はマアダンの人たちと何度かハシーシ刈りを体験していたので、ハシーシがあるかどうかをチェックするのが湿地帯での習慣になっていた。ここでは取り尽くされて、残っているのは背が高くて人の手が届かないものだけだ。

「チバーシェ！」と船頭のアブー・ハイダルが叫ぶ。二週間程前、彼が作ってみせてくれた浮島がまだちゃんと残っていた。

われわれはサーアド・ガワーリブ氏族が多く住むイシャン・グッバに上陸、ひんやりした空気の中、食事用のビニールシートを広げ、パンとクリームチーズの朝食。みんな、伝統装束なので不思議な感じがする。もっとも一人だけ洋服のアヤド呉用はまた私にそれを指摘されるのを恐れているのか、「やっぱりお茶に砂糖を付け忘れた（白熊）マーヘルはムシケラだ」と不在の人間を罵る。

とはいえ、アヤド呉用は優秀な参謀である。「まずバグダーディ湖へ行って、水の多いところでひとしきり漕いでから、ミシェシュ（小水路）に入ろう。そうすれば、美しい写真が撮れる」さすが、よくわかっている。他のメンバーもうなずく。

誰よりも早く考えをまとめ、それを明るく楽しく伝え、人々が気持ちよく仕事できるようにはからう。この点においてアヤド呉用の右に出る者はいない。私は少々彼に腹を立てすぎたと、ようやく反省しはじめた。彼がいなければ、私たちは何もできなかった。感謝しかないはずだ。

予定では山田隊長が一眼レフのカメラで撮影するつもりだったが、衣装を着ていない以上、アヤド呉用は舟に乗れないし、本人がやる気満々なので、撮影係を任せることにした。私と隊長、カヌーイストのラーアド、そして船頭のアブー・ハイダルがタラーデに乗り込んだ。撮影用のシャクトゥーラは船頭の息子のハイダルが運転し、前にはアヤド呉用という態勢だ。

タラーデに乗ってみると、思っていたのとはだいぶちがった。まずそんなに大きくない。船頭のアブー・ハイダルのシャクトゥーラとほぼ同じサイズで、ごく普通の舟に見える。表面にあれほどギールを塗らなければ重くもなかっただろう。今のボートは手漕ぎもシャクトゥーラも、ほとんどが軽量で耐久性の強いグラスファイバーを防水塗装に使っている。

泥を塗ったままだから新しい舟にも見えない。

「昨日洗っておけばよかったな」「ほんとですね」と隊長と二人で話すが、アフワール人たちは「本物の古い舟みたいでいいじゃないか」とご満悦だ。

先頭にラーアド、私、隊長、船頭という順に並び、舟に腰を下ろしてこぎ出す。タラーデはびっくりするほど抵抗感がなくスーッと進む。

「意外とちゃんとできとる。ええ舟や」と隊長が感心する。前後左右のブレがなく、水の切れもよい。飛沫《しぶき》も中に入ってこない。よい舟であることは私にもわかった。

チャプン、チャプンという櫂の音を立てながら、古代のリムジンはゆったり進む。

五分足らずでバグダーディ湖に差し掛かった。久しぶりに来たが、今のようなひじょうな渇水期でもここはなみなみと青い水をたたえている。ハシーシを刈り取った跡がそこら中に見える。

空が明るくなってきたせいだろう、水は紺碧色に輝いている。五月のそよかぜに水面がゆるく波立ち、やわらかい朝の光におされるようにカサブの茂みがゆらゆらゆれる。巨大な湿地帯がゆっくりと目を覚ましているよう。この時間帯のアフワールは最高に美しい。

さて、撮影だ。計画的に行わないと舟の撮影はできない。アフワール人（と私）の最も不得意とする「段取り」が問われる。アヤド呉用が他のメンバーにちゃんと説明してみんなも理解したようなのだが、やってみると、文字通り「難航」した。

タラーデを漕ぎ、しばらくシャクトゥーラから距離をとってから、方向転換して、今度は近づいていく。でも、みんながイメージを共有しているわけではないし、舟は二艘とも動いている。車とちがい、舟は完全に停止することができない。水の上を動いてしまう。そしてシャッターチャンスは一度である。

エンジン付きのボートと違いタラーデには水牛たちも警戒しない

舟漕ぎ名人ラーアド

愛に生きるアブー・ハイダル

われら水滸伝の好漢たち

シェイフ山田

一度撮った写真をチェックすると、やはり構図がまるでなってなかったものの、正面から見たタラーデは三日月が天にも届かんばかりに反り返り、強烈なインパクトだった。この舟は面白い。横から見ると、あるいは舟に乗って上から見ると、わりとふつうなのだが、前から見ると唯一無二の迫力を見せるのだ。

おかげで、私たちだけでなく、全員がタラーデの撮影に夢中になった。何度も何度も真っ直ぐ進んできた舟を正面から撮る作業をくり返す。ときにはタラーデがシャクトゥーラの横腹に激突しそうになったり、ときには大きく外側にずれてしまったり。

そのうち、ラーアドが「立って漕いだ方が見栄えがするんじゃないか」と言いだし、試してみると、彼の言うとおりだった。

写真と動画の両方を撮り終えると、次はミシェシュ（小水路）だ。いい雰囲気ながら、ちょうど逆光。しかし狭い水路に大きい舟が二艘も入ってしまったから、水路の外に出て別の水路に入り直すのはかなり面倒になる。でも「太陽がよくない」と私が言うと、みんなは一瞬で「ああ」と納得してくれ、やり直そうとしてくれる。

右だ、左だ、いや真っ直ぐ行け、いや、バックしろ、止まれ……とまるで、二日前の舟脱出大作戦のように、口々に叫びながら、二艘の舟はぐるぐる動き回り、何台ものカメラ（スマホ）がシャッターを切ったり動画を収録したりする。

中でも目立っていたのは隊長だった。ただでさえゴツい顔と体で、多くの人がイラク人と間違え、「シェイフ・ヤマダ」と呼ばれるほどの貫禄だが、今日は伝統服を身につけ、「眩しいから」とサングラスをかけているため、ほんとうに「水滸伝の好漢」というコワモテぶりだ。しかしこの好漢はとてもマメで忙しく動いていた。タラーデを漕いだかと思えば、シャクトゥーラに移って写真と動画を撮影し、またタラーデに戻る。

そのうち、隊長は、暇そうな人間をひとり発見した。公安警察官プーチンである。彼に自分のスマホを渡して撮影するように言った。プーチンは勿体ぶってうなずき、撮影を始めた。やがて、隊長が私のところに来た。

「おい、プーチン、なかなかうまいぞ」見たら本当にいい写真を撮っていた。構図のセンスがいい。誰にでも取り柄はあるものだ。

ミシェシュでの撮影を終えると、今度は町の方向に進路をとった。半分陸地で半分チバーシェ(浮島)という感じの家があり、その横の大きな水路をさらに少し進んだところに水牛がいた。

「水牛と一緒に撮ろう」私はアヤド呉用に声をかけた。すると参謀は「犬がいるからダメだ」と言う。浮島の中にいる水牛と勘違いしているらしい。

「いや、チバーシェじゃない。ガルマ(大水路)の水牛だ」

「あ、そうか。わかった！」

このように地理を示す語彙を覚えると、陸地と同じように位置関係を説明できる。

船外モーターを動かすと水牛が逃げてしまうので、ハイダルに大声で「モーターを切れ！」と怒鳴ったら、水牛が「なんだなんだ、この妙な連中は？」という顔でこちらを見る。でも櫂で静かに漕ぎながら近づくと逃げない。彼らの周りをぐるっと回る。タラーデと水牛というイラク水滸伝を象徴するショットを撮ることができた。

アヤド呉用が「タカーノ、オーケー？」と聞く。もう日が高い。みんな、早起きとバカ騒ぎと慣れない撮影大会で疲れ切った顔をしていた。

「オーケー！」「ヘルワ（すばらしい）！」と答えた。

それは今日のフィナーレだけではない。イラク水滸伝の旅全体に言える言葉だった。

聚義庁に帰ろう。アヤド呉用は白熊マーヘルに車で迎えに来るように電話する。私も白熊に叫ぶ。「マーヘル、今すぐ来い。ホアホアヘ〜〜」と現代シュメール人が水牛を呼ぶときの声を出す。

いっぽう、町に向けて出発だというのに、船頭のアブー・ハイダルは長電話の真っ最中。

「また彼女か？」と私は船頭に言う。彼は五十六歳にして最近新しい彼女ができたともっぱらの噂で、電話ばかりしているのだ。船頭はうるさいというように手を振るが、電話を切らない。

「アブー・ハイダル、終わりだよ終わり」「町に帰って会えばいいだろ、どうしてこんなところで長々としゃべってるんだ」とまた大騒ぎ。

しびれをきらして息子のハイダルがエンジンをかけてタラーデを結びつけたシャクトゥーラをスタートさせた。朝日を背に受けながら、騒々しい好漢たちをのせ、舟はガルマを一直線に走って行く。

——やっとここまで来た……。

と思った。

湿地帯は大きくて奥深い。まだまだわからないことだらけだ。でも一つだけ確実に言えることがある。私たちには「仲間」ができたということだ。仲間を得る以上に、その土地に親しむ方法があるだろうか。アフワールはもはや私たちにとってカオスではない。

いつか彼らと湿地帯を縦横無尽に旅することを夢みて、私たちは梁山泊チバーイシュ町へ帰っていったのだった。

あとがき

——とんでもない怪物《モンスター》を相手にしてしまった……。

それがアフワールの旅を終えた今の率直な感想である。

イラクと湿地帯という二重のカオスは巨大にして複雑怪奇だった。一口に湿地帯と言っても、場所によって住民も自然の状態もまるで異なる。どこが安全でどこが危険なのかもはっきりしない。加えてアフワールはこの数百年こそ辺境であるが、実は世界で最も古い記録をもつ地域である。古代メソポタミア時代以来、数千年の歴史が積み重なっている。空間的にも時間的にもこれほど巨大な迷宮は他にないだろう。

自分たちが何をすべきかわからず、立ち止まり、途方に暮れ、先行きの不透明さに気が遠くなったことも一度や二度ではない。

不運も重なった。イラクの治安が常に不安定だったこと、ビザが最長一カ月しか下りないため長期滞在できなかったこと、世界的なパンデミックが発生したこと、ジャーシム宋江が急病になったこと、ひどい渇水に見舞われたこと……。

歴戦の強者である山田隊長とコンビを組みながら、最終的に舟旅ができなかったのは残念の一言だが、今からあの土地と状況を振り返れば「無理もない」と思う。

反面、意外な現象が生じた。原稿に書いていくと、すごく面白いのである。

理由は、私たちが舟旅以外のできることを、思いつくかぎり何でもやったからだ。文献から湿地帯の歴史を調べあげ、レジスタンスを行ってきた人や湿地民の人たちに片っ端からインタビューし、マアダンの生活を実地で事細かに観察した。そして、隊長と何十時間も議論を交わし、私自身、アフワールで見聞きしたものの意味を考えに考え抜いた。

ときには不運も味方につけた。コロナ禍の長い〝煉獄〟期間に出会った「謎のマーシュアラブ布」ことアザールの探索がその象徴だ。謎の探求を生き甲斐とする私にとって、これほど魅力的なテーマはない。これまでアフワールを調査研究してきた人たちは（ジャーシム宋江を除いて）誰ひとりアザールについて報告しておらず、ラグのディーラーやコレクターの人たちはアザールという名称すら知らなかった。今回私たちがアフワールで何か新しい発見をしたかと訊かれたら、アザールについての謎をある程度解き明かしたことがいちばんに挙げられる。それは少し誇ってもいいと思う。

三回目の旅でジャーシム宋江が急病で不在になってからは、梁山泊の新四天王たちとともに体当たりで取材を行うしかなかったが、結果的に頭領がいるときよりも、より主体的に、より仔細に活動や観察ができた。原初的なチバーシェ（浮島）やゲーマルの作り方、マアダンの移動経路などは、なぜかこれまで誰も具体的に報告していなかった。あまりに生活に密着したことなので、逆に見過ごされていたのかもしれない。

舟旅ができずに行き場を失った私たちの巨大なエネルギーと情熱は、調査（取材）と報告のスタイルにもつぎ込まれた。山田隊長はビデオ撮影を引き受けてくれたほか、自然科学的に正確かつ味わい深いイラストを何十枚も描いてくれた。二人してIT音痴にもかかわらずGPSを用いて湿地帯の地理を客観的に把握することにつとめ、私自身も試行錯誤をくり返しつつ湿地帯の構造を模式図に起こしたりした。

最終的には、不運の連鎖と私たちのブリコラージュ的な悪あがきがうまく作用し、我ながら驚くほど厚みと広がりのある旅の報告になっていた。もし、舟旅がすんなりできていれば、ストーリーは直線的できれいだったにしても、これほど豊かにはならなかったはずだ。私たちは点と線をたどる旅をしようとしたのにできず、不規則な蛇行と迷走をくり返した。どこへも行けないまま淀んでいた時間も長い。今から思えば、それこそがまさに湿地帯を流れる水の動きであり、「イラク水滸伝紀行」なのであった。

アフワールについての本はそもそもひじょうに少ない。一九九〇年代以降の状況を伝え、しかも一般読者が読めるまとまった報告としては世界的にも本書が初である。しかもこれほどいろいろな角度からアフワールに挑んだ本はないと思う。それが無謀なチャレンジだったとしてもだ。その意味で本書は、イラク水滸伝のアウトサイダーたちの系譜を引き継いでいるのかもしれない。

さて、その後のイラクとアフワールの状況である。

イラクは私が最初に訪れた二〇一八年に比べると格段に治安がよくなってきている。なにしろ「イラク名物」だった爆弾テロがなくなった。政治は相変わらず混乱しているものの、もはやイスラム国やアルカイダなどスンニー系過激派はほとんど存在感がなく、シーア派イスラム主義的な統治が確立された模様だ。民兵組織も力関係や序列が安定し、抗争が少なくなったようだ。

イラクを危険な国と恐れているのはもはやアメリカと日本ぐらいで、ヨーロッパ、中東湾岸諸国、それに中国と韓国の企業はどんどん進出し、工場を建てたり、開発事業に関わったりしていると聞く。先日、駐日イラク大使に会って聞いたところでは、今バグダードではAirbnb（民泊）が登場し、ヨーロッパの若者たちが旅行に使いはじめているという。

対照的に、アフワールの状況は芳しくない。

まず、深刻な水不足。私たちが最後に訪れた二〇二二年四〜五月に、目標水面面積のたった二〇％とすでに渇水状態だったが、その後も水は減る一方で、夏には中央湿地帯に住むマアダンの人たちはほぼ全員が水牛を連れてユーフラテス川に避難したという。そして二〇二三年四月現在も去年の同時期と同じ水準だと聞く。二〇二〇年から四年連続で大渇水ということになる。いくら水の変動は大きいとはいえ、水量の落ち込みがこれほど続いたことはこの二十年間にない。構造的な原因である可能性が高い。

やはりティグリス川上流のトルコ領内に巨大なダムができたことが大きいのだろうが、それだけではないはずだ。東部湿地帯ではイランから流れ込む水が減っているというし、なによりイラク国内の至るところで川の水が取られ、湿地帯まで届かなくなりつつある。二〇一九年、二回目の旅で私たちが見た「エデンの園」としか思えない、なみなみと水を湛えた湿地帯の風景は二度と見られない可能性がある。水牛を飼って移動を続けるというマアダンの伝統的な生活スタイルはいつまで続くのだろうか。

アフワールの生活もどんどん変わっていくように思える。イスラム主義支配が進むことは宗教と国家による統制が強まるということだ。残り少ないマンダ教徒の国外移住は続いているようだし、やがてはイラクのユダヤ人のように「昔そういう人たちがいた」と過去形で語られるようになるだろう。湿地民への締め付けも厳しくなると思う。今のところ湿地帯の内側では親族でない男女がふつうに談笑しているが、近い将来、それも許されなくなりそうだ。

もう一つ気になるのは、近年マアダンの若者たちがどんどん民兵になっているという情報だ。対ＩＳ戦争のとき、劣悪な環境に強く気力体力が抜群であるコア水滸伝の好漢が兵士として大いに活躍し、以来、民兵組織が湿地の若者たちを積極的にリクルートするようになったという。マアダンの若者たちにしても、給料がもらえるし、民兵は周りから畏れられる存在だから喜んで応じているらしい。水滸伝の核心部もいよいよ国家権力の中心につながり始めたわけだ。

アフワールが世界に誇るべき刺繍布アザールもイラク国内では評価される日は当分来ないだろう。あのデザインはあまりに自由奔放だ。私はアザールの歴史をもっと調べてみたいと思っているのだが、男女を隔離するというイスラムの壁が厚すぎるので二の足を踏んでいる。

個人的に、イラク水滸伝の終焉を最も強く予感させたのは「ジャーシム宋江拉致事件」である。二〇二三年三月初め、梁山泊の頭領はバグダード郊外で武装した私服の男たちに拉致され、そのまま行方を絶ってしまったのだ。ルーマニアにいるハイダル君が「イラクでニュースになってるよ」と教えてくれた。私がまさにこの「あとがき」を書こうとしていた矢先のことで、絶句した。

二週間後に彼が無事に解放されたときには本当にホッとしたものの、同時に暗澹たる気持ちになった。犯人が捕まるどころか、誰が何の目的で彼を拉致したのかもわからないままだったからだ。事件の詳しい内容はジャーシム宋江も多くを語らない。犯人グループと頭領の家族の間で解放の条件として「事件について口外しない」という取り決めがなされたのかもしれない。

噂では専ら「民兵の仕業」と言われている。理由は「ネイチャー・イラクがアメリカに本部をもつＮＧＯであり、アメリカのスパイと見なされていたから」。治安がかなり安定してきた今のイラクのしかも首都バグダード付近で白昼堂々、拉致が行われたこと、人質解放後もろくな捜査がされず犯人が見つからないことからも、それ以外には考えにくい。

最近ジャーシム宋江とビデオ電話で話す機会があったので、思い切って訊いてみたところ、「犯人たちが誰なのかは私にもわからない」と言いつつも、「彼らはイラク政府の手が及ばない存在で、『アフワールを回復させることはアメリカとイスラエルによる悪魔のプロジェクトだ』とか『湿地帯に水が戻るとイランへのスパイ活動がしやすくなる』などとくり返していた」と言う。やはり親イラン民兵組織の犯行だったわけだ。イラン当局（もしくはその手先）は、まるでフセインを筆頭とする歴代のイラクの政権のように、湿地帯を恐れているようだ。

拉致の目的は未だ不明だが、ネイチャー・イラクの活動を潰すことか、それを口実に身代金を脅し取ることだったのではなかろうか。かつて悪質な民兵たちがマンダ教徒の人たちにやったのと同じことではないかと私は想像する。なお、犯人グループはジャーシム宋江が所持するあらゆる写真、動画、文書のデータを強奪したという。データの多くは他の人に共有されてなかったらしく、アフワールに関する膨大な情報が永久に失われてしまった。本書でもジャーシム宋江に借りて掲載するつもりだったデータや写真が数点あったのだが、不可能となった。

現在ジャーシム宋江は元気な様子だが、バビロンの別宅やクルディスタンを行き来しており、チバーイシュ町での活動にはまだ戻っていない。もしかすると、事件のなにがしかの影響で、ネイチャー・イラクの活動自体が継続できなくなっている可能性がある。

——もう梁山泊の時代は終わってしまうのか……。

そう思わざるをえない。極度の水不足、国家・宗教の統制、そしてジャーシム宋江の拉致事件を考え合わせると、どうしても悲観的な思いにとらわれてしまう。

今後アフワールは一体どうなるのか。水が減り続け、フセイン政権時代のように、湿地帯は乾燥した荒野と化し、湿地民と水牛は水を求めてイラク各地を彷徨《さまよ》うのだろうか。あるいは水牛飼育自体をやめてしまうのか。

全く別の可能性もある。ドバイやカタールといった湾岸諸国はすでにアフワールの「鯉の円盤焼き」やゲーマル、カサブのムディーフに目をつけ、自国に輸入している。それらの湾岸諸国あるいは中国やイランといった国が資本と技術を投じて、アフワールを巨大観光地化することも私は想像してしまう。あるいはイラク政府の政策により、限られたスペースに水と湿地民と水牛が集められ、「管理されたエデンの園」が構築されていくことも考えられる。

いずれにしても、それは従来のアナーキーにして多様性に富んだ湿地帯の姿ではないだろう。

五千年以上続いてきた非文明／反国家の灯はゆっくりと失われつつある。従来通りの湿地民の生活はあと何年見られるのだろう。私たちは結果的に、アフワールのリアルな姿をつぶさに見て報告した最後の人間になるかもしれない……。

でも、とも思う。彼らイラク水滸伝の好漢たちは五千年の試練を乗り越えてきた猛者である。敗北を喫しても奇跡的に復活してきた人たちだ。このまま簡単に歴史から退場してしまうとは考えづらい。タラーデを二重の密室からその場しのぎの連発で引っ張り出したように、驚異的な脱出法を披露してくれるのではないか。

あるいは世界自体に何か激変が起こらないともかぎらない。例えば気候変動でこの地域に豪雨が降り、毎年洪水が起きるようになるとか。堤防や堰は破壊され、家や畑が流され、都市国家の住民は困るだろうが、同時に溜まっていた塩分も流されて湿地民と水牛の天国になる。誰がそんな可能性を否定できるのか。文明の予測や計画ほど当てにならないものはないのだ。

そんな私の希望とも願いともつかない思いに力を与えてくれるのは、他でもない梁山泊の仲間たちだ。ときどき、アヤド呉用や白熊マーヘル一家とビデオ電話で話すのだが、彼らはいつも底抜けに明るく楽しげだ。耳が痛くなるほどの大声で「タカーノ！　ゲーマルを食べに来い！」と叫び、「水牛のように強くなれ」を歌って踊る。私もつられて踊り出し、次は舟大工詩人作の愛の詩「君を見ると」を歌ってしまう。

ジャーシム宋江だって、最初に会ったとき、言っていたではないか。「湿地帯の将来は暗い。でも今日は楽しもう‼」と。

今を楽しく生きる。やれることをやる。それが水滸伝の好漢たちの心意気だ。彼らはきっと何かやってくれる。あるいは何もしないうちになんとかなる。

そう信じて、本書を彼らに捧げたい。

謝辞

本書の取材・執筆において多くの方のご協力をいただいた。ここでお礼を申し上げたい。

ハイダル・ラダー君には本当にお世話になった。アラビア語のイラク方言を教えてくれたことに始まり、バグダードではお兄さんの家に泊めてくれ、アフワールへの旅にも同行してくれた。さらに、その後はアラビア語の資料集めとその翻訳、イラクの歴史に関する文献調査にも協力してくれた。

ハイダル家の三男アサム兄さん、四男ヤーセル兄さんとそのご家族にもお世話になった。池袋のファイサルさん（仮名）にもイラクの歴史や食文化、イラク人の気質などについて、いろいろと教えていただいた。

朝日新聞の小森保良記者には二〇一七年一月当時の貴重なアフワール最新情報を教えていただいた。小森さんの記事がなければ本書もなかったはずだ。

千葉大学の酒井啓子教授には、まだイラクについて私が何も知らなかった頃にお目にかかり、当時のイラクの全般的な状況をご教示いただいた。「アラビア語もわからなかったら、いざというとき地元の人とコミュニケーションもとれないでしょう」という適確なアドバイスをくださったのも酒井先生で、本当にありがたかった。ちなみに、ハイダル君は私と出会ったあと、千葉大学大学院博士課程に入り、酒井先生の指導の下で博士号を取得している。

一般財団法人・日本エネルギー研究所の吉岡明子氏には現代イラク政治に関してご教示いただいたうえ、原稿執筆の際の事実確認にもご協力いただいた。

メソポタミア考古学の第一人者で、メソポタミア考古学教育研究所（JIAEM）代表の小泉龍人氏にはアフワール周辺の考古学遺跡について何度もご教示いただいたのみならず、原稿執筆の際の事実確認にもご協力いただいた。また、二度にわたり、JIAEMのシンポジウムで私にアフワールの舟について発表する機会を与えてくださった。

古代メソポタミア史研究の第一人者である小林登志子氏にはシュメール時代の文化や慣習など古代メソポタミア史全般についてご教示いただいた。また、原稿執筆の際の事実確認にもご協力いただいた。

在野のアラブ研究者である岡田總氏には、イラクの現状をご教示いただいたほか、岡田さんが「上村茂」名義で翻訳したアリー・アル＝ワルディ著『イラク社会の研究――社会と人格の二重性』をいただいた。この本はアフワールについて実に貴重な資料だった。

早稲田大学の桜井啓子教授にはシーア派についてご教示いただいた。

イラクに十年以上通っていたジャーナリストの綿井健陽氏には、イラクの政治・軍事状況についてご教示いただいた。

静岡文化芸術大学の青木健教授には古代オリエントにおける宗教、とりわけマンダ教やグノーシスについてご教示いただいたうえ、原稿執筆の際の事実確認にもご協力いただいた。

中央大学名誉教授で現在日本ユダヤ学会の理事を務めていらっしゃる中田一郎氏には、ユダヤ人の歴史についてご指摘をいただいた。また神戸女学院大学名誉教授で思想家の内田樹氏には中田先生をご紹介いただいた。

東京農業大学の桃井尊央准教授には、タラーデに使われた木材の同定に協力していただいた。桃井氏は同大探検部で山田隊長の後輩にあたり、現在は探検部の顧問（部長）である。

旧友であるスーダン出身の国際政治研究者モハメド・オマル・アブディン氏からは、アラビア語やイラクの政治などに関してご教示をいただいた。

これほど多くの学術分野の専門家の方にアドバイスやご協力を得ているが、もし本書に不備や認識不足の箇所があれば、あくまで文責は著者の私にある。

トライブの榊龍昭氏には「マーシュアラブ布」ことアザールについて、また中東やアジアにおけるラグについて幅広くご教示いただいたうえ、布の専門家も紹介していただいた。また、榊さんが所有する布の写真撮影にもご協力いただいた。

文化学園大学名誉教授の道明三保子氏には、一九七一年から七二年にかけて訪れたアフワールのことやその帰りに入手したアザールについて貴重なお話を伺った。なお、本書では紙幅の関係で触れることができなかったが、道明先生が参加された考古学調査団とは江上波夫氏が率いた「クルナ沈没文化財調査団」である。これはイラク水滸伝を象徴するような逸話を多々含んでいるので、いつか機会があれば改めて紹介させていただきたいと思っている。

画家の山口晃氏にはアザールを見ていただき、貴重なコメントをいただいた。おかげでこの刺繡布の美術的立ち位置や作り手の態度などを推測する手がかりを得られた。

アザールの愛好家である相澤亮一氏には所有されているアザールの写真を見せていただいたほか、アザールに関するさまざまな情報をいただいた。

探検家で医師の関野吉晴氏には人間の栄養摂取の仕組みについてご教示いただいた。

アブドゥル・カリーム・カアブ駐日イラク大使には、アフワールの食文化や人名などについてご教示いただいた。また、カアブ大使は私に対し、アフワールを日本に紹介したことを評価する「感謝状」をくださった。カアブ大使は御尊父がアマーラ（マイサン県）出身で、広い意味でのアフワール人でもある。

旧友である映像作家の佐藤圭作氏にはビデオ撮影についてご教示いただいたうえ、私たちが撮影した映像をいくつものビデオクリップに編集していただいた。

同じ、旧友である有限会社ＡＩＳＡの小林渡社長には、写真や動画の管理を手伝っていただき、またＧＰＳの使用や管理についてもご協力いただいた。

山田隊長こと山田高司氏には言葉にならないくらいお世話になった。隊長の自然に関する並外れた知識と経験、誰にでもフラットに接する人間力にはどれくらい助けられたかわからない。私と隊長の物の見方があまりに違うことに度々驚かされたが（隊長も驚いたにちがいないが……）、そのためかえって取材においては多角的な視点をもつことができた。また、動画の撮影とイラストにも力を尽くしていただいた。隊長なくして今回の旅はなかったし、本書もなかった。同時に、私は、世界レベルの探検家にして環境活動家でありながら知名度は高くない隊長を世に出したいという野望を昔から抱いており（隊長は「迷惑だ」と言っているが……）、本書がそれに少しでも役立つことを祈っている。

文藝春秋の編集者の方々にもお世話になった。「オール讀物」の担当である五十畑実紗氏、三阪直弘氏、石井一成氏、文春オンラインの池澤龍太氏には日本における取材や執筆についてご協力いただいた。また、文庫部の曽我麻美子氏には原稿を通しで読んでいただき、適確なアドバイスをいただいた。いずれの方も、仕事の域を超えたような熱心さでお手伝いしてくださった。

本書の担当編集者である山本浩貴氏は驚異的な情熱を傾けてくださった。もともと十数年前、山本さんが私のところに来て、「何か探検的なノンフィクションを書いてくれませんか」と申し出てくれたのが本書執筆の遠因でもある。山本さんの鋭いご指摘と写真やイラストなどを選ぶセンスの良さが本書の完成度を高めてくれた。

ジャージーシム宋江以下、梁山泊のみなさん、アフワールの方々にも本当にお世話になった。いつか英語版とアラビア語版を出したいと思っており、その際にはあらためてフルネームで謝辞を書かせていただきたいと思う。

そのほか、大勢の方にご協力いただいた。どうもありがとうございました。

高野秀行

二〇二三年六月

参考文献一覧

〈書籍〉

青木健著『古代オリエントの宗教』（講談社現代新書、二〇一二）
青木健著『ペルシア帝国』（講談社現代新書、二〇二〇）
小泉龍人著『都市の起源　古代の先進地域＝西アジアを掘る』（講談社選書メチエ、二〇一六）
小林登志子著『シュメル――人類最古の文明』（中公新書、二〇〇五）
小林登志子著『古代メソポタミア全史』（中公新書、二〇二〇）
酒井啓子著『フセイン・イラク政権の支配構造』（岩波書店、二〇〇三）
酒井啓子著『イラクは食べる――革命と日常の風景』（岩波新書、二〇〇八）
桜井啓子著『シーア派　台頭するイスラーム少数派』（中公新書、二〇〇六）
道明三保子著『アジアの伝統染織と民族服飾　豊穣なる生活造形の世界』（あっぷる出版社、二〇一一）
防衛研究所戦史研究センター編『湾岸戦争史：ＮＩＤＳ国際紛争史研究』（防衛省防衛研究所、二〇二一）
松本健・ＮＨＫスペシャル「四大文明」プロジェクト編著『四大文明　メソポタミア』（ＮＨＫ出版、二〇〇〇）
吉岡明子・山尾大編『「イスラーム国」の脅威とイラク』（岩波書店、二〇一四）
アリー・アル＝ワルディ著『イラク社会の研究――社会と人格の二重性』（上村茂訳、藍ユーフラテス出版、二〇一八）
ウィルフレッド・セシジャー著『湿原のアラブ人』（白須英子訳、酒井啓子解説、二〇〇九）

イブン・バットゥータ著『大旅行記二巻』（家島彦一訳、平凡社東洋文庫、一九九七）
ジェームズ・C・スコット著『反穀物の人類史　国家誕生のディープヒストリー』（立木勝訳、みすず書房、二〇一九）
ジェラード・ラッセル著『失われた宗教を生きる人々　中東の秘教を求めて』（臼井美子訳、亜紀書房、二〇一六）
S. M. Salim, *Marsh dwellers of the Euphrates Delta* (The Athlone Press of University of London, 1962)
Gavin Young, *Return to the Marshes: Life with the Marsh Arabs of Iraq* (Penguin Books Ltd, 1989)
Edward L. Ochsenschlager, *Iraq's Marsh Arabs in the Garden of Eden* (University of Pennsylvania Museum of Archaeology and Anthropology, 2004)
Beth K. Dougherty and Edmund A. Ghareeb, *Historical Dictionary of Iraq Second edition* (The Scarecrow Press, Inc. 2013)
The Iraqi marshlands and the Marsh Arabs: The ma'dan, their culture and the environment, Edited by Sam Kubba (Ithaca Press, 2011)
Hanna Batatu, *The Old Social Classes and the Revolutionary Movements of Iraq: A Study of Iraq's Old Landed and Commercial Classes and of its Communists, Ba'thists, and Free Officers* (Saqi Books, 2004 [first edition 1978])
The History of al-Tabari Volume XXXVI The revolt of Zanj, Edited by Ehsan Yar-Shater, Translated and annotated by David Waines(State University of New York Press, 1991)
Alexandre Popovic, *The Revolut of African Slave in Iraq in the 3rd/9th Century* (Markus Wiener Publishers, 1999)
Yitzhak Nakash, *The Shi'is of Iraq* (Princeton University Press, 1994)

〈**論文**〉

エルンスト・トーピッチュ「マルクス主義とグノーシス」（碧海純一・小西正樹訳、『国家学会雑誌』第八十五巻第十一・十二号、一九七三年二月）

Ghada Hashem Talhami "The Zanj Rebellion Reconsidered" *The International Journal of African Historical Studies* Vol. 10 (Boston University African Studies Center, 1977)

Juan Cole "Marsh Arab Rebellion: Grievance, Mafias and Militias in Iraq" *Fourth Wadie Jwaideh Memorial Lecture* (The department of Near Eastern Languages and Cultures, Indiana University, 2008)

Amots Dafni, Shay Levy, Efraim Lev "The ethnobotany of Christ's Thorn Jujube (*Ziziphus spina-christi*) in Israel" *Journal of Ethnobiology and Ethnomedicine* vol.1 (2005)

Talib Ahmed Jaayid, Maytham Abdul Kadhim Dragh "Genetic diversity and conservation of animal genetic resources in Iraqi buffalo using microsatellite markers" *Buffalo Bulletin* Vol.33, NO.3 (September 2014)

〈**新聞・雑誌記事**〉

「砂漠の国　文明育んだ湿地」朝日新聞（二〇一七年一月二十四日）

福原隆一「イラク南部メソポタミア湿原の環境保全の展望」『KOMEI』国連環境計画／国際環境技術センター（二〇一三年七月）

青木千鶴「早急な環境管理対策と長期的な協力体制構築へ　動き出すＵＮＥＰ イラク南部湿原プロジェクト」『地球環境』日本工業新聞社（二〇〇四年十二月）

"Nasiriyah protests fuel dissent within Sadr's movement, atrophy support" The Arab Weekly (2020.11.30)

初出：「オール讀物」
二〇一九年三・四月合併号〜二〇一九年一二月号、
二〇二三年一月号〜二〇二三年六月号
単行本化にあたり、大幅な加筆・修正を行っています。
なお、本書に登場するイラク人の名前や肩書きは、
政治的・宗教的言動が身の安全を脅かすことがないよう、
一部変えて記載しています。

写真クレジット
口絵：一〇頁、下段左の布　高野秀行所蔵
　一一頁上段三点の布　榊龍昭氏所蔵
四三頁　ＡＦＰ＝時事
一三九頁中央、一九九頁、二〇五頁、
二〇九頁左、二一一頁、二一八頁　ユニフォトプレス

高野秀行（たかの・ひでゆき）

ノンフィクション作家。1966年東京都生まれ。ポリシーは「誰も行かないところへ行き、誰もやらないことをし、誰も書かない本を書く」。『幻獣ムベンベを追え』（集英社文庫）でデビュー。『ワセダ三畳青春記』（集英社文庫）で酒飲み書店員大賞、『謎の独立国家ソマリランド』（集英社文庫）で講談社ノンフィクション賞等を受賞。他の著書に『辺境メシ』（文春文庫）、『幻のアフリカ納豆を追え！』（新潮社）、『語学の天才まで1億光年』（集英社インターナショナル）などがある。

イラスト　山田高司
写真　高野秀行
装丁　杉山健太郎

イラク水《すい》滸《こ》伝《でん》

二〇二三年七月　三〇日　第一刷発行
二〇二四年十二月二十日　第六刷発行

著者　高《たか》野《の》秀《ひで》行《ゆき》
発行者　小田慶郎
発行所　株式会社 文藝春秋
東京都千代田区紀尾井町三-二三
郵便番号　102-8008
電話　(〇三)三二六五-一二一一(大代表)
印刷所
製本所　TOPPANクロレ

ISBN978-4-16-391729-0　Printed in Japan